杨生枝学术创新之述评

傅功振 著

陕西新华出版
陕西人民教育出版社
·西安·

图书在版编目(CIP)数据

杨生枝学术创新之述评 / 傅功振著. -- 西安：陕西人民教育出版社，2023.5
ISBN 978－7－5450－9337－7

Ⅰ.①杨…　Ⅱ.①傅…　Ⅲ.①教育学－文集　Ⅳ.①G40－53

中国国家版本馆 CIP 数据核字(2023)第 068895 号

杨生枝学术创新之述评

傅功振　著

出版发行　陕西人民教育出版社
地　　址　西安市丈八五路 58 号
邮　　编　710077
经　　销　各地新华书店
印　　刷　广东虎彩云印刷有限公司
开　　本　787 mm×1092 mm　1/16
印　　张　28.5
字　　数　330 千字
版　　次　2023 年 5 月第 1 版
印　　次　2023 年 5 月第 1 次印刷
书　　号　ISBN 978－7－5450－9337－7
定　　价　89.00 元

序

洋洋十七卷的《杨生枝文集》，是由杨生枝多年来的学术成果集合而成的。他不顾工作繁忙，不顾年过古稀，一笔一画在稿纸上写成这十多部学术著作，后被收集出版，为社会留下了一份丰厚的精神文化财富。

杨生枝一生从事教育事业，在教育事业上凝有心血，流有汗水。他长期在教育领域担任领导职务，不仅具有较强的领导力，而且具有敏锐的观察力和深邃的思考力；加之他喜好读书，善于钻研，尤其偏好文学、历史、哲学和教育学等，在这些方面的研究颇丰。生枝是我引以为傲的学生，亦是我尊重的学者型官员。有人曾这样评价他："学者型官员在位时，眼光敏锐，是非分明，兢兢业业，卓有建树；退下来后，精神抖擞，余热滚滚，术有专攻，颇有造诣。""杨生枝就是典型的学者型官员。当他的十多部学术专著摆到我们面前的时候，我们就不得不对他刮目相看了。"他把研究的触角延伸到教育的各个领域，以新的视角审视传统教育，用新的理念强化了对教育的理性思考，形成了独到的个人见解；他学养深厚，兴趣广泛，对文学、历史、哲学及散文等均有独特研究，形成了具有思想穿透力的精品力作；他至今思维敏捷，大作屡现，为世人留下了永不磨灭的历史记忆，其勤奋和高产令人钦佩。生枝曾自谦地说："我做的这些事情，算不上什么研究，既不为成名，又不为成家，更不为挣钱糊口。做这些事情，只不过为了不虚负此生，有益于世而已!"其实像生枝这样的学者，以长期辛劳做出无愧于心、无愧于世的业绩，在治学上其心之诚、其志之坚，已经成为推动学术前行的坚实助力，其研究成果也深刻体现了生枝践行"立德、立功、立言"的学人之道，展现了其积极的人生态度。

生枝在文学、历史、教育、哲学及散文等领域的学术论著中包含的思想智慧和现实思考引起了学术界的强烈反响；傅功振教授的《杨生枝学术创新之述评》，以杨生枝主要的学术著作为依据，在深入研究的基础上，探寻其学术思想文化之特征。在文学方面，杨生枝创造性地提出独特精彩的文艺理论。其《乐府诗史》秉持了艺术哲学的思辨理性，阐释了乐府歌诗在诗、乐结合中的发展规律：既没沿着"诗"的方向发展，又没朝着"乐"的方向发展，而是在"诗"和"乐"的合力中不断发展，形成了能够配乐演唱的唐代律、绝体歌诗。在历史方面，他的《司马迁教育思想述略》指出司马迁首创教育史传，首为教育家立传。其不愧为研究司马迁教育思想的第一人；他的《三秦变迁史》是一部扬陕西史志之精尤、补中国通史之不足的不可多得的地方史志之佳作。在教育方面，他以新的视角创新教育学说。其《"心教"之学说》把"心育"变为"育心"，创立了一种新的"心教"教育学说；其《教育之我见》从问题出发引发教育研究，结合现实问题进行理性思考，把问题研究与学术研究结合起来，形成了独特的实践教育学。他在历史与教育结合方面，创作出时经事纬的教育通史。其《中国教育通鉴》（一～五卷本）从历史的角度研究教育，不仅让教育回归于特定时代，以显示其历史与现实的价值，而且采取时经事纬的运思艺术，创立了立体式全新的教育史传。在散文方面，他的著作具有较高的艺术涵养和审美价值。其游记体《行旅笔记》融记游、述感与哲思于一体，借行旅之感悟以弘文化之“魂”；其随笔体《闲情漫谈》以饱含情感的时代目光，选择动情之事和所想之事，尽兴而谈，是品味社会人生的哲思之作。在哲学方面，他构建出适应新时代的“大哲学”。其《走进哲学世界》通过对中国哲学、西方哲学和马克思主义哲学的“综合创新”，在“异中有同、同中有异”的对比、分析和融合中，展示出了一幅世界哲学思想发展的立体图景。

杨生枝具有广博的知识功底、深厚的理论修养、敏锐的思辨能力和深厚的文字功底，其学术著作丰富，学术思想颇有建树。《杨生枝学术创新之述评》以独特视角和客观立场，深刻揭示出了杨生枝学术思想的创新之处，主要表现在学科交叉的思维创新。其《乐府诗史》是把诗歌与乐曲这两类不同学科结合起来，创立了新的诗歌理论，揭示了乐府诗发展演变的内在因素，是多元综合的理论创新。其《走进哲学世界》是中国传统哲学、西方哲学、马克思主义哲学三大哲学主流的汇通、融合，既有时间意义上的超越古今，又有空间意义上的沟通中西，还有不同流派间的破除门槛，使中国哲学走进了世界哲学的大家庭中，开拓了学术领域。其《司马迁教育思想述略》是一部发前人所未发的教育专著。其《“心教”之学说》创立了“心教”这一新的教育学说，是思辨结合的研究创新。其《教育之我见》是一部理论性和实践性很强的“实践教育学”专著。

总之，杨生枝的学术著作内容丰富，为构建当代中国富于“融通”性的学术研究体系提供了启示与借鉴。我只希望读者能够通过傅功振教授《杨生枝学术创新之述评》一书了解杨生枝，感受他秉承“为天地立心，为生民立命，为往圣继绝学，为万世开太平”的关学精神，了解其中恢宏的思想气度、锐意进取的创新思维和力挽狂澜的使命担当，并践之于行。

（作者：李钟善，陕西师范大学原副校长，全国著名教育家、教授）

目　录

篇一

新颖的独特见解　精彩的文艺理论

——评《乐府诗史》

在我国古代诗歌中，乐府宛若今之歌词，其体式较多，与音乐、舞蹈密切联系，如两汉、魏晋、六朝、隋唐之歌诗，唐、五代之曲子，两宋之词，金、元、明、清之曲，皆可谓“乐府”。然而，一些文学史论及乐府，多涉及两汉及六朝民歌，而较少提及文人乐府；即便提及，也是若断若续；至于乐府民歌和文人乐府在体制、曲题、本事或思想内容方面的承袭关系，更缺乏深刻探讨。假使要问：乐府诗和徒诗的根本区别是什么？乐府诗自身发展的规律是什么？人们的认识也不尽一致。而杨生枝先生的《乐府诗史》，在吸取前人研究成果的基础上，打破传统研究范式的束缚，根据一代有一代之乐，叙述了一代有一代之歌，在诗与乐的矛盾运动中，阐释了乐府歌诗发展、演变的特殊规律，提出了许多新颖见解，有些篇章甚至可以称得上是精彩的文艺理论。

一、“乐府”原义与转义的深入探讨

在《乐府诗史》中，先生指出：“‘乐府’一词，具有两种不同的含义，即原义和转义。乐府的原义是指国家设立的乐歌舞机构的官署名称；而乐府的转义，则是指由此而产生的一种诗体。”（《乐府官署与乐

府歌诗·乐府诗体的起源》)

在文学史的研究中，人们普遍认为，从秦代开始，就有了掌管乐舞演唱教习的机构——乐府。秦始皇陵附近出土的秦代编钟上就有秦篆“乐府”二字。然而，《乐府诗史》却从“乐府是官署之名”入手，指出这种由诗、乐、舞三者相结合的伎艺机构，“从古代奴隶社会就已开始设立”。

西周王朝虽然设立了这样一种乐舞专门机构，但它并非是一种独立性的伎艺机构，而是宫廷典章制度的一种补充，其教育性大于娱乐性。……演唱这些乐歌时，一方面保持着等级区分的尊严，另一方面也保持着宗教的神圣。会饮时的坐位，射箭时的次序，凯旋时队伍的排列，都与等级的高低有关。在会饮或射箭之后，接着是祭祀；凯旋之后，一定要向神灵奉献俘虏。而在这些不同场合，所演唱的乐歌、乐器的多少和乐队的排列等，都有着严格的规定。……可见，西周王朝设立的这一乐舞机构，是中国历史上第一个比较完整的宫廷“雅乐”体系。虽然也收集和利用民歌，但多是作为训练口才、美化自己语言的教材；在公开场合运用时，又多掩盖其原来意义，并按自己的需要，对之进行曲解。(同上)

汉承秦制，汉代的乐府机构也是从秦代沿袭下来的。但在汉初，“太乐和乐府是两个分立的机关，任务不同，隶属有别。太乐掌管传统祭祀之雅乐，归奉常领导；乐府掌管当世民间之俗乐，归少府领导”。

到了西汉帝国的全盛时期，汉武帝对宫廷的乐舞机构进行了改革：

汉武帝在“定郊祀之礼”“作郊祀之乐”的基础上重建了乐府机构。首先，扩大了乐府编制，由汉初乐府令、丞各一人，发展为“乐府三丞”，工作人员达八百多人；并专门设立

“协律都尉”，大“兴乐府协律之事”。其次，扩充了乐府职能，汉初无采诗制度，武帝立乐府而采歌谣。《通志》说：“乐府在汉初虽有其官，然采诗入乐自汉武始。”乐府采集的民歌不仅规模相当大，而且制作乐谱，训练乐工，填写歌辞，编配乐器，进行演唱，等等。此外，还用民间俗乐来配“郊祀之礼”。……用乐府俗乐配祭，这在当时的确是一个大胆的举动。正因为汉武帝对乐府官署进行了一系列改革，使乐府呈现出崭新的面貌。（同上）

那么，对于班固所说的汉武帝“乃立乐府”应如何理解？先生说：“我认为，‘乃立’绝非后人注释的‘始立’之义，而是包含着重建、扩充的意思。”正由于汉武帝改革乐府机构，“打破了传统雅乐在宫廷的统治地位，开始形成‘内有掖庭（宫嫔所居住的地方）材人（掖庭中的女乐艺人），外有上林（苑名）乐府，皆以郑声（民间乐曲）施于朝廷’的新局面，酝酿出了诗歌史上的新声。所以，人们在研究乐府文学时，主要是从汉武帝重建乐府机关编录、演唱的歌诗开始”。（同上）

汉代人所说的乐府，是指宫廷乐舞官署，那么，他们把当时由乐府所演唱的歌诗叫什么呢？先生指出：

一般说来，把从民间采来的诗篇叫“歌诗”，如“吴、楚、汝南歌诗”“燕、代讴，雁门、云中、陇西歌诗”“邯郸、河间歌诗”“淮南歌诗”等；而把贵族文人之作叫作“歌”，如汉高祖刘邦的《楚歌》、汉武帝刘彻的《李夫人歌》、司马相如等人的《汉郊祀歌》等。当然，也有不这么叫的，如汉武帝的《秋风辞》，淮南王刘安的《八公操》（一曰《淮南操》）等，但这只是少数。当时把歌谱则称为“声曲折”，如“河南周歌诗”七篇，而歌谱为“河南周歌声曲折”七篇；“周谣歌诗”七十五篇，而歌谱为“歌谣周诗声曲折”七十五篇，等等，两两对称，最有意义。这里所说的“歌诗”，等于曰“歌辞”，而“声曲折”即歌声之谱，“曲折”含义，明示旋律。可见，汉代从高祖起，迄民间，凡入乐歌辞并无乐府之称。（《乐府官署与乐府歌诗·乐府名称的演变》）

先生通过考证，认为“把乐府机构中合过乐的歌诗直接叫作‘乐府’的，最早见于东晋末年”。到了六朝时期，六朝人从“声依永（咏）”和“律和声”的音乐观点出发，“把合过乐曲或能够合乐的，具有音乐特色的诗篇，统称为‘乐府’”。

后来，“由于诗之唱法与乐谱的散失亡佚，原来一些入乐演唱的歌诗遂变为只供吟诵的案头诗歌”。所以，“隋唐文人用乐府旧题所作的诗篇，除一些仍用‘古歌旧曲’者外，大都与音乐关系不大”。唐代文人把这类诗篇称为“古乐府”或“古题乐府”。也有一些诗篇之“题”，“多出于当世民间传唱之曲名，而且诗中又顾及了音乐特点”，唐代文人便把这类歌诗称为“新乐府”或“新题乐府”。此外，在唐代文人中，也有直用“乐府”之名的，如谢偃的《乐府新歌应教》、刘言史的《春游乐府》等，“这里所说的‘乐府’，多是指入乐歌唱的五、七言律、绝”。

到了宋代，“人们往往把自己所作的‘词’叫作乐府”，如苏轼的词集称《东坡乐府》，杨万里的词集称《诚斋乐府》，元好问的词集称《中州乐府》等。元以后，人们又称散曲为乐府，如马致远的《东篱乐府》，张可久的《小山乐府》等。

可见，后人把“乐府”这一名称由“官署”转变为“歌诗”（包括“古题”“新题”），然后扩大到“词”和“曲”，“无疑是从音乐的角度来理解乐府的”。（同上）

二、乐府歌诗研究中的哲学影子

在乐府歌诗的研究中，《乐府诗史》尤为突出的特点是乐府歌诗研究中带有哲学的影子。先生结合哲学上的认知观点，辩证地分析了乐府歌诗这一“特殊体类”的主要特点，表达出自己的新颖见解。

（一）乐府文化的建设方式

在上古时期，诗和歌不是一种事物，歌是人类在劳动时产生的，比诗早得多；诗虽然也是在古人的口耳相传中产生的，却是在人类的语言产生之后才出现的。在语言产生之后，诗与歌的进一步结合，才有了“诗歌”之称谓。古代的诗歌包括两个部分：一是音乐，二是歌词。音乐是抒情的，歌词即诗，是记事的。最初的诗都能配上音乐唱，歌就是诗，诗就是歌。先生将乐府诗歌称为乐府“歌诗”，则突出了其咏唱性，指配有乐谱可以歌唱的乐府诗。如章炳麟《国故论衡·辨诗》曰：“汉世所谓歌诗者，有声音曲折，可以弦歌……盖《乐府》外无称歌诗者。”

一般来说，诗歌是从人们的口中传唱而来。而先生认为：

> 乐府歌诗主要是从宫廷乐府而来，是在封建统治阶级的权力支配下发展起来的。封建统治阶级把诗、乐、舞的综合艺术作为一种权力的标志，或者作为满足他们享乐生活需要的一种手段。……南朝后期，随着商品经济的发展和城市的繁荣，专业乐舞艺术有一部分在城市居民的娱乐生活中发展起来，成为脱离封建权力支配的分流。虽然如此，前述的方式仍然是封建社会中历史最长的、影响深远的一种乐府文化的建设方式。（《乐府官署与乐府歌诗·乐府歌诗的特点》）

在这里，先生打破了传统研究范式的束缚，明确提出乐府歌诗的产生“主要是从宫廷乐府而来”，并且“是在封建统治阶级的权力支配下发展起来的”，指出这就是乐府文化最基本的“建设方式”。

（二）经济力量对乐府发展的直接影响

经济的发展不仅会带动文化的发展，而且决定着文化的发展水平，但这并不意味着文化的发展始终与经济的发展同步，因为文化有其自身的传承性和相对的独立性。但在先生看来，乐府歌诗与经济的发展常常表现出平衡性。《乐府诗史》曰：

> 在封建社会，经济力量虽然并不是直接促进乐府歌诗发展的力量。但是，乐府歌诗恰是在社会比较安定、经济比较繁荣的情况下兴盛起来的，它所表现出来的主要是经济与文艺的平衡性。因为乐府歌诗与宫廷乐舞相依为命，而宫廷乐舞之盛，历来又是“太平盛世”之事。……只有经济的繁荣和比较安定的环境，才能保证统治阶级的征歌选舞，为乐府歌诗的生产创造条件。如果他们处境狼狈，自顾不暇，哪还有什么心思来做歌演唱呢？因而，尽管社会的动荡，会涌现出一批优秀的诗人和艺术珍品，但作为入乐府演唱的歌诗，却会因此而式微。晋代大乱时，乐府歌诗走向下坡；天宝大乱时，唐代徒诗超过乐府歌诗；唐末衰世，乐府歌诗也入衰境。这都与当时社会、经济上的萧条景象相适应。（《乐府官署与乐府歌诗·乐府歌诗的特点》）

从文学史上来看，许多优秀的诗人和艺术珍品多是在经济衰败、社会动荡的情况下出现和产生的，而乐府歌诗的发展却与此相反，其多是在经济繁荣和社会安定的情况下发展起来的。先生在此书中，列举了汉武帝时期、三国鼎立的曹魏政权、南北朝时期的南方政权以及唐代鼎盛时期，乐府歌诗的发展情况。

（三）乐府艺术主力的依附关系

汉武帝时，乐府的规模较前期有了很大的发展，乐府的职能也有所扩大，这一时期乐府从过去单一的组织宫廷祭祀活动，发展为要为朝廷的集会、饮宴、迎宾、巡游等各项活动奏乐和歌舞。因此，这一时期乐府的大小官吏和属下曾达到八百多人。这些人中，有谱曲、编导的“专家”，有演奏、演唱和跳舞的演员，有化妆师、道具师、布景设计等专职人员。先生认为：

> 许多掌握专业知识的音乐家、伎人和诗人，以人身依附的形式从属于封建国家的统治者，或者从属于统治阶级中的成员。他们是创造和发展封建宫廷乐府艺术的主力。他们的艺术创造活动以封建统治阶级的需要为目的，既不受经济力量的左右，又不会因自己的艺术创造成果而改变他们的经济地位。（《乐府官署与乐府歌诗·乐府歌诗的特点》）

例如，在汉武帝的乐府官署中，音乐家李延年，出身倡门，坐法腐刑，给事狗监中，也就是当了宦官，因精通音乐，得到汉武帝的喜欢，被封为“协律都尉”，为乐府歌诗配乐。但是，很有才华的李延年每为新声变曲，都是“应制”而作。尽管他“性知音，善歌舞”，可其人和其艺术创作都是以人身依附的形式从属于西汉王朝的统治者。

（四）民间乐歌在乐府发展中的自我运动

乐府歌诗是在社会比较安定、经济比较繁荣的情况下兴盛起来的，而优秀的民间乐歌却是在社会矛盾尖锐的背景下产生的，后被宫廷乐府人员所采集。正如先生所说：

民间有血有肉的优秀乐歌多是在社会矛盾日益尖锐的情况下产生，并被当时乐府搜集演唱；然而从民间乐歌漫延到贵族、文人的模仿拟作，却是下一代的事情。（同上）

先生指出，民间乐歌“一方面因它们清新活泼，被当时的统治阶级采入宫廷进行演唱；另一方面，又因它们出自民间，被当时的贵族、文人视为鄙俗加以轻视”，“经过一个相当长的阶段，才逐渐被贵族、文人重视利用”。

汉代民间流传的动人乐歌，虽然被当时封建王朝的乐府采集演唱，但两汉文人却对这一民间乐歌不屑一顾。直到东汉末年，在曹氏父子的带动下，才出现了拟作汉乐府民歌的新局面，并足足持续了两个多世纪。同样地，南北朝民间乐歌的命运也是如此。……南北朝时期，不少文人多沿袭汉魏的拟古乐府，而民歌能真正对文人产生影响和启迪，则到了唐代。

民间乐歌被乐府采集入乐后，统治者开始把这类乐歌作为消遣娱乐之用，与此同时，民间乐歌也发生了一些新的变化——走上雅化：

被乐府采集而来的民间乐歌，经过宫廷长时间的修订和文人们的加工，走上雅化，成为简单机械的僵化教条，甚至在乐曲歌辞的形式、内容、风格方面也固定于一种旧的模式，于是这种新鲜活泼的民间歌曲便在发展中走向了自我否定，宫廷乐府也就被另一种民间新生的乐歌所替代，人们又找到了一种适合表达自己情感的歌诗形式。当然，一种歌体的变化和发展是非常缓慢的、逐步的、不易觉察的。因为每一种旧的歌体的发展，都孕育着一种新的歌体的生长，而一种新的乐府歌体正是以吸收、保留并改造旧歌诗中有生命力的东西，作为自己生

存、发展的基础。总之，乐府歌诗的演变是与民间乐歌的发展分不开的。（同上）

（五）乐府诗与乐府乐结合中的矛盾纠葛

乐府诗是配乐演唱的歌辞，与音乐的关系最为密切：

> “乐以诗为本，诗以声为用”，歌诗既要常和音乐发生纠葛，又不愿让音乐成为自己的桎梏。矛盾着的双方既互相依赖，又互相排斥，从而推动了乐府歌诗的发展，从诗的方面或从乐的方面，都不断演变而成为一种新的体式。（同上）

在诗与乐结合的矛盾运动中，音乐占据着主导地位：

> 在歌诗和音乐的矛盾运动中，音乐是比较活跃、最易变迁的，随着新的音乐因素的不断输入，原来的乐曲在不断发生变化，其歌诗为了适应变化了的乐曲要求，体式也随之变化。由于乐调的歌辞，特别宜于那些情感真挚的小诗，尤其是形式简朴、语言简单而情感深刻的抒情小诗，所以乐府歌辞，从西汉的杂言体一变而为魏晋之齐言乐府，又变而为南北朝时的抒情小乐府，再变而为唐代律、绝体乐府。但是，诗也要根据自身发展的需要，来选择最适合的音乐为自己服务。（同上）

在诗与乐的结合中，“任何一方占优势都对另一方不利”。但是，“诗和乐的这种不平衡不是绝对的，平衡是相对的，所以在诗、乐结合的统一体中，不是诗在改造乐，就是乐在改造诗。正是在这一矛盾运动中，乐府歌诗得到了不断的发展”。（同上）

从上可以看出，先生对乐府歌诗的论述，充满着哲学思想，渗透着深邃的哲理韵味。而借助哲学的穿透力来研究乐府歌诗，这就赋予了其诗论独特的魅力和可贵的价值。

三、乐府歌诗内在特质的深刻揭示

（一）乐诗与乐曲

乐诗，是指可以入乐的诗，古与徒诗对言。诗是通过有节奏、有韵律的语言，以强烈的感情和丰富的想象，高度地集中反映现实生活、抒发思想情感的一种文学体裁。抒情色彩、音韵之美、含蓄凝练是诗歌的三大基本特征。而乐曲，或称音乐，一般是指含有不同音阶的节奏、旋律及和声。据考证，乐曲起源可以上溯至远古生民之始，孔子以诗三百篇作弦歌，就是诗与乐的相互融合。

乐府诗是入乐演唱的歌诗。先生认为，“在乐和诗的有机统一体中，乐和诗虽然互相渗透，互相影响，但二者都有着相对的独立性，在特定的领域里各自独立而并行发展”。

> 对乐来说，它是朝着与诗逐渐脱离的自由方向发展，即乐曲和一种既定歌诗的自然结合（两汉）——形成了一种固定模式（魏晋）——由近似宣叙式变为单纯旋律式（南北朝）——乐曲脱离歌诗内容而自由运动（隋唐）。所以，乐、诗结合形式，由因诗以配乐或因乐以制诗，发展到唐，便成为选诗以配乐。
>
> 对诗来说，是朝着现实主义方向发展，即“缘事而发”（汉乐府民歌）——借古题写时事或写个人（魏晋文人乐府）——“勇于揭露生活真实”（南北朝民歌）——“歌诗合为事而作”（唐新乐府），所以，唐代新题乐府的思想广度和复杂情境就不是音乐的抒情方式所能表达的，其社会性和叙事性愈大，离乐的距离就愈远。但是，作为真正入乐演唱的歌诗，

既没沿着乐的方向发展，又没朝着诗的方向发展，而是在诗和乐的合力中不断发展，这就形成唐代律、绝体歌诗。这种歌诗虽没有完全实现“为事”而作，但歌诗的内容一般来说却纯洁坚实，用寥寥数语就写出了一个情境和情感；虽没有固定乐曲的限制，但有着极其严格的声律束缚，特别宜于用来谱曲。（《乐府官署与乐府歌诗·乐府歌诗的特点》）

先生指出，在诗乐结合中，虽采取的是选诗以配乐，但所选的律、绝体歌诗，由于诗歌的人为音节代替了固有的自然音节，已渗透了适合表演的音乐因素，而配乐则是为通过音乐节奏来提高歌诗的音乐性，使歌诗更能深入人心。所以，乐府歌诗尽管在不断变化，但它并非随意发展，而是在一定的历史条件下，沿着诗和乐的合力在不断推陈出新。

（二）乐诗与徒诗

音乐的发展是没有限制与范围的，但是音乐是有时间性的，只靠口耳相传是很难长久保持的。乐曲通过乐工教习演肄而世代相传，但在没有记谱技术的历史条件下，失掉音乐的乐府歌诗也会变成徒诗。先生认为，失去音乐的乐府诗和纯粹之“徒诗”还是有区别的：

乐府歌诗虽为歌唱之辞，但随着乐谱唱法的完全失传，乐府诗遂离声而独立，成为无声之诗。若仔细甄别，乐府诗与“徒诗”还是有区别的，乐府诗有着音乐烙印：（1）乐府诗大都与曲名、本事或者在主题思想等方面，有一定的联系；与曲名、本事失去联系的只占少数。（2）拟作的古乐府或创作的新乐府，虽然着重于内容，但也注意到了乐舞歌辞的特点，有别于乐章歌唱之辞；有些虽是自创的新题，但其题名大多为当世民间传唱之曲题名。（3）乐府诗中保存着声谱的痕迹，如汉魏乐府诗，一般根据曲调的反复分为若干“解”，南朝小乐府分为“首”或“曲”，唐代乐府诗中的“迭”或“拍”，都相当于唐、宋词中的“阕”，充分体现了乐府诗的入乐性质。（4）乐府诗篇中往往掺有某些表声词，如“妃呼豨”“羊吾夷”“伊那何”“路訾邪”，以及一些单音词“梁”“之”“奴”等，它们都旨在表声，与诗意无关。（5）乐府诗篇常用“歌”“行”“曲”“引”“吟”“谣”等名称，这些名称与乐调的性质、声情有关。总之，乐府诗具有音乐特征。（《乐府官署与乐府歌诗·乐府歌诗的特点》）

在对乐府诗的研究中，先生不仅对其思想性、艺术性进行研究，还重视对其音乐性的研究，特别是诗与乐融合的研究。例如，在对乐府“梁鼓角横吹曲”中的《木兰诗》研究中，很多学者虽然指出其诗具有民歌“明转出天然”的特征，但很少有人关注其音乐性。《乐府诗史》曰：

《木兰诗》古辞是北方民歌，篇幅颇长，又多长短句，是否被乐府机关被之管弦？在我看来，此歌是能入乐演唱的。单就原韵来说，篇幅较长的乐府歌诗大都是隔几句换一个韵，很少有一韵到底，这样才能使演唱的歌曲音节复杂而有变化。《木兰诗》古辞也正是这样，共换了七个韵，也可以说是六种曲子：“唧唧复唧唧——女亦无所忆”；“西市买鞍鞯——但闻黄河流水鸣溅溅”；“暮宿黑山头——但闻燕山胡骑鸣啾啾”；“万里赴戎机——壮士十年归”；“天子坐明堂——不知木兰是女郎”；“雌兔眼迷离——安能辨我是雄雌？”这就相当于一个题下六首曲子。所不同者，这里则是一个完整的歌子；好多民歌每韵的句数比较整齐，而《木兰诗》古辞每韵的句数却比较参差。正因为它曾为乐人所演唱，所以古往今来都被收入乐府歌中；而且直至现代，仍有评弹艺人在演唱《新木兰词》。

（《北朝——乐府渐兴期·北方民歌的勃兴》）

（三）旧曲与新声

《乐府诗史》中对“旧曲”和“新声”进行了辨析。旧曲，是相对于“新曲”而言的。新曲，亦曰新声。诚如先生所言，秦代的雅乐，“是沿用了周代‘六乐’中间的《韶》《武》二曲”，汉高祖刘邦让儒生叔孙通“因秦乐人制‘宗庙乐’”，其所根据的“秦乐”，就被西汉乐府机关称为雅乐旧曲。汉武帝时，广泛采集民间俗曲乐以替代祭祀之雅乐，“是时，上（皇帝）方兴天地祠，欲造乐，令司马相如等作诗颂；延年辄承意弦歌所造诗，为之新声曲”（《汉书·李延年传》）。秦代的雅乐，在汉武帝时被称为旧曲，而新作的雅乐为“新声曲”。

除宫廷雅乐有旧曲与新声之别外，“以为娱乐”的乐府歌诗也有旧曲与新声之别。先生在论述隋唐乐府时指出，隋代“在乐府上有创造性的要算是杨广”。大业二年（606年），隋炀帝召集“周、齐、梁、陈乐工子弟及人间善声调者，凡三百余人，并付太乐。倡优獶杂，咸来萃止”（《隋书·音乐志》）。隋炀帝在改造“太乐”时，不仅不废清商署，而且加置乐师。“《清乐》虽然包括汉魏旧曲，但到隋代已多为江南新声。”杨广采用吴声歌曲、边疆少数民族及国外音乐来制作新曲，诏令乐官白明达（龟兹王白姓）“造新声”。

作为“新声曲”的乐府歌诗，由于音乐新因素的不断输入，其音律和格调，也就依着这种外因的影响而得到发展。先生举例说，隋炀帝翻作的新声《江都宫乐歌》，“完全是梁、陈乐府的余响，并无新意；但音律和谐，格调颇高，在律体歌诗的发展上，却是一种新的创制”。“由于外乐的输入，乐曲奇变，复杂曲折，如果光用那种长短一律的字句去歌唱，自然不能尽其音声之美妙。为了适应音乐的效能，于是就产生了外表不整齐，而实际很严格的歌诗，如隋炀帝的《夜饮朝眠曲》《纪辽东》就是这类。”

（四）旧题与新题

《乐府诗史》中对“旧题”和“新题”做了辨析。在乐府诗史上，唐代文人的乐府诗多是用汉魏及吴声、西曲之“旧题”。先生指出，在初唐大体有这么几种类型：一种是用旧题，虽然原来的乐曲有了变化，但可以入乐演唱；一种是旧曲未变，但曲题发生了变化；一种是基本上沿用旧曲旧题；一种是模拟古乐府体式，但也曾被称为乐章，能够歌唱；还有一种是虽用旧题，但只能朗诵、吟咏，已无歌声。在唐代，沿用汉魏及吴声、西曲之“旧题曲”的，人们称为古乐府。

用新题作乐府，则被称为新题乐府。所谓“新题乐府”，是相对于“古题乐府”而言的。新题乐府也被称为“新乐府”，那么“新题乐府”与“古题乐府”有什么区别呢？

> 其明显的区别，就是新题乐府是“即事名篇”，歌题是作者依歌诗的内容拟定的。用乐府古题写时事固然可以，但古题往往有个老主题，写作必须要受主题的约束，难免有主题先行之弊。现实生活千变万化，有限的古题怎能满足需要呢？新题乐府就不同了，因事立题，比较方便，抒发感情比较自由，歌诗易于取得感人的社会效果。可是，既然采用了“即事名篇”的新题，为什么不把乐府抛开呢？白居易在《新乐府序》中说：“其体顺而肆，可以播于乐章歌曲也。”可以播于乐章，就是说其诗如徒歌一类，进而可歌可咏，可被管弦。（《隋唐——乐府完成期·盛唐乐府的全盛》）

简而言之，古题乐府多是“因声而作歌”，新题乐府多是“因歌而造声”；古题乐府多是沿用旧曲，新题乐府多是选诗以配乐；古题乐府多用旧题，新题乐府则多自立新题。所谓新题乐府，其题目是即事名篇，其内容是为时、为事，其语言是通俗易懂的，其辞实为乐流，即“可以播于乐章歌曲也”。

（五）拟作与创新

《乐府诗史》中对“拟作”和“创作”做了辨析。民间乐歌通过乐府机关的演唱传播，不仅引起了君王的重视，而且对文人也产生了深刻的影响。有一批文人开始模仿和拟作乐府民歌。先生以东汉时代为例，揭示了文人模仿和拟作乐府民歌，经历了一个由不自觉到比较自觉的发展过程：

> 不自觉时期。从汉武帝时的改造俗曲到东汉贵族的拟作雅歌，是拟作乐府的不自觉时期。这一时期的主要特点是新声变曲。……
>
> 半自觉时期。从东汉宫廷文人的仿作杂舞到下层文人的改制民歌，是拟作乐府的半自觉时期。这一时期的主要特点是改造民歌。（《汉代——乐府创始期·文人拟作之兴起》）

随着俗乐的发达，东汉文人不仅喜好俗乐，而且大都擅长民乐。于是有些文人仿民间新曲为宫廷制作乐舞歌。“这种模仿从宫廷转移到了社会。”有的是“对乐府民歌加工”，有的是“仿民歌古辞制作”，有的是“改乐府民歌入乐”，也有“套乐府民歌形式”。这一时期的文人模拟俗曲，“多是改制，很少能就俗曲转出新意，也很少能借俗曲裁以己意，所以这一阶段为半自觉时期”。

较自觉时期。从东汉末年有主名的文人拟作到建安乐府以前，是拟作乐府的较自觉时期。这一时期的主要特点是倚曲仿歌。

这一时期的文人虽能模仿民歌咏新事，比较自觉，但仍过于拘谨，注重模仿而很少自创，还未摆脱乐府民歌的束缚，因此这一阶段为较自觉时期。

在拟作乐府的发展过程中，从较自觉时代而进入自觉时代，当是建安及其以后。（同上）

如果说文人和音乐专家的拟作乐府长期统治着乐府诗坛，那么到了南北朝时期，文人乐府却发生了新的转机，从拟作乐府发展为乐府创新，即乐调别具一格，歌诗格调颇新。先生指出：

从北朝乐府的发展来看，正当美妙自然，清丽可喜的吴声、西曲在南方极为盛行时，北方则输入了不少少数民族的乐曲，产生了爽朗刚健的北方民歌。开始北人不识南音，不解汉歌，游牧民族统治者是杂用胡乐，施于殿廷；后逐渐融合，胡汉杂糅，开始也演唱汉民族的清商乐歌。又由于外来音乐还未能与汉乐融化，因此北方的汉族文人，虽然也受到了北方乐歌的熏染，但大都学习、模仿南歌。这样上下二百余年，个别发展，争相耀辉。当南朝文人流入北方，在南朝文化的回灌之下，北周便开始出现南北乐府初步融合的新乐歌，庾信的歌诗可以说是这种结合的第一胎产儿。这种乐歌，有南方清秀柔婉之情调，而无淫艳妖冶之怪态；有北方雄浑豪放之气势，而无粗犷野蛮之习气。隋唐乐府正是沿着南北文人所开辟的这一新路在向前发展。（《北朝——乐府渐兴期·文人乐府的转机》）

四、一代有一代乐歌的新的探索

《乐府诗史》，以时代为经，通过具体的历史事件反映社会的变迁、文艺思想的变化和乐府机构的沿革，突出了乐府歌诗发展的阶段性及延续性；又以乐曲为纬，根据一代有一代之乐，叙述了一代有一代之歌，用系统发展的观点，反映了乐府歌诗的演变与发展。

（一）汉之“相和”

在汉代乐府中，有以《郊祀歌》为代表的郊祀乐歌，有以雅舞、杂舞和散乐为代表的雅舞曲辞，有以鼓吹曲、铙歌、横吹曲为代表的少数民族及国外音乐的新声变曲，但最能代表汉代乐府的则是“相和歌”。

“相和歌”是一个大类的名称，一般说来，它概括了汉代各地民间流行的各种歌曲。“相和歌”其始是“徒歌”；进一步是清唱而加帮腔，叫作“但歌”；再进一步，是用弹弦乐器和管乐器伴奏，由一人手里执着一个叫作节的乐器，一面打着节拍，一面歌唱，这才成为名副其实的“相和歌”。《乐府诗史》曰：

“汉‘相和歌’，按郭茂倩的划分，又分为十小类：”

相和六引、相和曲、吟叹曲、四弦曲、平调曲、清调曲、瑟调曲、楚调曲、侧调曲、大曲。

“在我看来，这‘十曲’可能是套组歌，大概在演唱时，有引有和，有先有后，乐器不同，曲调多变。然而，这只能从音乐演奏上进一步考究，至于曲词，几经流传变化，已无从找出其内在之联系。”（《汉代——乐府创始期·民间乐歌之采用》）

先生在书中叙述了“相和歌”，指出这“十曲”大概是按照演奏乐歌的原来次序组成的。先生指出：相和引的“引”，是乐曲体裁之一，有序奏之意。《古今乐录》说古有六引，而先生认为："在我看来，'相和引'当为五引，'宫'引、'商'引、'角'引、'徵'引、'羽'引，其余诸'引'不应属此。"因为这"五引"是以音声为名，而其他的则是以乐器定名。其后之"相和曲"，可以一人唱余人和，也可以群相唱和；可以人声相和，也可以乐器和歌。"四弦曲"，大概在"三调"未歌之前、"相和曲"已歌之后，有四部弦乐器合奏。"五调曲"，即上述"十曲"中的平调曲、清调曲、瑟调曲、楚调曲和侧调曲，大约是在演唱中互相变换的五种调式。"大曲"，是"相和歌"最高形式的歌舞。

"大曲"的特点是有"艳"、有"趋"，其代表作当属《陌上桑》。《宋书》原注，全诗"三解，前有艳词曲，后有趋"。第一解为"艳词曲"，歌诗是述罗敷之美；第二解为"正曲"，是叙述故事，展开了罗敷面对使君调戏的斗争；第三解为"趋"，是一个完整的曲子，因此也可以说是"趋词曲"，歌诗在高潮中结束了，使歌诗进一步深化。"大曲"古辞还有一种情形，就是只有"趋"而无"艳"。（同上）

（二）魏晋之"清商"

曹魏的乐府机构，遵循东汉而又有改革。一是恢复了东汉的太乐官署，专奏雅乐；二是改造了东汉的黄门鼓吹署，由文士撰述；三是另设清商乐署，演奏俗乐。而最能代表魏晋乐府的则是其"清商曲"。先生指出：曹魏设立清商乐署，所演奏的主要是汉相和诸歌曲，其歌辞除"汉世街陌谣讴"古辞外，"大多是曹魏统治者自制的歌辞"。

> 魏晋时代，文人们在利用民间俗曲作歌辞时，不仅对原曲有所改造，如"相和歌"中已有转调的应用，或复合若干个歌曲连起来唱奏；而且大都自铸新辞，有了新意，正是由于魏晋贵族、文人的因俗曲制歌诗，这种新兴的乐府体式才得以确立和发展。[《魏晋（西晋）——乐府拟作期》]

在《乐府诗史》中，先生深刻分析了文人用古题乐府民间歌曲自作诗的原因，除了思想解放外，也与乐府歌诗自身发展的规律有关。

> 一般地说，乐府歌诗是由歌辞和乐曲构成的，从歌辞来说，它总是直接地或间接地表现着作家的政治态度或政治观点，有着鲜明的阶级性；而乐曲虽然可以表达特定的情绪，但是却不能告诉人们产生这种情绪的原因，不能直接体现判断、推论等抽象的概念。因此，在长期的历史发展过程中，乐曲形成了自己独特的表达方式，具有相对的独立性。它要求自己表现得完美与和谐，相对地说，是非功利性的“快感”。正因为民间歌曲有着相对的非功利性的美感作用，所以建安文人多用乐府歌曲；又因为民间歌诗有其鲜明的阶级性，所以建安文人多是“自作诗”。可见，建安时代的文人歌诗是在民间歌曲的形式中发展起来的。经过建安文人的创作实践和革新改造，民间歌曲和文人歌诗实现了和谐美的统一，这就形成了为后世所称道的“建安风骨”。[《魏晋（西晋）——乐府拟作期·建安乐府的开创》]

（三）南朝之吴声、西曲

南朝时期，宫廷演唱的清商旧曲，已经丧失了其新鲜活泼的生命力，而发源于南方民间的吴声、西曲，清新活泼，生气勃勃，逐渐为南朝的统治者所喜爱。在郭茂倩的《乐府诗集》里，把南朝民间歌曲称为清商曲。也有学者把汉魏乐府歌曲称为“清商旧曲”，把南朝民间歌曲称为“清商新曲”；而先生认为，当时南朝人所谓的“清商”，实际仍指汉魏清商旧乐，因此南朝人把南方民间歌曲称作“吴声”或“西曲”，而且宫廷还专门设有吴声、西曲女乐部。

南朝民间歌曲，主要是“吴声歌”和“西曲歌”。一般来说，其体制风格基本相同。大体可分为两类：一类是民歌，后来被统治阶级采入宫廷；另一类是统治阶级在民歌的影响下自制的乐歌。总体来说，这两类都有一个共同的内容，那就是“爱”。有写爱得幸福的，以《小夜歌》为代表；也有写爱得痛苦的，以《华山畿》为代表。虽然其中杂有不少文人歌诗，但大都语言清新，描写新巧，有着浓厚的江南音乐风格。（《六朝——乐府新变期·民间新歌的繁盛》）

南朝的吴声、西曲，基本上是演唱、伴奏与舞蹈并用。如“西曲歌”中的“倚歌”，不论是倚乐和歌，还是倚歌合乐，都是有所“倚”。但是，倚歌并不同于舞曲，舞曲有舞，而“倚歌”无舞。南朝乐府民歌有一个最大的特点是“舞曲兼倚歌”。《乐府诗史》对此做了详细记述：

> 这类曲子在演唱时，有舞曲，也有倚歌，倚歌与舞曲并用。在倚歌与舞曲并用时，往往先唱几节倚歌，接着又演唱几节舞曲。这种先歌后舞、歌舞合用的形式，为以后唐代“大曲”所继承。
>
> 关于舞曲、倚歌并用的情况，史料中虽无详细记载，但从宋代龙辅《女红余志》的记述中，可以看出大概情况：“沈约《四时白纻歌》五章，舞用五女，中间起舞，四角各奏一曲。至‘翡翠群飞’（翡翠群飞飞不息）以下，则合声奏之，梁尘俱动。舞已则舞者独歌末曲以进酒。”虽然记的是合唱和送声的热烈情况，但这里的中间起舞，可能用的就是舞曲；“四角各奏一曲”或“舞者独歌末曲”，可能就是所唱的倚歌。（同上）

（四）隋唐之燕乐新声

盛唐时期，太常寺之太乐署和鼓吹署、宫廷内外之教坊和皇帝梨园弟子院，是同时存在的主要乐舞机构。虽然乐舞机构比较复杂，但音乐名称总归有雅乐、燕乐、清乐、胡乐、散乐五种。其中，“燕乐”可以说是唐朝的时代之乐。

《乐府诗史》记述，“燕乐”，也称宴乐。盛唐宫廷的燕乐新曲大致可以划分为道教奉行之道调、胡部之新声、法部之法曲三种。(1) 道教奉行之道调。唐高宗时，就命乐工制“道调”，《步虚词》道家曲，“备言众仙缥缈轻举之美”。道士在唐玄宗前唱《步虚词》，考究平上去下，方为“正声”。“只有仪式与徐步绕行，并无舞容，由女冠（女官）、女伎唱为俗曲以后，便有舞容。如薛涛《试新服裁制初成》云：‘每到宫中歌舞会，折腰齐唱《步虚辞》’。”显然有了舞蹈动作。(2) 胡部之新声。胡部新声，“歌者多杂用胡夷里巷之曲”，多为五、七言近体诗，小部分为长短句。如在唐代“燕乐”中居于主位的“大曲”，“是器乐、声乐、舞蹈和歌唱连续表演的一种大型艺术形式，其结构分为无拍、慢拍、快拍三段，无拍有散序（不歌不舞），慢拍有歌与排遍（重在歌），快拍有破与彻（重在舞），其普通形式有‘第一’‘第二’等字样，分别标于各遍曲辞之前，以定其序。”(3) 法部之法曲。“从乐曲上看，法曲乃是渗透了‘胡乐’的清乐，从体制上看，是出于法部的大曲。”如《霓裳羽衣曲》就是盛唐最著名的法曲：

> 《霓裳羽衣曲》堪称盛唐乐舞的绝顶。白居易在《霓裳羽衣歌（和微之）》一诗中回忆元和年间在唐宪宗宫廷里看到的这部乐舞：舞伎身着“虹裳”“霞帔”，头戴“步摇”，盛饰细璎玉珮。乐队磬箫筝笛次第发声，奏过“散序”六遍，至“中序”方入舞拍，此时舞伎飘然起舞，“小垂手后柳无力，斜曳裾时云欲生”。渐而风袖低昂，如仙子凌虚招引。“曲破”（高潮）时，“繁音急节十二遍，跳珠撼玉何铿铮”。最后听得长引一声，乐舞结束。宪宗元和年间的这番表演，自然是继承了玄

宗天宝年间的表演的，但其乐谱歌辞早已失传。(《隋唐——乐府完成期·盛唐乐府的全盛》)

正因为一代有一代之乐，一代便有一代之歌，所以形成了不同特色的时代歌诗；汉代的相和歌诗，多感于哀乐，缘事而成；魏晋的清商歌诗，多慷慨悲凉，志深笔长；南朝的吴声、西曲之歌诗，多情真意切，自由奔放；隋唐的燕乐新声之歌诗，多意境高远，气概豪放。这些各具特色的乐府歌诗，反映了乐府歌诗自身发展的特殊规律。

五、“乐府创诸体”的深度剖析

乐府诗作为兼备诸体的特殊诗体，被称为“乐府创诸体”。《乐府诗史》对这一诗体特点做了深度剖析。

（一）杂言歌诗

《乐府诗史》指出，杂言歌诗是古代中国诗歌体裁之一，属于古体诗的一种。诗句字数不整齐的古诗，称为“杂言古诗”。古人提及杂言，有的称之为“参差语”；较多的称之为“乐府长短句”。杂言诗的产生，也是中国诗歌史上的一大进步。《诗经》中的诗歌，大体是四言。而四言为句，又过于短促，也未能尽乐曲韵律之抑扬。于是，为适应民间乐歌之入宫，便出现了杂言歌诗。

汉魏乐府打破了《诗经》基本上是四言体的格局，创造了杂言体歌诗。在句式上，它往往是三言、四言、五言、七言间出，而基本上以五言为主，七言体式也开始出现。(《乐府官署与乐府歌诗·乐府歌诗的特点》)

楚汉之际，民间多乐楚声。刘邦当上皇帝之后，时尚楚歌之风便被带进了宫廷。刘邦时代的宫廷雅乐，一是“因秦乐人制‘宗庙乐’”，一是用楚声作“房中乐”，“此章乃杂言体，格调自创”，显然是受了楚声的影响。汉武帝时，为配“郊祀之乐”的《郊祀歌》，就是司马相如等人造诗，李延年“承意弦歌”，用“新声曲”所作的歌，其歌词二十首。“这二十首，形式多样，有三言、七言、杂言，规模宏大。”

特别是受北狄乐、西域乐等少数民族音乐的影响，现存的“汉铙歌”十八篇古辞“声辞艳相杂，不可复分”（《宋书·乐志》），所以其歌诗多为杂言。如“汉铙歌”中的《朱鹭》，其词就有二言、三言、五言、六言、七言。配合舞蹈的杂舞歌词更是如此，如南齐演唱的《公莫舞》，短短的十来句中，有六言、五言、四言、三言、二言不等。可见，这些杂言体歌诗，完全是为适应配乐——“新声曲”而产生的。

由宫廷乐工传习而保存下来的汉民间乐歌中，也不乏杂言歌诗。如汉相和歌中，控诉官吏压榨良民的《平陵东》，就是一篇杂言歌诗，其词有三言、七言、四言，相传为翟义门客“作歌以怨之”。

杂言歌诗形式比较自由，便于无所拘束地表达思想感情，更便于配以各种形式的情感丰富之乐曲。凡是配以乐舞演唱的艺术家，对于杂言歌诗都有极大的偏爱。

（二）五言歌诗

五言歌诗，古代诗歌体裁之一，是指每句五个字的诗体，全篇句数不定，但每句皆为五字。五言歌诗可以容纳更多的词汇，从而扩展了诗歌的容量，能够更灵活细致地抒情和叙事；在音节上，奇偶相配，也更富于音乐美。

在《乐府诗史》中，先生认为五言歌诗是吸收民歌的形式而成，汉相和歌中就有许多五言歌诗。那么，五言歌诗产生在什么时候呢？虽然汉武帝时期的相和歌中就已有了五言歌诗，但这并不能说明五言诗就始于此时：

> 尽管西汉统治者对搜集民间乐歌的工作比较重视，但他们所利用的开始只是“乐”，因此民歌虽产生较早，但在乐府中存在却较迟。从表面看来，采集的似乎全是西汉时代的作品，但事实上，现存汉乐府中的民歌，绝大多数是东汉时代的作品。因为“相和”各曲时代大半无考，而偶有可考者，东汉却多于西汉；杂曲作品大都可考，几乎全是东汉作品。可能西汉时所采集者大都散佚，而东汉民歌时代较近，所以能得到魏晋乐工的演奏和《宋书》作者的著录。（《汉代——乐府创始期·民间乐歌之采用》）

如果说五言歌诗在汉乐府民歌中已出现，但以上推之，五言歌诗是应了新声的呼唤而产生的，最初应诞生于民间。《后汉书》载光武时，佚名《凉州民为樊晔歌》曰：“游子常苦贫，力子天所富。宁见乳虎穴，不入冀府寺。”《后汉书》载东汉初流行在京城洛阳的一首童谣歌云：“城中好高髻，四方高一尺。城中好广眉，四方且半额。城中好大袖，四方全匹帛。”说明在东汉初年，五言歌诗在民间流传着，为民歌，为童谣。到东汉末年，这些民间歌诗才被文人学士所采集、润改，并播之于乐府。《乐府诗史》曰：

> 到了东汉末年，这种模仿从宫廷转移到了社会。由于民间乐歌能引起穷困潦倒的下层文人的共鸣，他们便改造民歌歌唱，以抒发自己胸中的愤懑。其代表作就是有名的“古诗十九首”。这十九首诗虽然被称作“古诗”，但如朱乾在《乐府正义》中说：“古诗十九首，古乐府也。”虽不曾举出什么理由，却是可信的。（《汉代——乐府创始期·文人拟作之兴起》）

先生指出：“这十九首，相当一部分是乐府古辞，有的则明显是乐府民歌。从歌诗的语言看，确又经过文人的修改加工和锤炼提高。”最为明显的是十九首之第十七云："客从远方来，遗我一书札。"十九首之第十八云："客从远方来，遗我一端绮。"《中国音乐文学史》所说，这两首或者就是《长相思》的古词。古诗十九首，不仅采用民间乐歌之"古调"，而且还采用民间乐歌之形式：

如十九首无题，都用首句名篇，每篇多用比兴引起下文；通篇采用问答成章；表达委婉含蓄；语言浅近自然，"若秀才对朋友说家常话"似的，题材也没超出乐府民歌中最普遍的相思、离别、客愁和一般的人生慨叹等。这都是汉乐府民歌共有的现象和特色。（同上）

从上可以看出，这一时期的文人采用民间乐歌，其主要特点是"倚曲仿歌"，而且多为五言。先生指出：

五言诗始自两汉谣谚，成熟于汉末的乐府民歌和文人之古诗。但是，直到建安时代，它仍然是新起的形式，因为传统的四言乐府是雅调；而五言乐府是俗调。……直到南朝刘勰，仍称四言为"正体"，五言为"流调"。那么，汉末五言歌诗地位卑下就可想而知。可是建安诗人敢于无视雅乐正体，大量采用五言乐府，终于使它成为诗坛的主体形式。汉末文人五言乐府虽然具有艺术魅力，但题材狭窄，内容单薄，不足以开启乐府新风。而建安文人以丰富的内容，高远的志怀，慷慨的激情，为五言乐府输入了新的血液，从此开启了一个五言歌诗长足发展的时代。（《魏晋——乐府拟作期·建安乐府的开创》）

此外，先生又指出：

南北朝乐府以五言四句的短章为主，也有一些四言、七言和杂言体；特别是它那形式整齐的五言四句体小乐府，对后世

律、绝体的兴起，有直接影响。（《乐府官署与乐府歌诗·乐府歌诗的特点》）

（三）格律诗

《乐府诗史》曰：

“到了唐代，乐府境界尽辟，律绝体、歌行体、长短句新诗体——词，无一不是从乐府而来。”（《乐府官署与乐府歌诗·乐府歌诗的特点》）

格律诗亦称作近体诗或今体诗，为了和古体诗区别，习惯上多称为近体诗，是一种讲究平仄、对仗和押韵的诗歌体裁。南齐永明年间，“声律说”盛行，文人仿效江南新歌创作乐府歌诗时，开始注意运用声律理论，使乐府焕然一新，出现了一种“新体乐府”，其特点是“体小而俗”和讲求四声协律。

那么，诗歌的这种声律是怎样形成的？《乐府诗史》进行了深入的分析：

首先我们应该认识到，声律是在音乐歌诗的发展中孕育和形成的。因为古代诗歌是和音乐、舞蹈结合在一起的，乐府歌诗的一个天然要求就是要和谐顺口，优美动听，要能够配合音乐的节奏和旋律，这就使诗歌获得了一种良好的音乐素养。而且歌诗中的韵和音乐中的调有相似之处，音乐中的调主音的高度，乐曲常用它来开始，并用它来结束；而韵脚在诗的各个音节中也最为重要，常把它放在第一句的末尾，也总是用它来结束。音乐中可以转调，歌诗中也可以转韵（当然二者也有明显不同）。另外，歌诗的节奏和音乐的节奏又是密切联系的，乐有强、弱、长、短之分，这就必然要求辞有缓、急、长、短之别。虽然它们二者不是一回事，但诗歌的节奏是从音乐节奏的基础上发展来的。节奏本来是一个音乐术语，是包括音的不同强度和不同长度两个方面的一种表现手段；诗句的各个音节在一定的诵、吟形式中也同样具有不同的长度。在乐曲中运用某些节奏型的重复，对取得乐曲结构的统一是有良好的效果的，而齐言歌诗音节结构的统一正是利用了这种方法。可见音乐的发展孕育着声律的形成。（《六朝——乐府新变期·文人拟作的演进》）

另外，声律理论的形成与佛教音乐也有关系。宋齐以来，佛经转读之风日盛。读经不仅诵其字句，还必须传其美妙的声音。梁代僧人慧皎在《高僧传》中，曾讲到东国之歌主辞，西方之赞主声，“梵音重复，汉语单奇。若用梵音以咏汉语，则声繁而偈促，若用汉曲以咏梵文，则韵短而辞长”。这正说明单音的汉语，不容易传达梵音的曲折，不适宜于佛经的转读与歌赞，欲达此目的，就必须参照梵音的拼音，而求汉语相应的转变，于是反切之学得到发展。反切盛行，声音分辨乃趋于精密，因此四声才得以成立。所以陈寅恪先生在《四声三问》一文中说：佛徒转读经典时，依声之高下，分为三阶；中国文士据此三阶，定中国字读音为平、上、去、入之四声。因为“宫、商、角、徵、羽五声者，中国传统之理论也。……平、上、去、入四声者，西域输入之技术也。……乃摹拟西域传经之方法，以供中国行文之用”。齐永明年间，竟陵王萧子良大集沙门于京邸，“造经呗新声”，作为当时考文审音之一大事，而被称为竟陵八友又参与考文审音的周颙、沈约等，都精于声律，提倡四声，于是四声之名称才正式成立。这并非偶然，而恰恰说明声律说的成立，与佛经转读有直接关系。可见，各种音乐的发展和文士们对于音乐声律的爱好，都是促成声律理论形成和发展的重要因素。（同上）

然而，也不能否认声律说确是在江南民歌入乐演唱的情况下最后形成的。固然江南民歌当时被于管弦，但始为徒歌，而且本身“清浊通流，口吻调利”，是直接出自内心深处的、自发的自然音律，但是艺术上的自由又必须是自觉的，这就要求诗人需对自己在生活感受中情绪活动的自然音律有清楚的认识，并自觉地利用它使诗的思想情绪起到调节和谐作用，这就需要有一定的艺术修养。因此，这一任务就不能不落在盛解音律的沈约等一些文人身上。虽然这种人为的音律脱离了诗的具体内容，独自成律，并妨碍了诗的内容的表达，正如钟嵘所说，“文多拘忌，伤其真美”，破坏了诗的“滋味”。但这种声律的适当运用，却使诗歌本身获得了入乐演唱的机会，对诗歌的发展具有一定的进步意义。（同上）

由于声律是在脱离音乐的条件下产生和形成的，但声律的兴起却有益于歌诗的入乐演唱，对歌唱技术和作曲方法的提高和改进有着促进作用：

虽然诗的声律要求和一定的乐曲之间有着一种不易驾驭的关系，但是这种强制性的声律要求却能激发诗人“因文生情”，获得新的意思和新的创造，使音乐本身具有明确而和谐的轮廓；而且音乐只有服从声学的一些必要的基本规律，才能使表达的特定情绪和时而朦胧的内容沿着明确的方向和性质在声音中获得扩展。正因为如此，从齐代开始，文人们便以四声制韵，并用于乐府创作，这就形成了一种新的乐府歌诗。这种歌诗，一是体小而俗，一是“章有定句，句有定字”；而且曲的句式也有规定，但它可以加用衬字。（同上）

《乐府诗史》指出：正因为声律的兴起有益于诗歌的入乐，所以，永明时期，文人们在采用江南新声创作乐府歌诗时，开始注意运用声律理论。一般来说，南方小乐府体小而俗，和谐动听，宜于歌咏，如果重复太多，又会破坏美感，使人感到枯燥、厌倦。永明文人意识到了这一点，所以他们要求歌诗“体小”，以四句、八句为宜。还要求诗中偶、奇音组前后相配，因为只有相配，节奏才能更为曲折优美。在这种风气的影响下，永明时代的一些乐府作家，在运用声律、辞藻上都有了新的成就。

《乐府诗史》指出，到了初唐，以“初唐四杰”为代表的文士们，秉承了齐、梁的遗风，并对其进行了改造与发展。在五言歌诗方面，引进了更趋近于“律体”的格调；在七言诗方面也在“律体”方面有了新的发展。在初唐到安史之乱的七十多年间，五言律诗、七言律诗成为当时重要的文体之一。接着，另一种新诗体，即所谓的“五绝”“七绝”也产生了。联结了若干韵的律诗而成为一篇的长诗，即所谓“排律”，也开始出现了。如这一时期的代表人物沈佺期、宋之问，都创出了“律诗”的新诗体，不仅有五言律歌诗，而且有七言律歌诗，其五言、七言绝句，佳作也颇多。此外，所谓“排律”，也起于沈、宋。沈、宋的“排律”以五言最多，王世贞谓：“二君排律用韵稳妥，事不傍引，情无牵合，当为最胜。”

（四）词

“词”在唐、五代时期通常称为“曲子”或“曲子词”。它在体制上，与近体诗最明显的区别是有词调，多数分片，句式基本上为长短不齐的杂言。这些异于一般歌诗的特点，是由它“排比声谱填词，其入乐之辞，截然与诗两途”（胡震亨《唐音癸签》卷十五）所造成的，是诗与乐在隋唐时代以新的方式再度结合的产物。

词有词之曲，隋代已有入词的曲调产生。唐五代所用词调，半数皆可见于《教坊记》的曲名表中。刘禹锡有《忆江南》词，标云：“和乐天春词，依《忆江南》曲拍为句。”表明不是按诗的句法，而是依照一定曲调的曲拍，制作文辞。于是，词的制作便由最初的依曲谱制词，演变为依词谱填词。

晚唐至五代时期，虽词已兴起，但词的演唱多用于娱乐、仪式、社交、应酬等场合，而宫廷演唱歌诗之风仍很盛行。《乐府诗史》曰：

> 自唐朝以后，宫廷演唱和文人乐府多是新词，歌诗已成尾声，但宋代宫廷音乐仍多唐代遗产，究竟演唱时用的是词还是诗，虽无明文，但从《乐学轨范》《进馔仪轨》等书可知，由北宋流入高丽之舞曲，其辞仍用五言、七言歌诗。宋代文人虽多唱词，但作歌诗的仍然不断，如张耒所谓“倚声制曲”之七律三首，苏轼拟《渭城曲》之原声，及观黄钟《梁州》之舞，黄庭坚、秦观等听《小秦王》，萧定基歌唱《何满子》。又如欧阳修《近体乐府》内《瑞鹧鸪》调下，编者云：“此词本李商隐诗，公尝笔于扇，云，可入此腔歌之。”此外，又如范仲淹之《迎神》七绝，沈括作《开元乐》辞等皆是歌诗。当然，这时文人所作之乐府歌诗，未必皆能入乐。（《隋唐——乐府完成期·唐末乐府的尾声》）

乐府歌诗是民族心灵的载体，它内容博大，形式多样，而且发展充分，源远流长。在其发展过程中，伴随着四言诗体式的突破，孕育和生长出了杂言诗、五言诗、七言诗以及五言律、七言律、五绝、七绝、排律等各种体式的新歌诗，包括曲词在内，其源头皆为古之乐府。

余　论

在中国文学史的研究上，对乐府诗的研究不乏其人，著作繁多，也不乏真知灼见。但比较全面系统，并从诗、乐结合的角度进行研究的，恐怕当推杨生枝先生的《乐府诗史》了。全国著名学者、西北大学教授傅庚生先生曾评价说："杨生枝同志的《乐府诗史》就是在这方面所做的拓荒工作，其筚路蓝缕、开创之功，值得我们肯定。"

从以上方面的重点研究可以看出，《乐府诗史》的"开创之功"，概括而言，主要有以下几个方面：(1) 建构了乐府歌诗系统发展的完整体系。除第一章《乐府官署与乐府歌诗》中论述了乐府诗体的起源、乐府名称的演变、乐府歌诗的特点、乐府歌诗的分类之外，在其他各章中，分别论述了乐府的"创始期""拟作期""新变期""渐兴期"与"完成期"。"自汉武帝拉开乐府歌诗的序幕之后"，"唐末，随着乐府歌诗绒幕的下垂，早已酝酿成熟的长短句新体诗——词，在音乐变化的乐曲声中，登上了文坛宝座"。《乐府诗史》超越了断代、专题、散论等乐府研究的惯性模式，全面、系统、完整地论述了乐府歌诗自发生至衰落的全过程。(2) 秉持了艺术哲学的思辨理性。先生打破了传统的认知思维，提出了乐府歌诗"主要是从宫廷乐府而来"的建设方式；论述了经济发展对乐府发展的决定作用；从封建制度出发分析了乐府艺术主力的人身依附关系；运用否定之否定观点阐释了乐府歌诗自身的发展规律；辩证地分析了乐府诗乐结合的矛盾纠葛等，超越了简单化研究古代乐府的学术规范。(3) 探究了乐府歌诗在诗、乐结合中的历史发展内涵。“它既没沿着诗的方向发展，也没朝着乐的方向发展，而是在诗和乐的合力中不断发展。”(4) 阐发了民间乐歌与文人歌诗的复杂关系。在乐府领域的民间乐歌被采集入乐——文人拟作——替代雅乐——走上雅化，“新鲜活泼的民间歌曲便在自我运动中走向了自我否定”。(5) 聚焦乐府“徒诗”的歌唱演奏传统，将其置于音乐艺术的研究之中。(6) 观点和材料统一而准确。此书在考证方面有着独到的见解，最突出的是，在考察古人的研究成果时，注意了其特定的历史含义，对乐府歌诗中的许多乐曲概念的本意和转化都做了科学的论证。

总之，《乐府诗史》充分体现了杨生枝先生“拓荒的垦殖精神”。

篇二

时经事纬式通史　体大思精性通鉴

——评《中国教育通鉴》

在中华民族历史悠久、源远流长的灿烂文化中，蕴藏着无比珍贵的教育文化遗产。如何记述中国教育这一历史主题，是中国教育界和学术界长期追寻的重要课题。在丰富的教育史著作中，多是以教育的视角，采用归纳的方法，通过中国教育发生、发展的历史事实，反映教育史的专史特点。而杨生枝先生的《中国教育通鉴》（一至五卷），却是从历史的角度研究教育，把教育放在中国历史的长河中予以整体观照，表达了中国教育与中国社会和传统文化千丝万缕的关系，不仅系统、精细地记述了教育的历史演进过程，而且以史实为基础，让教育回归于特定社会，从而显示其历史与现实的价值。此书以高屋建瓴的运思艺术，以时经事纬的谋篇布局，以丰厚实在的教育史料，独具匠心地考察了教育在不同历史时期的演变轨迹，展示了波澜壮阔、丰富多彩的教育的漫长历史画卷。

一、时经事纬，立体式教育史的体例创新

编纂大型的中国教育史著作，首先有一个无法回避的问题，就是如何建构该书的框架体系。要建构一种多重视野下的多层面的教育通史，

既要反映出教育发展过程的历史体系的完整性，又要建构教育史著作体例的表述法。所谓体例，是指著作的体裁、凡例；所谓体系，是指若干有关事物相互联系、相互制约而构成的一个整体。前者反映了一部著作的构思原则和写作过程，后者则反映了一个学科内部系统的完整性。体例表现学科内容的外在形式，体系表现其自身的规律性。因此，《中国教育通鉴》（以下简称《通鉴》），通过“以时代为经，以事件为纬”，创立了全新的立体式教育史体例。

在中国教育史的研究中，大体有两种体例：一种是纪事本末体，偏重于史科的编纂方法；而近年流行的是划分章节的体裁，可称之为章节体。所谓章节体，就是把每一个大的时代定为一章，把每一个小的时代定为一节，每节之下，又有小的子目，这就把教育历史的阶段性发展和教育现象的主次表现出来。这是教育史书体裁上的一个很大进步。《通鉴》虽然也采用的是章节体，但和传统的中国教育通史的章节体不同，体例创新，具有特色。

（一）篇章题名义例

《通鉴》把每一个大的时代定为一卷，卷题名虽然也是按历史时期而划分，但却和教育结合在了一起，把每一历史时期与这一时期教育发展的特点融合起来，形成了一种新的篇章题名。如：

远古时代——教育的潜在

原始社会——教育的曙光

夏、商时期——教育的创立

西周时期——教育的奠基

春秋战国——教育的转型

……

末代皇帝宣统——近代教育的演进

全书二十七卷，均如以上，把每一个历史时期与这个时期的教育特点结合起来，所采用的这种表述法，就是为了把每一个历史时期教育内容的特点直接引申出来。

在传统教育史中，大都按大类划分，提出篇章之题名，如“远古教育”“夏商西周的教育”“春秋战国的教育”“秦汉的教育”“魏晋南北朝的教育”等，这就往往把教育的演进变化、一些朝代的教育特点、从分裂走向统一的过渡阶段的教育等叙述简略化了。而《通鉴》不同的是，在远古教育中，把“远古时代”与“原始社会”的教育分立篇章题名；把“秦代”“西汉”“东汉”的教育分章叙述；把“三国”“西晋”“东晋十六国”“南北朝”的教育分章叙述。这一新的结构框架，以动态和变化的观点反映了中国教育发展的曲折进程。

中国通史或教育通史通常把宋辽、宋夏、宋金看作和战问题，而很少将辽、西夏、金这些北方民族政权与宋朝的互动与影响所产生的文化教育特点反映出来。而《通鉴》在卷十五专列“五代十国”之教育，在卷十六专列“辽朝（契丹）”之教育，因为辽朝建国在“五代十国”的后梁时期，在北宋之前。在“南宋”之后，篇章专列“西夏”“金朝”，并将“元”“明”单列。这样的编排，反映了草原游牧、渔猎民族政权学习借鉴和吸收中原文化，不仅形成了多元文化与混合的意识形态，而且形成了“因俗而治”的教育畸形发展和教育的民族化改革。

（二）篇章节名义例

《通鉴》的篇章节次，虽然也按时间先后为序来排列，但却打破常规，把一个朝代，又按不同的历史时期划分节次，详细地叙述了王朝的兴衰与教育的变化，展示了一个全新的教育发展图景和未来的发展方向。例如“唐朝——教育之强盛”卷中，节次目录按历史时期来排，如“武德年间”，记述了“‘拨乱反正’的文教思想”；“贞观之治”，记述了

"'尊崇儒术，兼重佛道'的文教政策"；"高宗与武周"，记述了"既定政策的推行与变化"；"开元天宝"，记述了"尊儒崇道轻佛的文治思想"；"中衰时期"，记述了"三教失衡与儒学衰落"；"晚唐时期"，记述了"复杂的社会思潮与儒学的改造更新"。一个时代内部大小阶段的划分，使其尽量显示出教育发展的多样性、多重性与规律性。

在中国传统的教育史中，往往对一些地域性的教育文化不太重视，常常使之边缘化。而《通鉴》则把这些被边缘化了的地域性的教育活动，作为整个教育的分支列入章节，尽量反映同一时期不同地域教育文化相互组合的基本格局。如在"三国——教育的承继"卷中，分别叙述了魏国的"五经课试法"、蜀国的"学校教育的兴办"、吴国的"江南之国学与私学"。又如在"东晋十六国——教育的兴衰"卷中，分别叙述了东晋"士学风气的变化"和十六国中的"汉（前赵）""后赵（魏）""前燕""前凉""前秦""后秦""南凉""西凉""北凉"等不同国家的不同教育。这种立体式的研究方式，打破了原来相对单一的性状，使中国教育变得更为丰富多彩。这既体现在视角上，又反映在章节之题名上，同时也表现在研究的内容之中。

（三）教育人物义例

《通鉴》把教育人物放在所处时代的历史事件和教育活动中去叙述；以其教育思想为本位，个人生平为依从。如商代章节中，记述了"傅说的'念终始典于学'"的教育思想；西周章节中，记述了"周公的'师保之教'"与确立的"六艺"之教；春秋时期的章节中，记述了"胥臣的'因体能质而利之'""申叔时的'宫廷教学大纲'""老子的'不言之教'""孔子的'有教无类'"等。在记述教育人物的同时，特别重视各学派教育思想，如战国时期章节中，除了记述墨子、孟子、庄子、荀子、商鞅、韩非等教育人物的教育思想外，还重点记述了"孔门后学"

“墨子后学”“黄老学派”“兵家”“阴阳家”“名家”“杂家”等各学派的教育思想，尽量展现在中国教育发展史上有过见解和贡献的众多人物的思想资料，反映不同教育思潮、教育流派的形成、发展和演变，以丰富教育史的多彩内容。

（四）知识拓展义例

《通鉴》还设置了“知识拓展”栏目，给读者提供世界教育史的背景，把中国教育发展史中的重大事件和人物与世界教育发展史的重大事件和人物联系起来，将中国教育史置于世界教育发展史的大背景中。例如“原始社会——教育的曙光”卷中，“产生最早的古代文字”一节中，在叙述我国最早文字的两个来源——刻画记号和图画文字时，在“知识拓展”中记述：在世界各民族中，产生较早的文字还有古代两河流域苏美尔人的“楔形文字”；古代尼罗河流域埃及人的“西奈字母”；古代印度河流域印度人的象形文字，突然中断后又创造了“梵文”。在“楔形文字”的影响下，在地中海东岸，今黎巴嫩、叙利亚一带又产生了古代“腓尼基字母”。后来，希腊人以腓尼基字母为范本，制定了希腊字母。此后，在希腊字母基础上又衍生出拉丁字母和斯拉夫字母，为西方各国文字之源。在此“拓展”的基础上，文中指出：“中国古代文字比古代苏美尔文字、古代埃及文字、古代印度文字都早得多，比腓尼基文字则更为久远，是世界上最早产生的文字。”（《原始社会——教育的曙光·产生最早的古代文字》）

《通鉴》创立的这种立体式的教育史体例，避免了单一论述方式的不足，可以看到中国教育历史发展方方面面的特点，从而得到更为真实的认识，并以全新的视角，给读者展示了一种高屋建瓴式的中国教育发展的历史图景。

二、以多重视角，将教育与历史的视域高度融合

教育活动是伴随着人类社会的产生而产生的，是一种独特的社会活动。中国教育历史源远流长，发展曲折复杂，形式丰富多样，内容博大精深。如果只用某一种研究范式来解释中国教育，只能看到中国教育的历史表层和大体上的轮廓，无法真正摸清中国教育的历史脉络，也看不到中国教育的历史细节。而《通鉴》用多重的视角，针对中国教育的历史多面性问题，将教育与历史的视域融合起来，去还原教育历史的真实。

（一）从历史发展视角看，社会形态变化决定教育形态变化

《通鉴》最大的特点，就是从历史的角度研究教育，历史的教育和教育的历史是互为表里的。历史上的社会形态与历史上的教育形态紧密联系，社会形态的变化决定着教育形态的变化，而新的教育形态又对维护和发展新的社会形态发挥着重要作用。

教育是人类特有的社会现象，是人类社会区别于动物界的重要标志。当中华民族的远古先民由采集经济到渔猎经济，进而到种植（农业）经济时，教育也由教民"钻木取火"到"教民以猎"，进而"制耒耜，教民农作"，并由"结绳而治"到"易之以书契"。伴随着文字的产生和学校教育的萌芽，人类的原始社会迎来了教育的曙光；原始社会的集体生产和集体生活，决定了原始教育也是集体的、公共的、社会性的活动，人人都享受教育。原始社会的教育与人类的物质生产活动交织在一起，是通过共同生活的过程来实现文化传承的，是以口耳相传和实践模仿进行的。"在这一教育形态中，教育领域内部没有分化出教育者、被教育者、管理者等不同的角色，教育社会关系比较单纯，主要是人与

自然的矛盾，推动教育发展的内在动力是自然力量。”（《教育之我见·教育权力变化与教育历史形态》）

当人类跨入夏、商、西周的奴隶制社会，奴隶主贵族不仅占有社会的物质生产资料，而且还占有社会的精神生产资料，其文化教育的突出特征就是“学术官守”。由于奴隶主贵族将分散孤立的氏族文化汇集于王室政治的统治中心，形成了“惟官有书”“惟官有器”“惟官有学”的学术垄断控制，这就造成了教育为奴隶主贵族所占有，而奴隶被完全排斥在教育之外，只能从社会生活和生产实践中去接受自然形态的教育。“学术官守”的历史特征，便形成了“学在官府”的教育形态。这种占有性、垄断性的教育形态，具体表现为“政教（政治与教育）合一”“学官（教育机构与行政机构）结合”“亦官亦师（官员与教师兼任）”。在奴隶社会，推动教育发展的内在动力是政权力量。

春秋战国时期，是中国社会由奴隶制向封建制的过渡时期，也是由官学衰落向私学兴起的转型时期。从春秋时代开始，随着“王道既衰，诸侯力政”和“礼乐征伐自诸侯出”的多元政治格局的形成，周朝经济重心的下移，政治权力的下移，以及官学教育的衰落，导致了“学术下移”。学术下移就是打破官守学业的牢笼，即“礼下庶人”“竹帛下于庶人”，打破了“惟官有书”的局面，使学术“散于天下而设于中国”，变为私有的“百家之学”。在文化下移的历史过程中，昔日的官府之学成为春秋战国诸子百家学说的渊薮，史传儒家出于司徒之官，道家出于史官，阴阳家出于掌天地四时之官，法家出于理官，名家出于礼官，墨家出于清庙之守，纵横家出于行人之官等。他们整理文化典籍，授徒讲学，创办私学。特别是士阶层的兴起和壮大，为私学的产生提供了必要的师资准备。战国时期，“从师受道”成为一种时尚，私人办学形式多样。私学作为一种新型的教育体系，基本脱离了国家政府部门而独立出来，在很大程度上打破“政教合一”的传统，完成了学校教育独立化的历史进程。

秦汉之后，随着封建中央集权制的确立和不断完善，封建教育体系逐步形成和日臻成熟。统一的、完备的封建教育体系对维护和发展封建中央集权制也发挥着重要作用。封建中央集权制的这一专控性社会形态，决定了封建社会的教育呈现出统治阶级的等级化官学体系。在这一教育形态下，教育关系发生了较大变化；在教育外部，形成了国家、社会和学校的不同利益格局；在教育内部，出现了管理者和教育者的分离。在这种等级化的教育形态下，推动教育发展的动力除政权力量外，还增加了社会的力量和宗教的力量。中国封建社会的不同发展阶段社会关系的变化和基本政策的调整，总会引发教育上的某种变革。譬如，明代中叶以后，在中国封建社会内部孕育的资本主义萌芽和西学东渐的兴起，特别是随着商品经济的发展，引发出思想文化领域的勃勃生机，迎来了学术思想和教育实践的新的历史阶段的到来，民间书院教育勃兴，讲学之风盛行，图书典籍的大量刊刻、印制，促进了平民教育和实学教育。

特别是鸦片战争之后，随着外国列强的入侵，封建制度的腐败，教育上也展开了学校与科举、新学与旧学、西学与中学之争。封建社会的解体和封建教育的衰败是互为表里的。在中国社会向半殖民地半封建社会沉沦的过程中，传统教育赖以延续的社会基础发生动摇。传统教育衰落，而近代教育萌生，清代教育开始进入了新的转型阶段。从 1901 年起，清代教育又进入了系统的变革时代，科举制度及旧的封建教育制度被明令废除，近代化的国家教育制度初步建立，清代教育从此被纳入近代教育的范畴。（同上）

《通鉴》通过以上的历史主线，使我们看到教育发展与历史文化有一种互动的关系。把教育放在历史的长河中去研究，从中国历史中追寻教育发展的足迹，就能够正确把握中国教育发展的特有脉搏，能够在社会变革中反思教育变革，在教育叙史中保持开创性思维，以使人们更好地认识教育的本质及发展规律，这也正是《通鉴》此书的最大特点。

（二）从社会变革视角看，教育往往成为社会变革的先导

《通鉴》指出，在中国封建社会，随着时代的变迁、政权的更替、社会的变革，总会引发出教育上的某种变化。特别是在不同发展阶段的社会变革中，总会先从教育入手，以教育变革推进社会变革，而教育上的重大变革也往往成为社会变革的先导或归宿。

以北宋为例，《通鉴》重点记述了北宋的三次“新政”改革，而在这三次“新政”改革中，出现了三次“兴学”，都和政治经济上的变法革新紧密相关的。

第一次是仁宗庆历年间，范仲淹推行“庆历新政”。仁宗庆历时期，内忧与外患交相侵迫，有识之士怀着强烈的忧患意识要求变革，以挽救政治危机。当时任参知政事的范仲淹主持改革。范仲淹条奏十项改革方案：明黜陟、抑侥幸、精贡举、择长官、均公田、厚农桑、减徭役、修武备、重命令、推恩信。这十事，大都以诏令的形式颁行全国，时称“新政”，史称“庆历新政”。作为庆历新政的纲领，其中前四项都与科举、教育的改革有关，说明教育改革在“新政”中的重要地位。范仲淹在推行“庆历新政”时，提出兴学育才的主张，揭开了庆历兴学的序幕。庆历兴学的措施主要是大力兴办地方学校，改进和整顿中央官学，改革科举考试。但庆历新政实施不到一年零几个月，便在旧官僚权贵集团的强烈反对下失败了，兴学之举也告夭折。州郡兴学之诏虽未撤销，但也只留空名；改革了的科举制度也全部复原，“一切如故”。

第二次是神宗熙宁年间，王安石推行“熙宁变法”。庆历新政后，北宋王朝所面临的各种社会问题不但没有解决，反而日益严重，有识之士要求改革的呼声也日益高涨。神宗即位后，诏王安石任参知政事、宰相，以司农寺为推行变法的机构。王安石推行以富国强兵为核心的新法，史称“熙宁变法”。在王安石主持的熙宁变法中，围绕人才的教、养、取、任等中心课题，再次提出了北宋教育、科举、吏治等方面的改革方案，称为熙宁、元丰年间的“熙丰兴学”，其主要内容包括四个方面：一是改革学校制度，创立太学“三舍法”；二是改革科举制度，罢明经诸科，专以进士取人，罢诗赋、帖经、墨义，专尚经义；三是颁订《三经新义》，统一学校和科举内容；四是整顿和发展专科学校。熙宁、元丰的兴学改革，始终充满着激烈的斗争，但在神宗主持下得以实行并有所发展。元丰八年（1085 年）三月，神宗去世，政局发生急剧变化，以司马光为首的守旧派执政，“熙宁变法”以及变法中的兴学成果，均被毁于一旦。

第三次是哲宗年间的绍圣“绍述”。元祐八年（1093 年），哲宗亲政后，立意改革，想继承神宗遗志推行新法，实行“绍述”之政。任用章惇等变法派执掌朝政，各项新法先后恢复，并根据神宗时推行新法的弊病，做了些改进，以便于推行，但也采用一些元祐时制定的法规。不久，哲宗病逝，徽宗即位。徽宗任蔡京为尚书右仆射，继续推行熙宁新法。蔡京秉承徽宗旨意，奏请兴学贡士，揭开了“崇宁兴学”的序幕。崇宁兴学的主要措施包括普遍设立地方学校；建立自下而上的升级制度；新建辟雍，发展太学；恢复和创立专科学校；创办宗教道学；改革科举考试。蔡京所推行的“崇宁兴学”，其声势、规模远远超过前两次，实际效果也较前两次更大，但并没有根治北宋教育的顽疾。（《北宋——教育之创新》）

纵观北宋三次兴学运动，先生指出：在不同发展阶段的社会变革和政治改革中，其“新政”或“新法”中都有着教育改革的内容，而且教育改革在“新政”“新法”中占据着重要地位；在推行“新政”或“新法”过程中，大都从兴学改革入手，以教育改革作为社会变革的突破口，通过教育改革来推动社会变革。社会政治变革和教育改革息息相关，社会变革失败而教育改革也就随之夭折，几乎是同步而趋。

（三）从文化形态视角看，官方的统治思想主导教育的发展方向

汉武帝实行“罢黜百家，独尊儒术”，提高了儒学中的经学地位，并将其奉为官方统治思想。从此以后，历代的封建统治者对儒家经学都十分重视，甚至连军阀割据后建立的政权、少数民族入主中原后建立的王朝，也都无不把儒学奉为自己的统治学说。

《通鉴》指出，汉武帝“罢黜百家，表章六经”，固然是对统治思想的一次有决定性意义的选择，但其更具实质意义的是用儒家经学作为思想统治和进行文化教育的主要工具。汉武帝在推行“表章六经”的过程中，最先采取的措施就是设置“五经博士”，并“为博士官置弟子五十人”，博士成为以传授经学为业的教育官。接着又采取“兴太学”和“开弟子员，设科射策，劝以官禄”等具体措施。“自京师起，由内及外”，推广于地方，以实行天下之“教化”。在汉武帝设“五经博士”“兴太学”的影响下，地方教育的郡国学校，也随着经学教育而兴起。到汉平帝时期，汉代郡县普遍设立学校。地方学校分为学、校、庠、序四级，“校、学置经师一人”，“序、庠置《孝经》师一人”。自汉代开始，封建时代的读经教育制度得以正式建立起来，从中央到地方的学校

教育开始系统化和制度化。其教学内容虽然不能说只有经学，但以经学为最主要的教学内容却是事实。

先生指出，一个国家或一个民族在不同的历史发展阶段，总要形成一种占主导地位的统治思想，同时还会存在多种非主导地位的统治思想，呈现出官方统治思想的多元化。在封建社会，虽然儒家经学占据了绝对的统治地位，但非统治地位的思想（如佛教和道家）的复兴，都曾对儒学思想产生强烈的冲击，从而使儒学思想内部分化，学派丛生，这就使占统治地位的经学思想发生变化，从汉代经学发展为宋代理学、清代朴学等。同样的，发展变化了的儒学统治思想对教育也会产生相应的影响。如在儒家经学占主导地位的统治思想指导下，唐朝提出了“尊崇儒术，兼重佛道”的文教政策，在以儒家经典为主要内容的经学教育中，吸收了佛教、道教的许多新的营养成分，促进了唐代教育的发展。南宋时，占主导地位的理学被官方确立为统治思想后，程朱理学开始成为各级官学教育的主要内容，程颢、程颐、朱熹等理学家的著作被定为官方教材。宋朝的理学取代了唐朝选定的注疏，成为官办学校科举考试解释经典的最高标准；南宋书院兴盛，其性质亦属私学，而其教学内容也是以理学为主。

自汉代以降，从儿童发蒙到太学教育，儒家经学在教育领域占据了绝对的统治地位，无论是从教育的宗旨和教育的内容，还是从教育的形式与培养人才的要求，均已“经学”化了，经学教育成为封建时代教育的基本格局。这固然与儒家教育思想善于求同存异、主动吸收、相互融合，在整合内部、融合各家的过程中发展创新有关，但最主要的还是与官方“以儒为主”的统治思想的主导有很大关系。

（四）从教育自身视角看，教育发展有着自己的独特规律

学术界普遍认为，教育的发展有着它的基本规律，主要是社会发展与教育的辩证关系；是人的发展与教育的辩证关系。除此之外，如果从教育的自身看，教育的发展也有着自己的独特规律。《通鉴》不仅揭示出了教育发展的基本规律，而且揭示出了教育自身发展的独特规律：

继承中发展 大概在氏族社会时期，在氏族的定居聚落处，就有了可容纳较多人集体活动的大型房屋，即“大室”（亦称“明堂”），有着祭祀、养老和教育的功能；还有“庠”，原指贮藏谷物的地方，后逐渐成为老人与儿童相处之所，变为“养老”与“教育”的专门场所。到了夏代，学校有国都之“序”和地方之“校”。夏代之“序”为敬老、养老处所。“序”分为“东序”和“西序”两类，夏后氏“养国老于东序”“养庶老于西序”。此后，“东序”“西序”又有了“大学”（“右学”）和“小学”（“左学”）之称。“序”虽有了“学”之称，但仍为养老兼教育之场所。夏代的地方学校，称为“校”，“校，从木，交声”，原义为木囚、围栏，为养马、驯马的地方。商代的学校，有学、瞽宗、庠、序。商代的学由“大学”与“小学”构成，设“右学”为大学，“左学”为小学，“殷人养老于右学，养庶于左学”，其实就是夏之东序与西序，只是教育的功能增强了。商代的“瞽宗”，原为乐师的宗庙，用作祭祀的场所，也作为学乐之学校。商代的“庠”同夏代一样，以养老为职能，但也作为训练武士的学校。商代的“序”是夏代机构名称的沿袭，变成了“乡学”，“以习射为义”。

西周的学校基本上是沿袭夏、商之学校，是在改造殷商学校的基础上形成的，基本具备了传统学校教育的性质。例如，周之国学“小学”“大学”，“国中为小学，在王宫之左”；南郊为大学，设有五学，即中

“辟雍”、南“成均”、北“上庠”、东“东序”、西“瞽宗”。西周国学之“乡学”，不同于夏商之乡学，是地方学校，“教于校室”，很可能是早周“公堂”的孑遗。西周学校教育的最突出的特征是“学在官府”：学校均为官办，执教者均为官吏，学校设施基本具备，管理制度初步建立，“六艺”为主要教育内容。西周的学校教育完全是在沿袭和继承前代王朝学校教育的基础上建立起来的，经历了一个承前启后、推陈出新的演变过程，是在继承中发展而来的。

渐变中创新　《通鉴》认为，渐变是一种规律性很强的现象，这种现象在教育发展过程中显得尤为突出。例如，封建社会长期实行的“六经”教育，是由礼、乐、射、御、书、数构成的“六艺”教育发展而来的。“六艺”起源于夏代，发展于商代，六艺教育已具雏形，是低水平的，而且各代在实施“六艺”教育中各有侧重，教育内容极不完备。

西周时，就有以“六艺”教民的儒。这“六艺”教学大概属于“小学”，即贵族子弟的基础教育。其中又可分为三类：“书”即文字，“数”即计数，是学习文化的基础知识，大体上像今天的语文和算术两门课程。“礼”和“乐”包括当时贵族从事政治活动与宗教活动的基础知识。“射”指射箭，“御”指驭车，都是关于战争活动的基本技能。当时的“六艺”主要是进行知识和技艺的传授和训练，未必形成固定教材。西周的“大学”属于高等教育，基本课程有诗、书、礼、乐“四术”。与“小学”相比，“诗”是新设的课程；“书”不再是孩子们所学的文字，而是读训典之类（历史文献）；“礼”与“乐”也不仅要学习礼仪、音乐，而且要学习理论。在“大学”里，可能还会有一些课本。从西周到春秋末期数百年间，尽管各诸侯国教育制度变化多样，但官学一直存在，以“诗、书、礼、乐”为主要课程也是沿袭不变的。大约后来又陆续加进了“易”和“春秋”（泛指历史）两门课，所以“大学”课程合计应为六门。因其沿用“小学”的“六艺”之名，遂有“六艺”之称。由上可见，以“诗”“书”“礼”“乐”“易”“春秋”合称的“大学”六艺，在孔子以前就存在了。这“六艺”是由于教育需要而编辑或设置的，相当于今天的普通教科书，为儒家经典的诞生准备了基础材料。（《西周时期——教育的奠基》）

自汉武帝“独尊儒术”“置五经博士”之后，《诗》《书》《礼》《易》《春秋》成为“法定的”经典，其书名又添上了“经”字，曰《诗经》《书经》《礼经》（《仪礼》）《易经》和《春秋经》。从此以后，“五经”被定为“群籍之首”。随着封建社会的发展和统治阶级的需要，儒“经”的领域有所扩大，在不断地渐进中，从“五经”变为“七经”“九经”乃至“十三经”。当孔子以前及孔子当时的“六艺”，在汉代演变为“经”之后，经学被法典化，孔子的“六艺”之学也随之走上了神学化的道路，但其烦琐的经义和杂乱的说解，却扭曲了“六艺”教育原本的宗旨。

曲折中前行　《通鉴》指出，事物的发展是前进性与曲折性的统一，事物发展的道路是曲折的，但前进性往往会在曲折运动中实现。譬如“书院”，唐末五代已出现，但作为一种教育制度其形成和兴盛则在宋代。北宋初期，乱世渐平，社会安定，士心向学，文风日起，“儒生往往依山林，即闲旷以讲授，大率多至数百人”。这些兴起的书院，一方面满足了广大士子读书求学的愿望，另一方面也缓解了朝廷尚文治而又力不足的矛盾，为国家培养了大批治术人才，因而得到了政府的资助和鼓励。于是，这种民办官助的书院教育就成为一种独特的教育定制。宋初书院虽然数量较少，但经过充分发展，形成了一批著名书院。

到了南宋，孝、光两朝是思想最为活跃的时期，各学派的著名学者都在这个时期积极创办书院，传播自己的学说。此外，南宋印刷术的持续发展，也为书院振兴提供了有利条件。书院大量兴起，有官办书院，但有的书院虽属官办，却多少带有私人讲学的色彩；而私人创办的书院更多。书院作为独特的教育组织，性质是比较复杂的，与官学和私学既有联系又有区别，是属于民办官助性质的文化教育机构。书院的教育内容主要是儒家经典，但书院特别是南宋书院在讲授儒家经典时又有自己的特点，而且书院教育属于讲肄性质，集教学、讲座与研讨、自省等于一体，有其独特的教育精神和教育方法。这一时期的书院在发展程度上参差不齐，其教学程度和学术水平也高低不同，主要有宗室书院、家族书院、乡村书院、侨民书院等几种类型。南宋后期，私立书院已不能与官办书院的强大势力抗衡，而且几乎毫无例外地向官办学校靠拢，办学完全模仿州县学，以培养学生参加科举为教育目标，各个方面都仿效官学，完全失去了私立书院的特色和个性，逐渐走向衰落。(《南宋——教育之变化》)

清代书院，从雍正提倡兴办以后才完成了官学化的进程。这类体制的变化，集中表现在这几个方面：(1) 控制书院的设立和经费，创立须“俱申报该管官查核”，经费更多是“地方官拨公款经理”。(2) 朝廷直接规定书院的课程、办学宗旨和条例，牢牢抓住了书院的招生权和对生徒的考核权。(3) 对书院院长提出了具体标准，其院长、教师由督抚学政礼聘。(4) 训练八股文，应举取士的书院大量、普遍存在，而且相袭成风。特别是随着“西学东渐”，传统的书院及其书院教育便退出了历史舞台。(《清代前期——教育外颓势》)

总之，书院教育是在曲折中前行，在反复中发展，沿着否定之否定规律，一步步在向着新的教育发展。

（五）从比较教育视角看，中外独立发展的教育的差异

《中国教育通鉴》在叙述中国教育发展历史的过程中，按照同时代比较方法，设置“知识拓展”栏目，找准可比点，用“拓展”的形式反映西方教育，在中国教育发展史中给读者提供一定的中外教育事件和教育人物，把中国教育的发展置于世界教育发展史的背景中，从而反映中西各自独立发展的教育的差异与长短。

1. 中西传统教育的优劣

《通鉴》通过对考古的挖掘、文字的发现和学校的考证，认为中国的文字雏形——契刻符号，距今已 8000～10000 年。从文字与学校相关的通例来看，最早的学校教育形态应在夏代以前，夏代学校是我国奴隶制学校教育的雏形。在教育领域，儒家教育思想长期居于主导地位，几乎与统一的中央集权制的封建制度共命运同始终。中国的社会与文化孕育了儒家教育思想，儒家教育思想又有力地维系着中国社会与文化。儒家重视人生，重视现实，为入世而进行教育。中国古代教育疏远宗教，教育是世俗的，是非宗教的，与西方有的国家由教会控制学校教育，灌输宗教意识，大不相同。

在“知识拓展”中，《通鉴》把西周教育与其他东方国家的早期教育进行比较，指出：“其他东方国家早期学校程度不同地受宗教影响，均存在寺庙学校，印度学校的宗教性质最为突出。西周学校教育虽然也留有宗教的烙印，然而在组织形式上并未受制于宗教，更未以宗教教职人员为培养目标，表现得更为世俗化。东方其他各国多为私家办学，而西周学校均为官办，‘学在官府’是其特征，并形成中央官学与地方官学的教育体制。”（《西周时期——教育的奠基·学在官府的教育体制》）

在“知识拓展”中，《通鉴》把孔子与同时期的西方教育家进行比

较，指出："在公元前6世纪，世界上伟大的教育家当数乔答摩·悉达多和孔子。孔子提倡启发式教学至少要比苏格拉底早半个世纪，'启发'这一概念的最先形成也在孔子。孔子是世界上最早的、在古代也是独一无二的创立先进教学法的伟大教育家。"（《春秋战国——教育的转型·孔子的"有教无类"》）

在"知识拓展"中，《通鉴》把《学记》与《雄辩术原理》这两部中西很有影响力的教育论著进行比较，指出："《雄辩术原理》是古罗马时代第一部系统论述教育问题的著作，也是古代西方第一部系统的教学法专著，比《学记》要晚大约300年。从篇幅来看，《学记》仅有1229字，而《雄辩术原理》是一部12卷的巨著，约合中文65万字。《学记》着重从教育与政治的关系入手，强调教育的社会本位；《雄辩术原理》则从人性与教育的关系入手，强调教育的个体本位，但两者并非截然对立。《学记》的培养目标强调'治才'，主要是礼乐之教；《雄辩术原理》的培养目标强调'辩才'，'十八般武艺'要无所不知、无所不能，有超群出众的各种本领。"（《春秋战国——教育的转型·最早的教育论著——〈礼记〉》）

先生认为，在封建社会的形成乃至整个上升时期，中国一直走在西方各国的前面，其文化教育处于领先地位。西方在其奴隶制兴盛时期也孕育了具有鲜明特色的古希腊罗马文明，教育异常发达。但是，在由奴隶制向封建制转轨的过渡时期，基督教势力日渐扩张，僧侣们获得了知识教育的垄断地位，致使西欧中世纪早期文化教育呈现出落后状况。14～16世纪西欧各国在向近代社会过渡中，通过文艺复兴、宗教改革和启蒙运动奠定基础，而后又经过资产阶级工业革命，西方的文化教育才飞跃发展，走在了世界前列。

2. 中西传统教育的差异

《通鉴》指出，中国古代教育重视传统文化，也重视科学技术教育。中国开创了由政府主持和管理科学技术教育的先河，早在西周就出现了畴人之学；南北朝时期，官府机构中出现了医学；到了唐宋，许多政府机构都附设学校，特别是与科学有关的机构，实施科学技术教育，科学技术居于世界先进水平。但也不可否认，在漫长的封建时代，尽管科学技术有了较大发展，但科学向教育的渗透仍然十分艰难，教育内容与科学缺乏内在联系。尤其是科举考试推行以后，经学垄断学术界，学校成为科举的附庸，科学技术教育被科举挤占得无一席之地，走向了衰落。从总体上说，传统的教育与科技的教育联系是比较松散的，教育由于缺少科学的强有力支持，难以实现根本性的变革，也不能为发展科学培养大量人才。科学由于缺少必要的智力基础，发展速度也是很缓慢的。

《通鉴》在叙述西汉教育时，在"知识拓展"中指出："古罗马教育家西塞罗认为，雄辩家能就任何问题进行得体的演说，其必须知识渊博，熟悉文法、修辞、逻辑、算术、几何、音乐、政治、法律、历史、军事和哲学，在修辞学方面应有严格的训练，并具有优美的举止和文雅的风度"（《西汉——教育的振兴·刘向的"援古以论教"》）。在叙述东汉教育时，在"知识拓展"中指出："古罗马教育家昆体良极力推崇学校教育，主张同时学习各种学科，各学科教育应交替进行。主张在初级学校中学习读、写、算；在文法学校中学习文法、阅读、音乐和几何等；在修辞学校中学习辩证法、伦理学、法律、地理学、哲学及自然科学等"（《东汉——教育的发展·王充的学以充知、学为世用》）。在东汉末年的"知识拓展"中指出："古罗马医学家加伦把希腊解剖知识和医学知识系统化，创立人体生理解剖学。”（《东汉——教育的发展·〈太平经〉中的教育理论》）西方教育逐渐挣脱了神学的囚笼，开始面向人、面向社会、面向科学。教育目的是培养多才多艺、“全面发展”的新人，教育内容以世俗化的自然科学知识和人文知识为主体。

从“知识拓展”的比较中，我们可以看出中国教育落后于西方经济发达国家，并不是近代以来的事。譬如“义务教育”，在明代嘉靖九年（1530 年），德国马丁·路德就发表了《送子女入学的义务》的文章；明神宗万历二年（1574 年），莫斯科公国就出现了《识字课本》；在清康熙年间（1662—1722 年），法国就开办了免费学校；清康熙年间的 1717 年，普鲁士颁布了《义务教育令》。又如“高等教育”，大约在 1168 年（北宋和金攻战时期），英国牛津大学创立；1209 年（南宋时期），英国剑桥大学成立；1636 年（明崇祯九年），美国哈佛大学建立。此外，这一时期，欧美等国科学技术教育已普遍开展，师范教育、妇女教育、聋哑儿童教育等学校也相继建立。而中国这些学校的建立，主要是从辛亥革命后才开始的。可以看出，我国近代教育与西方教育的差距有将近 400 年之久。

3. 中日传统教育的差异

《通鉴》认为，从中国传统教育发展的历史来看，除了改朝换代的教育变革之外，中国传统教育的改革大体出现过三种形态：一是缝缝补补的调整（清以前的教育变革）；二是维新派的改良（维新时期的教育改良）；三是戊戌变法时期的改革（资产阶级性质的社会改良）。中国戊戌变法时期的教育改革，基本上是照搬日本的明治维新。

中日两国教育发展与西方发达国家相比，水平十分低下。但在

1867 年，日本明治天皇即位后，发动了政治、经济和社会的变革运动，史称“明治维新”。在明治维新的新政中，政府颁行学制，实行教育改革，兴办近代国民教育。中国清朝末年和日本明治维新时期是两国新旧教育的交替时期。从明治维新到 1911 年，日本奇迹般跻身于世界教育大国；而中国照搬日本明治维新的戊戌变法，不仅以失败而告终，而且也逐渐失去推动教育近代化的能力。中日两国近乎相似的环境、大体同时代起步的教育近代化历程与悬殊的结局，究其原因，《通鉴》一书给予了解答。

教育改革的思想起点不同 19 世纪 60 年代以前，中日两国传统教育发展水平相近。但日本在明治维新前夕，新式教育已经萌芽。“知识拓展”中，指出：1866 年福泽谕吉的近代教育思想在日本国内有很大影响。“福泽谕吉具有开放的世界文明视野，他完全承认欧美为文明国家，主张脱亚入欧。他坚信，陈腐的汉学如果盘踞在晚辈的头脑里，那么西洋文明就很难传入日本。”“他把文明归结为智德的进步，认为启蒙活动的宗旨是倡导自然科学和独立精神。”“他对普通教育十分重视，主张教育机会均等。”在学校教育中，“主张以德智体‘和谐发展’为目标”，他认为“在德育方面，反对用忠臣孝子、义士节妇的故事向儿童灌输封建伦理道德，主张以通行的人情道理培养良好的品行，以培养判断力为中心进行德育教育；在智育上，提倡学校不只是传授知识的场所，而且是开发人类天资的地方”。他认为“学校教育、社会教育、家庭教育三者必须协调统一发展”，“主张学生必须参加社会变革，接受社会教育”。如果说福泽谕吉的教育思想代表了日本明治维新教育改革的思想起点，那么梁启超的教育思想则代表了中国戊戌变法教育改革的思想起点，两者的教育改革思想起点是不相同的。“福泽谕吉和梁启超的教育改革思想有不少相似之处，如都具有反封建的资产阶级民主精神。然而，福泽谕吉更多以在野的思想家身份探讨明治政府在学校教育制度建立过程中，学校和社会、家庭的协调，公立学校和私立学校的关系，义务教育的普及等问题；而梁启超则兼具思想家和政治家的身份，重点在批判科举制，考虑国家如何建立有系统的国民学校制度。”（《光绪时期——传统教育的转型·梁启超：培养“新民”的教育宗旨》）一个是在国家推进近代教育改革中探讨教育改革；一个是在倡导近代教育改革中推进国家教育改革，两者教育改革思想的起点不同。

推进教育改革的力量不同 中日两国一个共同的特点是自身社会和文化发展尚不具备教育近代化的条件，因此国家政权在其中发挥何种作用具有决定性。日本的明治维新，是新政府从实行一系列资产阶级改革开始的。新政府首先废除了封建领主制，建立了近代府县体制；把年贡制改为地税制，逐步确立起新的土地所有制度（半封建的寄生地主所有制）；取消封建俸禄，废除幕藩体制；引进近代设备，推广先进技术，招聘外国专家，派留学生出国，培养高级技术人才等。日本运用地主资产阶级联合专政的政权，自上而下地动员全国资源，在整体上推行教育近代化。“知识拓展”中指出：1898 年，日本谷本富的著作《将来的教育》发表；1899 年，日本颁布《实业学校令》《私立学校令》《高等女学校令》和《图书馆令》，颁布《幼稚园保育及设备规程》，建立职业中学；1900 年，日本颁布《感化法》《教员免许令》；1901 年，日本私立女子大学成立；1902 年，日本广岛高等师范学校成立；1903 年，日本公布《专科学校令》；1907 年，日本将义务教育年限延长到六年，公布《师范学校规程》；1908 年，日本颁布《戊申诏书》，即教化国民的诏书等。(《光绪时期——传统教育的转型·戊戌变法至施行“新政”》)中国戊戌变法仅仅维持了一百多天，称为“百日维新”。在这一百多天里，康有为、梁启超等人有关教育改革的主张，几乎全部被光绪皇帝采纳，诏谕实施。这些教育改革的措施，虽获得“上谕”的合法形式，但仍然遭到守旧势力的顽强抵制，并未得到真正贯彻。随着百日维新的失败，除京师大学堂幸存之外，其他均被一笔勾销。由此可见，日本强藩能借合法的理由推翻幕府统治，而中国的变法派却一味寄生于清朝的旧机构；清朝统治者极度狭隘、保守和腐朽，缺乏日本西南强藩那种改革力量。正是因为清政府逐渐失去了推动教育近代化的能力，才使中日两国教育发展的速度和节奏相差巨大。

从《通鉴》对中外教育发展的比较可以看出：教育是整个社会生活的有机组成部分，和社会生活的其他部分如政治、经济以及文化等，是相互依存和相互作用的；各国的文化教育都是通过彼此接触甚至碰撞而又吸收与交融的途径发展起来的；由于历史、文化、地域等条件的不同，中外各自发展的教育虽然存在着一定的差异性，但都是沿着各自独立的特色之路在不断发展。

三、开拓新域教育，使教育史研究走向纵深

在中国教育史的研究中，人们往往会忽略、轻视和遗漏一些比较薄弱的地方和问题，有的虽有叙述却较为简略。而《中国教育通鉴》丛书的最大特点是注意到一些教育通史忽视和简略的内容，通过多方面搜集信息和整理材料，给予了这些方面较多的叙述。

（一）重视雄踞一隅小国之记述，弥补了教育史研究之不足

在中国历史上，曾先后出现过魏蜀吴三国鼎立政权、东晋十六国对峙政权、五代十国割据政权和辽、西夏、金与宋朝的互动政权。这些政权虽占领一隅，时间较短，但教育并未中断，而且在一些方面还颇具特色。《通鉴》专门列出篇章，对占据一隅之小国的教育都做了比较详细的记述。

1. 魏蜀吴三国鼎立时期的教育

三国鼎立时期的曹魏政权，基本上继承了东汉政权的教育体制，但在恢复和发展过程中却有自己的特点：（1）曹魏官学的教学内容，仍以儒家经学为基本课程。但是，“曹魏官学的经学教育却出现了新的变化。如果说汉代官学注重今文经学的研习，则曹魏时今文经学已不是研习的重点，而是古文经学占了优势。”曹魏正始年间，不仅修补了东汉年间刻成的“熹平石经”，而且另刻“正始石经”。据考证，另刻“正始石经”的原因是“熹平石经”为今文经学。曹魏太学虽重古文经学，但“熹平石经”与“正始石经”并立于国学，这是明显的今古文合流的现象。而“正始石经”本身兼容古文、小篆、隶书三体，也是今古文经学合流的物证。（《三国时期——教育的承继·魏》）（2）曹魏仿照东汉太学制度，创立了“五经课试法”，规定：“学生入学以后，从‘门人’升为‘弟子’，再到毕业，这是我国学校升级制度的雏形。”（3）曹丕时期，创立了“九品中正制”，即九品官人法的制定。九品中正制是“乡举里选”的新发展，取士不再由州郡牧守兼任，而由专职的中正官来从事这项工作，使取士工作变为独立化的过程。在推行九品中正制的同时，对儒者试以“经术”，对文吏试以“文法”，“考试制度由此兴起，成为科举考试的先声”。（同上）

在西南一隅扎根立足的蜀汉政权，在办学指导思想上与曹魏不同，曹魏提倡儒学，“而蜀汉则提倡学习百家之学”，诸如学习《汉书》《礼记》和诸子及《六韬》《商君书》等。“几百年间在全国独尊儒术的风气下，蜀中文士也是读经学儒，却有着自己的鲜明特点：对当时中原已占主导地位的儒家经典研究很少。”蜀汉学者对史志比较重视，“特别重视地方史志的编写”；“蜀汉学者也重视语言文字的研究”。在蜀国官学教育落后的情况下，“私人授徒讲学事业却进一步发展”。（《三国时期——教育的承继·蜀》）

在江东立足的孙吴政权，尊经崇儒的传统文化很快得到恢复和发展。孙吴立五经博士，但经学研究的重点却是今文经学，还保存了汉代经学研究的遗风。孙吴的一些儒学家，并不专守经学，还研究史学和科技。在文化教育领域，孙吴的最大特点是佛教的流传。“从东吴的佛教发展可以看出，在初传时期，佛教教育由口授佛经转为以译经为主，内容是宣传因果报应和生死轮回，由依附黄老转向与传统儒学相靠拢，由搭建茅屋转向修建佛寺，作为佛教教育的场所。”（《三国时期——教育的承继·吴》）

2. 东晋十六国时期的教育

西晋灭亡，晋宗室司马睿在江南称帝，偏居江南，史称东晋，共维持了一百余年。与此同时，中国北方被匈奴、鲜卑、羯、氐、羌等五个少数民族先后建立的十六个政权所分割，史称“五胡十六国”。偏居江南的东晋教育在中国教育史中多有叙述，而北方十六国的教育却很少涉及。而《通鉴》弥补了这一不足，对北方十六国的教育进行了记述，为唐宋教育的传承和演变做了很好的铺垫。

（1）汉（前赵）　前赵的创建人刘渊称帝后，建都平阳（今山西临汾西），国号汉。汉对西晋王朝不断发动军事进攻，“而不能开庠序之美”。刘渊之族子刘曜夺权后，迁都长安，改国号为赵，史称前赵。前赵“立太学于长乐宫东，小学于未央宫西”，选百姓二十五以下、十三以上，神智可教者千五百人，让“朝贤宿儒，明经笃学以教之”。前赵的私学发展较快，不少名师隐居山林，聚徒讲学。（《东晋十六国——教育的兴衰·十六国》）

（2）后赵（魏）　后赵石勒，在建立政权之前，在文化教育上开始采取措施，“立太学”，“选将佐子弟三百人教之”。为了准备称帝，“他设置太医、尚方、御府诸令，修建正阳门，又增置宣文、宣教、崇儒、崇训等十余所小学于襄国四门”，“简选将佐豪右子弟百余人为学生而教之”。建立后赵政权后，在政权建设中，“设经学祭酒、律学祭酒、史学祭酒、门臣祭酒、门生主书等，所谓经学、律学、史学，即是不同的专科，祭酒是主教人员”。石勒还亲自到襄国的大、小学，“考诸学生经义”，并按经学程度的高低各给予赏赐。他在临死的这一年，还“命郡国立官学，每郡置博士祭酒二人，弟子百五十人”。石勒死后，其侄石虎夺取帝位，石虎非常残暴，屠杀臣民，可他却推崇儒经，重视兴办中央官学，提倡发展地方官学。这充分反映了封建统治者利用儒学教育的两面性。（同上）

（3）前燕　前燕慕容氏是鲜卑族的一支，部落酋长慕容廆率部徒居大棘城（今辽宁义县西），对部众“教以农桑”，逐渐接受汉文化。西晋末年，中原大乱，慕容廆侨立一些郡来收容流亡士庶之人，开始利用北方学士兴办贵族学校，“其世子皝率国胄束脩受业焉”。世子慕容皝继位，自称燕王，史称前燕。他劝课农桑，又“赐其大臣子弟为官学生者号高门生，立东庠于旧宫，以行乡射之礼，每月临观，考试优劣”。他又著《典戒》十五篇“以教胄子”。其后慕容儁继位，还“立小学于显贤里以教胄子”。可见，前燕政权兴办贵族学校，重视贵族子弟教育。（同上）

（4）前凉　自西晋张轨，出为护羌校尉、凉州刺史，占据河西走廊，建立前凉政权，到前凉升平二十年（376年）为前秦灭亡，历时约七十年。前凉控制了从陇西到西域的广大地区。凉州本是荒僻地区，经张氏的经营，社会、经济、文化都有发展。张轨在河西，“征九郡胄子五百人，立学校，始置崇文祭酒”。特别是永嘉之乱，中州之人士避地河西，张氏礼而用之，子孙相承，故称“凉州自张氏以来，号为多士”。当时名儒学者不乏其人，私学教育比较发达。前凉时期，道教流传，有道教私学；大批文人、僧人到这里逃避战乱，学习佛教义理，佛教也开始兴盛。前凉时期文化教育兴盛，可以说是当时西北文化教育的中心。（同上）

（5）前秦　前秦政权由氐族建立。在前秦的君主中，苻坚很能干，曾一度实现了北方的暂时统一。苻坚重视兴办中央官学，特别提倡儒学，“广修学宫，召郡国学生通一经以上充之，公卿已下子孙并遣受业”。苻坚倡导的中央官学，只有太学，而无国子学，但却设国子祭酒。其太学教育，主要学习儒家经典，“禁《老》《庄》、图谶之学”。他认为“漠北人善驰走，若不好学，难以为将”。所以重视对禁卫、军人、将士的教育，“皆令修学”。他重视后宫教育，“课后宫，置典学，立内司，以授于掖庭，选阉人及女隶有聪识者署博士以授经”。前秦时期，“学校渐兴”，北方的儒学教育得到恢复和发展。（同上）

（6）后秦　羌族人姚苌建立后秦后，便“立太学”，“令留台诸镇各置学官”。太子姚兴继位后，更是大兴儒学，反对玄学，于是学者云集，

"儒风盛焉"。姚兴还于长安创建了律学，"兴立律学于长安，召郡县散吏以授之"。这是中国教育史上专门设立律学之始。姚兴倡导佛教，在长安开辟逍遥园，是研究佛经的专门机构，以此处作为僧人鸠摩罗什的译场。在姚兴的鼓励和支持下，后秦王国"公卿以下莫不钦附，沙门自远而至者五千余人"。姚兴倡导佛教及支持佛教教育，致国库空虚，人民疲敝，国力大衰，不久灭亡。（同上）

（7）南凉　作为拓跋鲜卑一支的南凉政权，采纳了大臣史暠的"宜建学校，开庠序，选耆德硕儒以训胄子"的建议，比较重视兴学，兴办中央官学，"建学而延胄子"，建学以教自己的贵族子弟。（同上）

（8）西凉　西凉汉人李暠在敦煌时，曾在郡府南门外临水的靖恭堂，"立泮宫，增高门学生五百人"。迁居酒泉后，他告诫子女要"念观典籍，面墙而立"；令儒林祭酒刘彦明为文，刻石颂德，兴办教育。西凉也采取过察举考试制度，这可以从吐鲁番出土的《西凉建初四年秀才对策文》中得到有力的印证。这可能是沿袭后赵石勒"秀才、孝廉试经"制度的结果。这份文书是目前所见最早的关于察举制度的实物资料。（同上）

（9）北凉　北凉是由临松（今甘肃张掖南）卢水胡沮渠蒙逊建立的。北凉灭掉西凉，取得酒泉、敦煌、河西走廊，并交通西域诸国，达到全盛。北凉地区有着中原文化的传统，北凉政权也与东晋和后来的刘宋都有信使往来，在文化教育上有着相当密切的联系，相互遣使献书、送书。敦煌等地的许多学者，均以儒学著称，聚徒讲学，北凉大学学子多出于河西之私学。此外，两晋时期，凉州就成为著名的佛教传播中心。北凉政权建立后，凉州佛事得到更大发展。随着佛教的振兴，佛教教育也得到了发展。如沮渠蒙逊把西域名僧昙无谶从敦煌接到姑臧（今甘肃武威）后，请他翻译佛经。特别是他所译的《北本涅槃经》，认为众生皆有佛性、人人均可顿悟成佛。昙无谶培养了一批著名的沙门弟子，极大地推动了佛教的传播和佛教教育的发展。北凉是十六国中最后灭亡的政权。

3. 五代十国时期的教育

唐哀帝天祐四年（907 年），军阀朱温灭唐建梁。自此，到宋太祖赵匡胤代周建宋（史称北宋）的五十三年中，中原地区先后建立了梁、唐、晋、汉、周五个政权，史称后梁、后唐、后晋、后汉、后周。与此同时，还有不受中原王朝控制的割据政权，其中统治时间较长的有前蜀、后蜀、吴、南唐、吴越、闽、楚、南汉、南平、北汉这十个小国。五代十国时期，虽然战乱不断，但前期所形成的强大的经济基础并没有从根本上破坏，在某些方面还有发展。北方多有动乱，南方处于分裂之中，但各割据政权为了巩固自己的统治势力，推动本地区经济的发展，也沿袭唐朝旧制，搜罗大量人才，发展文化教育。《通鉴》在记述“五代十国”之教育时，着重揭示了五代十国教育的“承袭”特点：

（1）*文教政策的承袭*　在五代十国极度动荡不安的时代，曾经兴盛显贵的官方道教受到沉重打击。但是，五代时期的后唐、后晋、后周的一些君主都崇信道士；在十国帝王中，闽主、前蜀主、吴王、吴越王、南唐王等慕神仙长生之道，礼重道士，兴修宫观，热心斋醮祈礼；一些文人儒士和失意官僚隐遁山林，喜好道术，成了道士。道教虽然受到统治者的支持，但对于社会的影响不是很大。

五代十国时期，北方各朝对待佛教仍遵唐朝旧规，奉行诞节诣寺进香、斋僧、佛道讨论、赐紫衣师号、度僧尼等事，但对僧尼的管理比较严格，禁止私建寺院，禁止私度僧尼。特别是后周世宗再次整顿佛寺，废除未经国家批准而建立的寺院。此次废佛对整顿与规范佛教秩序有一定的积极意义，但佛教经过这次波折后更趋向衰落。南方诸国一般比较安定，统治者大都支持佛教，对建寺、修塔、度僧、造藏、造像表现出较高的积极性。北方难民纷纷流入，成为南方禅宗僧众的主要来源。自此，佛教发展的重心又转移到南方。

五代十国时期，以儒学为核心的官方文教政策仍沿袭唐朝，在战争频繁的情况下，儒学教育仍在继续推行。但这一时期，三教合一的平衡格局却被打破，佛、道二教为了生存和发展，都在谋求新的出路。（《五代十国——教育之承袭·文教政策的承袭》）

（2）科举制度的“厘革”　五代十国虽然战乱不已，但各政权大都沿袭唐制举行科举，“纵或小有厘革，亦不出其轨辙”，与唐科举制度相似，只是有一些小的“厘革”。后梁建立的当年，就废除了唐制外州举人不经州长官刺史亲试，即解送京城参加礼部科举考试的“拔解”制度，规定：外州举人必须经州刺史亲试后方可解送。唐代中期以后“知贡举”皆由礼部侍郎主持，后梁始命兵部侍郎知贡举，贡院不再专注于礼部。后唐天成年间，规定进士科仍然重视诗赋文章，对其“文艺灼然可取者”直接授官。此外，唐制之童子科，为五代沿袭，但到天成三年（928 年），后唐明宗诏令：“委主司精专考校”，加强了对童子举人的审查、考核和考试。后晋天福五年（940 年），朝廷“敕明经、童子、宏词、拔萃、明算、道举、百篇等科并停”。但到后晋出帝时，朝廷又恢复了明经、童子二科。后汉隐帝时，由于每年贡举人数甚众，因此敕令三京、邺城、诸道州府长官，对贡举人“须精加考核”，“不得滥有举送”。后周太祖时，科举仍按旧的办法进行考试。到后周世宗时，朝廷规定：在科举考试中，“监试官如受赂，及今后进士，如有倩人述作文字应举者，许人言告，送本处色役，永不进仕”。

五代时，“偏方小国，兵乱之际，（贡举）往往废坠”。至于“十国”大多不举行科举考试，举行科举考试诸国如南唐、南汉、后蜀、闽诸国，举行不常且不严格。科举中还不时发生舞弊现象，如后蜀范禹偁“掌贡举，贿厚者登高科，面评其直，无有愧色”，就是典型一例。（《五代十国——教育之承袭·科举制度的“厘革”》）

（3）官学衰落与私学发达　五代时期，政局紊乱，朝代更迭，因而官学教育明显衰落。但是，重视教育的传统精神在五代乱世亦未消泯，当时的一些政权仍有兴学之举。如后梁设有中央官学；在五代，后唐对教育比较重视，朝廷曾设国子祭酒、司业各一员，博士三员，分掌教育之事；并令“诸道州府各置官学”。后唐国子监的基本教学内容是儒家经典，但办学流于形式，监生只是挂名国子监以应科举考试，其教学质量十分低下。后周世宗时期，朝廷在大梁（今河南开封）天福普利禅院重新营建国子监，并修建学舍，成为后来宋代国子各学的所在地，但在当时并无大的建树。五代十国时，由于官学衰微，一些好学之士便隐居胜地，开学馆，立精舍，聚徒讲学，从初学文化至研读经学之私学都比较普遍。这一时期的“精舍”或“精庐”，都是著名的私人学校。

（4）书院的创立　书院之名最早出现于唐代，但真正具有聚徒讲学性质的书院，出现在五代十国时期。唐贞元年间，李渤与李涉兄弟在江西九江庐山五老峰东南一个河谷小盆地中隐居讲学、读书，因李渤畜养一白鹿，后此处被称为白鹿洞。南唐升元四年（940年），在此建立国学，号曰“庐山国学”，属国办或国办民助性质。庐山国学，亦称庐山国子监、白鹿国庠，设官师、置田，学徒常数十百人。白鹿国学，为著名的白鹿洞书院的前身。又据古籍记载，窦禹钧在五代时先后担任州郡支使判官和后周的户部郎中，他在自己家的南面建了一所书院，有房四十多间，藏书几千卷，聘请儒士任教。他的五个儿子和任何有志于学的人都可以到这所书院读书。凡四方之士，愿意到这里读书之人“前后接踵”。总体来看，聚众讲学的书院形成于五代末期。（《五代十国——教育之承袭·书院的创立》）

4. 辽、西夏、金朝时期的教育

《通鉴》按照朝代建立的先后，在卷十五“五代十国”之后，专列卷十六“辽朝（契丹）——教育之开发”；在卷十八“南宋”之后，专列卷十九“西夏——民族之教育”，专列卷二十“金朝——教育之承启”，详细记述了辽朝、西夏、金朝时期的各具特色的教育。

（1）辽朝　契丹族在中国北方地区建立的王朝。辽统治区域里有许多民族和部落，对于各民族之间存在的文化习俗等诸多差异，辽朝统治者所采取的是“因俗而治”的政策，官分北南，法分藩汉，边陲之地仍保留部落组织。由于辽朝把不同民族、不同地区、不同信仰以及旧有传统和中原文化纳入一个统一的政体之内，形成了一种多元文化与混合的意识形态，造成了原始民族传统与中原儒、佛、道共存的局面。这种多元混合的意识形态，保持了各民族文化浓郁的风格和特点，也形成了教育的特色发展。

辽朝统治者为了学习和借鉴中原的治国经验，推进契丹本族的封建化进程，不仅重视和任用汉官，而且尊重儒学，大力推行以儒学思想为主体的封建意识形态，广泛宣传“达三纲五常之要道”。在大力推行“汉化”的文教政策中，兴学设教则是这一政策的核心。在朝廷“明礼义，正法度”的思想指导下，辽朝“设学养士”，“置博士、助教”，建立了中央官学系统。辽朝的中央官学为“五京学”，亦称“五京太学”，即南京学（今北京城西南）、上京学（今内蒙古巴林左旗南波罗城）、东京学（今辽宁辽阳）、西京学（今山西大同）和中京学（今内蒙古宁城西）。每所学校设博士、助教各一员，主要掌教儒经。辽朝在建孔庙的同时，还兴建了道观，道教也有流传。相对而言，辽代的佛教教育却比较兴盛，一般以遍布全国的名刹伽蓝为校舍。佛教的初学者，须先学文字、训诂、目录之学，以通入学门径；然后研读佛教经典（内学），旁及经、史、子、集等（外学）。在佛经内学之中，辽朝基本上承袭唐制，设经、律、论“三学”。佛教考试制度比较完善，与科举考试相近。在教学方法上注重普及与深入，还利用民众喜闻乐见的俗讲、变文等通俗文学，宣传弘扬佛教思想，用传教的方式进行佛学的普及教育。辽朝的科举具有鲜明的民族特色，科举只为汉人而设，占主导地位的辽贵族以世选、世袭、恩荫制等方式垄断高位，开科取士只是为了以汉治汉。到了辽朝后期，不准契丹人应试科举的政策有了改变，对契丹、奚等民族之人参加科举考试的限制开始放宽。

金灭辽后，辽皇族耶律大石建号称帝，仍用辽国号，史称西辽，定都八剌沙衮（今中亚楚河南托克马克东南），统治区域辽阔，一时成为中亚一个强大国家。西辽统治者循辽旧制，其立国纲纪、典章制度，泱泱有中原之风。汉语是西辽的官方语言，公文通用汉文，契丹文字也继续使用。此外，又信奉汉化的佛教，保护各种信仰。西辽“颇尚文教”。西辽王朝把中原文化教育传播到中亚，促进了彼此间的经济文化交流。

[《辽朝（契丹）——教育之开发》]

（2）西夏　以党项族为主体建立的西夏王朝，境内除党项族外，还有汉、藏、回鹘、契丹等其他民族，而以汉族的人口占绝大多数。党项族未进入这个地区之前，这里就已经有了发达的经济和辉煌的汉族文明。从唐末迄于宋初，党项夏州李氏就以中原王朝节度使的身份进行统治，并努力借助于儒家文化维持其统治，又完全按照中原王朝的制度建国称帝。自称皇帝的元昊精通汉文，熟读儒家经典，虽然深受汉文化熏陶，但却具有强烈的民族意识。他在建国之前主持创制西夏文字，以及建国后设立“蕃学”，其本意在以“胡礼蕃书”与中原王朝抗衡。但是，以汉字为依据创制的西夏文字，本身就包含有汉文化的精髓，西夏所谓“蕃学”的内容又主要是翻译汉文的儒家经典，如《孝经》《尔雅》《四言杂字》等。西夏王朝大力提倡汉文明和儒家文化的举措，遭到党项贵族保守势力的竭力反对。但在西夏崇宗、仁宗的大力推动下，西夏儒学进入高度发展时期。仁宗下令在全国各地普遍设立学校；模仿宋朝制度，建立“大汉太学”，选名儒教授；他亲自主持释奠大礼，给予师生赏赐。又下令参照汉文化之乐书，结合西夏现行制度，重新修订国家乐律；正式宣布“尊孔子为文宣帝”，下令州郡建立孔庙，祭祀孔子；又仿宋朝制度，实行科举。此外，崇宗、仁宗时期又是西夏佛教的大发展时期。西夏中央政府机构中设有佛教事务管理部门，对有学识有威望的僧人授予各种封号，如帝师、国师、法师、禅师等。可见，在崇宗、仁宗统治时期，以儒家学说为主的汉学已进入发展高峰，与得到大发展的佛教一起，构成了西夏王朝思想统治的两大精神支柱。

崇宗、仁宗时期，西夏的各类学校迅速发展。这个时期设立的学校主要有这几种：国学，类似于宋朝的国子学，学员从皇族、贵族及汉族官僚子弟内选送，学习儒家经典。小学，类似于宋朝的小学，设于国内各州县。宫学，亦称小学、内学，类似于宋朝的“宫学”或“宗学”，招收宗室子孙入学。太学，类似于宋朝的太学，尊孔读经，地位较高。

此外，西夏还创设“蕃学”，不仅在中央国家机构中设立，而且设置州级“蕃学”。“蕃学”学习的基本内容是西夏文字和用西夏文字翻译的儒家经典，“蕃学”结业，经过考核考试，“量授官职”，具有科举取士的性质。西夏出土文书中有“番汉三学院”的名称，有学者认为“三学”即学佛者修持的戒、定、慧，此即佛学的全部内容，“番汉三学院”可能是西夏培养蕃、汉佛学人才的场所。西夏笃信佛教，在学校中增设佛学课程，或专门开办佛教学校，这或许是西夏学校教育的一个显著特色。

大约在崇宗时期，西夏已开始实行科举考试制度。至仁宗以后，西夏科举取士几乎成为升官晋爵的主要途径。科举取士已制度化、完善化，不论是党项人、汉人还是宗室贵族，通过科举而进入仕途都成为必然的途径。西夏以蕃学、儒学取士，但科举考试的科目主要是儒家经典，有汉文的，也有蕃文的。（《西夏——民族之教育》）

（3）金朝　女真族建立的王朝。金朝立国初期，多用“本朝旧制”，国俗仍在实行；又“兼采辽、宋”，开始受到中原文化影响。早在建国之初，儒学在北方地区已有所传播，然而在女真人中却知之者不多。于是，女真贵族开始让羁留在那里的辽、宋士人教授他们子弟学习儒家经典和文化知识；还吸收一些原属辽、宋政权的文人进入其统治集团，推动了中原文化和儒家学说在金朝的传播。特别是金灭辽后，收得了辽代皇室的全部藏书；金克北宋汴京后，宋朝的官府藏书几乎尽归金。为推进女真封建化进程，金世宗在女真族中普及汉文化教育，主张以儒家思想为统治人民的基本思想，不仅延请耆儒为自己讲解汉文化经典，还用女真文翻译五经及《论语》《孟子》《杨子》《文中子》《列子》《新唐书》等汉文经典，以供臣民阅读，命诸学教授。章宗时期，尊孔之制，较之前古，于此为备，各地大修孔庙，孔庙遍及州县。当时，金朝学校教育、宫廷教育及私家传授、科举考试，多是儒家著作。

金朝统治者虽倾心于汉文化，但又不愿抛弃女真文化，极力维护女真传统制度，多次强调学习女真语言的重要性。为了弘扬女真文化，金熙宗鉴于契丹文字有大小两种的制度，在原有女真文字的基础上进行改造，又创造了一种女真文字，笔画较为简省。金朝在颁行女真字后，境内始终通行汉字，还通行契丹字，女真、契丹、汉人各用本民族字。金统治者还恭择通儒学的女真学士，教之女真语言文字。金统治者虽大力推行尊孔崇儒的文教政策，但佛学、道学亦得到广泛流传和应用。对待佛教，金统治者既支持又限制，一方面允许其发展，曾一度出卖度牒、紫衣、师号、寺额，由此刺激了佛教的发展；另一方面又多次下诏令严禁民间私建寺庙，严禁私度僧尼，严禁试僧制度，加强了对佛教事务的管理。这一时期，道教亦得到恢复和发展。金代道教，是以创新教派的形式发展起来的，主要有全真道、太一教、大道教（后称真大道教），在北方的这三大新道派，先后得到了金廷的承认。全真教创立最晚，在教义及修持方面极力标榜“三教圆融”，自称以“太上为祖，释迦为宗，夫子为科牌”，不独尊道教教主，以至有“忠孝仁慈胜出家”之说。全真教教风渐渐上达朝廷。金朝统治者也加强了对道教的控制和利用，设道司、道录管理道教。从总体上看，金代统治者在千方百计保护女真文化的前提下，推行儒释道三教并重的文教政策，但尤为重视儒学，建立了以儒家思想为统治的基本思想。

随着封建化程度的全面提高，金朝教育达到全盛。金朝管理中央学校的行政机构是国子监，下设国子学和太学两个学校系统。金代学校又分为汉人学校、女真学校，所以又有专门教育女真族学生的女真国子学和女真太学。由于考虑到女真上层贵族子弟有相当一部分人文化水平较低，年龄略小，一时还学不了国子学和太学的课程，所以在国子监下又增设小学和女真小学，作为中央官学的附属预备机构。以上隶属于国子监的国子学和女真国子学、太学和女真太学、小学和女真小学，即为金朝政府的中央“六学”。此外，金朝宫廷内还设有宫女学校，专事教授诸宫女，教官称“宫教”，“宫教”授课须用青纱与宫女隔离。金朝中央还设有专科学校，有司天台办学，掌天文历教、观察风云气色；有太医院医学十科。

金朝的地方学校有府学、州学、县学三级。金朝在恢复和新建地方学制的基础上，建立了具有金朝特点的地方学校：一是京、府、节镇、防御州学，各置教授一员，选五次考完殿试或五十岁以上的举人担任，入学名额的三分之二为五品以上官员或曾任随朝六品以上官员的子孙和其余官员通过了府试的兄弟子孙，三分之一为本地的科举举人。二是附于京府的刺史州学，不置教授。三是外县的县学、乡学，乡学是地方基层主办的学校，收乡里子弟入学。四是庙学，是在孔庙中进行，专门宣传儒家的道德伦理学说，除学生之外，民家子弟亦可旁听。五是诸路医学，设诸路医学博士。此外，又有释道教育，在京、府、节镇、防御州等管理机构中，设有僧官、道官，对在籍僧、道实行试经考试。

金朝的家学较为发达，是名家子弟最为普遍的受教育形式；除家学之外，自学从师，也是一种学习形式，上自皇族子弟，下至庶民百姓，都有依此方法而有成就的；这一时期的私人办学也有一定发展，已有相当规模，成为金朝官学体系之外的重要教育部分。

金朝的科举制度有创新。在金朝，金政府没有沿袭辽朝不许本族人科考的规定，而开始重视女真人的科考取士。金朝的科举为四试之制，“凡诸进士举人，由乡至府，由府至省及廷试，凡四试皆中者，则官之”。金朝的科举制度较为完备，恢复增设科目，录取人数增加，应考范围扩大，广开选用渠道，为科场举子提供了更多的入仕途径和机会。金朝对应试者的身份也有规定，放良人不得应试，其子孙不在禁限。与辽宋奴免为良者无权应举相比，限制稍有放宽。此外，金朝还对僧、道试行试经制度。（《金朝——教育之承启》）

《通鉴》在记述中国教育发展史中，记载了中国历史上同一时代占领一隅不同小国的不同教育，详述了这些小国教育的地域特点和民族特色，这既符合中国教育发展的历史全貌，体现了中国教育历史的演进情形，又展示了中国教育发展的多元格局与复杂特点，使读者对中国教育历史的面貌有更为全面而深刻的把握。

（二）挖掘传统教育微观之史料，增强了教育史研究之厚重

在中国的传统教育中，由于受“以儒为主”教育思想的影响，一些学者对中国教育提出了各种各样的质疑，但多是用西方一面的镜子来看待中国传统教育，致使人们只能看到历史的表层和大体轮廓，无法真正摸清中国教育的全貌，也看不到中国教育的细部。而《中国教育通鉴》通过挖掘中国传统教育的微观史料，立体地与多面地、多层地考察了中国教育的特殊性，充分反映出本书的独特价值。

1. 传统教育中的科学技术教育

中国传统教育是以儒家思想为主导，以儒家经典为主要教材，以古典文化为主的人文主义教育。虽然中国传统教育不同于西方近代的以自然科学为主的科学技术教育，但也绝不能因此而抹杀其中的科学技术教育。《通鉴》在这方面做了深入探讨。

（1）在夏、商教育中，深入探讨了职官科技教育。职官科技教育的目的在于培养为王室服务的科技人才。夏朝官制中设有“五官”：“秩宗”沟通人神，“司空”管理水土，“司寇”管理法律，“司马”管理军队，“司徒”主管教化。除此之外，曾被废弃的“后稷”管理农业。只有通过这些有职业专长的官员进行传授，职业技术才得以传承。在商代出土的甲骨文中，有“射”的武官，善于教射；有“卜”“史”之史官，传授卜筮之术；有“武臣”，“武”同“舞”，可能是教习舞事的内臣。此外，还有“巫咸”，“传天数者；巫彭，是著名医师”等。

（2）在西周教育中，深入探讨了“六艺”之教。“六艺”是贯穿三代官学的教育内容，其中数教、书教含有丰富的科技教育因素。数教的主要内容有传授数学知识，如教儿童识数、计算；传授天文历法知识，如学习记日法，学习“方名”（辨别四方）。从十岁起，就教学“书计”，首先是学十进制的记数方法，其次是学习计算方法。书教是识字、著文教学。保氏教国子“先以六书”，即汉字构成的六种方法。此外，“六艺”中的礼、乐、射、御教学中，也有着一定知识和技艺的教育。

（3）在春秋战国时期教育中，深入探讨了墨家、儒家、道家、阴阳家、农家等私学教育中的科技教育活动。例如，墨子重视科技活动与科技教育，其教学内容涉及光学、力学、几何学、心理学等多方面。教学方法具有创新，创立了科学实验，如小孔成像教学，采用直观教学手段。注重科技人才的培养，强调“博乎道术”的技能教育，教育弟子要掌握并精通“道”之“术”，即实行“道”的各种本领，还必须“博”，要精通多种科学技术知识和掌握技能。孔子删定的“六经”，其中《尚书》《易经》含有丰富的科技教育内容，特别是《易经》“生生不已”的精髓培养了中国古代科学整体、慎动、互变的思维方式。《通鉴》在论述当时私学教育的多种形式中，所记述的“设学授徒”“畴人之学”“家业世传”“以师带徒”等私学教育中，大量介绍了以科技知识和生产技能为主的私人传授。

（4）在秦至南北朝教育中，探讨了经学教育中科学知识的传授。秦汉《九章算术》问世，为书馆通用教材。西汉时期，家学兴盛，尤其是家技代代沿习，形成“族有世业”，即有一技之长，传其子孙。如八卦算命先生司马季主、以善于相马而“立名天下”的黄直、以剑术立名天下的张仲、以相猪立名的留长孺、以相牛立名的荥阳褚氏等，“各学一伎能立其身”，古代的科学技术正是依靠这种私家传授而延续和发展的。私学教育对各学派学术的发展也起了重要作用，律历、天文、医学、数学等自然科学知识和专门技术成为家学的重要内容，如我国研究圆周率的第一人刘歆，精通“医经、本草、方术”等知识的楼护等，都是继承父业、学有成就的大专家。东汉的经学教育，所包含的科学知识非常丰富，经师传授也常常是兼传人文科学和自然科学知识。在经学中包括谶纬之学，都保存和杂糅着不少自然科学知识。如被后世称为“通儒”的贾逵，教一些太学生学会了“天官、历数、京房《易传》、六日七分”。儒学大师郑玄，就“师事”京兆第五元先，“始通《京氏易》《公羊春秋》《三统历》《九章算术》”等。东汉科学家张衡，是著名的经师大家，同时他发明了地动仪；其所著《灵宪》是一部杰出的天文学著作；传说他制造过能飞的木鸟、指南车、“三轮独转”等器械，参与过修改历法的活动。这充分说明在古代经学教育中，科学知识的私家传授活动是很活跃的。特别是在南朝刘宋中央政府建设中，在京师开设“四馆”（玄学馆、史学馆、文学馆、儒学馆）进行了单科性的分专业教育；后来在四馆的基础上建立了“总明观”，使原来四个单科性质的大学发展成为综合性的大学并实行分专业教授制度，而在这些专科教育中，职官教学也根据“官先事”的原则传授有关科技知识。

（5）*在唐宋元时期的教育中，探讨了由国家出面管理和实施的先进的科技教育*。唐在中央的一些行政部门附设教育机构，来培养有关的专业人才。例如，在太医署设医学教育；在太卜署传习占卜之法，培养卜筮生；在太乐署“立师以教”，进行音乐、舞蹈艺术教育；在司天台进行天文、历法教育；在太仆寺设立“兽医博士”，教授生徒，进行兽医研究，培养兽医人才；在少府监“掌百工技巧之政”，建立艺徒制，征用全国的工艺名师训练艺徒，把世业家传推广到官营作坊。

到了宋代，科技教育较为发达。科技专科学校规模扩大，学校数目增多。宋元时期，在中央、路、府、州、县都有一些科技学校；招生数量增加。科技课程设置增多，宋代算学已分成天文、历算、三式与算法等科；医学由隋唐的五科（体疗、疮肿、少小、耳目口齿、角法）发展至九科（大方脉、产科、风科、小方脉、针灸、口齿兼咽喉、眼、疮肿兼伤折、金疮兼书禁），元代又发展到十三科。这种较高程度的分科教学不仅体现了学科课程门类较多，而且反映了科技专科教育的发达。教学中重视实验、观测，如宋代苏颂曾制造浑天仪等来训练天文生，宋医王唯一研制针灸铜人来考查学生的针灸技术，元人郭守敬制造简仪用于教学观测，元代朱思本绘成的“舆地图”成为地图教学的石刻经书。注重科技能力培养，如宋元天文学教学中要求学生经常观测天象并参加历法改制工作，医学教学中要求学生每年从事临床学习，且做实习病案；注重教学考核，如宋代中央医学考核分三场进行，考核内容既重理论，又重技能，比较全面。此外，唐宋元时期社会科技教育比较发达，私学中的科技教育日益浓厚，在佛教和道教教育中，也传授科学知识。

从总体上看，到唐宋元时期，中国的科学技术成就较西方先进，科学技术教育无论在管理、内容还是方法上，都比西方同时期的科学技术更进步。但到了明清时期，科技专科教育落后了。

2. 千年科举的完善与影响

从隋炀帝大业元年（605 年）设立进士科开始，到清光绪三十一年（1905 年）清政府下诏废止科举，科举制在中国存在了 1300 年，对隋唐到明清的官僚政治、文化教育、社会历史进程都产生过重大影响。在废除科举制的过程中，人们对科举制的局限与弊端以及造成的社会危害进行了揭露和批判，给予了彻底否定。然而在中国教育发展史上，我们的古人对科举制的种种弊端早已认识，也进行过批判和纠正，使千年科举在不断纠偏、改造和补充、完善中发展起来。《通鉴》在教育史的记述中，用较多的笔墨对这一方面进行了叙述。

科举制是以考试为主的选官制度，将读书、应考和任官三者结合起来。在隋文帝开皇年间，选官已开始走向科举性质，但形成科举制度则是在隋炀帝大业年间。大业二年（606 年），隋炀帝始置进士科，标志着科举制的开端。起先是按十科举人，后又将十科减为四科，是一种先荐后试的人才考试模式。隋朝的科举制，处于草创阶段，很不成熟，也不甚完备，带有明显的推荐制度的痕迹。

自科举制形成后，选举制度便正式分为荐举与科举二途。唐太宗时，曾把荐举作为选官体系的一项重要制度，非常重视，曾多次举行过荐举活动。但对这些被荐举人员考核后，太宗很不满意，于是加强了科举制，强化了“岁举之常选”的科举考试制度，而进士科尤为热门。当时的常科考试科目较多，主要有秀才、明经、进士、明法、时书等，还有开元礼。而在这些考试科目中，明经、进士两科成为唐代常科考试的重要科目。明经科及第较易。进士科在各取士科目中的地位上升，日益成为科举制中的主导科目。明经科注重经义，以儒家经典作为考试的主要内容；而进士科重策问、诗赋，策问实际是一种政治论文性问答。高宗以后，进士科最为时人所重视。朝廷中虽位极人臣，不由进士者，终不为美。到武则天当政时，为了加强科举考试，武则天又首创殿试，亦称“廷试”，即皇帝对省试、会试录取的贡士在殿廷上亲自进行策问考试。自此后，科举考试遂增为三级，即州县试、省试和殿试。为了解决科举考试中作弊的问题，武则天曾命令采取“糊名”的办法，在考试时，将试卷上的姓名、籍贯等弥封，以防考官徇私。玄宗时，加强了科举考试制度的改革，规定凡参加科举考试的人，必须通过国家和地方官学的培养。通过调整学校教育与科举制的关系，把选士制度与育士制度结合了起来，解决了选士制度和育士制度基本脱节的问题。到了天宝年间，科举制的考试科目基本形成，考试内容基本确定，考试形式基本定型，已发展成为一种较为完备的选士制度。安史之乱后，德宗到代宗时，部分官员从科举制上寻找安史之乱的原因，全面否定现行的科举制，要求恢复前代的察举制，以儒家经书为考试内容。造成这种状况的因素是比较复杂的，主要是新的科举制度在实施中产生了一些流弊，而在对这些流弊进行改革中对现行的科举制度的一些方面却予以否定，这就造成了新的科举制度的曲折发展。

宋朝初建，为了加强集团统治，巩固统一局面，急需解决人才匮乏的问题。为此，宋初加强了科举考试制度。主要措施：一是增加科举取士名额，主要增加常贡取士名额，首先以进士科为主，其次是明经等诸科。二是提高录取后的待遇。宋代科举得第后即可授官，不需经吏部试。科举得第后授官的级别也有所提高，进士高第者授予高官者不乏其人。确立殿试制度，成为定制，这也是提高科举待遇的重要举措。三是完善科举考试规程。不准朝廷官员推荐考生应试，限制大官僚及世家子弟的应试特权。这些措施维护了地主阶级统治的长远的根本利益，但也产生了许多副作用，造成严重的后果，助长了士子的侥幸奔竞之风，不尚实才，不务实学，加剧了学校教育培养人才和科举考试选拔人才的严重失调。因此，好些学者认为“此宋制之不可为法者也”（《廿二史札记·宋制禄之厚》）。

宋初教育事业的兴盛，主要是在科举刺激下出现的，由此产生的一系列矛盾和弊端，成为影响宋代教育进一步发展的主要障碍。因此，在宋代的三次大的教育改革中，都对科举考试制度进行了改革。在“庆历兴学”中，朝廷下诏州县皆立学，应科举者须在学三百日方允应试；考试内容：罢帖经、墨义，改问大义，即经义。摒弃记诵之学，由于大义初行，考核方式尚难把握，故只作自愿选考。增考策论，而诗赋作为进士科考的传统主项未及触动。改革的宗旨是强调务实，以选拔治国之才。庆历兴学失败后，科举又“一切如故”，全部复原了。到了神宗时期，又开展了“熙宁兴学”，首先是改革科举制度。王安石改革科举的重点在于把养士和取士的职能统归于学校，推行太学三舍法，以太学上舍生考试合格者授以官职，企图取代科举考试。改革科举考试科目，专以经义取士，罢策论、诗赋；科举科目只留进士一科，其余诸科悉罢。虽然新法实行不久即遭失败，但以经义取代诗赋已成大势所趋。到徽宗时，又掀起了第三次的“崇宁兴学”。在兴学运动中，大力改革科举考试：诏罢科举，改由学校取士，一度实行科举与舍选并行之制。这是对取士制度的重大改革。又以“八行科”取士，依三舍法升贡。以忠、孝、悌等八种品行取士，学问无人过问，带来严重恶果。至宣和三年（1121 年），开始恢复科举旧制，唯太学保留崇宁定制。

在推行科举制度的过程中，所涉及的主要问题和围绕这些而展开论争的是学校育才与科举取士的关系和科举考试制度化、正规化这两大问题。到了明代，这两大问题才得以初步解决。明朝廷规定：“科举必由学校。”自此之后，只有接受学校教育取得出身的学子才有资格参加科举考试，学校教育的直接目的是参加科举考试。这样，科举以学校为基础，学校以科举考试为目的，两者紧密结合。明代科举制度的最大变化是以八股文体作为进士考试的规范，从而从出题范围、答题标准到试卷文体都成定式，使科举制日臻完备。八股文是一种科式文体，其作用是使科举考试更加规范化，在客观上起了促进儒学在教育中长期取得统治地位的作用。但八股文试题取自四书，而作文者不能抒发己见，不但严重地禁锢了考生的思想，而且深刻地影响了学校教育的风气，严重地摧残人才。虽然明清时期有不少有识之士对科举制和科举取士的八股文进行抨击和激烈反对，但作为一种制度，它始终存在着，直到清末光绪三十一年（1905 年），由于历史条件的改变，科举制才被宣布废除。（以上参见《中国教育通鉴》）

先生曾指出，中国古代的选士制度，特别是科举制给予西方国家的人才选拔和学校考试以深刻的影响。西方国家的文官制度和其他教育选拔都吸取了中国科举制的一些积极因素。至于科举制存在的局限和弊端，如导致片面应试、举业至上、做官第一等，一方面对维护中国统

一、普及文化教育等方面，曾起过重要作用；而另一方面这些局限与弊端，曾被人们抨击和反对，政府也针对科举考试中存在的腐败等问题进行过整治，只因受当时社会制度和社会风气的影响，积习难改，积重难返。科举制是帝制时代的考试取士制度，走出君主体制，就不可能恢复科举制了，但后来实行的考试选才办法从公平竞争原则和平等择优的方式来看，却吸取了科举考试中的一些积极因素。因此，我们应该历史地看待其价值与作用。

3. 教育的微小之事成就了宏大的教育历史

教育历史上发生过数不尽的事，有大有小。教育的历史也是由一个个微小之事发展而来的。因此，《通鉴》对教育史上的微小之事也比较重视，通过这些教育“小”事的记述，反映了教育的“大”历史。

（1）从“家塾”到“家学”的世家教育　《通鉴》记述：在西周奴隶制教育体系中，就包括“家有塾”，即家塾教育。这里的塾是指“门侧堂”也，非一家所立。西周遗址发掘考证，西周有“西塾”之学，是占筮的场所。只是到了后来，贵族家庭设有保、师、傅，对其子弟进行家庭教育，家塾才转化为一家所立之教育。到了春秋战国时期，“从师受道”成为一种时尚，私人办学形式多样，涌现出了许多不同于诸子之学的私学教育：有自立私学，在家庭对其子女进行文化教育；有散落民间的畴人，其学是世代相传；有父兄之教的“家业世传”；还有身怀绝技的名师带徒。这几种形式的私学教育，不同于孔子等人的广收弟子的办学授徒，而是根据自己的“家业”或“专业”特点所进行的世代相传的私人传授。到了汉代，世代相传的私人传授发展为两类：一类是学术，由于文化知识多掌握于官员之手，随官职世袭，代代相传，形成家学；另一类是技艺，由于家技代代沿习，形成“族有世业”。

汉代统治者规定传授经书必须信守师法与家法。师法与家法相连，指经学传授之师承关系。经师在师法的基础上形成自己的一家之言，则为家法。家法虽然由师法产生，承一师之业，但在传经时学业精进，有所发展，则别为一家之学，这就成了家法。一般而言，西汉重师法，学者以守师法传授为荣；而东汉守家法，察孝廉、举明经、试博士皆重家法。随着家法的日益重视，便发展为经学的家世传授。东汉时期的经学世家，大体都是学、官结合。最早由经学世家转化为门阀的士族，基本上以传授今文经为业。以经学起家的世家教育是门阀形成的一条重要途径。

(2) 从“私学”到“学堂”的社会教育　《通鉴》记述：春秋战国时期，老子、邓析、少正卯、孔子等私人创办的私学，不同于官学教育，实际上是一种社会教育，其中的“有教无类”“因材施教”，强调的是教育对社会发展的重要作用。当官学与私学分途建立和发展之后，孔子等人的私学也出现了分化，有的上升为官学教育，有的在民间发展私学。西汉时期的书馆、乡塾、经馆、宦学、家学等，都是社会教育不同层次的民间私人办学。到了唐代，社会教育的范围扩大，私学办学形式多样化，如经学私学、文史私学、科技知识传授、佛道人士传艺等，有力地推动了社会教育。朝廷为了鼓励发展私学教育，“许百姓任立私学”。私立学校的学生，通过州县考送，也可参加科举考试，打通了官、私教育。唐时的私学教育与官学相比不仅形式上更多样，而且在内容上更自由、广泛，民众教育也更向一般的文化侧重。

到了宋代，私人办学之风盛行，社会教育有了更大发展，最有特色的是“乡党之学”的兴起。“乡党之学”，是私人兴办的各类授学校塾，属于地方私学。乡党之学与州县之学是有区别的：乡党之学，是“贤士大夫留意斯文者所建”，属私学性质。州县之学，是“有司奉诏旨所建”，属官学性质；在乡党之学广为流布的趋势下，也出现了一批以私学著称于世的民间学师，他们或精于经传，或长于诗赋，都以己之专长标榜门户招徕学子；有的以教学为业，有的则以传播圣学为己任。另外，社会影响最大的是“书院”的兴起。北宋时期，一些士子“择胜地，立精舍，以为群居讲习之所”，书院应运而生。特别是南宋时期，随着朝廷文化政策的宽松，自由讲学的发展，带来了书院的兴盛。书院不是官办的，具有独立自主的办学特征；书院是从私学脱胎而来的，但与私学不同，书院是一种教育体制，具有教育、研究、祭祀、藏书、刻书等多种功能。书院的教育内容主要是儒家经典，以理学家的著作作为教科书或教学参考书，并慢慢地向官学靠拢。尽管如此，宋代的乡党之学与书院教育，有力地推动了当时社会教育的大发展。

社会教育发展到元明清时期，出现了地方“社学”。“社学”以教化为主要任务，以民间子弟为教育对象，带有义学性质，多设于当地文庙。

（3）从学派到教派的宗教教育　《通鉴》记述：在中国宗教史上，道教是中土文化的产物。先秦时期的老庄之学、西汉前期的黄老之学以及魏晋玄学都是具有哲学思想的道家学说。后来在谶纬神学和神仙方术迷信思想的影响下，在私家传授的过程中，逐渐把道学这个哲学学派转变为宗教派别。东汉末年，在原始道教的经典《太平经》的影响下，社会上出现了张角太平道、张修五斗米道的民间宗教势力。魏晋以后，原始道教的太平道、天师道（五斗米道）开始向统治阶级上层发展。到了东晋，在上层士族中已有许多原始道教的信徒和道士。为了促使道教逐渐向义理化发展，并成为具有一定理论体系的官方宗教，居罗浮山修道至死的葛洪，将儒学的纲常名教融入道教，又炼“仙药”，追求长生不死。其《抱朴子》一书，所反映的道教教育思想极为丰富。特别是南朝齐梁时期的陶弘景，隐居修道炼丹，学问渊博，弟子从之者众。他的《真诰》《真灵位业图》两书，更为道教理论和教义奠定了基础。到了唐代，道教教育开始昌盛。开元年间，唐“置崇玄学于玄元皇帝庙”，设置崇玄馆，置学士、直学士，置大学士一人，以宰相为之。除两京置玄元皇帝庙和崇玄学外，还诏令诸州各置玄元皇帝庙和崇玄学一所。崇玄学虽然不是研习儒家经学，学习内容限于老庄学说，但学生的出路准许按明经举选。宋代对道教极力提倡，在全国大修道教宫观，选录道士校订道藏经典，又在中央官学置《内经》《道德经》等博士。特别是宋代发展而形成的“内丹学”，其独具特色的性命之说的丹道理论，使道家从道学学术变为道家宗教进而转变为道家宗教哲学派。

佛教教育在西汉末传入中国，其对象是统治阶级上层人物。在东汉明帝时西域有神，其名曰佛，“因遣使之天竺求其道，得其书及沙门以来”。于是，佛教开始得到汉贵族的“好之”。东汉及三国时期，虽已译出大量佛经，但对于一般民众来说，最有鼓动性的还是佛教教义的口头宣传。随着佛教理论的发展，佛教教育由口授佛经转为以译经为主，由依附黄老之学向传统儒学靠拢，由搭建茅屋转向修建佛寺，并将其作为教学场所。特别是南梁时，梁武帝把佛教几乎提高到国教的地位。朝廷的支持、士人的参与，使佛教进一步发展，更重视佛理的研究，而佛理的研究，又常与玄学合流，与儒学紧密结合。这种风尚反映在佛教教育上，主要是佛教义理的传授。到了唐代，佛教已是中国化的佛教，具有中国传统文化的内容与品格。其中以天台宗、华严宗和禅宗最具中国特色，而禅宗则完全是中国独创的新教派。此后，佛教教育便成为儒家经学教育不可缺少的补充。

基督教进入中国，大概从唐朝时“景教”传教士来华算起。元朝的“也里可温”（亦称“温教”）来华为基督教的第二次传播。基督教第三次传播是明朝末年的意大利耶稣会士利玛窦等来中国传教。清道光年间，当西方列强用大炮打开中国大门，由传教士所创办的教会学校也在不平等条约的庇护下得以发展。传教士在传播宗教的过程中，把宗教教育作为传播的有效手段，开始创办教会学校，其招生对象以贫苦人家的孩子为主，还有一些无家可归的难童。传教士除宣讲《圣经》外，还教读写知识、算术字母等，也介绍西方学术。自 19 世纪 80 年代起，为了让教会教育培养的人胜过儒学士大夫，教会教育开始向高等教育过渡，注重自然科学知识的引入和传授。教育内容的科学化，使“科学与宗教联盟”，给以儒学为正学的传统教育以重大冲击，有力地传播了基督教文化与西方近代学术思想。

以上可以看出，宗教教育在中国的发展经历了一个漫长而复杂的过程，从学术派别转变为宗教派别，再发展为宗教教育，有力地传播了宗教思想。

（4）来华与出国的留学教育　《通鉴》记述：隋朝是开始批量接收外国留学生的朝代。大业四年（608 年），倭王派出以小野妹子为遣隋使、吉士雄成为副使、鞍作福为道事（翻译）的使团来到中国，学习和传播中国文化。唐贞观年间，日本多次派出遣唐使，每次人员多达五六百人，最少亦有二百余人。所派遣唐使不仅经常带领许多留学生和学问僧，而且带有医师、画师和各种艺师、工匠等，全面学习中国文化。随遣唐使入唐学者，从事学问、技艺、艺能的研究者，称为留学生；从事佛教研究者，称为留学僧。留学生又分为学问生和请益生，留学僧亦分为学问僧和请益僧。学问生和学问僧是长期留学；而请益生和请益僧则在各自专门领域内已有一定的研究基础，需要进一步研修深造。唐朝对当时来中国的日本留学生和留学僧，在生活上给予各种照顾。唐朝也有一批学者到日本讲学，传授儒学和佛教。此外，朝鲜半岛上的高句丽、百济、新罗三国，也向唐朝派遣了自己的留学生。在贞观年间，“四方学者云集京师，高句丽、百济、高昌、吐蕃亦遣子弟”，多时达百余人，学习时间为十年，留学生的衣、食、住均由鸿胪寺负责。新罗统一朝鲜半岛后，继续向唐朝派遣留学生。在贞观十四年（640 年），留学唐朝而结业归国的新罗留学生及其他人员，一次竟多达一百零五人。那些学有所成的留学生回国后，利用自己在中国学习的知识，使自己的国家繁荣发展，也传播了中华文明。

走出国门的出国留学，则是在西学东渐的洋务时期。两次鸦片战争期间，曾出现过一些零星自发的留学行为，留学生基本是教会学校的学生，在传教士的撮合下成行。发起由政府派遣出国留学人员的倡导则是在洋务运动开始之后。近代留学教育的倡导者容闳，是近代中国受过美国系统高等教育的第一人。在他的倡导下，洋务派挑选幼童赴美留学。但在国内守旧势力的反对下，这些幼童没有按计划完成学业而被中途撤回。此外，在洋务大臣的努力下，中国近代第一批正式派遣的留欧学生出发学习轮船、驾驶、矿务、枪炮制造工艺、鱼雷、火药等知识，说明赴欧学生由重在学习西方语言转变为学习西方近代科学技术。

此外，还有引进“西学”。有清一代，书院发达。随着洋务教育的开展，一些书院亦开始把西学引入书院教学。在东南沿海得地利之先的一些书院，首先把西学引入书院教育内容。如广东广州的学海堂“专勉实学”，增广专课，并把数学作为一门课业固定下来。这一时期创办的教会学校，更是把近代西方科学知识列入教学课程。一些教会书院看似是中国传统书院，但从本质上是移植到中国的西式学校，其西式的管理、西式的课程、西式的教学方法等，无不对传统的学校形成压力，迫使其变通和改革。

不论是来华留学、出国留学，还是引进的西式教学，都是中外文化教育交流和学习的有效途径、媒介、桥梁。

(5) *教育史上的特殊事情*　在中国教育史上，还有一些特殊事件被《通鉴》纳入叙史范围：一是中国教育史上最早的学生政治运动。西汉哀帝年间，大儒鲍宣比较耿直，屡次上书抨击朝政弊端，得罪了许多外戚和大官僚。一次，因阻止丞相孔光不得行驰道中，获罪下狱。博士弟子王咸于太学举幡号召诸生合力营救，一时会集者达千人。他们当路拦丞相车进行申诉，又集皇宫前上书请愿。鲍宣遂减死罪，发配上党郡。二是中国教育史上最大的一次政治事件。东汉时期，宦官的残暴统治加深了王朝的政治危机，正直的官吏愤怒揭露并打击宦官集团，得到广大太学生的拥护和支持。在反对宦官的斗争中，太学生同正直的官吏结成了可靠的同盟，给当权的宦官造成了一定压力。因此，汉桓帝时期，宦官集团发动了一次镇压正直官吏和太学生的迫害运动，逮捕执法官李膺和党人二百多人。汉灵帝时，李膺等人释放之后，声望更高，宦官恨之入骨，便使人诬告李膺等人结党谋反，被告者皆“下狱，死者百余人”。受牵连而迫害致死，或被流放、罢官和监禁的又有“六七百人”。宦官集团又把株连扩大到太学生，被捕的学生达一千多人。朝廷又宣布，凡

“党人”的门生、故吏、父子、兄弟以及五服以内的亲属，一律罢官，终身不得复用。三是中国教育史上的一次学生爱国请愿行动。南宋钦宗、高宗时期，宰相李邦彦等主和派罢主战派将领，坚持割地议和。太学陈东率太学生屡次上书“诛贼”求战。陈东和太学生的爱国行动遭到镇压，陈东被杀。陈东临死时笑曰：“我陈东也，畏死即不敢言，已言肯逃死乎？”四是中国教育史上一次较大的流血事件。明万历年间，在众多书院中，东林书院独树一帜，名噪一时。东林书院以关注现实社会为主，并将学术活动同政治斗争结合起来，“讽议朝政，裁量人物”，抨击权贵，主张天下事由天下人“众议”。东林学派针砭时弊的意见得到社会的广泛支持，同时也遭到宦官及其依附势力的激烈反对。天启五年(1625年)，以魏忠贤为首的阉党开始了对东林党人的诛杀，并下令“刊党籍，尽毁天下书院”，驱除讲学之人。可东林学派的人们至死不屈，“特立不摇”，终于演成了大流血事件。魏忠贤对东林党人生者削籍，死者追本，已经剥夺者禁锢，凡三百九人之多。五是其他方面的，如最早提出的“宫廷教学大纲”；《国语·晋语》中提出的“夫教者，因体能质而利之者也”第一个较完整论述教育在个性发展中的作用；包含后世教学原则的傅说的“学学半”（“教”和“学”的辩证关系）等教育思想等，都得到了记载和论述，这就弥补了传统教育史之不足，成为《中国教育通鉴》宏大教育通史的有机组成部分。

四、以史为鉴，揭示了教育史研究的学术价值

《通鉴》较为详细地记述了中国教育发生、发展、演变的过程，站在历史的高度，总结了中国教育许多独具的特点和优良传统；并站在教

育通史的“肩上”，揭示出了教育史研究的学术价值。

（一）教育是在综合因素的“合力”中发展的

先生认为，教育的发展是由多种因素推动的，与社会政治、经济、文化等因素都有着密切关系，它们相互制约、相互影响、相互作用。但是，教育历史发展的根本原因则是教育领域中各种因素交互中的“合力”。这种“合力”是在一定时期内和一定社会环境下各种教育所产生的综合因素。

从教育发展的历史来看，制约和影响教育的直接因素是社会政治经济，在教育上集中体现在时代性和阶级性上，而生产力发展水平则决定着教育发展水平。制约和影响教育的间接因素是观念形态的文化，在教育上集中体现在对教育目的、教育内容和教育方法的确立上，决定着教育文化功能的发挥。制约和影响教育最主要的内在因素，是人的生存和发展的需要。

《通鉴》在叙述“私学”教育的兴起和发展中，充分反映了这一特点。春秋末期，私田的发展，生产力的发达，打破了旧有的“溥天之下，莫非王土”的经济格局；大国争霸和“礼乐征伐自诸侯出”，打破了周王室原有的一元政治格局；“天子失官，学在四夷”现象的出现，打破了“学在官府”“惟官有书”的文化教育格局。于是，在“官府失学”的形势下，私人办学应运而生。然而，私学并不是因社会政治经济变化这一个因素兴起的，而是杂糅着其他重要因素。譬如，在文化方面，“学术下移”使古代典籍文化得以传世，成为私学教育的主要内容。孔子教弟子的“六艺”之学，就是起源于夏代、发展于商代，是西周学校教育的基本课程；畴人之学，大多是由周天子的“史官”“畴官”（通晓天文历学和数学的天文学家和数学家），分散到诸侯之地后举办的私学，其教学内容就是官府世代相传之学。如果没有士人的崛起、学术的传世、文化的传承，即使有公室之需要，私学也是很难发展起来的。正是由于有了打破“政教合一”的传统，“养士”风气的刺激，大师的学术传播，文化典籍的交流整理，自由讲学的学术空气，私学便作为一种新型的教育体系，办学基本脱离了官学体系而独立发展。私学大师以己学为讲学的主要内容，完成了学校教育独立化的历史进程，标志着中国古代出现了完整意义上的学校教育类型。

先生认为，从私学发展形势来看，私学发展既没沿着“学在官府”的官学方向发展，也没真正地下移“庶人”，而是以“教士”为教育目的。诸如孔子、墨子、孟子、荀子等私学大师，终身均以匡正时弊为念，常常携其弟子不辞劳苦地周游列国，不厌其烦地阐述自己的政治主张。这反映了私学教育为社会政治服务的特点，这也是私学教育综合因素“合力”发展的必然结果。

（二）“以儒为主”的传统教育绵延数千年而从未中断

在世界教育史上，只有中国教育源远而流长，占据主导地位的儒家教育思想如不竭的长流从未中断。这是为什么？《通鉴》用有力的史实论证了这一论断，回答了这一问题。

中国作为一个政治实体在其发展过程中未曾为外来因素所中断，中国文明在文化发展史上也未曾有断裂现象。而作为人类特有的社会现象的教育，也因中国历史的连续性而未中断，其突出表现就是以儒为主的教育文化生生不息，从未中断。如果用连续性的教育文化和教育思想来衡量世界上的文明古国，只有中国的教育保持了连续性。

中国教育的连续性，最明显地表现在两个方面：一是中国古代的语言文字在发展过程中未曾发生过断裂现象。中国的文字，由甲骨文到金文，由金文到小篆，由小篆到隶书，由隶书到楷书，由繁体楷书到简体楷书，整个发展过程清楚而完整。而且，从甲骨文到现代汉字，不管字形发生了多大变化，字的构造总是以象形、指事、会意、形声为共同原则的；今人通过这些原则就可以辨识古代文字。至于语言，古今差异的确不小。但是，古今语言的差异主要表现在语音、词汇及专门术语上，语法结构没有发生根本性的变化。而且，代代古人的注释、疏解、辩难为今人考释古籍搭建了梯道。这个梯道也是教育文明延续不断的明显证据。二是中国教育文化的传统和教育内容的沿袭，更是中国教育连续性的记录。中国传统教育的主要教学内容“六艺”，萌芽于原始社会，形成于夏代，商代有进一步的发展，到西周更加完善。当时的教育是以学科为中心设计课程的，是以传授各学科的知识为教学的中心任务的。中国的“六艺”就是由礼、乐、射、御、书、数六门学科组成的。春秋末期，孔子在创办私学过程中，把周之“六艺”改编为学习教材，以“六艺”教弟子，不仅设置了“六艺”课程，而且编订了各科教材，建立了完整的课程和教材体系。到西汉武帝“独尊儒术”以后，“六艺”演化成了经学，教材以《诗》《书》《礼》《易》《春秋》等儒家经典为主。虽然后来儒家经典随着时代的变迁而又有所不同，但用儒家经典为主要课程内容的封建教育一直沿袭未变。这都足以表明中国教育发展连续性的基本特色。

中国教育的特点之一，就是“以儒为主”的教育思想长期占据主导地位，经久不衰。中国独具特色的儒家教育思想之所以长期占据主导地位，是由于它根植于中国传统文化的思维之中。从西汉开始推行的“独尊儒术”的政策，使中华民族形成了独特的大一统思维方式，而“儒术”的大一统的思维方式不同于道、佛其他学派，主导的是以儒家文化为主体，“温和”地将各种文化有机地纳入其中，是一种“多元统一观”。这种观念文化具有很强的同化性。在形成的占主导地位的儒学主体教育思想的同时，还存在多种占非主导地位的教育思想，呈现出教育思想的多元性。儒学主体教育思想的形成是通过各种教育思想长期对抗、论争、融合、吸收而逐步确立的。例如，西汉武帝确立了“独尊儒术”之后，以董仲舒为代表的融合儒、墨、道、法、阴阳五行各学派所建立的汉代儒学占据了主导地位。东汉以后，佛教的传入和道教的复兴，都曾对儒家教育思想产生强烈的冲击。但儒家教育思想不满足于恢复原始儒学的幻想，也不沉溺于反佛排佛、咒道斥道的义愤，而是认真研究对方，剖析自己，主动吸收，终于实现了援佛道入儒，使儒学教育思想进入了一个新阶段。由原始儒学，到汉唐经学，再到宋明理学，儒家教育思想都是在融合各家的过程中发展的。此外，儒家教育思想不论面对内部分化，还是其他学派教育思想的多次冲击，都能较快地调整自身，求同存异，取人之长，补己之短，发展自己。例如，东汉时期的古文经学与今文经学之争，宋明时期程朱学派与陆王学派之争，清代的汉学与宋学之争，都是由于善于求同存异，相互融合，进而促进了自身发展。

先生指出，中国教育有许多独有的特点和优良的传统。例如，在古代，中国始终高度重视教育的作用；中国教育不受任何宗教的控制和影响；中国教育坚持以统一的语言文字进行教育和教学，并帮助少数民族创立文字，提倡使用本民族语言文字进行教育和教学；并创造出了具有中国特色的教育体系、教育原则和教学方法等。这些方面都有力地保证和支持了我国“以儒为主”传统教育的连续。

（三）以平实之叙述还原了中国教育历史之真相

1.《通鉴》把秦国时期文化与秦朝时期文化区别开来

在嬴政执政时期，秦文化明显地分为两大阶段，即秦国时期文化和秦朝时期文化。未统一之前的秦国时期，从襄公至穆公九代君王，都注意学习周代文化。在“秦人周化”的过程中，既吸收周之精华，又创新思想，特别是注重吸收法家思想，在秦国形成了不同于其他几国的新意识和新文化。秦统一六国前，就重实利、轻礼乐，对各种学派采取了较为开放兼容的政策。如秦昭襄王时，儒家学派的荀子来到秦国，对“无儒”表示遗憾，这只说明儒家思想在秦影响较小，但不能说秦地就没有儒，如秦政权中就有儒学博士。特别是相国吕不韦主持编著的《吕氏春秋》，就具有“合儒墨、兼名法”的思想特点。又如，秦代官方推行的标准文字“小篆”，在秦之前就已产生，李斯等人并不是小篆的创制者，他们只是选定了演变而来的秦文字小篆。秦统一六国、建立了秦帝国后，秦的教育实施，没有建立西周式的官学制度，而是建立官学性质的吏师制度。政府机关设有“学室”，“史子”是“学室”中的学生，还有一套严格于吏师教育的管理法令。秦朝的吏师制度，主要是“学法令”，但也兼及诗书及其他知识的教育。秦的“仕进之途”，与吏师制度有所关涉，而与汉及以后的博士制度无甚联系。如果说秦国时期是大量地吸收各国先进文化，秦朝时期实行“书同文”则是向全国传播秦文化（《秦代——教育的一统》），这就还原了秦代教育的历史真相。

2.《通鉴》对西汉与东汉的两次重大学术会议做出公正评价

甘露三年（前51年），汉宣帝召开了一次重大的经学讨论会，地址在未央宫殿北石渠阁，故称石渠阁会议。出席会议的经学家主要有两类：一是现任博士官；一是经学造诣较深的其他官员，还有善习《鲁诗》的“布衣”学者，共二十三人。会议讨论的最重要问题是评论《公羊》与《穀梁》的异同，亦兼议他经。石渠阁会议评议经义异同，就是评议各家学说对安邦治国的实际功效，凡是符合统治需要的，就会得到皇帝的首肯。“石渠阁会议是一次政治性很强的学术会议。石渠阁会议这种重是非、好问难、倡论辩的风气，为学术研究和教育研究提供了典范。”（《西汉——教育的振兴·“昭宣中兴”》）此外，在建初四年

（79 年），章帝召集太常、将、士大夫、博士、议郎、郎官及诸生、诸儒，于京师洛阳北宫的白虎观召开会议，“议《五经》同异”，一个月才结束。“白虎观会议对学校教育有很大影响。它以今文经学为主，吸收了大量古文经学的观点，清楚地反映了今文、古文经学在东汉的融合，有利于突破师法、家法和今文、古文之分。”（《东汉——教育的发展·明章之治》）

3.《通鉴》对教育史上有着贡献的政治人物予以充分肯定

西汉末年的王莽，在执政期间，改变汉制，采取种种措施扩建太学，扩大了太学的办学规模；颁布了地方官学制度，使地方官学与行政区划相一致，并有经师之设；又在郡国设立了专门教育皇帝宗室的“宗师”；放宽了荐举之法，在征召人才中不限于专经学士，不拘一格，广举人才等。“不可否认，王莽提倡扩建太学和普遍设立地方官学，虽然怀有个人的政治目的，但是对于文化教育发展所起的积极作用却不应抹杀。”（《西汉——教育的振兴·平帝及王莽新朝》）

隋炀帝杨广，在继位后，大兴土木，广事征调，开通南北大运河；改州为郡，实行郡县两级制；继续推行均田制；在文化教育方面，整理经籍，兴办学校，始立科举等。特别是科举制，是隋朝的一大创举。大业年间，隋炀帝“变前法”“置进士等科”。进士科的设置，标志着科举制度的开端。“隋朝统治者在废除九品中正制的前提下，以长期沿用的察举制为基础所创立的科举制度，轻‘门第’，重‘才学’，其用意在于为封建统治阶级选拔真实人才，有利于缓和社会矛盾，促进社会发展。这是中国选举制度发展史上的一次大变革”，也是教育史上的一次大变革。（《隋朝——教育之建树·大业时期》）

在清光绪年间的洋务运动中，时任军机大臣并兼管学部的张之洞，鉴于当时“旧学恶新学”“新学轻旧学”的情况，提出了“中学为体，西学为用”的“中体西用”的办学思想。张之洞的“中体西用”是洋务教育实践的理论概括和思想体现，是以新卫旧、以西补中为目的，遭到资产阶级改良派和革命派的激烈反对。然而，“张之洞是我国近代教育史上非常重要的人物，在‘中学为体，西学为用’的思想指导下，锐志教育，创办新式教育，推动教育制度改革，译西书，变科举，派留学生，可以说‘是我国半殖民地半封建制度重要的奠基人’”。（《光绪时期——传统教育的转型·张之洞“中体西用”的教育思想》）

（四）“尊师重教”与“立德树人”是中国教育的优良传统

《通鉴》指出，“尊师重教”与“立德树人”是中国教育的优良传统。

“尊师重教”是从“尊师重道”“尊师贵道”而来的。《礼记·学记》曰：“凡学之道，严师为难。师严然后道尊，道尊然后民知敬学。”认为只有尊师，才能道尊。《后汉书·孔僖传》曰：“臣闻明王圣主，莫不尊师贵道。”早在公元前11世纪的西周时期，就提出了“弟子事师，敬同于父”。春秋战国时期，荀子第一次把天、地、亲、君与师相提并论，强调“国将兴，必贵师而重傅”，把尊重教师提升到关乎国家兴亡的高度。到了唐代，韩愈指出“师者，所以传道、授业、解惑也”，以传道为本，以授业、解惑辅佐之是教师的任务；柳宗元也提出“师严道尊”的主张，尊重师道乃是时代的要求。古代学者在强调“尊师”的同时，也提出了“为人师”的主要条件。《礼记·学记》指出：作为教师要有独立人格，“当其为师，则弗臣也”；要懂得教育教学规律，“知教之所由兴，又知教之所由废，然后可以为师也”；要有熟练的教学艺术，在讲解、问答、练习等方面都要讲究教学技巧，而“记问之学，不足以为人师”。“重道”就要“尊师”，“尊师”就是重教，“教尊而官正”，教尊而“敬学”。教育可以使个人“成器”、使社会“化民”、使君王“治国”，在修身、齐家、治国的过程中，应以“教学为先”，以教育为本。“尊师重教”思想融会和凝聚了中华民族的悠久文化传统和先圣前贤的智慧，支配中国教育达两千年之久；“尊师重教”思想在今天仍有其重大意义，是因为这一思想已根植于广阔而深厚的民族文化之中。

“立德树人”，是我国历代教育共同遵循的理念。“立德”一词，取树立德业之意，语出《左传·襄公二十四年》“太上有立德”一语。“树人”一词，取培育人才之意，出自《管子·权修》“终身之计，莫如树人”。“立德”与“树人”是相辅相成的辩证关系。立德使人成人，树人使人成才；“立德树人”实质上就是“立育人之德”与“树有德之人”的有机结合。中国古代极重视道德教育，把人的“立德”放在重要位置。儒家重视道德品质教育，其教育目标就是培养有“德行”的君子，不仅把道德教育放在首位，而且把道德教育融入“六艺”教育之中。与儒家一样，墨家也“厚乎德行”，把德行和修养列为首要的教育任务；法家也重视道德教育，反对“私德”而提倡“公德”。在中国教育史上，无论从夏商到明清，从家庭到学校、从官学到私学、从宗教教育到世俗教育、从荐举察举到科举考试，都要求从德与艺两方面进行教育。知识教育是德育的基础，并为道德教育服务。一个国家或一个民族在不同的历史阶段，虽然立什么德、树什么人的标准不尽相同，但“立德树人”的教育思想却从未发生过动摇，且一直占据主导地位。

先生指出，“尊师重教”与“立德树人”，既是人类长期对教育实践认识的结果，也是人类对教育认识、思考和概括的结晶，凝聚了当时人们对社会和教育认识的最高成果，在近代和当代的中国教育发展中仍然显示出强大的生命力和崭新的发展前景。

（五）在吸收借鉴外域文化中创造新教育

《通鉴》深刻揭示出，在中国的传统教育中，西汉确立的儒家教育思想之所以能不断发展和创新，其中一个重要原因就是儒学善于吸收借鉴外域文化，以兼容并蓄的态度推动着儒学教育不断创新。比如，在魏晋南北朝时期，玄、道、佛、儒四家在教育领域反复较量的同时，彼此有了认识和了解，因而可以进一步吸收对方的优点并融合在自己的理论与实践中。当时是儒、释、道并授，学校教育内容仍讲儒学，兼传佛、道、玄各家，出现了儒、佛、道兼综的学校。佛教教学在宣传教育活动中，积累了丰富的教育、教学经验，形成了一系列教育、教学原则和方法，对传统儒家经学及其传授产生过巨大影响。儒家经学自西汉以来，到“魏晋经学”出现了一个崭新的局面，变成了儒、佛、道混合的经学了，其发挥儒家经学中很少讲到的性命之学，企图将儒、佛两家贯通起来。后来，两宋理学家糅合道、佛教义，借《大学》《中庸》两篇大讲儒家的性命学说，使儒家经学出现了新的面貌。

《通鉴》又指出，近代以来，中国落后了，存在着学习外来文化的客观需要。鸦片战争后，魏源提出了“师夷长技以制夷”的教育观念，太平天国提出了学习西方的邦法的教育构想，洋务派提出了“中体西用”的教育主张，维新派推行了“托古”“维新”的教育改革，都希望吸收和借鉴外来文化的长处，增强自己的力量，以保存和发展自己。虽然这些教育思想有着一定的历史局限性，但在这些教育新思想的影响和推动下，中国传统教育发生了重大变化：京师大学堂，是中国近代第一所国立大学；兴办新式学堂，有专学西文西艺的专门学堂；有偏重于实学的专业学堂，还有女子学堂、聋哑学堂等。由于吸收借鉴了西方文化，便出现了西方教育与中国传统教育的杂交，由此导致一批新型教育的诞生，加速了中国教育近代化的进程。然而，对西方文化教育的这种学习，总是在“中学”与“西学”的争论中进行的，是继承“中学”与学习“西学”交织在一起的。因此，我们要发扬中国教育多元一体的特征和对外来文化兼容并蓄的长处，在中西文化冲突面前，发挥优良传统，吸收外来精华，创造一代新的文化教育。

（六）教育思想的发展是教育勃兴的内生动力

先生指出，中国传统教育思想是在传统教育的实践活动中产生而发展起来的，是一代代教育实践家在丰富多彩的教育实践中生成而滋养起来的；而传统教育又哺育造就了一代代教育传人，保持着教育思想的一脉相承和世代沿袭，促进了教育思想的不断创新，使教育思想永葆旺盛生命力。

中国传统教育思想是在多元性教育思想的冲突、吸收和融合中形成和发展起来的。《通鉴》记述，春秋战国时期，各家各派都有自己学派的政治主张，所推行的教育培养目标也不尽相同，但革弊救时则是他们的共同愿望，这就必然促进理性思潮的昌盛。学术思潮的勃兴，形成了我国第一次学术文化也包括教育思想“百家争鸣”的发展局面。教育思想的“百家争鸣”，产生和形成了许多新的教育思想。首先是孔子以办私学、创儒家学派而名贯当时。孔子在教育史上第一个提出具有划时代意义的“有教无类”的主张，在“学而优则仕”的培养目标下，推行“六艺”之教的教育内容，实行“因材施教”的教育方法，开展非宗教的“成人”教育。后“儒分为八”。儒家教育思想在自身分化及融合其他诸家之后，又呈现整体融合的趋势，建构了一个博大精深、系统完整的教育思想体系。孔子儒家教育思想长期为后人所遵循。

春秋战国时期，随着宗法制度日趋瓦解，封建生产关系逐渐发展起来，文化教育领域所出现的“百家争鸣”，堪称是一场“新文化运动”。正是在这一思想活跃大势的推动下，创出了新的教育形式。如战国时期，齐国创办的稷下学宫最为有名，其创建之早、持续时间之长（历时一百五十年）、办学独具特色，在当时世界上是首屈一指的。稷下学宫是一种官私合办的联合体，虽然属官办学校，但其基本细胞是私人办学。稷下学宫不仅打破各家的门户之见，吸收各界学派，延揽天下精英，而且不分国籍，向各国有识之士敞开大门，为其提供优厚的物质条件和学术环境。此外，还招聘各国名士前来讲学。这就使稷下学宫成为一所“跨国性”高等学府。稷下学宫独创的官方办学、私家主持的办学形式，集教学、研究与咨政为一体的办学模式，自由游学和自由听讲的教学方式，学术自由和相互争鸣的办学方针，尊重和优待各类人才的政策，都显示了它的成功之处。这一特色办学对后世教育产生了深远影响。（《春秋战国——教育的转型·战国时期》）

先生指出，教育思想的发展与教育实践的发展是相互促进的。教育思想的直接来源是教育实践，但教育思想的发展却是教育勃兴的内生动力。《通鉴》中记述了南宋时期，随着理学的成熟，理学也就步入广泛传播、扩大影响的阶段，这就为南宋书院的勃兴准备了思想条件。因为书院具有教学与学术研究紧密结合的特点，大都少受或不受科举考试的制约，便于自由讲授、自由研讨、自由论辩。这就为理学提供了最好的传播方式和途径，于是理学就成为南宋书院教育的基本内容，而书院也就成为研究和传播理学的最理想的场所。理学大师通过书院讲学广泛传播其学术思想又扩大了书院的影响，提高了书院的社会地位。南宋的理学，学派林立。每一个学派都创办了一批各具特色的书院，而每所书院也都成为研究和传播某一理学派别的学术基地。比如：朱熹复兴白鹿洞书院和岳麓书院，陆九渊在象山书院（亦名“应天山精舍”）的讲学，吕祖谦主讲于丽泽书院，如此等等。这就使南宋理学形成了朱、陆、吕三大流派。此外，还有以张栻等为代表的湖湘学派，以陈亮为代表的永康学派，以叶适为代表的永嘉学派等。他们各以书院为基地，以讲学为手段传播自己学派的学术思想，实施自己学派的教育目标，从而造成了书院勃兴的局面。这些理学大师亲自兴复书院或创建书院，授徒讲学，其门人弟子也都积极参与和创办书院，扩大了书院的社会影响，对南宋书院的勃兴起到了推波助澜的作用。

先生指出，新教育思想的兴起也必然影响到传统教育的改革。甲午战争的失败和《马关条约》的签订，给中国社会带来深重的灾难和巨大的冲击。以康有为、梁启超等为代表的资产阶级维新派痛定思痛，对洋务运动时期新教育的发展进行了深刻反思，在与洋务派的论战中，阐明了自己变法维新的教育思想。论战所涉及的问题是多方面的，而围绕教育的问题主要是教育改革是“弥补”还是“更张”；教育的当务之急是培养专用人才还是“皆开民智”；教育改革中如何处理“中学”与“西学”的关系。改良主义者借助洋务教育的实践，来验证和深化自己在教育问题上的认识，提出了维新变法新的教育思想和教育主张，打破了自19世纪60年代以来清政府在教育领域所进行的零星的、渐进式的改革，推动了带有强烈的时代气息和明显政治目的的教育改革与教育“新政”。1901年，清政府颁布“壬寅学制”，然而“壬寅学制”由于本身的不完备和朝臣中满汉之争、新旧之争未能实施。直到1904年中国才有政府颁布的并且准备实施的“癸卯学制”。“‘癸卯学制’以同期日本学制仿制而成，在其形式上以及具体章程的众多细则上有惊人的相似之处。”（《光绪时期——传统教育的转型·“壬寅学制”与“癸卯学制”》）可以看出，新的教育思潮的勃兴使中国传统教育发生了具有历史意义的变化，为新的教育改革开辟了新的道路，推动了中国教育近代化的全面启动。

余　论

先生的《中国教育通鉴》（一至五卷）详细记述了远古教育的诞生到宣统末年辛亥革命前的中国几千年的教育发展历史，揭示出了中国传统教育需要传承的是“古为今用，辩证发展”。“古为今用”强调的是对于古人留下的具有重大意义的传统教育，我们要原汁原味地传承，即吸取精华，弃其糟粕；而“辩证发展”则要求我们对传统教育辩证分析之后为传统教育融入新的活力。

中国几千年来的传统教育具有地域特征和民族特征，又具有历史特征和时代特征。在历史性意义上，中国传统教育既包括源远流长的古代教育，又包括发生剧烈演变的近代教育。中国传统教育是中国文化的主体部分，也是先祖们世世代代传承下来的丰厚的历史遗产。它不仅记录了中国教育发生、演变的历史，而且作为世代相传的教育思想、价值观念、办学制度、教学方法等，已融于今日之中国的教育血脉之中。中国传统教育并不简单地等同于儒家文化，也不是儒、道、佛文化的简单相加，而是中华民族各种文化和教育思想的总和，包括了各种观念形态和物质形态文化。

中国传统教育不仅为社会经济文化发展提供了思想和知识上的推动力，而且为人才培养提供了强大的“制动力”。中国教育史流传到现在的思想“智库”都是创新与保留后筛选的，其中有精华也有瑕疵。因此，在发展中国教育中既要吸取精华又要不断创新。无论哪个民族的文化教育都不是绝缘体，都不能与传统割裂开来，学习和吸收传统文化教育是不可避免的历史趋势；而且文化教育的存在是一种动态形式，只能是在继承传统的基础上向前发展。中国教育史上，在继承传统问题上历来存在多种不同态度：一种是深陷历史之中，以古为古，封己守残，不关心社会而脱离现实的教育研究；一种是泥古不化，以古为今，拘泥古代的教育一成不变。如清光绪初年，清政府派遣了一批留美学生，当时留美学生的正监督陈兰彬，是一个守旧派人物，认为祖宗之法不可变，把学生参加宗教礼拜活动、健身运动、自剪辫子等都视为大逆不道，好多学子被剥夺留学资格遣送回国（《光绪时期——传统教育的转型·留学教育的曲折发展》）。这种顽固守旧、泥古不化的教育思想要坚决摒弃，而我们提倡的则是以史为鉴、古为今用。

对待传统文化教育的古为今用，是从当时最新思维层次上对文化教育的发展模式和本质规律有新的认识。而这种新认识，不仅与时代精神相契合，而且可以积极吸收传统文化中的优秀遗产。但这种吸收，绝非泥古守旧，而是古典精神在更高层面上的回归，因而能够摆脱传统文化教育的束缚。中国近代教育思想的更新和教育体制的改革一开始都以反传统为契机，在西方近代教育思想的影响下，形成了改良主义文化教育思潮，对封建纲常礼教进行批评，对传统教育猛烈攻击。例如在戊戌变法中提出的教育改革方案，虽然有许多“除旧”“布新”的新举措，但提出构建的新教育却是“以中学为主，西学为辅；中学为体，西学为用；中学有未备者，以西学补之，中学有失传者，以西学还之。以中学包罗西学，不能以西学凌驾中学”（《光绪时期——传统教育的转型·“百日维新”中的教育改革》）。可见，改良派在攻击传统的时候，所设想的新教育体制恰恰反映出中国传统教育成果和西方近代教育经验的结合，这也反映出了传统与现实的关系。

先生认为，在传统与现实的结合中，一定要有创新。首先，是在继承传统上创新。例如，明清之际实学教育家所形成的功利主义教育思想，是在过去传统的“经世致用”教育思想上学习西方近代教育思想而形成的新的教育思想，是在对传统的反思和探索中形成的。因此，在学习教育史和吸收精华时，要敢于创新。敢于创新并不是放弃传统，传统与创新是相辅相成的。其次，在面对现实上也要创新，因为创新是源于现实的创新，脱离开现实，创新就成了无本之木。然而，离开了传统，创新也就成了无源之水。教育的发展既存在着与当代社会现实中的政治、经济、文化等方面的矛盾冲突和融合的问题，也存在着与传统文化教育中的矛盾冲突和融合的问题。这就要求当代教育在融合中进行创新，使传统文化教育思想适合当代社会现实，升华到更高层次，被赋予新的含义。同时要吸收借鉴传统文化教育的优良传统，在创新中创造一代新文化、新教育。

从传统与现实的关系来看，先生的《中国教育通鉴》丛书为当代中国教育的改革和发展提供了宝贵的思想资源。

篇三

超越传统之藩篱　开发前人之未发

——评《司马迁教育思想述略》

司马迁的恢宏巨著——《史记》，是我国传统文化中的一颗璀璨明珠。若把《史记》当作通史去看，司马迁就是一位伟大的史学家；若把《史记》当作文学去看，司马迁就是一位伟大的文学家。但是，自古以来，很少有人把司马迁看作是教育思想家。而杨生枝先生的《司马迁教育思想述略》，则被学界称为“发前人所未发的学术专著”。

一、以大教育视野研究司马迁教育思想

《司马迁教育思想述略》（以下简称《述略》）明确提出，司马迁是一位伟大的史学家、文学家，但同时也“是一位杰出的教育思想家”。

《述略》以翔实的资料、全新的研究方法，论述了司马迁教育思想的形成，指出司马迁从小就受到“浓厚的文化熏陶”“严谨的家教培养”以及成为“经学大师的私淑弟子”并“考察教育”的丰富阅历，特别指出司马迁在“奉使西征巴蜀以南”时，在西南少数民族地区进行过从教实践，“司马迁立讲堂于叶榆，为滇云讲学之始”（《儒学独尊时代与司马迁教育思想的形成》）。

《述略》指出，司马迁虽然不是一位专业的教育工作者，但他在

《史记》中不仅记载了大量历史事件和每个时期的社会发展状况，而且记载了汉武帝及汉武帝以前的教育史实，反映了他的教育思想和教育主张。特别是在《史记》中记载的大量的教育史料和教育论著，以及一些教育人物的从教活动、思想及言论，都是研究我国古代教育必不可少的珍贵资料。《史记》博采百家，犹如一部“百科全书”。“古往今来的许多教育家和学者，都把《史记》作为一部必学之教本，开设课程，教授学生”。

那么，在《史记》中，司马迁是如何表达自己的教育思想的?《述略》论述了司马迁教育思想的表达方式，

一是：

（司马迁）凭借渊博的知识，对历史进行“原始察终”，记载了我国“上记轩辕，下至于兹（汉武帝时期）”的教育史料。司马迁首创教育史传……为教育人物立传。……司马迁不仅为孔子这类私学创始人树碑立传，而且也为当时的教育人物立传，这就为后世树立了一个极好的立传的范例。

二是：

司马迁的《史记》中记载了大量的教育史料和教育论著，以及一些教育家特别是儒家教育人物的思想和言论，这就为研究古代教育提供了依据。此外，司马迁在对历史记载和教育人物记述及一些评论中，直接或间接地发表了他的教育观点，寄寓了自己的教育思想，这些都是我国古代教育的宝贵财富。……所以我国的教育史学界在各类古代教育文献中，曾选编过《史记》中有关教育的论述，在教育通史中也提及过《史记》中若干的教育观点。

三是：

司马迁以论赞的论述形式来表达自己的教育思想。《史记》中的“太史公曰”，即序赞论……一般来说，篇前之“太史公曰”为序，篇末之“太史公曰”为赞。司马迁正是通过“太史公曰”的这种论述形式，在对教育史事和教育人物的评论中，直抒胸臆，观点鲜明，言辞精练，旨意深微，表达了自己的教育观点。如司马迁对古文有很深的造诣，对儒学《六经》非常推崇，不仅高度评价了《礼》《乐》《书》《诗》《易》《春秋》所起的政治作用，而且在“史记八书”中专门列《礼书》《乐书》，并在这两篇的序文和赞文中，简述了礼、乐之缘起，重点表达了他的礼、乐相辅为治的教育思想。《礼书》《乐书》有序有赞，而《孔子列传》则有赞无序。司马迁在对孔子生平记叙的基础上，发表赞语，高度评价孔子，表明了自己尊孔崇儒的教育观点。

四是：

司马迁借用别人的言论来表达自己的教育思想。在《史记》中，司马迁的一些思想和观点并不是直接表露，而是借用别人的言论来表达自己的胸臆和观点。如他非常重视礼、乐正身的教化作用，除了自己的直接表述外，还大量引用别人的论述，在《礼书》中引用荀子的文章，在《乐书》中引用孔子的话，以此来强化自己的教育观点，表达自己的教育思想。此外，司马迁还通过论谈的形式来表达自己的教育思想。如《太史公自序》中，司马迁通过与父亲司马谈、上大夫壶遂的对话，把自己的教育思想反映得非常充分。

五是：

司马迁结合具体叙史来表达自己的教育思想。寓教育思想于叙事之中，将自己的教育思想以历史叙述的形式表现了出来。如《儒林列传》中，司马迁通过陈涉起义时，鲁儒“持孔氏之礼器往归陈王”，通过刘邦围攻项羽时，“鲁中诸儒尚讲诵习礼乐”等具体历史事实的记述，反映了他对礼乐之教的向往。其主张“劝学”“兴礼”的教育思想很自然地表现了出来。

六是：

司马迁善于借题发挥来表达自己的教育思想。如在《刘敬叔孙通列传》中，司马迁记述刘敬、叔孙通二人功绩后，借题发挥，说：“语曰‘千金之裘，非一狐之腋也；台榭之榱，非一木之枝也；三代之际，非一士之智也。’信哉！……‘大直若诎，道固委蛇。’盖谓是乎?”意思是说价值千金的狐裘，不是一只狐狸的腋皮制成的，楼台亭榭的椽木不是一棵树的枝所能建成的，夏商周三代的兴起不是靠一个人的智慧完成的。借刘敬、叔孙通之事表达了他重视人才，用其所长和充分发挥人才作用的教育思想。

七是：

司马迁在记述教育人物生平的过程中表达了自己的教育思想。在《孔子世家》中，通过对孔子生平的记述，不仅反映了孔子兴办教育和整理六经的过程，而且也反映了司马迁的教育主张，在教育家孔子的身上，熔铸着他的教育思想。在《仲尼弟子列传》中，虽然记述的是孔子培养弟子的教育思想和方法，但在对孔子这些教育思想和方法的提炼、加工和表述中，表达了司马迁的教育主张。

综上所述，《述略》指出："司马迁的教育思想散见于《史记》之中，他在对各种历史人物特别是儒家教育人物事迹的叙述和褒贬中，在对各种文化制度、典籍以及人物言行的评论中，以'寓论断于叙事'的表现形式，反映了他的教育观念，表达了他的教育思想。"（以上见此书的篇章《儒学独尊时代与司马迁教育思想的形成》）

二、精辟分析司马迁教育思想的二重性

《述略》认为，一方面，"司马迁教育思想是时代精神的体现，融汇于时代思想的母液之中"；另一方面，司马迁教育思想"也包含着他的一些鲜明个性，与汉武帝时代精神有相悖之处"。这就充分表现出司马迁教育思想的二重性。

（一）司马迁教育思想与时代精神相融汇，体现了西汉时代的"重教"精神

1."司马迁教育思想与'尊汉'的时代精神相统一"

《述略》指出，司马迁教育思想产生于西汉武帝时代，它是时代要求的反映，也是时代精神的体现。他成长于汉武帝时期，积极参与了汉武帝的兴作，尽管后来遭受腐刑之冤，但他的"尊汉"的思想并未改变。

司马迁"尊汉"，不仅反映在他的政治思想上，而且也反映在他的教育思想上。突出表现在他不仅颂扬西汉政治上的一统，而且也颂扬西汉文化教育事业的兴盛：

> 自孔子卒，京师莫崇庠序，唯建元、元狩之间，文辞粲如也。

司马迁指出，自春秋战国到西汉初年，“京师莫崇庠序”，历代统治者对兴办教育并不重视，只有到了西汉武帝时期，经学昌盛灿烂，教育才开始兴盛。（《司马迁教育思想与时代精神的融合与冲突》）

2. “司马迁教育思想与‘尊儒’的时代精神相统一”

《述略》指出，司马迁的教育思想，基本上属于儒学范畴。这与西汉王朝实行独尊儒术的时代精神是一致的。

独尊儒术给汉代文化教育带来了深刻的变化，封建地主阶级以新的观念，重新理解教育并采取相应的改革措施，推动了封建教育的发展。……在司马迁看来，古代教育是通过儒学的传播来发展的，没有儒学就没有古代教育。因此，在思想上，他主张兼采百家学说；而在教育上却十分推崇儒学，继承了儒家的教育思想。他总结教育发展的历史，为儒家教育家立传，记述教育家的思想言论，其目的都是使儒学教育成为西汉一统的封建政权的有力工具。（同上）

3. “司马迁教育思想与‘重教’的时代精神相统一”

在统治阶级的支持和倡导下，西汉中央和地方政府都是比较重视教育的。汉武帝曾发布文告，公开提倡兴学育才。

在这一时代思想的影响下，司马迁也非常重视教育。在《儒林列传》中，他不仅照录了公孙弘兴办教育的奏文，而且转引了汉武帝的这一“诏令”。可见，司马迁对这一重教政策是非常赞同的。司马迁重视教育，主要是从教化的角度考虑的……司马迁重视教育，并以“教化”为大务的思想，与当时重视教化的时代精神相一致。（同上）

（二）司马迁教育思想与时代精神相冲突，也包含着他的一些鲜明个性

1. 尊汉与批判在教育思想上的对立统一

《述略》指出，司马迁从尊汉的指导思想出发，在政治上拥护封建中央集权统治，在教育上拥护汉武帝发展教育的一些政策措施。但他能“见盛观衰”，在尊汉思想的指导下，通过对教育现状的分析和总结，来补充和完善封建教育体系。

> 尊汉与批判的对立统一，构成了司马迁的思想体系，也充分反映在司马迁的教育思想上。司马迁尊汉，当然包括封建统治的教育制度。……儒术独尊以后，是非黑白定于一，经师及其生徒当然不敢也不必要发挥新说，这样势必造成拘守家法的风气。不仅官学教育是这样，而且社会上的儒林学风也由穷研六艺、百家争鸣变成了拘守师法，大搞烦琐哲学的笺注主义。……司马迁对西汉教育制度造成的这一弊端，给予了充分揭露。……在司马迁笔下，汉儒大都对经术并不十分精通，只会铺排各种繁文缛节，为皇家张罗庆典。对汉代官方教育制度培植下的儒生们的揭露与批判，充分反映了司马迁对当时教育制度的不满和抨击。（同上）

2. 崇儒与鄙儒在教育思想上的对立统一

汉武帝“独尊儒术”，实际上特别重视的是“春秋公羊”学。在当时的历史条件下，公羊学颇有进步色彩。司马迁的思想与公羊学派所反映的进步观点和时代要求有相通之处。所以，公羊学对司马迁的影响比较直接和明显；但是司马迁并没有全盘接受公羊学说，而是对公羊学中的灾异说等有所批判。这在他的教育思想中得到了充分体现。

中国教育史上，首先把先秦之儒与汉代官学培植之儒（特别是公羊学派）加以区分的是司马迁。司马迁在教育上特别崇儒，他作《孔子世家》《仲尼弟子列传》《孟子荀卿列传》等，高度评价了儒学教育家和他们的教育思想。通过司马迁对孔子及其弟子和孟、荀大师的评价，可以看出他所说的先秦之儒是传习六艺、明礼崇仁、重义而薄利的教育家。而汉代之儒就不是这样了。司马迁在《儒林列传》中载，汉兴，诸儒修其经艺的内容只是“讲习大射乡饮之礼”。叔孙通未闻治何经，只因制作礼义，让刘邦体验到帝王的尊崇而做了太常。汉武帝时，“公孙弘以《春秋》，白衣为天子三公，封以平津侯”，他治《春秋》最大的用途，就是文饰法令，训练狱吏，使严刑峻法多了一层伪装。在司马迁笔下，汉儒大都丧失了独立人格，保守而又迂腐。……司马迁对汉儒的揭露和鞭笞，反映了他对汉代教育制度弊病的不满和对“不通其学”的汉儒的轻蔑。

从上可见，司马迁崇儒，崇的是先秦之儒，崇的是“咸为师傅，崇仁厉义”的儒学教育家；而鄙薄的是汉代官方之儒，是以儒学为敲门砖的利禄之徒。司马迁的崇儒与鄙儒，形成其儒学教育思想的独特个性。（同上）

3. 重教与轻仕在教育思想上的对立与统一

《述略》指出，司马迁受其家学影响，热爱学习；受当代教育影响，重视六艺传习，目的是“务壹心营职”。当他获罪受刑之后，思想上发生了新的变化，由重“仕”转向了轻“仕”。

汉武帝兴儒教，使儒学教育与皇权统治结合，儒生们被驱赶上利禄之途；而儒生们以知识为媒介，以学求官，跻身于统治集团。于是，儒学教育家便沦为向皇家求禄之徒，儒学的独立思想与教育家的独立人格一起丧失了。站在专制主义立场来看，这一教育制度的变革是一个有功于后世的勋业。但在司马迁看来，以学乞官的行为是可鄙的。公孙弘为自己敲开汉廷利禄之门的做法获得成功之后，“天下学士靡然乡风矣”，天下士人奔竞于利禄之途。故司马迁特意点出：“自此以来，则公卿大夫士吏斌斌多文学之士矣。”反映了他对“曲学阿世”的儒生们的蔑视与反感。

固然，司马迁也走的是一条“学而优则仕”之路，但他却反对丧失人格的以学乞仕，在自己的仕途道路上，并没有交出自己的思想和人格。司马迁所倡导的“务正学”“无曲学”的主张，正是他教育思想的闪光之处。（同上）

先生指出：“汉武帝时代是个壮观的时代，也是个充满矛盾的时代。在当时独尊儒术的历史条件下，司马迁的教育思想并没有摆脱儒学范畴，这就必然与当时的时代精神相融合；但司马迁的教育思想是开放、纳新的，主要特点是兼容并蓄，这就必然出现与当时时代精神的冲突。这种与时代精神的融合与冲突，便构成了司马迁独特的教育思想，即具有古代儒家民主教育思想的倾向。”（《司马迁教育思想与时代精神的融合与冲突》）

三、深刻挖掘司马迁独具卓识的教育观

司马迁的《史记》蕴涵着极为丰富的思想内容，也包含着教育方面的思想内容。司马迁的教育观点和教育学说，并不只是囿于某些篇籍之内，而是融于对政治、经济、军事、文化等方面的记述之中，在翔实的叙事中反映他的教育观点。

《述略》在深入研究的基础上，对司马迁的教育思想做了新的探索，总结提炼出了司马迁的教育观点：

1. 在教育与物质生活的关系上，司马迁提出了“富而后教”的教育观点

《述略》指出：“富而后教”是孔子的教育主张。司马迁对这一教育主张做了进一步发挥，把教育和经济联系了起来，以物质生活为前提来考察教育。司马迁认为“富者，人之情性”，指出逐利求富是人之共性，是人性所在；又引《荀子·礼论》语说，“人生有欲”而欲“无度量”，因此要以“礼义”来“养人之欲”。这就必须“以教民”“诱进以仁义”，就是说要通过“教诲之”来“利导”，以达到“仁义”。

> 司马迁强调“人富而仁义附”，如果饿着肚子去“正谊明其道”，大讲仁义，那只是一句空话。因此，他指出“人各使其能，竭其力，以得所欲”，是人生的自然之理；同时他又指出，“事有宜适，物有节义”，对这种逐利求富的“无度量”之人欲不能遏制，只有通过因势利导的教育，来“诱进以仁义，束缚以刑罚”，才能“总一海内而整齐万民也”。这就辩证地说明了教育与物质的关系。（《司马迁的教育观点及其主要学说》）

2. 在教育与社会政治的关系上，司马迁指出了政治、社会对教育的制约作用

《述略》指出，在《史记》中，司马迁往往把教育和政治联系起来，写教育的兴衰变化，又较密切地联系了国家的兴亡成败。政治动乱，教育衰落。如他在《历书》中记载说：春秋时代，周室衰落，礼崩乐坏，学者、士人散落各地，文化教育下移。正由于社会政治的混乱，教育受到了严重影响，开始衰落。到了汉武帝时，西汉教育才有了较大发展。司马迁在《儒林列传》中，对古代教育发展的这一历史现实做了如实的记录。他指出，汉兴以后高祖刘邦时代“未暇遑庠序之事”，孝惠、孝文时代又“好刑名之言”，到了孝景，“又好黄老之术”。汉兴七十余年间，教育基本上是“汉承秦制”。到了汉武帝时，西汉教育才发生了新的变化，“令礼官劝学”“崇乡里之化，以广贤材”。同时也说明，当国家实现一统，政治上相对稳定，教育受到统治者重视时，才会获得较大的发展。（同上）

《述略》指出，社会环境和社会意识对教育也有着深刻影响。如司马迁在《货殖列传》中深刻分析了随着经济发展而渐染形成的社会人俗：“耳目欲极声色之好，口欲穷刍豢之味，身安逸乐，而心夸矜势能之荣。”在这种社会“风气”的影响下，“孔子的高足也处于‘二心’之战，在内心深处存在着追求富贵与乐闻道义两种思想的斗争，反映了社会环境对教育起着潜移默化的作用”。《述略》又指出：

“从我国古代教育的发展来看，教育思想活跃的时期，往往是群雄割据，正统思想尚未形成，或已经形成的正统思想受到冲击的时期。司马迁对此虽没有自觉地认识，但在叙史中记载了这一教育发展的历史现象。如他在《十二诸侯年表》中，记载了春秋战国时代学术思想和教育活动的活跃。”（同上）

3. 在对教育重视性的认识上，司马迁认识到教育对治理国家、稳定社会的重大作用

《述略》指出，教育作为一种上层建筑，在一定程度上对政治、经济有反作用。

如他在《乐书》中引《礼记·乐记》说：“天地之道，寒暑不时则疾，风雨不节则饥。教者，民之寒暑也，教不时则伤世。”气候反常，人民就容易生疾病；水旱之灾，人民就要受饥困。而教育就像是“民之寒暑”，若不适时就会“伤世”，就

会造成严重的社会后果。司马迁借用这一生动比喻，说明教育对治理国家的重大作用。（同上）

又如司马迁在《儒林列传》中引公孙弘的上书说："劝学修礼，崇化厉贤，以风四方，太平之原也。""借以阐述教育的重要性，进一步说明教育对稳定社会有着直接作用。"（同上）

4. 在教育目的上，司马迁提出了具有理想人格的培养标准

《述略》指出，"司马迁虽未表明他的教育目的是什么，但透过他对历史人物的评价以及《史记》中的一些言论，就可以看出他的理想人格，即教育目的就是把人培养成为'君子'。"司马迁所说的"君子"，有他自己的标准，凡"有德""博物""笃厚""鞠躬"者，都是"君子"。他把"君子"划分为不同类型，反映了在总的目标下，又有着不同的具体标准。

固然，司马迁提出的"君子"这一理想目标，不只是个人的意图和要求，而是比较集中地反映了当时社会对人的要求。但是，只要我们认真考察，就会发现他的这一理想人格的目标，不仅不同于"鄙儒""腐儒"和"二心者"之儒的观点，而且与西汉统治者的培养目标也有不同。从《儒林列传》可以看出，西汉政府所选择的培养对象，是"仪状端正"，是"好文学，敬长上，肃政教，顺乡里，出入不悖所闻者"；培养目标，是让这些人通过官学培养，能够"明天人分际，通古今之义，文章尔雅，训辞深厚，恩施甚美"，成为"斌斌文学之士"。……司马迁的观点虽然未脱出封建统治者培养人才的范畴，但他强调的却是能经世致用、治国安邦的"君子"。司马迁的这一主张，在那个"儒术独尊"的封建社会，一反世俗之见，大胆立异，确实相当可贵。（同上）

5. 司马迁继承和发展了民族传统道德教育，形成了自己的道德观念和道德规范

司马迁汲取民族文化传统中的道德精华，并根据当时时代的要求，进行改造、加工，使之成为其教育思想的重要组成部分。《述略》概括指出，司马迁的道德观念主要体现在以下几个方面：

（1）维护“海内一统”的爱国主义思想

司马迁继承了前代思想家大一统的理论，把实现“海内一统”作为治国平天下的“大德”。司马迁创立《五帝本纪》，旨在凸显国家的大一统。……司马迁肯定黄帝、秦始皇、汉武帝的历史功业，都是把“中国一统”作为高层次目标来衡量帝王之“德”的。

从黄帝的统一到秦皇、汉武的大一统，不仅象征着历史的发展方向，而且反映了司马迁维护国家统一的爱国主义思想。这一思想贯穿《史记》全书。《史记》记述，夏、商、周三代之君，秦、汉帝王，春秋以来列国诸侯，四方民族，无不为黄帝子孙。匈奴是夏桀之后，吴与中国之虞为兄弟，越王勾践是禹之后，楚是颛顼之后，其苗裔为滇王。中华民族皆黄帝子孙。司马迁的这一思想成为历代以来进行爱国主义传统教育的宝贵资料，根深蒂固地根植在人民心中，成为一种强大的凝聚力、向心力，是我国文化传统中的道德精华。（同上）

（2）提倡“正道直行”的人生哲学

班固说司马迁的《史记》，“其文直”。文如其人，人直且文直。这一点，在他的《史记》中多有反映。如《屈原贾生列传》说屈原“正道直行”，认为屈原“其志洁”“其行廉”……司马迁借对屈原之赞颂，以表达自己之心志。“正道直行”正是他人生哲学的体现。

事实上，司马迁文直，有“实录”精神，对社会人生“不虚美，不隐恶”；而且他人也直，敢于仗义执言，对李陵之事能秉公而议。在《太史公自序》中，他提倡“忠信行道”，为人应该公正廉直，勿要“苟合取容”。司马迁对那些“正道直行”之人非常推崇……颂扬这些“正道直行”之人，正是借以表达自己的人生哲学。他提倡的“正道直行”“忠信行道”的人生观和价值观，其思想精神在今天仍有积极意义。（同上）

（3）弘扬身处逆境而发愤有为的自强精神

司马迁在生活旅途中经历了一场严重的灾祸。太初历颁布后的第七年，司马迁的撰述工作进入了高潮，正当“草创未就”之时，遭受李陵案的牵连，而被下狱受腐刑。面对这一悲剧，司马迁“肠一日而九回，居则忽忽若有所亡，出则不知所如往”，坐卧不宁，思想斗争非常激烈。但他从古代贤圣发愤之作认识到，“此人皆意有所郁结，不得通其道，故述往事，思来者”。于是，他便从个人的悲愤中解脱出来，认为人们立身处世，总难免有“意有郁结，不得通其道”的地方，总会遇到种种的障碍和逆境。然而坏事变好事，这种逆境却会“增益其所不能”，成为磨炼成才的机会。于是他发愤著书，献身于《史记》，留下了宝贵的文化财富。在《史记》中，他记载了许多处逆境而不甘屈服、奋发有为的感人事迹。如越王勾践卧薪尝胆，艰苦自厉，终于灭吴雪耻；张仪身受重辱，仍好学不辍，终于成就大业；等等。司马迁所反映的处逆不懈的自强精神，在当代德育工作中仍有借鉴意义。（同上）

(4) 主张人的尊严和人格的独立

司马迁认为，作为一个儒者，更应自重，不能丧失人格而“阿顺苟合”。在《孔子世家》中，他借颜回对孔子的话说：“夫道既已大修而不用，是有国者之丑也。不容何病，不容然后见君子!”主张君子应该是“择道而行”，以保持人格的独立和自主。他非常鄙视那些仰人鼻息而丧失人格尊严之人。……司马迁对这些丧失独立思想和独立人格的“斌斌文学之士”的鄙视，表明了他渴望尊重人格、主张人格独立的态度。司马迁的这一道德主张，作为一种价值观，是值得借鉴的。(同上)

(5)“诚重其死”的生死观和人生价值

在对人的生和死上，儒学所主张的基本道德准则是“杀身成仁”“舍生取义”。而司马迁的看法却与此不同，他在《报任安书》中说：“且勇者不必死节，怯夫慕义，何处不勉焉!”他认为勇敢的人并不意味着轻生；反之怯懦的人，如仰慕节义可以献身，看在什么场合罢了。又在《季布栾布列传赞》中说：“夫婢妾贱人感慨而自杀者，非能勇也，其计划无复之耳。”那些一遇侮辱就轻生自杀的人，只不过是无可奈何的表现，并不是真正的勇士。

司马迁说：“人固有一死，或重于泰山，或轻于鸿毛，用之所趋异耳。”人生最宝贵的生命不是不可牺牲，而是要死得“重于泰山”，死得有价值。他在《廉颇蔺相如列传赞》中说：“知死必勇，非死者难也，处死者难。方蔺相如引璧睨柱，及叱秦王左右，势不过诛，然士或怯懦而不敢发。相如一奋其气，威信敌国，退而让颇，名重太山，其处智勇，可谓兼之矣!”懂得生命之所趋，是司马迁评价历史人物的一个重要尺度。……司马迁受腐刑后，曾多次想到自杀，但为了实现父亲的遗愿和自己的理想，“隐忍苟活”，在痛苦中懂得了人生的意义，终于以最大的毅力完成了《史记》。司马迁对于生和死的精彩议论，在他的道德思想中具有特殊意义。（同上）

（6）选贤用能的人才观

司马迁认为治国以人才为本。在《匈奴列传》中说：“尧虽贤，兴事业不成，得禹而九州宁。且欲兴圣统，唯在择任将相哉！唯在择任将相哉！”意思是说，要使国家获得统一和兴旺发达，只能靠选用人才，并委以重任。由于人才的得失关系到治政的成败和国家的兴亡，所以司马迁主张用贤人而远小人。

司马迁主张用人首先要有“德”。他在评价和记叙某一人物时，总是把德放在第一位。从《太史公自序》中可以看出，他每记一人、每作一传，都会突出这个人物的某一方面的美好品德，予以“嘉许”和记叙。……此外，司马迁主张用人也要有“才”。如《廉颇蔺相如列传》记载，赵王要以赵奢之子赵括为大将，代廉颇。蔺相如反对说：“王以名使括，若胶柱而鼓瑟耳。括徒能读其父书传，不知合变也。”指出赵括喜好纸上谈兵，而赵王只凭虚名用赵括为将，就像用胶把瑟的弦柱粘死，无法调松紧，只能弹一个调，以喻赵括只能死读书，不知变通，打不成仗。赵王不听，结果赵军惨败。司马迁对赵括之事做了专门记载，以此来教育君主用人应“循名责实”，不要选用那些徒有其名而无实才之人。司马迁对邓通、田蚡等非常鄙视，而对于“奇才”却非常推崇与偏爱。这一观点，他在《张丞相列传》中交代得比较明确……即使是封侯拜相的显赫人物，尸位素餐，不为立传。反之，“能亦各有所长”的佞幸，“谈言微中，亦可以解纷”的俳优，“取与以时而息财富”的商贾，司马迁都为之立传。至于刺客、游侠、医卜、日者等这些社会下层人物，司马迁也都选择其所“奇”而一一作传。可见，司马迁不仅重“才”，而且尤为重视“奇才”，体现出了司马迁“重才”的标准。

司马迁不仅重视人才，而且主张要善于发掘人才。他在《日者列传》中引贾谊话说：“闻古之圣人，不居朝廷，必在卜医之中。”从广义上讲，是说人才多在朝廷之外，要广泛搜求。(《司马迁的教育观点及其主要学说》)

司马迁独具卓识的教育观，在当前新的时代，仍有积极意义，有许多可借鉴的地方。司马迁的个人奋斗经历与《史记》中所保留的这些珍贵的教育思想，是其留给后人的一份非常珍贵的遗产。它永远给人们以启迪，以激励，是今天的好教材。

四、以古今通观首次提出司马迁创写教育史传

中国教育史成为一个独立的学科是20世纪20年代以后的事。从清朝末年开办的师范学堂到中华民国初期的师范学校，都曾开设教育课程，其后包括中国教育史的内容。随着中国教育史研究的开展，也陆续有中国教育史论著问世。那么在此之前，中国古代有没有教育史之论？先生在其《司马迁教育思想述略》中，首次明确提出司马迁“首创中国教育史传”，其代表作就是《史记·儒林列传》。

（一）以教育视域的新拓展记述教育史传

《述略》指出，司马迁在《史记》中，对教育活动的反映，最大特

点就是“记教育活动于叙史中”。他在记载上起黄帝、下讫太初的社会通史中，对教育并没有做专门记载，“而是在叙述史实的过程中，记述了教育活动的资料，反映了教育活动的情况”。(《古代教育的反映与首创中国教育史传》)

在《史记》中，其《五帝本纪》《夏本纪》《殷本纪》《周本纪》，均可称得上是断代史，他“罔罗天下放失旧闻，王迹所兴，原始察终，见盛观衰”(《史记·太史公自序》)。在记叙这几个朝代的历史演变过程中，按历史发展的自然断限，对不同时代的教育活动做了记述和反映。而《述略》对此做了考究记述：

1. 在《史记·五帝本纪》中，记述了“上古时期‘口耳相传’的教育活动”

《史记·五帝本纪》中的黄帝时代，已是我国原始社会的末期。当时，黄帝在没有出现文字和专门设施的情况下，开始了原始教育活动。《述略》指出，这一时期的教育活动有着三个鲜明特点：

一是“教育是在原始人类的生产劳动和日常生活的具体实践中进行的”。

> 《五帝本纪》记载，“轩辕之时，神农氏世衰。诸侯相侵伐，暴虐百姓，而神农氏弗能征。于是轩辕乃习用干戈，以征不享”。并“教熊、罴（pí）、貔（pí）、貅（xiū）、貙（chū）、虎，以与炎帝战于阪泉之野”。作为当时原始部落联盟首领的黄帝，给“熊、罴、貔、貅、貙、虎”这些以猛兽命名的部落传授战争本领，以与炎帝决战。传说是否真实不得而知，但这里的“习”“教”，却反映了原始教育的形态。“习”，是模仿之意；“教”也是仿效之意。以此推之，原始社会时代的教育活动，是在氏族部落的实践活动中，通过动作的仿效和表情的领

会，来传授和掌握生产、生活经验以及执戈打仗的本领。（同上）

二是“原始教育是伴随着宗教活动一起进行的”。

司马迁记述：“（尧）命羲和，敬顺昊天……敬授民时”，把对自然知识的传授与对老天的崇拜紧密联系在一起。可见，原始末期的教育活动已是一种有意识的自觉行动。《五帝本纪》中记载，帝颛顼“养材以任地，载时以象天，依鬼神以制义，治气以教化”。是说颛顼当了部落联盟的首领之后，根据土地之所宜播植作物以尽地力，观察天象的变化以记载时令，依从鬼神的启示来制定人生行为的规范，用教化来陶冶人们的气质。这里的“教化”虽不是具体的教育形态，但却包含教育之意，反映了原始社会末期教育的有意识活动和初步显示的社会作用。（同上）

三是在原始社会后期，已“开始孕育着教育独立的潜在因素”。《史记》中留有的这些教育痕迹，为先生所发现，他指出“到了帝尧时代，虽然教育与原始社会生产劳动仍混沌不分，但却开始孕育着教育独立的潜在因素”。《述略》曰：

《五帝本纪》记述，帝尧时，舜“摄行天子之政”，始分天下为十二州，开通河道以除水患，又“象以典刑，流宥五刑，鞭作官刑，扑作教刑，金作赎刑”。意思是说，依法用刑，以流放办法宽宥当受五刑的人，官府治事用鞭刑，学校管理用扑（打学生的戒尺）刑，犯轻罪的人可出钱赎罪。当时有无学校不得而知，但用“扑刑”来教育后代则是可信的。对教育实行独特的刑法，标志着教育已存在潜在的独立因素。根据《五帝本纪》记载，在舜摄政时，“禹、皋陶、契、后稷、伯夷、夔、龙、垂、益、彭祖自尧时而皆举用，未有分职”，但却各有所长，主治一方，皆有成就。如大禹治水、后稷兴农、契记书契等，在生产劳动中形成了自然分工。后来，舜执政后，对这些“未有分职”之人进行了“分职”……契主司徒，百姓亲和……这里的“契主司徒”，即掌教化之官。舜对契说：“百姓不亲，五品不训，汝为司徒，而敬敷五教，五教在宽。”是说百姓之间的关系不亲密，五种伦理道德（君臣、父子、夫妇、兄弟、朋友）不和顺，让契管理教化工作，负责推行“五教”。此外，舜又“以夔为典乐，教稚子”，即让夔掌音乐之官，来教育贵族子弟。从这里可以看出，当时的教育虽未形成相对独立体系，但部落联盟中已有“分职”，而掌管教化之官的设置，反映了教育从与生产劳动一体化开始向相对独立领域分离而过渡。（同上）

对《史记》的这一发掘很有价值，为我们研究中国古代教育的独立提供了有力的佐证。

2. 在《史记·夏本纪》中，记述了“夏代已初步具备了产生教育的各种条件”

文字的创造，是教育独立的必备条件。《述略》从《史记》中探讨了中国文字的产生：

殷代之前的夏代是否有文字，尚未确认。《尚书·多士》中周公说：“惟殷先人，有册有典。”夏代没有长篇大论的册典是肯定的，但连简单的刻画文字也没有，恐不足信。根据《夏本纪》及其他记载，夏代的生产力较之前有了很大提高，已进入了金石并用的时代，所谓夏禹“以铜为兵”和夏铸“九鼎”等传说，就是一个有力的佐证。由于夏禹治水，农业发展，促进了夏代文化的发展。司马迁记载“夏正以正月”，天文知识在生产中得到应用；而且用“六律五声八音，来始滑，以出入五言”，即用音乐来考察政治的得失；并划定九州，实行“五服”，推行“五刑”，确立了奴隶制国家的雏形。根据当时生产力的发展和从商朝甲骨文成熟程度推测，夏代应该有了比较原始的文字，只是遗留下来的文献不足而已。从现今发现的十六块带有钻痕的卜骨看，夏代可能出现了一种“巫人”，他们脱离生产劳动而专门从事文化活动。司马迁在《殷本纪》中记载的“祝”“巫”“大师”“少师”等，都是夏代的文化人。这些事实说明，夏代已初步具备了产生教育的各种条件。（同上）

关于夏代的教育，司马迁在《史记·夏本纪》中并未明确记载。但在《儒林列传》中却记载了汉儒公孙弘上书所说：“闻三代之道，乡里有教，夏曰校。”《述略》根据《史记》中引用的“夏曰校”之说，对司马迁的这一看法做了肯定，并对这一说法做了考证：

夏代曰“校”的记载，迄今还未能得到出土文物的直接证实，因此也就不能得出十分肯定的结论。但司马迁肯定这一说法，是有一定道理的。“校”字，据《说文》解释，原义为“木囚”，或为木栏，是用木栏遮阻，猎取禽兽；或是用木栏圈围，驯养禽兽。《周礼》载记，夏官司马的属官叫“校人”……“校人”很可能就是驯养动物的人。……关于这一点，在《夏本纪》中得到了充分反映。《夏本纪》载记……夏代孔甲时，朝政淫乱，诸侯反叛。上天降有雌雄二龙，由于得不到有养龙技术的氏族——豢龙氏的帮助，孔甲不能很好驯养二龙。唐尧其后有诸侯刘累，曾跟从豢龙氏学习驯养龙术，以事孔甲。孔甲赐之姓名为御龙氏。……其训练龙和学习养龙技术的场所很可能就是“校”。发展到后来，“校”就成为一种军事、体育性质的教育场所。从司马迁的记载可以看出，夏朝的“校”虽不能肯定是真正的教育之地，但毕竟是一种专门从事技艺教育的场地或机构。（同上）

3. 在《史记·殷本纪》中，记述了“殷商时期产生学校教育的条件已完全成熟”

从我国古代社会经济和文化教育总的发展情况来看，殷商时代应该已经正式建立学校。文献记载商朝学校叫“序”。

司马迁赞同“殷曰序”的观点，是比较真实可靠的。事实上，在殷商甲骨文中，就有“序”“师”等字样；有占卜何时建校、何时入学的记载；有表示习射、习数、习礼和习乐的内容。所谓“序”，据《说文》解释，“序”只有东西两面墙壁，中间是一块空旷的场地，而不是房屋室的建筑物。由此可以推知，“序”不是讲学的教室，而是习射的场所。正如《孟子》所说：“序者，射也。”商朝的“序”既保留了军事、体育训练的旧形式，又增添了学习礼乐的新内容。据《礼记·射义》中讲：“故射者，进退周还必中礼……此可以观德行矣。”可见，商朝的“序”已不再是单纯习射的场所，而是以习礼为主、习射与习礼相结合的教育机构。（同上）

《述略》又指出：

关于殷代的教育活动，司马迁在《宋微子世家》中也有记载。周武王灭殷以后，便去访问箕子，询问治理国家之事，当时箕子回答说：

八政：一曰食，二曰货，三曰祀，四曰司空，五曰司徒，六曰司寇，七曰宾，八曰师。

箕子认为，治国大法之一就是协调八大政务：一是粮食生产，二是商业贸易，三是祭祀，四是水土管理，五是教育，六是司法，七是外交，八是军事。这显然是根据殷商治国之法来说的。可见殷商时期已设有专管教育的“司徒”之官，当时有教育活动和教育场地则是可信的。（同上）

4. 在《史记·周本纪》中，记述了“周代的学校教育已有了相当规模”

《述略》指出：“周代之学校教育，在古籍中虽有许多记载，但说法不一。而司马迁却赞同‘周曰庠’的说法，所谓‘庠’，即‘养也’，既为养老之地，又为教育之所。”周代的“庠”仅指“乡学”，而“学”为“国学”。司马迁在《乐书》中记载了孔子与宾牟贾问答的一段话，其中所说的致仕老人，是当时专门从事文化教育的人；所说的“太学”，是指周朝的官学。

司马迁在《封禅书》中记述周礼说：“天子曰明堂、辟雍，诸侯曰泮宫。”“明堂”，是天子议事、颁布政令之堂；“辟雍”是周朝的太学；“泮宫”，是诸侯的学官。《古今图书集成》称：“周承四代之制，立四学于京师，辟雍居中（成均），东胶在左（东序），瞽宗在右（右学），虞庠在国之西郊。其在侯国之都者曰泮宫，自乡遂而下，则庠序并设。”司马迁在《史记》中散记的周代学校，与这一记载大致相同，即天子所在都城的太学，叫作“辟雍”；设在诸侯所在都城的大学，叫“泮宫”；自乡以下的小学，叫作“序”。可见，周代的学校教育已有了相当规模。（同上）

《述略》又指出：

司马迁在《史记》中，不仅记述了周代学校教育的情况，而且记载了当时的掌教之官。《周本纪》记载，古公亶父在岐下“作五官有司”，建置了司徒、司马、司空、司士、司寇等五官职司。……这里的“司徒”，据《周礼》说，“辨十有二壤之物，而知其种，以教稼穑树艺”，既掌国家之政令，又教给人们生产经验。司马迁又记载，周成王时，“召公为保，周公为师……兴正礼乐，度制于是改，而民和睦，颂声兴”。这里的“保”和“师”都是掌教之人。《礼记·文王世子》引《纪》云：“师也者，教之以事而喻诸德者也；保也者，慎其身以辅翼之而归诸道者也。”师、保掌握文字，明于事理，担任教师最有条件。召公、周公既是摄政之辅臣，又是掌教之导师。“居官之人，亦即教民之人”，这种政教合一的形式，正是奴隶制社会教育活动的主要特点。（同上）

（二）从“独尊儒术”的教育史实出发撰写教育史传

在《史记》中，司马迁对上古时期和夏商周三代之教育，只是在叙史中做了零星的记载，但在《儒林列传》中，对春秋时代至汉武帝时期的教育发展却做了系统的记述。《述略》认为：“《儒林列传》虽然篇幅简短，但是用丰富的历史事实充实起来的教育史论，其规模体制却是一篇大型教育史传，从内容到形式都是司马迁的首创。”

如果说《儒林列传》是一篇教育史传，那么为什么司马迁只撰写儒学史传呢？这就必须从那个时代教育的史实出发来看待这个问题。

先生指出，司马迁的成长时期，汉武帝“罢黜百家，独尊儒术”的思想体系已经确立，尊崇儒家学说遂成为社会的主导思想。汉武帝为了全力推进儒学的普及，把教育视为“教化之本原”。而“儒者，所以助人君明教化者也。圣人之教，非家至而户说，故有儒者宣而明之”（《隋书·经籍志》）。所以，汉武帝重视教育，尊崇儒士，用儒学理论培养官吏和选拔人才。司马迁便根据汉王朝的这一治国之大政创作了《儒林列传》。他在《太史公自序》中，将这一创作目的说得非常清楚：“自孔子卒，京师莫崇庠序，唯建元、元狩之间，文辞粲如也。作《儒林列传》第六十一。”《述略》曰：“提倡教育，歌颂汉武，提供借鉴，为统治者贡献‘治道’之术，可以说是司马迁创立教育史传的出发点和归宿点。”（同上）

先生指出，汉武帝确立了“独尊儒术”的治国方针和文教政策之后，教育上，“不在六艺之科孔子之术者”都予以禁绝，并通过立五经博士，将《诗》《书》《礼》《易》《春秋》定为官方学说。教育史中所说的“六艺教育”，是我国进入奴隶社会，在夏、商、周时期形成的。春秋战国时期，以孔子为代表的儒家继承了西周“六艺”教育的传统，其教学的基本科目是礼、乐、射、御、书、数，传授研究的教材是“六经”。今天看来，六经分属不同的学科：《书》为政令文诰，属官方文书；《易》为术数；《诗》《乐》为艺术；《礼》为伦理；《春秋》为历史科学。儒家认为它们都是言治之书，是上古三代王道政治的记录。《史记·滑稽列传》说：“六艺于治也。”特别是到了西汉，随着儒学的独尊，统治者有意识地扶持政治化的儒学，并把“六艺”之教的儒学与仕途结合。这就有力地推动了教育事业的发展。所以司马迁要“考信于六艺”（《史记·伯夷列传》），创作《儒林列传》。

先生指出，在司马迁时代，教育思想往往与学术思想紧密地结合在一起。譬如，春秋战国时期的私学，实际上是各学派社会组织的政治团体，既搞政治活动，又搞学术研究，还搞教育培养；其学术思想既有政治思想，又有学术思想，还有教育思想，很难把它们分得很清楚。而且在那个时代，司马迁的教育思想和他的学术思想也是交融在一起的。所以，在《史记》中，尽管司马迁没有把儒学教育与儒术活动严格区分，但在儒家的学术活动中，反映出了不同历史时期的儒家教育活动和儒学教育思想，这在当时是十分可贵的。

《述略》曰："司马迁创立教育史传，是从'通古今之变'的理论观点出发的。"司马迁以"史"的体裁方法写教育，是因为"史"之本就在于古今融会贯通，"通古今之变"有利于"探究教育的因革与发展"。孔子曰："殷因于夏礼，所损益，可知也。周因于殷礼，所损益，可知也。"由此可以看到，用史的体裁和方法来记叙儒学教育的古今历史，有其独特的优越性，对后世中国教育史产生了深远影响。

（三）以历史进化观点首创中国教育史传

《儒林列传》是儒林人物的传记，但它以人物为线索，按历史发展的顺序而记述，把春秋衰至汉武兴这一历史时期的教育发展和演变反映得具体、生动，脉络清晰。

自春秋讫于汉武，这一时期的史料非常分散，司马迁"罔罗天下放失旧闻"，把散见于不同性质和编纂形成的儒学史料，第一次进行了全面系统的总结，将原先零星散乱的资料理出了一个清晰的头绪。司马迁以"通古今之变"的历史观，把自春秋至西汉武帝的不同历史时期、不同社会形态、不同教育形式和教育内容，按照历史演变和儒学发展史上的几个重大转变、重大事件和重要人物，做了尽可能系统详尽的记述。所以说，"《儒林列传》实质上是一篇精彩的教育史传"。（同上）

《述略》简明精要地确立了此文"教育史传"的独立地位：

1."官学衰落"与私学兴起

在古代教育的研究中，有人认为中国的教育事业是从孔子开始的，因为孔子是儒学教育的创始人。但由于《儒林列传》是写教育史的，所以司马迁此文是从周代官学衰落叙起的。"太史公曰：余读功令，至于广厉学官之路，未尝不废书而叹也。曰：嗟乎！夫周室衰而《关雎》

作，幽厉微而礼乐坏，诸侯恣行，政由强国”（《儒林列传》）。正是“周室衰”造成了官学的衰落：在周室衰落的情况下，“天子失官”，那些失了职的“官”开始向“四夷”和下层转移；随着官学的衰落，“畴人子弟分散，或在诸复，或在夷狄”。《述略》指出：

在这种情况下，那些散落在民间的许多掌管文化的官吏和子弟，便把从王室携带出来的典册加以整理和改造，凭着自己掌握的文化知识，广收门徒，聚众讲学，从而打破了“学在官府”，使“学在四夷”。于是一种崭新的办学形式——私学便随机而生。

这就交代了当时兴办私学的时代背景。《述略》又曰：

私学何时出现，无证可考，司马迁也没明确肯定，只是在《儒林列传》中说“孔子闵王路废而邪道兴”，于是“修起礼乐”，创立儒学，兴办私学。但古籍记载证明，在孔子以前私学就已出现。如《吕氏春秋·离谓》记载，郑国的邓析，“民之献衣襦袴而学讼者，不可胜数”。邓析著《竹刑》，创办的私学是专门教人怎样打官司，即“学讼”的律师学校。虽然当时创办私学的比较多，但在私学兴起的社会潮流中，孔子创办的私学卓有成效，经过弟子们的传播显于后世，成为教育的“至圣”。因此，司马迁从孔子创办儒学教育开始，来记述学校教育的发展历史。

在《儒林列传》中，司马迁概述了孔子创立儒学、兴办私学的经过。先生从这段记载中，深刻揭示出：“孔子创立儒学教育，并不是单纯为继承和传播周代文化，而是在痛惜‘王路废而邪道兴’的前提下，才‘论次《诗》《书》，修起礼乐’的；是在‘干七十余君，莫能用’的情况下，才自卫返鲁，‘然后乐正’；是在‘吾道穷矣’的情况下，‘因史记作《春秋》，以制义法’。总之，‘世以混浊莫能用’……孔子‘论次’《诗》《书》，‘乐正’雅、颂，‘因史记作《春秋》’，以及‘七十子之徒口受其传指’，都充分显示出私学教育的特征，出现了政教分离、吏师分离，是以整理和传授传统文化为主的教育。”（同上）

2. 孔子卒后与“学显当世”

《儒林列传》记载，“自孔子卒后”，孔子创办的儒学私学教育在发展过程中出现了三次重大变化：第一次是“自孔子卒后，七十子之徒散游诸侯”，各自收徒讲学；第二次是“后陵迟以至于始皇，天下并争于战国，儒术既绌焉”，然“学者独不废”；第三次是“于威、宣之际”，“以学显于当世”。

春秋战国时期，兴办私学蔚然成风。在百家争鸣的社会潮流中，为什么独有孔子创办的私学能“显于当世”呢?《述略》曰：

> 司马迁认为，孔子之学之所以能显于当世，首先是由于“七十子之徒散游诸侯”，他们“身通六艺”，或走公室，或入私门，或“为王者师”，或“友教士大夫”，对儒学进行了广泛传播；其次是通过“授业”，“如田子方、段干木、吴起、禽滑釐之属，皆受业于子夏之伦”，由于儒学教育的一直流传，所以在战国时期，“儒术既绌焉”，然“学者独不废”；此外，还与孟子、荀子等著名大师“咸遵夫子之业而润色之”有关。（同上）

孔子卒后，以子夏、曾子和子思等为代表的儒学教育家，活跃在鲁、魏等地；以孟子、荀子等为代表的儒学教育家，活跃在齐、楚之间。他们继承孔子之业，聚徒讲学；继承孔子之学，传习“六艺”，不断创新，不断发展，使孔子创立的儒学教育得以发扬光大。

3. “禁私学”与“未暇遑庠序之事”

在《儒林列传》中，司马迁简要地记述了秦朝至汉武帝之前这一历史时期儒学教育的曲折发展过程。

《儒林列传》载：“及至秦之季世（末世），焚《诗》《书》，坑术士，《六艺》从此缺焉。”司马迁在《秦始皇本纪》中记载，秦统一六国后，围绕着如何巩固大一统的地主阶级政权，曾展开了激烈争论。秦始皇根据李斯的建议，果断地采取了“颁挟书令”和“禁私学以吏为师”的措施。所谓“挟书令”，即“史官非秦记皆烧之”；所谓“禁私学以吏为师”，即取缔“二心私学”的儒家私学，实行“以吏为师”和“以法为教”。儒学教育受到了沉重打击。

《儒林列传》载，在汉初至汉武帝这段历史时期，“汉兴，然后诸儒始得修其经艺”，“然尚有干戈，平定四海，亦未暇遑庠之事也”。到孝惠、吕后时，“公卿皆武力有功之臣”；孝文帝时，“本好刑名之言”；至孝景帝时，“不任儒者，而窦太后又好黄老之术，故诸博士具官待问，未有进者”（同上）。先生指出，对历史这一时期儒学教育发展的特殊过程，司马迁的记述是简括而深刻的。

4. 儒学独尊与教育复兴

《儒林列传》曰：“及今上即位，赵绾、王臧之属明儒学，而上亦乡之，于是招方正贤良文学之士。”汉武帝“招方正贤良文学之士”，是以明经博学的儒生为入选条件的。汉武帝建元六年（前135年），又“绌黄老、刑名百家之言，延文学儒者数百人”，“天下之学士靡然向风矣”。

在汉武帝“独尊儒术”的文教政策指导下，《儒林列传》记载了“学官”公孙弘提出的一套兴办儒学教育的具体方案。《述略》对这一兴学方案进行了深入分析：

首先，指出了兴办教育的重要性。公孙弘等以夏、商、周三代兴办学校，发展教育，以“故教化之行也”为根据，提出兴办教育，对当时统治者“昭至德，开大明，配天地，本人伦，劝学修礼，崇化厉贤，以风四方”能起到很好的促进作用，是“太平之原”。其次，提出了兴办教育的具体意见：应先设立太学。从三代教育的发展来看，应“建首善自京师始，由内及外”，由京师向地方推广。由于过去“政教未洽”，不具备办学条件，所以建议“因旧官而兴焉”，即以现有的官员博士为教官，并“为博士官置弟子五十人”，免除博士弟子本人的赋役，在博士府署的基础上成立太学。还要发展地方学校，即“崇乡里之化”。乡、里均是周代的地方基层组织，选贤由乡大夫主持，用乡射、乡饮酒两种形式荐选，每三年一次在地方学校举行，称为乡党之选。而这里是指要发展地方学校教育，“以广贤材”。（同上）

此外，在取士制度上，提出：符合一定条件，并经具有一定身份的官吏推荐的人，“补博士弟子”，在太常学习儒学经典；一年后参加考试，“能通一艺以上”（一经以上）者补官缺；优秀的单独具名上报。把地方小吏通经术“一艺以上者”，迁转为各级卒史（办事吏员）。

先生指出，公孙弘等提出的这一兴教方案，经汉武帝批准后，在全国推广实施。“自此以来，则公卿大夫斌斌多文学之士矣。”特别是汉代官学的建立，标志着中国封建官学制度的确立，也标志着中国教育的儒学化，中国古代的封建教育体系就循着这一指导思想和这一形式在不断完善、发展。

5. 教育盛况与五经传习

《儒林列传》分为两大部分，前半部分为序文，是从教育史的方面，概述春秋至西汉武帝这一时期教育的发展；后半部分则采用略古详今的手法，记述了古今儒林学人对五经的传习。后半部分所载古今儒士，十之七八在汉武帝一朝，以此展现当时的儒学教育之盛。

在传文中，载述古今儒林人物五十三人，其中载述汉儒三十九人，而重点记述了十余位经学教育家。《诗》学教育家有“鲁诗”申培公、“齐诗”辕固生、“韩诗”韩婴；《书》学教育家有伏胜、欧阳生、兒宽等；《礼》学教育家有高堂生、徐生；《易》学教育家有田何、杨何等；《春秋》学教育家有公羊学家董仲舒、胡毋生；穀梁学教育家江生。《述略》指出：

> 这些著名的经学大师，大都是精通一经的教育专家。他们大多是自己办学，收徒教授，传习经典，举办的是私学教育。当时的私学教育分“及门教学”和“著录弟子”两种形式。所谓“及门教学”，主要是指学生登门受业，直接听取教师的讲授，但有时因为私学学生太多，便使高业弟子转相传授。所谓“著录弟子”，主要是指学生在高师门下录其名，而不去登门受业。出现这种情形的原因，皆因其师或有名望或有地位，学生凭借教师的威信可以达到获取个人名利的目的。（同上）

从春秋末年到西汉武帝时代，我国教育正是通过传授儒学而发展起来的。司马迁创立的《儒林列传》，正是概述了这一时期儒学教育历史发展的曲折过程，是一篇首创的教育史传的杰作。司马迁首创教育史传，以事势变化的观点对古代教育的发展做规律性的探索，这是他高人一筹的卓越史识，使他做出了超越前人的教育史论。而先生富有创见地提出《儒林列传》“是中国第一篇教育史传”，称司马迁为我国史传的奠基人，这不能不说是新颖独到的见解。

五、以全新角度首次提出“司马迁为教育家立传”

在源远流长的中国教育史上，涌现出了众多的教育思想家和教育实践家，积累了丰富的教育经验。但为教育家树碑立传的，首推司马迁。司马迁在《史记·孔子世家》《史记·仲尼弟子列传》《史记·孟子荀卿列传》中，记载了孔子及其弟子和传人的教育业绩，第一次为教育家立传。所以，《述略》说：“司马迁为教育家创立传记”，“从而确立了中国教育家的历史地位”（《为教育家创立传记》）。

（一）揭示了司马迁为教育家立传的创作意图

《述略》指出：“教育家传记，是以人物为中心的述史体例。这一体例不只是一个记载形式问题，更表现了作者对立传人物在社会历史中所处的地位及其给予历史以影响的性质与作用的认识。”

孔子在世时，很不得志，“累累若丧家之狗”。孔子卒后，虽然“鲁世世相传”，但其学仍不能为世所用。到了西汉武帝时代，“罢黜百家，独尊儒术”政策的推行，抬高了孔子的地位，“孔子之术”成为统治阶级的指导思想，但这却如清朝经学大师皮锡瑞在《经学历史》中所说：“其尊孔子，奉以虚名，不知其所以教万世者安在；其崇儒学，亦视为故事，不实行其学以治世。”那么，司马迁为什么要给孔子立传，并立于“世家”之中呢?

关于这一点，司马迁在《太史公自序》中说得很清楚。《述略》曰：

> 司马迁在这里说得非常明确，孔子虽非伯侯，但他在“诸侯恣行”“礼废乐崩”的春秋时代，“追修经述，以达王道”，对中国的文化教育做出了重大的历史贡献；他为了“匡乱世反之于正”，通过其学说，“为天下制仪法”。他的品格和思想，

传世久远，为后人推崇；他的学说是不朽的，“统纪于后世”，成为社会行为之准则。由于孔子可谓是另一种意义上的“侯伯”，所以司马迁特为孔子创立世家。“世家”中的人物虽然是按诸侯始祖与周之亲密关系和开国时的功劳大小来记载的，但基本上是按时代顺序排列的：从吴太伯至郑世家共十二世家，记载了周初所封诸侯，其始祖皆有德于人民，子孙享其德泽而为诸侯；赵世家至田敬仲完四世家，乃战国时代以暴力篡夺而得的诸侯；而孔子继承和发扬了周代的传统文化遗产，为先秦儒家学派的创始人，因而排列“世家”十七。(《为教育家创立传记》)

司马贞曰：“列传者，谓叙列人臣事迹，令可传于后世，故曰列传。”(《史记索隐》)《史记·太史公自序》曰：“扶义俶傥，不令己失时，立功名于天下，作七十列传。”所谓“俶傥”，是卓越杰出的意思，只要是扶持大义、建功立名于天下的，皆可载入列传。将这些“俶傥非常之人”载入“列传”，以达到为后人立法、为人伦立准则的日的。司马迁创立的“列传”，内容非常广泛，除功臣贤相外，还记述了许多下层社会的“俶傥非常之人”。当然，教育人物也不例外。但司马迁所记载的教育人物，主要是以孔子的传人为主线的儒学教育家。《述略》指出：

从春秋末年到汉武帝时代，教育人物载入“列传”的有仲尼弟子、孟子、荀子、叔孙通、公孙弘及西汉一朝的教育大家申培公、孔安国、董仲舒等。“列传”中的教育人物无专传，有合传、类传和附传。《仲尼弟子列传》载孔子弟子七十七人，为类传，传后又有附传：“其四十有二人，无年及不见书传者”，都仅附其名。《孟子荀卿列传》，用合传之目标题，只不过是凸显两位儒学教育大师的历史地位，而内容却是一篇先秦诸子类传，附列人物十一人。又如《儒林列传》，虽是一篇教育史传，但传后又附列汉儒三十九人，重点记述了十位儒学教育大家。（同上）

“列传”中记载的教育人物，都是孔子的弟子门徒，是孔子儒学的继承者。将孔子的弟子及其后儒列入“列传”，这就全面反映了孔子及其传人的教育思想。

（二）论述了司马迁推崇孔子为“至圣”的历史贡献

司马迁“尊儒”，但他更崇拜孔子，对孔子的评价倾注了满腔的热忱。因此，他为孔子立“世家”，记述了孔子创办教育的突出贡献，确认了孔子的人格和价值，匡正了他在教育史上的历史地位。

《述略》指出：司马迁在《孔子世家》中记述了孔子“贫且贱”的生平经历。孔子姓子，孔为氏，名丘，鲁国陬邑（今山东曲阜）人。三岁丧父，十七岁丧母。十五岁时，“志于学”，确立了坚定不移的学习志向。孔子在“三十而立”之年，从事创办私学的活动，开始了他的教育生涯。四十至五十岁，他的学问造诣已相当可观，名望日高。五十至五十六岁，孔子官运亨通，由鲁国的中都宰，升迁为司空，又擢为大司寇并摄相事。不久，孔子率领弟子离开鲁国，周游列国，凡十四年，“干七十君”。六十八岁时，自卫返鲁，整理“六书”。年七十三，孔子卒，葬于鲁都曲阜城北泗水之滨。

《孔子世家》记述了孔子“创立私学教育”。孔子何时创办私学，现不得而知。而先生从《孔子世家》记述中推之，“孔子在青年时代就开始了他的教育生涯”；“在三十岁左右，孔子在鲁国就办起了私学，聚徒讲学，而且所从学者日益增多。”孔子中年时，不仕，则专门从事私学教育。《述略》指出：

> 在新兴地主阶级的势力日益抬头，奴隶制统治政权日益衰落的形势下，鲁国的上层建筑发生着激烈的变化，“自大夫以下皆僭离于正道”。孔子对这种大夫僭于公室，陪臣执国政的局面深为不满，便归隐不仕，“退而修《诗》《书》《礼》《乐》”，专门从事私学教育活动。这个时期，孔子的私学就有一定影响，弟子“至自远方”，越来越多。（同上）

后来，在十三四年的周游列国过程中，尽管到处碰壁，还遭到“绝粮”“围困”“欲杀”等厄运，但他始终坚持讲学，与弟子共同演习礼、乐。到了晚年，孔子虽年老体衰，甚至病倒卧床，但身边仍有不少弟子，随时向其请教。

春秋末期，孔子创办私学，教授徒众，这对“学在官府”的旧的教育制度是一个有力的冲击。他推动了“文化下移”，使古代文化得到广泛传播和发展。特别是从创办私学开始，孔子就重视收集和整理“六艺”教本。《述略》指出：

> 司马迁在《孔子世家》中，详细地记叙了孔子整理《书》《礼》《乐》《诗》《易》《春秋》的经过，并说：“礼乐自此可得而述，以备王道，成六艺。”“六艺”，即汉儒经典“六经”。关于“六艺”和“六经”的关系，今、古文学家说法不一。今文学家认为“六经”皆孔子手定，有孔子然后有六经，孔子之前无所谓“经”；古文学家则认为“六经”皆周公旧典，孔子只不过是把前代已有的史料加以整理传之后人。对此，现代学者的说法亦不尽相同。杨伯峻先生说，孔子自己说他研究《诗》《书》《礼》《乐》《易》《春秋》六经。此话见《庄子·天运》孔子对老聃的对话，按此说，则孔子始明言“经”。而范文澜先生说：“孔子教学生的课本，就是从他收集的各种文献材料

中整理出来的。从卜官那里的材料整理出《易经》，从史官那里的材料中整理出《春秋》，《乐》《诗》《礼》等书也都是从已有的材料中整理出来的。”不论怎么说，孔子是我国整理、保存和传播古代文化的第一人，有着非常卓著的功绩；而且他又以“六艺”为课本教授弟子，第一次建立了一整套比较完整的教材体系，为我国古代教育做出了巨大贡献。司马迁对孔子的这一功绩做了真实的记载，给予了高度评价。（同上）

《孔子世家》记述了孔子高贵的人格和品质。《述略》指出：“在《孔子世家》中，司马迁高度赞扬孔子的人品及学问。”如“孔子虚心好学的精神”“孔子学识广博，令人敬仰”“孔子人格伟大，令人崇敬”。对此，司马迁直抒论赞：“‘高山仰止，景行行止。’虽不能至，然心向往之。余读孔氏书，想见其为人。适鲁，观仲尼庙堂车服礼器；诸生以时习礼其家，余祗回留之不能去云。”孔子的道德学问像高山一样使人瞻仰，像大路一样导人遵循，表现了孔子其人格的伟大和高尚。因此，司马迁在《孔子世家》中尊孔子为“至圣”。《述略》指出：

从总体上看，司马迁为孔子立《世家》，尊奉孔子为“至圣”，主要是从学者和教育家的角度来评价的。在《太史公自序》中，司马迁评赞“孔氏述文，弟子兴业，咸为师傅”，是学者，是先师。司马迁在《孔子世家》中尊孔子为“至圣”，从而奠定了孔子作为大教育家，成为万世师表的崇高地位。（同上）

（三）运用互见之法论述孔子的“有教无类”

司马迁在《孔子世家》中说孔子弟子三千，身通六艺者七十二人；在《儒林列传》中说孔子弟子七十子之徒；而在《仲尼弟子列传》中却说，“受业身通者七十有七人”。尽管司马迁说法前后不一，但在《仲尼弟子列传》中，孔子弟子七十七人却有名有姓，其中三十五人有着事迹记载。《述略》曰：司马迁“将孔子载入《世家》，而将其传人及其后儒列入《列传》，犹如众星之拱卫北辰，彼此相补，互文相见，全面而又深刻地反映了孔子及其传人的教育思想以及师承关系”。

从《仲尼弟子列传》中，可以看出孔子的办学方针是“有教无类”。《述略》曰：

> 《仲尼弟子列传》中记载，孔子的弟子中，从可以查明其身份的部分学生来看，除当时有权势的贵族子弟外，还有其他有产者的子弟，其余比较多的是流落下层的“庶人”，而且以贫困者居多。比如，有被称为“卞之野人”的子路、有居住“不堵之室”“上漏下湿”的原宪、有在“缧绁之中”的公冶长、有“三年不举火，十年不制衣”的曾参、有“箪食”“瓢饮”“在陋巷”的颜渊等。
>
> 孔子的学生不仅身份复杂，而且年龄悬殊，有小孔子几岁的，也有小孔子五十多岁的；有儿子，也有父子（如曾参和他的父亲曾皙同为孔子学生）。孔子的学生来自四面八方，如鲁、卫、齐、楚、宋、陈、吴、秦各国。《荀子·法行篇》记南郭惠子问子贡的一句话：“夫子之门，何其杂也！”这一“杂”字，正好说明孔子教育对象的范围广泛……反映了他对孔子“有教无类”教育主张的赞同和肯定。（同上）

从《仲尼弟子列传》中，可以看出孔子的教育内容是以政治伦理道德为主。司马迁在《仲尼弟子列传》中记载，孔子给他的弟子“受业者”时，教以“德行”“政事”“言语”“文学”；而在《孔子世家》中又说“身通六艺者七十有二人”。先生指出，孔子在实施教学中，所说的“德行”“政事”“言语”“文学”是四类不同的学科，而“六艺”，“则是孔子在教学中所使用的教材，包括《诗》《书》《礼》《乐》《易》《春秋》”。《述略》曰：

从司马迁的上述记载可以看出，孔子私学教育的内容，基本上限于殷、周以来的典章文化，即传统的政治、道德观念，以及反映这种政治、道德观念的一般文化知识。这正如《礼记·经解》记叙，孔子曰：“入其国，其教可知也。其为人也，温柔敦厚，《诗》教也；疏通知远，《书》教也；广博易良，《乐》教也；絜静精微，《易》教也；恭俭庄敬，《礼》教也；属辞比事，《春秋》教也。”可见，其内容从总体上适应了政治和道德教育的需要。（同上）

从《仲尼弟子列传》中，可以看出孔子的教育方法是“因材施教”。《述略》曰：从《仲尼弟子列传》的记载，孔子的因材施教，首先是深入了解学生的情况，掌握他们的特点。司马迁记载孔子的话说：颛孙师偏激，曾参迟钝，高柴（字子羔）愚笨，仲由鲁莽，颜回穷得没有办法。而端木赐不安本分，去囤积投机。可见，孔子对学生的了解是非常深入的，谁偏激，谁迟钝，谁愚笨，谁鲁莽，谁穷，谁富，都能一一掌握。正因为孔子对学生有着深入的了解，所以他在教育学生时才能做到因人而异、因材施教。

司马迁在《仲尼弟子列传》中记载了这样一个事例：

孔子的两个学生冉求和子路，都向他提出是否“闻斯行诸”的问题，即听到了应做的事就要立即去做吗？对于这样的同一问题，孔子的回答却完全相反：一是有闻即行；一是请教父兄。另一个学生子华听了后感到迷惑不解，便问其原因。孔子回答，冉求遇事常优柔寡断，故鼓励他前进；子路遇事莽撞冒失，所以要限制他，使之谨慎。

司马迁通过这些事例，说明孔子在教育学生中能因材施教，注意和重视发挥他们的特长，所以培养的学生，成就各有不同，涌现出了一批具有“德行”“政事”“言语”“文学”等各种专长的特殊人才。

先生指出，司马迁在《仲尼弟子列传》中，不仅记述了孔门弟子的事迹，而且也补充了《孔子世家》的不足之处，既保留了历史的真实，又巧妙地丰富了孔子的典型形象，这真可谓是司马迁的一大创造。

（四）以儒学教育为主线记载教育大师

《史记》是中国的一部通史，虽主要是以人物为主体，可在写法上仍是“时代为序，以类相从”。所以在记载教育人物时，仍以时代为序排列。因此，司马迁在“世家”立传中，把孔子放在春秋末年，列为《孔子世家》第十七。而在“列传”中，把春秋时期的孔门弟子“仲尼弟子”放在“列传第七”；把战国时期的儒学大师“孟子、荀卿”等人放在“列传第十四”；把秦汉时期的教育大家叔孙通等人放在“列传第三十九”；特别是在“列传第六十一”《儒林列传》中，详细记载了公孙弘以及五经儒学大师等，重点记述了西汉前期至汉武帝时期的教育大师收徒讲学的盛况。

司马迁为什么要给这些教育人物立传呢？在《太史公自序》中，司马迁说得很明确：“孔氏述文，弟子兴业，咸为师傅，崇仁厉义。作《仲尼弟子列传》第七。”“猎儒墨之遗文，明礼义之统纪，绝惠王利端，列往世兴衰，作《孟子荀卿列传》第十四。”“徙强族，都关中，和约匈奴；明朝廷礼，次宗庙仪法。作《刘敬叔孙通列传》第三十九。”“自孔子卒，京师莫崇庠序，唯建元、元狩之间，文辞粲如也。作《儒林列传》第六十一。”从这可以看出，司马迁所立传的这些人，有其共同特点，都是儒学大师，更是著名的儒学教育家。

《述略》指出：“司马迁对孔门弟子及其后世儒学教育家的记载，不仅开创了我国正史记载教育人物和教育事迹的先例，而且为研究古代教育提供了大量史料。当然我们不能苛责司马迁像现在研究教育史的学者那样来写教育人物，仅就能为教育家立传，能把教育人物的事迹予以记载，这就是司马迁超越前辈思想家的卓越贡献。”（《为教育家创立传记》）

六、总结和提炼了司马迁的治学之道

司马迁是一个伟大的学者，他在《史记·太史公自序》和《报任安书》中，回顾了自己曲折的一生，总结了治学的宝贵经验。《述略》指出，“通过《史记》全书，我们不仅可以看出他的治学精神和治学之道，而且也看出了他的学习态度和学习方法。”《司马迁的教育观点及其主要学说》对司马迁的治学之道做了精当的总结和提炼。

“博览百家群书”　“据对《史记》的考校，司马迁所读之书非常广泛，所见古书多达一百多种。从涉及的内容来看，主要有六经及其训解书、诸子百家及方技书、历史地理及汉室档案、文学书籍等。”此外，司马迁还多渠道搜集历史资料，载于《史记》的大体有这么几种途径：“一是阅读皇室所藏图书档案”，“二是金石、文物、图像及建筑”，“三是游历访问，在实地调查中得来的”，“四是搜求诸侯史记”，“五是从接触当事人或他人口述中取得材料”，“六是采集民间故事、歌谣诗赋、俚语俗谚等”。

“多读无字之书”　司马迁“二十壮游”，走遍了东南和中原一带；多次随从汉武帝出巡。在游历过程中，他通过有目的、有计划的实地考察，“罔罗天下放失旧闻”。《述略》曰：“司马迁不论是游学访问，还是封禅从行、观察水利、奉使专征，其足迹所至，都是为了获取第一手资料。他每到一地，或辩难，或凭吊，或习礼，或考古，或寻遗，掌握了不少‘遗文古事’。”

“贵于善疑善思” 司马迁在《五帝本纪》中说：“非好学深思，心知其意，固难为浅见寡闻道也。”《述略》指出：“司马迁做学问，贵于善疑善思。善疑，才会善思，才会有卓识超见。司马迁善疑，用他的话来说就是要‘原始察终’，知其远，察其微，探其源，究其经；司马迁又善思，用他的话来说就是要‘稽其成败兴坏之理’，找出治乱兴衰的规律来。”司马迁在从事学术的研究与著述中，贵于善疑善思，不唯上，不唯圣，不唯书，不唯众人言，这才取得了卓越成就。

“主张勇于创新” 在学术研究上，司马迁勇于创新，“成一家之言”。《述略》曰：“‘成一家之言’，并不是拘守于一家之说，而是指在继承前人创作的基础上，形成具有自己特色的新的思想理论体系。司马迁‘成一家之言’的创新精神，突出地体现在‘通古今之变’上。‘通古今之变’，一是‘通’，就是要贯通古今；一是‘变’，就是要破旧立新，富有辩证思想。”司马迁把一切古今典籍，包括汉室档案材料、天下遗文古事以及调查所得，都囊括于《史记》之中，成为一部以人事为中心的百科全书式的通史，这的确是伟大的创举。

“提倡良好学风” 《述略》指出，在汉武帝“独尊儒术”政策的导向下，儒林学风发生了显著变化，由百家争鸣变为拘守师说，并朝着两个方向发展：一是迷信，二是烦琐。这使学风日下，司马迁对此现象非常不满，在《史记》中，他不仅对群儒大搞迷信活动的做法给予了揭露和批判，而且直言“纪异而说不书”，“所有怪物，余不敢言之也”。他对汉代儒家拘守师说、大搞烦琐哲学的笺注主义非常反感，指出儒家以六艺为教条，繁文缛节，“博而寡要，劳而少功”。特别是他对当时以学求仕、以道乞官的学风极为不满，借别人之口指斥叔孙通是“面谀以得亲贵”，指斥公孙弘是“曲学以阿世”。司马迁在《报任安书》中说，“太史令”虽然有着较高的学识，但在权贵眼里，如倡优一般，供人玩弄，为世俗所轻。他虽然对当官很淡漠，却把“太史令”之职看得很重要，认为著书立说，可以“藏之名山”，传之后人，功业最大。

余　论

自古以来，人们都认为司马迁是一个伟大的史学家、文学家，而杨生枝先生拓展了《史记》的研究领域，将目光深入历史与教育的“边际”，别开生面地在“百科全书”式的《史记》中挖掘教育史料，提炼教育活动，开发教育思想，在《司马迁教育思想述略》中，明确提出“司马迁是一位杰出的教育思想家”。先生从《史记》中记载的大量的教育史资料和教育论著，以及一些教育人物的教育思想及言论中，第一次比较完整地阐述了“司马迁的教育思想”；从《史记》中记述的春秋私学至西汉儒学的发展历史，开掘出了教育发展简史，第一次明确提出司马迁“首创中国教育史传”；从《史记》为孔子立传、为孔子弟子立传、为孔子事业的继承人立传、为当代儒学教育家立传中，第一次明确提出司马迁第一个“为教育家创立传记”。司马迁的治学精神和学习方法在今天仍有着不朽的价值。《司马迁教育思想述略》是研究我国古代教育的珍贵资料，确是一部“发前人所未发的学术专著”。

篇四

用新的教育视角　创新的教育学说

——评《“心教”之学说》

在我国古代，人们对“心”的研究偏重从哲学角度思考；在近现代，人们对“心”的研究偏重从心理学角度探讨；在当代，人们开始提出“心育”的概念。杨生枝先生的《“心教”之学说》，在吸收前人研究成果的基础上，以新的教育视角，把“心育”变为“育心”，又变为“心教”，创立了一种新的教育学说——“心教”。“心教”之论看似空阔，并没有形成完整体系，然而作为一种教育新论，将教育发展为一门专门研究心灵教育的学说，既是对传统教育思想的开拓，又为传统教育学提供了一个分析和研究问题的新路径。

一、从“心”入手，探寻“心教”的思想源流

（一）“心”的名称与概念解析

《“心教”之学说》指出，“心”字在我国出现较早，许慎《说文解字》中“心”，为“人心，土藏，在身之中，象形”。是说“心”，人的心脏，属土的藏器，藏在身躯的中央位置，属象形字。古人把“心”视为思虑之器官，虽然贯穿着主观唯心主义的一般原理，但把“心”作为哲学概念，作为思想意识和主体根本，却是很有价值的。特别是随着古

代生物学的发展和人们对人体认识的不断深化，古人对心又有了新的认识。如明清之际的启蒙思想家王夫之，把心与心脏做了区分，认为“心之神明，散寄于五藏”，提出了“心之灵”，把心作为心灵看待。（《“心”的发展历程》）

尽管古人把脑的功能定位于“心”，把心脏视为人的思维器官的学说占据主导地位，但仍有许多学者在探索心、心脏与大脑的关系。如成书于战国时期的《黄帝内经》就指出“头者，精明之府”，金代医学家张洁古在《脾胃论》中指出人的视觉、听觉、嗅觉、感觉等，都是脑的功能活动。明代医学家李时珍在《本草纲目》中指出：“脑为元神之府。”清康熙年间，刘智在《天方性理》中，融合了儒、道、佛的理论、伊斯兰教义、阿拉伯医学的大脑解剖知识、中医的经络学说和西方的自然科学知识，提出了大脑“总司其所关合者”，具有统摄各个器官的总觉作用。我国古人以心为心脏之简称，认为心是具有知觉、思维等功能的认知器官，所以凡属思虑者皆曰“心”。正因为古人把“心”视为思虑之器官，所以在古代典籍中，心多指人的思维或意识。如荀子把“心”看作是思考器官，因此他提出“君子之学”，必须“入乎耳，箸乎心”。

在对“心”的认识不断深化的过程中，人们不再把“心”局限于思虑之器官，而是从哲学的角度来探讨“心”之内涵。如程朱理学的代表人物朱熹，对“心”的论述提出了精辟的见解，认为“人心”有形而下的“肺肝五脏之心”与形而上的“操言存亡之心”，不可一概而论。在这里，他把心分为物质的心和精神的心，又把精神的心视为可以脱离物质，而孑然独立的“神明”。朱熹虽然否认思想是头脑的机能，但却把物理上的心与精神上的心加以区分，从哲学角度提出了心的理论。在对“心”的研究中，形成了专门的心学学派，如“陆王心学”，即从南宋陆九渊到明代王阳明，集历史上“心学”之大成，建立起“心学”体系。心学在“脑髓说”中提出了“灵机记忆在脑”的观点，认为听觉、视觉和嗅觉等感官都有“通脑之道路”，大脑对感官均有支配作用，而且提出了大脑两半球功能差异的设想。（《心、心脏与大脑》）

既然心与心脏、大脑不同，那么我们现今如何来看待“心”？先生认为：

> 作为高级的精神性的所谓“心”之活动，是脑的机能和属性，但它是人类特有的反映形式，是客观世界在人脑中的主观印象。如果把我们今天所说的“心”，作为心灵、意识来看，“心”的活动就有三大特点，即自觉性、能动性和社会性。“心”与大脑和心脏不同，它不能在人的肉体上占有确切的位置，而属于人格的一部分。（《心、心脏与大脑》）

（二）“心”与心理教育的形成

《“心教”之学说》指出，“理”和“心”一样，在先秦典籍中也早已出现。“理”，指玉石的纹理，引申为物的纹理或事的条理。如《荀子·儒效》曰：“井井兮其有理也。”杨倞注：“理，有条理也。”由于“理”指条理、道理，便又引申为准则或规律。为了把自然规律的“理”和道德准则的“理”统一起来，宋代的程朱学派提出，“心是理，理是心”，“理与心一”，认为“心”与“理”有其一致性，但也有一定区别。到了明代，“心学”大师王阳明将“心”与“理”合二为一，提出了“心之理”的命题。在王阳明看来，理已不再有自然法则的含义，纯为道德含义。他的心即理、心外无理的命题完全是针对道德问题提出的，具有特定的含义。

在中国，“心”与“理”结合在一起，成为今天所说的“心理”之概念，大概是近代的事情，如蔡元培在《对于教育方针之意见》中说："世界观者，心理作用也，附丽于神经系，而无迹象之可求。"这里的"心理"，主要指世界观问题，并不完全等同于今之"心理"之含义。

在中国古代传统教育学中，虽然没有"心理"这个词，也没有关于心理问题的专著，但在浩如烟海的中国古代典籍中，蕴藏有丰富的心理学遗产。

> 上海师大燕国材教授在《中国古代心理思想的成就和研究状况》中曾概括地说明了中国古代心理思想的十大成就：(1) 从理论上解决了心理与生理的关系问题；(2) 从理论上解决了心理与客观现实的关系问题；(3) 提示了心理活动的一条根本规律，即人的任何心理活动都是先天与后天的"合金"；(4) 形成了一条重现人、"人为贵"的人本主义传统；(5) 出现了丰富多彩的人性论思想；(6) 探讨了情欲的性质以及对待情欲的态度问题；(7) 提出了智能相对独立的中国观点；(8) 确立了普通心理思想的结构体系；(9) 开辟了应用心理思想的广阔领域；(10) 提出了整体地思考问题的研究方法。虽然这只是说明中国古代心理思想史的一些具体成就。但也反映了中国心理思想的发展范畴。(《心、理与心理》)

现今所说的"心"与古人说的"心"的含义不尽相同，现今所说的"理"与古人说的"理"的含义不尽相同，所以现今所说的"心理"与古人所说的"心理"也不尽相同。现今所说的"心"，是指人的内心深处的活动，是以脑为物质基础的，与今之所说的"心里"相同。"心理学之'心里'，指意识之现象、精神之状态；而现今人们所说之'心理'，则是指意识之根灵、精神之所寄。中国现代意义的科学心理学是从西方引进的，中国现代心理学的很多概念和定义大都用心理学代替了

心里学，因此人们往往把心里与心理画等号”。（《心教理念与心理教育》）

尽管人们也知道“心”不是思虑之器官，不能替代脑的功能，但约定俗成，仍然把“心”看作是人的意识、精神、思想，例如人们常说的身心、心神、心灵、心智、心力、心意、心绪等，都是人的大脑活动的反映，属于心理学范畴。随着人们对“心”的重新认识，有的学者便在“五育”（德育、智育、体育、美育、劳动技术教育）的基础上提出了“心育”理论。但先生提出了不同看法：

> 我认为，“心育”的提法并不是很科学的。因为心育与德、智、体、美、劳“五育”并非同一层面的问题。“心”乃“五育”之基础，不能与“五育”并列，“心育”实质上就是“育心”。因此，在这里提出“心”之教育的学说，就是通过教育的途径和手段，对人“心”进行培育，以实现人“心”的潜能的最大发掘。（《“心教”理念与心理教育》）

（三）“心教”理念的演化与确立

《“心教”之学说》指出，在中国教育史上，一个“心”字得到了异乎寻常的强调，有所谓“文明或教化当使天下归于一心”。这一“心”，在儒，则为“仁心”；在道，则为“道心”；在佛，则为“菩提心”。这“心”到底是什么？虽然其内涵是不确定的，也无法用科学的语言把它界定清楚，但中国人正是凭借它去探究宇宙人生的学问和道理，中国传统教育的学问也是从这“心”中流淌出来的。

先生指出，中国教育家为了探究人类教育之精神，也不得不深入“心”里去，通过体验、体悟的方式，而探求教育所应达到的人生之道理。儒家要唤醒人之“良心”，主要靠“修养”；道家要唤醒人之“道心”，主要靠“忘坐”；佛家要唤醒人之“菩提心”，主要靠“大悟”。这些“心”呈现与否、真实与否，并无所谓客观之外在标准，而是生命主体的内在体验之事。总之，求此“心”即求内。中国传统教育特别强调“心”之教育，其途径是内省、体悟，通过生命主体在内的体验，使“心”之觉悟，人才会有此生命，生命之树才会常青。

> 中国传统教育强调“心”之教育，重视心教，其中虽然有一些唯心主义的看法，但把心教作为教育探究的法门，却是可取的。我们提出“心教”理念，虽然也沿袭了中国传统教育这一探究之路，但却有着本质不同。我们所说的“心”并非以纯粹的精神为存在，而是以脑为物质基础。在一定的遗传因素条件下，教育是人脑功能开发的最主要实现途径和手段，同样也是实现心教目标的主要途径和手段。因此，心教是教育的一种内容，也是教育的一种形式，是通过育心来达到育人的目的。（《“心教”与中国传统教育》）

二、以新的思维，探索“心教”的思想理论

（一）“心教”的内涵要义

《“心教”之学说》从三个方面阐释“心教”的内涵与要义。

1. 在“心教”与“心灵”的关系中，指出“心教是人的心灵教育”

何谓心灵？“如果说，‘心’指人的内心世界，那么心灵则是人的内心世界的灵魂。没有心灵，精神就失去了居所和意义。”所以有的学者把“心灵化”作为教育的基本取向。因为心灵是学生生命鲜活的核心，教师只有敞开心灵，并能深入学生内心，与学生内心世界的心灵联系起来，才能使教学焕发生命力，才能让学生成长焕发生命力。

先生指出：

> 教育是人的教育，教育者是人，被教育者也是人。人是有

> 思想、有感情、有个性、有精神境界的，或者说，人是有心理活动的，是用“心”进行交流和沟通的。在教育过程中，如果教师不用教具、不用语言，也能通过手势、眼神来表达自己想要表达的东西，与学生进行沟通。师生之间通过“心”的交流与沟通，实际上就是一种心灵活动。而“心教”，正是人的心灵的教育。（《心教是人的心灵教育》）

《心教是人的心灵教育》指出：“我们所提倡的‘心教’，就是通过人的心灵的教育，把人性中最美好、最善良、最纯美的东西植入学生心田，让学生在成长的过程中，逐步达到人性与灵性相统一的精神境界——心灵美。”

2. 在“心教”与“心性”的关系中，指出“‘心性’是心教生成之基因”

《“心性”是心教生成之基因》文中指出：

> 古人认为，“习与性成”，心性合一，则有了教育的因素。《孟子·尽心上》说：“尽其心者，知其性也，知其性则天矣。”“尽心知性”，认为只要尽心就能发挥人性的作用。荀子认为，心是身的主宰，能改变人的本性。明代思想家李元阳认为，性是人先天所具之精神；性感于外物而为心识；心识再感于外物而为意识；意识为外物蒙蔽则为情识。心识、意识、情识都会蒙蔽人的本性，使人离开本性。只有通过内心修养，始能恢复本性。可见，“尽心知性”的观点，就反映了教育的生成之因素。“心性”不仅具有生成教育的因素，而且蕴含着教育的作用。如《吕氏春秋·尊师》说：“故凡学，非能益也，达天性也。”“学使心知”“学达天性”，认为教育的作用就在于使人先天禀赋的本性和潜能得到发挥。

文中又指出：如果从心之教育的理念出发，人与动物的根本区别主要是人有“心性”，而动物无“心性”。心性作为人体的一个内在因素，是在生物进化过程中生成的。而在人的进化过程中生成的这一“心性”，使人具有独一无二的思维意识、心理能力和学习能力。“人类最初的教育，虽然产生于生物的生存意识，但在传递的过程中却有着不能言传的意会，是人与人心灵的交流与感受，是人所特有的心性功能生成的。教育产生后，就自然而然地走向了社会教育。由此可见，‘心性’是心教生成之基因。”

3. 在“心教”与“心身”的关系中，指出“心身发展是心教的理论基础”

《心身发展是心教的理论基础》指出：人的身、心发展是密切联系的，“身体的发育，尤其是神经系统的发育制约着精神活动的发展；而精神活动的发展，对身体的发育也有一定影响”。

> 影响人的身心发展的主要因素有先天因素和后天因素两个层次以及遗传素质、客观环境和主观能动性三个方面。遗传素质是个体身心发展可能性的物质条件，包括生来具有的生理特点和心理特点；客观环境是个体身心发展的现实性的社会基础，包括自然环境和社会环境；主观能动性是指个体积极主动地认识世界、改造世界的心理倾向和实际行为，是个体身心发展的内在动力。在人的身心发展中，教育起着独特的重要作用。教育是客观环境中的一种特殊成分，它是有目的、有计划、有组织地培养人的活动。在人的发展过程中起着主导作用。当然，在人的发展过程中，既不是“遗传决定论”“环境决定论”，又不是“教育万能论”，而是各种因素的综合作用。但教育起着主导作用。（《心身发展是心教的理论基础》）

文中指出：柏拉图持二元论，将身体和心灵分了开来，但他认为心灵是道德的本源，心灵的败坏也表明道德的堕落，而要纠正时弊，就要靠教育，特别是以道德品行为本位的心灵教育。如果把心作为哲学中的思想、心灵来看待，那么简而言之，“身为心之载体，心为身之主宰。心身发展是心之教育理念的基础”。

那么，“心教”的要义是什么？其实质就是“促进‘心’之和谐”。《“心教”促进“心”之和谐》一文指出：

> 人之“心”里，常有矛盾、冲突的时候，“心”里的某些成分之间也有一定程度的不和谐，但在加强人文关怀和心理疏导的情况下，这样的冲突和矛盾能够被控制在尽可能统一的关系状态。朱熹认为，“心”主要包括了性、情、才三方面的内容。“性”，指人的心性、个性，是心的未动状态；“情”包括了认识、情感和意志，是心的已动状态；“才”包括材质和才智，是心之力……人的“心”之要素本来就是一个不可分割的整体，知、情、意、个性等有机地交织在一起，互相作用、互相影响、互相制约，共同反映客观事物，又直接或间接地被客观事物所刺激。协调和统一常常是人近乎本能的内在的心理要求。

在人的内部心理系统的各要素中，认知属于灵活善变、相对活跃的要素；意志属于独立性、自主性最强的力量；个性则属于最为稳定的因素。由于这些心理要素分别具有不同的属性，一个要素的变化往往会与其他要素之间发生“隔阂”或“冲突”，而要达到人的内部的心理和谐，其主要途径就是“心教”。

要通过“心教”，使心物心理和谐。所谓心物心理和谐，即人在对待事物和处理事物（事件）时所处的相互协调和统一的心理状态。文中举例，作为“塞翁”的个体，“失马”是不良的诱发性事件，但“塞翁”对这一事件的解释是“焉知非福”。往往美物、好事，给人带来的通常是精神愉悦；人们一旦遇到坏事，通常会感到痛苦或遗憾。但在自我调节和别人的劝导下，可以处理遭遇到的坏事并努力缩短处理过程，做到坦然对待。因此“要促进心物的心理和谐，就必须培养情感的自我调节能力，并学会用理智驾驭和调节自己的心态，利用积极情感克服消极情感，保持健康的积极的良好的心态”。

要通过“心教”，使人际心理和谐。所谓人际心理和谐，即人与人交流和相处的默契与融洽。文中指出，人际关系是对社会关系的反映，社会关系是客观的，通常是不以人的意志为转移的。由于社会关系不同，学生往往对之有不同的心理感受；又由于人际心理属于主观的范畴，往往可以通过主观的努力而加以改变。“人际心理包含认知、情感、行为三因素，其中情感因素起主导作用。要培养学生良好的道德品质和人际交往方面的良好习惯，善于主动积极和理智地化解人际矛盾，就必须重视情感培养，让自己和他人都得到心灵上的安静和幸福。”（《“心教”促进“心”之和谐》）

（二）“心教”的认知特点

1. “心与物”的关系是心教理念的重要内容

《“心教”之认识论：心与物》文中指出，在心物关系上，明代学者王阳明有着独到见解。王阳明认为心与物本为一体，不可分离。在他看来，吾心无本体，感应天地万物以为体；天地无本心，只有通过我之灵明才能自我认识。王阳明认为心物一体值得研究，但心物之不可分离却反映了主、客观之关系。心与物虽然不可分离，但如果二者之间不发生关系，互不接触，心与物也就分离了。所以，王阳明认为，人的“心”只有在活动（“用”）中，在与外物接触中，才能得到发展。

“从哲学的角度说，心与物的关系是主、客观的关系；从教育学角度来说，心与物的关系实际上是一个认知关系，教育就在于推进心与物的协调发展，即要使人们正确地认识（“心”）具体事物（“物”），并形成正确的表象（规范或规律）。”在心与物的认知关系上，由于认知因素之间出现的不一致，往往会造成“认知不协调”。当认知因素之间不协调强度越大，人们想要减轻或解除不协调的动机就越强烈，就会力图通过不同的方式，去减轻或解除这种不舒适状态。当认知体系呈现协调关系时，人们就会设法保持这种关系，并避免其他不协调因素的介入。“我们要通过对认知不协调的造成条件、恢复协调的方式和途径等方面的研究，来开展心之教育，使心与物通过不协调——协调——不协调——再协调的过程，逐步达到协调与统一。”

> 心与物的协调发展，就是思想（心）能正确认识物，具体物又能上升为抽象物，用抽象物进行理论认识，再回到实践中去。而教育就是发展学生的思维认识，提升学生的抽象力，发挥学生的创造性。从这点意义上讲，心之教育的根本问题就是协调和发展“心”与“物”。正如美国教育家杜威在芝加哥实验学校的《组织计划》里所说：“一切教育的根本问题是协调心理（个人）的和社会的因素。……这种协调要求儿童能表现自己，但必须按照社会的目的来表现自己。”（同上）

2. 心教之认知特点就是人在大脑中的“内在传播”

先生指出，心教的认知发展是感觉——表象——思维——内化。由于感觉是认识事物的开端，心教必须从感觉经验的教育入手，重视活动、观察和实验；表象，被视为头脑中的图像，因此心教应重视表象和表象操作能力的开发和培养；思维是在个体头脑中发生的，教育对象的思维是教育不能直接作用的，心教应在多方面、多层次上寻找可以直接作用于思维的因素；内化，是一个人从外部物质活动向内部精神活动的过渡、转化过程。因此，心教要注重事物消化和潜能的开发。先生指出：

心教主要依靠的是抽象思维活动，其认知活动是内在的，是在人的头脑中进行的。心教的认知起源主要是通过物体的外部动作而产生的；心教的认知过程是通过外部动作和内化了的思维动作来获得的。总而言之，心教之认知特点就是人在大脑中的“内在传播”，即从外部物质活动向内部精神活动的转化。同时，又通过人的内部精神活动的培育，即人的潜能的开发，以提高人对外部物质活动和信息交流的内化能力。因此，心教要在认知转化上下功夫。（《心教之认知特点：“内在传播”》）

3. 心教是实现人的内化与外化的必经之途

心教认为，学生的素质是在内化中形成的，经过一个量变到质变的过程。内化不是知识的传递，而是知识的处理与转换。学生的学习首先来自体验，然后由大脑来处理这些体验，使这些体验具有一种能识别的意念形式，从而转化成比较明确的知识。在学习过程中，内化过程是学生主体通过思考、探索、研究等活动，将已有的知识激活起来，赋予它新的发展因子，其最终目的是创造出新的知识来。在学习过程中，内化动力是特定动机、意志、兴趣和情感的合力，内化动力的差异会造成内化效果的不同。因此，“心教认为，传授知识不是教育的唯一形式，教育可以从知识的传授入手，可以从情感的感化入手，也可以从行为习惯的养成入手，每一种教育都要因人、因时、因地而异，使学生处于合情

合理、情理交融的情景中，这样就可以取得良好的效果”。（《心教是实现人的内化与外化的必经之途》）

心教认为，“内化”完成之后，还必须转向“外化”，即实现知行的转化。从知识转化为认知，再转化为知能，是经过个体头脑的思考探索内化生成的；而从知能转化为知行，也是经过个体头脑的思考探索外化而生成的。“熟能生巧”是内化过程，“巧”积累到一定程度，外化成一种方法，就是素质的体现。

从心之教育的角度看，内化过程是动态的、开放的、连续的，外化过程也是动态的、开放的、连续的。内化在个体内部进行和形成，是由外（客体）向内（主体）生成而发展；而外化则是由内（主体）向外（客体）生成而发展。内化与外化是由“心”联结在一起的，二者相互联系、相互渗透的交叉点和深化点都在于“心”。其思想的深度反映了内化的深度和外化的程度，是决定人的素质高低的重要因素。心教就是一种促进内化与外化的重要手段。在方式方法上，可采取情感陶冶法，通过审美教育使人实现知识、情感的内化；可采取意志锻炼法，通过“苦其心志，劳其筋骨，饿其体肤、空乏其身”的艰苦锻炼，使人从外化中获取才智；可采取适时点化法。注重因势利导，有如时雨化之；可采取以悟见性法，以教师的“悟”来启发学生的“悟”，使学生以自己的体验和心境来获得学习的悟性。心教重在“心”之教育，这就抓住了内化与外化的关键，可以说心教是实现人的内化与外化的必经之途。（同上）

（三）“心教”的价值取向

《“心教”之学说》中指出，教育价值归根结底是通过人来体现价值的，是人的价值实现的手段。教育中人的价值，乃是教育的本体价值。从这一观点出发，心之教育的价值观，其核心就是人的心灵美。

《心教之价值取得：心灵美》一文指出，心灵美具有非常丰富的内涵，主要是由三个方面的素质塑造而成的：一是知识素质，是心灵美结构中最基础的内容，也是培育心灵美的土坯。二是情感素质，是心灵结构中不可或缺的动力与调控层次。情感素质是心灵美的核心。三是智慧素质，是由人的世界观、人生观、方法论、思维方式等基本要素有机地构建在一起的，是心灵美的最深刻、最复杂、最富于哲理的集中反映。在知识素质教育中，要将科学教育与人文教育结合，以促进学生的智力生成；在情感素质教育中，要丰富、净化、调节学生的感情，在爱的教育中促进学生的人格建树；在智慧素质教育中，要进行审美教育，这是涉及人的整个心灵的全面教育。

心灵美本身蕴涵着价值的意义。当一个人通过培育心灵美的各种素质，成为一个心灵美的人时，说明他已赋予心灵以一定的价值，致使外部的精神领域的各种美德成为个体内化的心灵之美，形成了他的精神世界之美。一个人的心灵美必然涉及某些具体的行为方式和一定的目标状态。他们在实际的生活实践中，往往会应用早已形成的美的心灵来应对面临的各种问题，持久地主导人的行为。人是非常渺小的，而人又是非常伟大的。伟大的不是白活一世，而是用心灵之美体现了自己的价值。相反，如果一个人心灵丑恶，对于别人没有好的作用，则其就是渺小的。

心灵美是一个人活在人的心中的最基本的精神生命，也是心之教育的价值取向。（《心教之价值取向：心灵美》）

三、与心灵对话，创立“心教”的教学新论

（一）“心教”教学论

长期以来，人们在教学理论上争论不休，各抒己见。无论是以教为主还是以学为主，以师为本还是以学为本，先教后学还是先学后教等，都反映了人们对教学的不同认识。《心教教学论》认为，这些都是教学的不同方向和方法，无论采取哪种方法，都必须遵循心教教学的“三个原则”。

1. 尊重人性——教学思维人性化

《心教教学论》文中指出，教学要尊重人性，这是因为教学本身就具有人性特征，必然表现出对人的最大尊重和爱护。人性化教学，必须尊重学生的学习天性。所谓天性，就是人的先天本性，而在人的先天本性中，具有本质意义的特性就是人自身的许多未确定性，人正是利用自己的未确定性，塑造出更强有力的人性。人性化教学，就是要保护和挖掘学生的学习天性，使学生完全能够进入其学习天性被激发的状态。人性化教学，必须洞悉学生的心理世界，了解学生的心理思想，要知道学生在“想什么”“为什么”“要什么”，真正做到“知心而教”。人性化教学，必须发展学生的个性，要针对学生的个性进行个性化教育，要特别注意学生的学习能力、心理结构特征及个人的兴趣、动机和要求上的差异，进行因材施教，加强学生的自主学习，培养学生的个性特征。

2. 开发潜能——教学原则重启发

《心教教学论》文中指出，教学之道，在于开发潜能，就是使潜在的东西发展成为现实的东西。孔子乃启发式教学的首创者，他的名言是：“不愤不启，不悱不发”“举一隅，不以三隅反，则不复也”。这两句名言就是有效开发学生潜能的教学范例。启发性教学只是一种教学原

则，如何“启发”则有待于不断探索和发展。所谓“启发”，是指在学生积极学习、力求通达的情况下，教师对其理解知识、表达思想上的障碍，予以点拨，使其豁然贯通的活动。启发性教学重在要求引起学生学习动机，激发学生积极思维活动，使学生学会思考问题的方法。启发性教学，是开发学生潜能的一种教学原则，要把其立足点和落脚点都放在开发学生潜能上。

3. 教会会学——教会主旨在会学

《心教教学论》文中指出，教学的主旨在会学。要达到这一主旨，需要经过三个阶段：第一阶段是教会学会，第二阶段是教会迁移，第三阶段是教会会学。

首先是教会学会，就是说通过教学活动使学生能够掌握所学知识，即只有通过自身的思考与活动再一次复现时，知识才能内化成自身的资产。教会学会的教学方法是比较多的，主要有在教师的引导下，发挥学生的主体地位和能动作用；尽力将认知和情感结合起来；以愉快的情绪、情感为教学开路；进行学生的自主性学习和自主性思维；强调开放式教学，创造一种真正的融洽与和谐。在这里，尊重、理解和自我实现，既是教学的手段，又是教会学会的核心和关键。

其次是教会迁移，即为迁移而教，就是教学如何促进学习迁移的实践。所谓学习迁移，是指一种学习对另一种学习的影响。不论原先的学习对新学习，还是新的学习对原先的学习，所起到的作用都属于迁移。什么情况下的学习最有助于迁移？有关心理学专家对这个问题进行了回答：“两种学习间的共同因素；在各种背景中提供学习材料；清楚而系统地说明概念和原则；学习者本身努力发掘到的原则远比别人教他的原则更易于迁移等。”此外，学生的智力与能力水平的提高也是促进学习迁移的重要因素。

最后也是最重要的是要教会会学，就是教会学生会学习。所谓“会学”，实质上就是指学生能够创造性学习。传统的学习是维持性学习，学习者从中获取的只是固定不变的见解、观点、方法和法则，目的是应付已知的、重复发生的情况，增长学习者解决既定问题的能力。而创新性学习是一种能带来变化、更新、重组和重新提出问题的学习形式，能使人在变化万千的社会生活中具有应付能力和对突变提前做好准备，是解决问题的重要手段。教会会学，与传统教学相比，重启发、重发现；鼓励学生主动探索，重发散思维，学有特色；注重培养学生的创新意识、创造能力和创造性思维。

在“心教”教学的这“三阶段”中，“心教”教学的主要任务是什么？“心教”教学所承担的主要任务，就在于使学生在整个学习过程中，开发其心智。所谓“心智”应包括心力与智力两个方面。“心力”，指心思与心劲；“智力”，是个体做出合理判断的能力，“善于判断、善于理解、善于推理，这就是智力的本质”。“心教”教学的主要任务就是开发学生的心智，即心、智、力，把人的思维（心）、知识（智）和能力（力）作为一种巨大的资源来开掘、发展和运用。

《开发心智是心教教学的主要任务》一文中指出：（1）“开发心智，起于科学知识。”因为只有建立在科学知识基础之上的思想，才是最可靠的思想，才能增进智慧，使学生的心智健康成长。（2）“开发心智，重在培育思维。”思维亦称“思考”，思维的内容，即思想。心教教学重点是鼓励学生意识自己的思维过程并监控它，在教师的引导下，大胆想象，开动脑筋，主动地去了解、认识未知事物，探求不同事物的关系，以富有激发性的问题促进学生的思维拓展。（3）“开发心智，注重开发潜能。”心教教学反对把学生当作接受知识的容器来看待，要高度重视学生的个性差异，最大限度开发学生的潜能。（4）“开发心智，止于高尚境界。”心教教学不能停留在知识层面，而应注重赋予心智崇高的精神境界。陶渊明的《桃花源记》说：“山有小口，仿佛若有光，便舍船从口入。初极狭，才通人；复行数十步，豁然开朗。”在开发学生心智的过程中，只有达到“豁然开朗”，到达觉悟、理想、境界的层面，学生的心智才得以升华。

（二）“心教”学习论

学习是一种极为复杂的现象。从古至今，教育研究者对学习的本质、过程和规律都有着独到的见解，并概括出不同的学习理论。《心教学习说》认为：“如果以心教之学习理论来概括，学习就是‘思’‘习’‘悟’。”

1. 以“思”为中心

“思”与心紧密相连，是在感知经验的基础上，在人的头脑中进行的活动。从学习的角度来看，“思”不仅是一种高级的认识过程，而且是一种复杂的心理过程，体现于学习的全过程。美国教育心理学家罗伯特·加涅把学习过程分为八个阶段，依次是动机阶段、领会阶段、获得阶段、保持阶段、回忆阶段、概括阶段、操作阶段和反馈阶段。这八个学习阶段都有一个“思”的认识过程。如动机阶段，是在客观事物的“诱因”作用下，经过“思”的过程（转化），在内心深处形成学习的内驱力；领会阶段，是学习者对学习的有关的刺激加以观察和思考，在观察和思考中，产生知觉的选择性；获得阶段，是学习者把感知的知识编码储存在中枢神经系统里面，进入短时记忆中暂存，而这里的编码过程也是一个“思”的过程；保持阶段，是指短时记忆中编码了的知识再进入长时记忆储存起来的过程，其中蕴涵着大脑的思考和情感的体验；回忆阶段，是学习过的材料得到“重复”或“复现”的过程，虽受到外界的影响，但却是经过对大脑的刺激而联想和思考才呈现出来的；概括阶段，是指把学到的知识，经过分析、比较，借助于发展起来的抽象的、概括化的推论思维，用语言加以表达，做出概念性的界定，这个过程是离不开自身思考的；操作阶段，是对已习得的知识进行操作和应用，这与人的思维水平有密切关系；反馈阶段，是通过表现出由学习获得的新操作来实现的，在反馈过程中，离不开人的思考和反思。由此可见，“思”贯穿于人的学习的全过程。

2. 以“习”为策略

在古代教育中，“学”与“习”常分途而用。如果说，“学”是获得信息、知识、技能、习惯和态度的过程，那么“习”则包含在上述诸方面的变化之中。学习者在“学”的过程中，要把感性的知识和书本上的知识迁移到大脑内，“习”正是用以帮助人有效学的学习策略。在学的过程中，“习”有益于学生思维活动的发展，也有益于学生尚未表现的学习潜能的开发；在“习”的过程中，能比较有效地提高学生注意的集中度和选择的灵活性，也能提高学生的信息提取能力，从而促进“学”的发展，以达到学有所获。实施以“习”为主的学习策略，可以巩固已学知识，达成习得的内驱力，提高学习能力。对学生学习能力的检验，不仅要检验其在某一阶段学到了多少知识，而且要检验其理解能力、解决问题的能力和学习潜能发挥的能力。“习”本身带有一种自学性质，“习”的方法可能比“学”的方法更能激发学习动力，效果也会更好。

3. 以“悟”为主旨

心教认为学习的核心部分是“悟”。心教所说的“悟”，有感悟、领悟之意，是把握或直觉地观察到事物的内在实质的过程，“悟”是思维的结果。人形成思想，要通过感悟。感悟是主体对外部知识信息的深层次的内化。学生的学习不是简单地增加了或减少了什么，而是要形成新的感悟，或是深入的思考；或是由博返约，把复杂的知识转变成精髓的认识；或举一反三，形成自己的知识体系。“悟”的过程实际上是人的头脑对事物的重新组合、选择和建构，其实就是一个创新的过程。要使学生在学习中有所“悟”，首先要积习，知识如果没有量的积累就没有质的飞跃，拥有的信息范围越广，就越有可能去发现这些信息之间的联系。其次要善思，学习要善于灵活地运用思维，可采取“多路思维法”来思考问题，通过众物之理的启发直达心中之理的觉悟。此外，还要内求自得。“自得”就是一种领悟，没有这种“自得”的“悟”，是不可能达到“默识心通”“欲有所得”的。有学者提出了“发现学习”，要求学生像科学家那样去思考、探索未知，最终达到对所学知识的理解和掌握，以有所悟。在学习中只有提高人的“悟性”，才能使人获得新的“领悟”，这就是发现学习，发现是“悟”的结果。从这个意义上说，学习的过程就是领悟的过程。（《心教学习说》）

在“心教”学习说的理论中，学习的成果要有所体现，究竟应体现在哪儿?《心教学习贵在“得之于心”》一文，强调学习要有所得，而且要“得之于心”。人有着学习的天性，有着学习的需要，也有着学习的能力。(1) 学习，首先要有所得。学习就是期待的获得，要在学习中获得信息、知识、技能、习惯、态度和信念。学习离不开知识（技能也被视为广义的知识)，知识是学习的重要内容与载体。人的知识基本上源自于两个方面：一是源于个人的直接经验，可以谓之直接掌握的知识；二是来自他人的经验，或是以口头或书面的形式，或借助其他形式所传递的知识，可谓间接获得的知识。学习时必须使具体的东西与抽象的东西、直观的东西与概念的东西，在学习者的“心”（意识）中统一起来。因此，在学习过程中，必须突出个体知识的认识价值，在学习过程中强化发现学习。(2) 学习，必须得之于心。人获得知识后，才能得到对客观世界的认识，但是认识过程并不就此为止，还必须借助思维，使学得的知识进行内化、迁移，转化为能力和素质。掌握知识的原始阶段只能视为基础，并不是知识的真正形成。真正知识的获得，是借助抽象的、概括化的、推理性的思维形成的，是在知识的内化过程中升华的。在对已掌握的知识进行再理解、再认识的过程中，通过学生个人主动地思考获得概念，并能用语言精确地表达出自己的思想认识时，就可以达到学习的最高阶段——“得之于心”。

（三）“心教”课程论

1. 心教之课程观念

《心教之课程论》一文中指出，课程是一定教育观念的集中表现。

> 心教之课程观念注重在触动心灵的思考中发展智慧，在发展智慧中健全人格。通过“心灵”（或思想）这个纽带，把教育内容的内在形式与外现形式有机地结合起来，使课程以其内涵和外现相统一的形式而存在；把明显课程与隐蔽课程融为一体，使课程具有内在的统一性，统一指向人的发展。

（1）心教课程论主张按学生的思维发展来构建知识体系。研究表明，各学科能力都存在明显的思维和认知的特殊性，分别更多地与抽象思维和形象思维相联系。例如，数学能力是典型的理科能力，可是它却包含着空间想象能力；语文能力是一种典型的文科能力，但是它既离不开形象逻辑思维，又离不开抽象逻辑思维。作为学科能力的材料的知识经验，在内容上主要是语言、数和形；在形式上可分为感性的材料（包括感知、知觉、表象等）和理性的材料（主要指各学科的基本概念）。因此，课程教材的分类和编排应按照学生的思维发展规律来选择组织内容，并结合知识本身的逻辑顺序和学科能力的可操作性来构建课程体系。

（2）心教课程论主张使学生的认识过程与知识掌握过程相统一。教学内容的选择，其首要条件就是要充分调动学生对学习的认识兴趣和智力积极性。而这种认识兴趣与智力积极性只有在与学生已有的经验、知识、能力相联结，并提出新的学习问题时，才能发挥出最大的诱发力。因此，教学内容的组织要与学生已有经验，已有表象概念、法则的知识相结合，并以此为基础，顺次发展，乃至传授人类体系化的经验，即学科体系的基础。也就是说，只有从易于认识的具体事项出发，或从先前学过的知识出发，逐渐发展思维能力，以使学生的认知过程与知识掌握过程能够结合、统一起来。

（3）心教课程论注重课程价值。心教特别重视课程价值的体现，尤其是个人价值的体现。因此，心教重视知识的传授与学习，但不能把能力培养作为知识的附属物，要突出培养学生的思维能力、判断能力、表达能力以及运用信息的能力。心教强调要把人的灵魂的塑造、品质的培育和情感的培养渗透到各科教学之中，使教材有利于促进人的全面发展。同时主张把社会课程、隐性课程、活动课程等列入课程的范围之中；还应充分挖掘学科知识中所特有的“情感与价值观”因素，把对学生的心灵启迪、人格培养有机地与课程教材内容的性质和特点结合起来，真正做到“润物细无声”。

2. 心教的课程内容

《心教的课程内容》指出，教育心理学家皮亚杰根据儿童认知发展的特点，把认知发展划分为四个阶段：感觉运动阶段、前运算阶段、具体运算阶段及形式运算阶段。心教可根据这四个阶段，对现有的课程和教材进行必要的调整和改革。

感觉运动阶段（出生到 2 岁）。可为幼儿实施心之教育，可提供富有直观感性的教具，如实物、模型、图像以及电影、电视、录像等直观教具；可让幼儿多参加具有操作动作的具体活动，如让幼儿用手操作和摆弄物体，或通过看不见的位移去寻找藏起来的物体。通过幼儿表象操作的训练，以培养其再现事物的能力。

前运算阶段（2～7岁）。对这一阶段的幼儿或儿童实施心之教育，应增加观察课，强化形象思维训练。把观察与说写结合起来，培养幼儿或儿童的观察能力和语言表达能力。

具体运算阶段（7～11岁）。对这一阶段的学生实施心之教育，应增加训练课，注重形象思维与逻辑思维的结合，巧用形象、直观的多媒体演示，让学生在轻松、愉悦的氛围中学习。

形式运算阶段（11～15岁及以上）。对这一阶段的学生实现心之教育，应增加选修课，多给学生创设手动、眼看、口说、脑想的机会，让学生在和谐愉悦的气氛中开发大脑，促进学生左右脑的协调发展。

此外，在对学生心之教育中，还应设立活动课，如艺术类活动课、手工类活动课、体育类活动课、科技类活动课等，以这些活动加强审美教育，强化思维训练，创新思维能力，以实现心教之功能——开发大脑与智力。

课程内容不仅是人类实践活动经验和知识的科学结晶，而且是人类在此活动中的思想感情的直接反映，因此不可避免地包含情感因素。因此，教师要充分利用这一情感因素，使学生形成整体的精神建构。教师也要善于将不含情感因素的教学内容赋予情感因素，使学生获得相应的情感体验。如教师向学生讲述战争故事，并不意味着学生会由此产生出正义、同情、悲愤、恐怖、厌恶的情感，同样也不会形成爱好和平、反对战争、维护正义的价值观。教师只有直接地、富有情感地让学生了解战争的背景，战争的残酷，将战争场面与和平生活相比较，才能调动学生的情感。由于学生已经有了各种各样的生活体验，如饥、渴、寒冷、疲劳、恐怖等，所以他们可以想象在战争中无家可归、缺衣少食以及杀戮的情景。只有这样，他们才能正确地理解战争，同时也会丰富对战争的理性认识。（《心教的课程内容》）

（四）“心教”教师论

1.“心教”教师的主要特点

教师是履行教育教学职责的专业人员，承担着教书育人的重大责任。教师的职业特点所包含的内容是很丰富的。《心教教师的主要特点》文中指出，从心教理念出发，心教教师的职业特点主要体现在五个方面：

（1）思想上的“先知先觉”　清代史学家、思想家章学诚曾说：“先知先觉之人从而指示之，所谓教也。”教师就应该是一个“先知先觉之人”。为什么呢？首先，教师是知识获得的先行者。正因为教师先于学生掌握知识，所以才能承担教学的任务。其次，教师不仅要精通学生已有的“旧知”，还要掌握学生学习的“新知”，并能通过由远及近、由易到难、由直观到感观、由实例到理论、由特殊知识到一般知识等教育方法，把学生学习的“新知”纳入“旧知”。因此，教师不仅要获得知识，而且要知识广博，“给学生一碗水，自己须盛一桶水”。最后，教师还必须是一个“先觉”者。所谓“先觉”，就是事先觉知、觉察。教师要具有了解学生个性、习性、学习、生活等方面情况的敏锐观察力；还要具有深刻的洞察力，能从学生的眼神、表情、动作等方面来发现他们的微小变化。教师只有具备了了解学生的能力，具有敏锐性、洞察力、思维灵活性和处理问题的机智性，才算得上是一个“先觉”者。教师只要达到“先知先觉”，就可以“使先知觉后知，使先觉觉后觉”，成为一位名副其实的教育者。

(2) 道德上的人格魅力　教师作为“人类灵魂的工程师”，要重视内在美的修养，要有高尚的品德、良好的个性。要注意外在美的修养，要有健康规范的语言、端庄文雅的风度。因为教师集语言、表演、造型等艺术手段于一堂，其形象、仪表、风度会直接作用于课堂教学，有利于知识的传授和对学生进行思想教育。教师的人格魅力可以直接对学生产生无言的持久的影响，并在一定程度上决定教育教学和学术指导的效果，对学生具有重大诱导性和潜移默化的影响。教师通过自身人格魅力给学生行为、思想上打下的烙印是终身的，是其他教育方式所不及的。

(3) 专业上的教学智能　所谓教学智能，既包括教师教学的智力，又包括教师教学的能力，主要由知识、能力、创造性三方面的内容构成。在知识方面，专业化教师不仅要有文理兼备的基础知识，有广泛的社会知识，具有一定的美学知识和审美修养，而且要有丰富的教育科学知识。在能力方面，专业化教师不仅要具有一般的能力，如接收、储存、加工和输出信息的能力，而且应具备与职业相关的特殊能力，如语言表达能力、自我调控的能力等，并能够将这些能力运用到教学中。在创新方面，专业化教师比非专业化教师更富有创新思维。在教学活动中，专业化教师不仅善于认识潜在的问题，而且在运用恰当的解决方法上也十分在行，能创造性地解决问题。弗兰西斯·培根曾说，学问的本身并不教人如何用它们，这种运用之道乃是学问之外、学问以上的一种智能。教师在专业化发展中，一定要增强和发展自己的这种教学智能。

(4) 教学上的以“悟”导“悟”　以“悟”导“悟”是教学技艺的最高境界。以“悟”导“悟”，首先要求教师要有“悟”，然后才能导“悟”。在具体的知识传播中，需要把“艰深”的理论通俗化、把“抽象”的理论形象化、把“空洞”的理论具体化，通过理论联系实际使所学的知识能在学生的头脑中激活起来，以保持学生对学习的强烈情感和兴趣。为了做到这一点，教师只有真正掌握、真正理解了知识，在教学中才能生成真正的领悟，才能把自己的“悟”用恰当的语言表达出来，才能引导学生共同来“悟”。在对学生的培养中，不能依靠说教、灌输和强化训练，必须用“启悟”的方法，以“悟”导“悟”的思维方式和教学方法。

（5）教学上的不断创新　教学需要创新，教师要在不断创新中发展和提升自己。教师的创新活动主要体现在两个方面，一是在教学活动中的创新教学。创新教学与传统教学的区别：就教学目的看，前者重运用知识，后者重掌握知识；就教法看，前者重启发，后者重传授；就学法看，前者重发现，后者重接受。创新教学的特点是鼓励学生主动探索，重发散思维，学有特长；其任务是培养好奇心、创造意识、创造毅力、创新思维的能力和技法等。二是在教研和学术活动中，重视理性教育。所有的教学实践都具有扎根其中的理论。因此，教师要重视教育科学和学术的研究，要在教育科研上不断创新，在学术活动上不断创新。教师有创新意识、创新思维、创新能力，不仅能使教学进入学生的内心深处，而且能使自己站在教学的高峰。

2. “心教”师生的和谐关系

教育是育人的，育人者和被育者都是有思想、有情感、有个性、有精神世界的，或者说都具有“心灵”。因此育人者的教师和被育者的学生是完全可以相互理解、互相交流的，是完全可以通过各自的心灵体验来达到心灵沟通，进而建立和谐、平等和相互尊重的师生关系。然而，在现实的教育活动中却并不完全是这样，二者存在着一定的隔阂与矛盾。

在教育教学中，教师、学生和家长的愿望都是一致的，都想尽力把学生培育成人才。但在教育工作中，一些教师往往不能从学生的人性、个性出发，而是从自己的主观愿望出发来培育学生，结果事与愿违，好心无“好报”，反倒形成了师生的隔阂。这并不是说教师不尊重学生，而是教师忘记了学生的情感。如果教师和学生不能从内心深处得到交流、沟通，学生的自然意志就不可能服从教师的意志。外部压力越大，其反感性就越大。可见，教师要想教好学生，却无形中压抑了学生自然意志，显然是不明智的。在教学中，教师往往以教者的认识规律来代替学生的认知规律。尽管教师用传统的方法传授了学生各种知识，但却是“以教定学”，以教材、教师专长来设计学生的学习，把学生当成了接受知识的“容器”，忽视了学生的自主性。教师只有“以学定教”，站在学生立场，考虑学生的情感，按照学生的实际来设计学生的学习，才能使教学工作发出创造性的光芒。

不言而喻，在教师与学生的交流沟通中，教师是居于主导地位的。教师的劳动具有情感性，而教师劳动的情感性可以使师生的心灵产生共振。师生的心与心之间的呼应就像人们在山间呼喊能得回声一样。教师用自己的满腔热情和真挚的爱，把学生送上理想的彼岸。学生在奔向远大前程的过程中，所建立起的这一真挚感情将越来越深。因此，教师只有用自己辛勤的劳动、无私的爱心、真挚的感情所创建的新型师生关系才是牢不可破的。只有把教师的育人愿望与学生的成才愿望这两方面结合起来，师生才能心心相印，从而真正形成高度融洽的师生关系。（《心心相印是师生关系和谐的基础》）

四、用渗透思想，构建“心教”学科知识结构

在《“心教”之学说》中，先生把“心教”理念融入德育、智育、体育、美育及劳动技术教育等各类教育之中，创建了独特的“心教”学科的知识结构。

（一）德育中的“心教”

《心教与德育》一文中指出，德育，简而言之，是以德育人，促使其人格的发展与完善。德育离不开育心，心教乃德育之根本途径。先生认为，德育主要包括三个方面的教育：思想、品德和道德，三者不仅在含义、内容上有交叉重叠，而且都属于社会意识形态范畴。在中国历史上，出现了不同的道德教育学派，主要有内求说和外铄说。内求说认为，人的品德生来就存在于自己心中，只需向内心去求，就可以得到；外铄说认为，人的品德非内心所固有，只有在外界条件影响下才能得到。尽管说法各异，但有一个共同的观点，都是要求一个人在矛盾冲突的道德情境中，在思想上、在“心”中自觉地去辨别是非善恶。因此，道德教育必须以人的心理发展为基础，通过心之教育来实现。

德育是人的思想品德的教育，人在成长过程中出现的一些问题并不能归之于“德性”问题，如欲望、苦痛等，而这些都在心教关注的范围之内。如果人的善恶，不从其行为上去判断，而只从其动机上去判断，善恶只以有意识的有心与无意识的无心而定，那么无意识中做的好事，不能算好，坏事也不能算坏，只要这个人说好话、想好事就行了。事实上，有意识与无意识即有心与无心的区别，就在于前者是有意而为，后者是无意而为。如果仅从道德方面来看，判断人的善恶，是以其行为作为标准，行为是可以观察到的东西，而不是人的心理中的不可知的东

西。心教正是把道德行为与心理意识结合起来，把动机判断与行为判断结合起来，作为判断好坏、善恶的标准。

> 德育的目标是“育德”，发展人的“德性”；心教的目标是“育心”，发展人的心理素质。德育中虽然含有心教的目标与内容，但二者是交叉关系而非同一关系；而且“育德”之“育”，其途径之一就是“心教”。尽管德育是以一定的心理发展为基础，但心教并不直接指向德育目标，而是通过唤醒人的心灵，通过发展人的思想、意识等心理品质而间接地作用于“德”的教育。……心教正是通过发掘人的行为背后的心理深处的东西，使人在复杂的道德情境中学会对是非善恶做出判断推理，形成自觉意识，以自己的观念来指使自己的行为（《心教与德育》）。

（二）智育中的“心教”

智育，是有目的、有计划地向受教育者传授系统的科学文化知识、技能技巧，发展其智力和能力，并使之学会运用的教育。《心教与智育》一文指出，智育，亦称“智力教育”，既包括掌握知识之“智”，又包括培养能力之“力”，智力教育中蕴涵着人的理性的灵魂的教育。智育从表面上看来是传授知识和技能，而实质上也是一种极为复杂的心理教育过程。例如成语“心灵手巧”，以及称赞那些事业上有成就和具有高超技能的人是“有眼光”的人、“很精明”的人，都说明智力形成的过程是复杂的心教活动，而心教活动则促进智力的形成与发展。

教师在帮助学生掌握知识、形成技能和发展智力的过程中，是通过“心”来实现知识到智能的转化的。因此，育“智”必先育“心”，让学生灵性闪光，心中闪烁的求知上进的星星之火燃烧起来，激发他们求知的愿望，增强他们进取的信心。智力是人的一种潜能，而智育就是使这种潜能得以发展和发掘。智力不仅包括知识和技能，而且包括情感、意志等，智育过程也是形成智力结构和智慧品质的过程。因此在智育过程中，作为心教即对思维、意识的培育是至关重要的。有人说，作为意识的“心”，是“对自己的认识活动的认识活动，即对意识的意识”。从这个意义上说，在智育过程中，心教既是一种心灵的启迪，又是一种认识活动，有对知识的认识活动，也有对自己内心活动的认识活动。

在教育过程中，各学科教学是育智、育心共通的领域，有着交叉重叠的关系。但是，在智育过程中，育智必先育心，依赖于心教促进育智活动；而育心也离不开育智，在教学过程中也要培养学生的思想、思维和意识。因此，学习科学文化知识和技能则是心教的切入点。（《心教与智育》）

（三）体育中的“心教”

体育，是向受教育者传授体育知识、技能和技巧，发展其机体素质和运动能力，使其身体素质、体质和基本活动能力得到提高的教育。《心教与体育》一文指出，体育活动中蕴涵着极为丰富的心理品质，主要包括责任感、信心、决心、斗志、情绪稳定性、控制力、注意力和灵活性、知觉清晰度、思维敏捷性、反应速度、动作可塑性等。可见，体育并不只是具有强体的作用，同时还具有调节心理、增强意志的作用。体育活动的过程，也是文明其精神的过程。可见，体育与心教是一种水乳相融的关系。体育是心教的基础，体育中蕴涵着心教，能促进良好的情感品质和坚强意志的形成；而心教则通过发展人的心理机能，以文明其精神来增强人的身体健康。

人体是由身心两方面所组成的，身心关系密不可分，身为心的载体，心为身的灵魂。身体健康蕴涵着心理健康，而心理健康保证着身体健康。因为人体是一个可以调控的、多功能的阴阳复合体，而心教则是调节人体功能的一种非常重要的手段，在人的正常生理功能的基础上通过心之教育调节本身的精、气、神的有序度，使其达到身心的和谐统一。在体育中，人们提出了“健康第一”的教育思想，要达到这样的效果，在“野蛮”其体魄的过程中，同时还贯穿着“文明”其精神的过程，要有意识地、积极主动地通过对学生的启迪、精神的培育，来促进体魄的强健。

> 因此，在体育教学中，一定要注意和研究受教育者在体育过程中的心理问题，如体育知识、技能和技巧的学习动机；在体育教学中的认知活动中，要教会学生自己控制认知过程；体育教学、训练要注重学生个性品质的发展，如勇敢进取、互助合作、吃苦耐劳、顽强果断等个性品质，可在丰富多彩的体育活动中得到表现和强化等。所以在体育过程中，一定要重视心之教育。……体育目标是“健体”，心教目标是“健心”。虽然体育和心教分别遵循人的生理发展机制和心理发展机制，但它们是一种相互涵容、相互促进的关系。心教虽然并不直接承担体育的发展作用，但通过心之教育也同样能起到“健体”的作用。（《心教与体育》）

（四）美育中的“心教”

美育，是向受教育者传授美育知识和技能，培养其正确的审美观点，发展其鉴赏美和创造美的能力，并使其在生活中表现美的教育。《心教与美育》文中指出，在美育过程中，人们要依赖于必要的心之活动。在学生审美意识、审美观点、审美能力的形成和发展过程中，主要是美化其心灵。而心教正是通过各种心理的调动，促进了心理平衡、和谐的发展，促进了心灵情感的变化，也达到了美的教育目的。

我们也可以这样说，心教其实就是美育。因为心教对人心理机能的开发和人格塑造是按照美的规律进行的，心身统一发展是一种美，心理系统的协调也是一种美，心理发展与德性成长的和谐同样也是一种美。可见，学生育“美”的培养过程，也是育“心”的培养过程，美育与心教的目标指向是一致的；二者的区别就在于，心教是美育过程中的重要途径，美育与心教又相互促进，心之育是美之育的基础，人的心理品质的发展为美育奠定了心理基础，而人的审美能力的提升则会不断促进心理品质的提高和心理机制的完善。

> 美育，是教育过程的特殊形式，与审美能力的自发形成过程不同，是按美学要求和教育规律自觉组织的……在美育过程中，要以心教为前提，以培养学生审美感知为起点；要以育心为重点，重在人的情感的陶冶；要以心灵美为目标，使学生将感受美、鉴赏美的能力用于实践。（《心教与美育》）

（五）劳动技术教育中的“心教”

《心教与劳动技术教育》文中指出，劳动技术教育的特点是实践性、技术性和教育性。实践性，从劳动技术教育的特点可以看出：（1）劳动技术教育要以一定的心理品质的发展为支撑，如劳动观点、劳动情感、知识“内化”、技能“领悟”，这些都是构成劳动技术教育的重要思想基础。（2）劳动技术教育过程中有着复杂的心理因素，如学生劳动情绪、技术掌握和劳动熟练程度提高过程中的心理活动，劳动条件对学生心理和劳动教育效果的影响，劳动组织集体的心理气氛，学生劳动能力的个别差异及爱好选择等，都需要通过心教，来帮助学生培养劳动技术素养。（3）劳动技术教育设计应从一定的心教观念出发，如劳动“观念”、劳动“情感”、劳动“心理”以及对劳动技能的“领悟”等，这都属于劳动技术教育之范畴，也属于心教之范畴，是二者共同的领域。

劳动技术教育既可以使学生获得科学知识，提高能力和技巧，同时也有助于其心灵美的形成。劳动创造美，它使人的主观感受丰富：听觉上感受音乐的耳朵美，视觉上感受形式的眼睛美，以及其他把自己作为人的本质力量加以肯定的各种感觉。劳动过程和结果能带来美的享受，引起创造的欢愉、成功的喜悦、胜利的自豪，也能使人体验熟练操作的自由感，直观劳动成果的充实感。劳动过程中被加入的原材料、生产工具、劳动产品、劳动环境的布置和安排等，都能给人以美感，产生美的作用。学生的学习劳动、体力劳动等都能产生劳动的审美作用，能促进其良好心理品质的形成，能有助于美好心灵的养成。同样，美好心灵的养成也有助于劳动观念、习惯、能力的生成。由此可见，劳动技术教育与心之教育是相互促进的关系。劳动技术教育要以心教的发展为支持，而心教的实施也必须融入劳动技术教育。（《心教与劳动技术教育》）

五、在继承中创新，创立了“心教”教育理论

“心教”学说的理论研究，是在教育理论实践探索的基础上，借助心学的基本理论，从“心灵美”的教育观点出发，为教育理论研究提供了一个新的视角。

“心教”学说是以“心”为理论研究的逻辑起点，既不同于教育学理论研究的“使人成人”的逻辑起点，又不同于心理学理论研究的“精神状态”的逻辑起点，而是以“心灵”，即人的内心深处的活动为理论研究的逻辑起点。先生从“心”的发展历程谈起，指出中国古代对“心”的研究属于心理学之范畴，近代中国出现的“心理”概念，则属

于哲学研究之范畴，主要指世界观问题。又指出中国传统教育强调“心”之教育，其途径是内省、体悟。而这里的“心教”虽承袭了中国传统教育这一探究之路，但其途径是人之精神的开发，这既是一种教育内容，又是一种教育形式。通过“心教”，使人逐步达到人性与灵性相统一的精神境界——心灵美。

“心教”从唯物认识论出发，提出“心教”的主要功能是促进“心之和谐”。心教认为，“心”是特殊组织形态的物质——大脑两半球活动的产物。心之和谐，是一个系统，从主观上讲，主要是个体内部的心理和谐。人之“心”里常有矛盾、冲突的时候，“心”里的某些因素之间也有一定程度的不和谐。人的心理各要素主要包括认知、情感、意志、个性等。人的“心”之要素是一个不可分割的整体，有机地交织在一起，共同反映客观事物，但又直接或间接地被客观事物所刺激。因此，要通过“心教”，让人的能力与动机相匹配，以便主动克服各种障碍，促进个体内部的心理和谐。从客观上讲，主要是心与物的心理和谐。从哲学的角度来说，心与物的关系是主、客观关系；从教育学的角度来说，心与物的关系实际上是一个认知关系。在人的认知因素之间，往往会产生心理上的不舒适等状态，即“认知失调”。在这种情况下，就必须通过对认知不协调的造成条件、恢复协调的方式和途径等方面的研究，来开展心之教育，推进心与物协调与统一，使人乐观、自信、豁达和愉快。

“心教”学说以开发“心智”之潜能为原则构建教学理论。“心教”所说的教学就在于使学生掌握各门学科的基础，以开发学生心智。因此，先生指出：开发心智，重在培育思维、注重开发潜能。在“心教”教学论中，明确提出心教教学，就是要从传统的“传授—接受式”的教学模式中解放出来，重启发、重发现、重主动探索、重发散思维，重点培养学生的好奇心、创新意识和创造能力，开发学生创造力。“心教”学习论又以“得之于心”为原则构建学习理论，强调要把“接受学习”转化为“发现学习”，从而获得新的领悟，必须得之于心。在“心教”学习论中，提出了独到的学习见解，即要“以‘思’为中心”“以‘习’为策略”“以‘悟’为主旨”。“心教”学习论认为学习的核心部分是“悟”，通过“心教”，不仅能对所学知识理解和掌握，“能自得之”，而且能获得新的“领悟”，即把学到的知识引向深入，把众多的知识变成精髓的认识，使自己得到新知识。

在触动心灵的思考中发展智慧，是“心教”课程论之核心。“心教”课程论主张，通过“心灵”（思想）这个纽带，把教育内容的内在形式与外现形式有机地结合起来，使课程以其内涵和外现相统一的形式而存在；把明显课程与隐蔽课程融为一体，使课程具有内在的统一性，统一指向人的发展。从这一课程观念出发，心教课程论主张按学生的思维发展来构建知识体系，使学生的认知过程与知识掌握过程相统一；注重课程价值，既要重视课程社会价值的体现，又要重视课程个人价值的体现。

心心相印是师生关系和谐的基础，是“心教”教师论之核心。为此，“心教”教师论中提出了心教教师的自身特点主要体现在“思想上的‘先知先觉’”“道德上的人格魅力”“专业上的教学智慧”“教学上的以‘悟’导‘悟’”和“学术上的不断创新”。教师的教学只有进入学生的内心深处，并将教师的育人愿望和学生的成才愿望这两方面结合起来，使师生心心相印，才能真正形成高度融洽的师生关系。

此外，“心教”学说把“心教”理念渗透到各类教育之中，创建了“心教”学科的知识结构。在教育中，德、智、体、美、劳的五育教育，是人的全面发展的教育，也是教育学中的五大学科。在长期的教育发展和教育实践中，各门学科形成了不同的知识结构与知识体系，而这种知识结构是由学科知识中的基本概念、基本思想或原理组成的。在教育理论研究中，“心教”学说不仅融入德育、智育、体育、美育和劳动技术教育的各类教育之中，而且在各类教育中占据核心地位。在“五育”教育中，心教和各类教育的目标与内容是交叉关系而非同一关系，在某些方面有着共通的领域，也有着交叉重叠的地方。但人在发展中出现了一些问题并不能完全归之于“五育”之中，而有的却在“心教”关注的范围之内。在“五育”各类教育的知识结构中，加入“心教”，这不仅是对“五育”的各类教育，而且是对整个教育理论研究的丰富和发展。

余　论

“心教”学说是教育理论研究中的一个新领域。无论是对“心教”内涵的界定，还是对内容或理论的探讨，都属于新的研究领域。“心教”学说将成为教育理论与教育实践研究新的热点和焦点，将推动教育理论工作向纵深发展。而杨生枝先生的《“心教”之学说》这一研究成果，则为“心教”教育学的创立奠定了基础。

篇五

富含深刻理论性　堪为实践教育学

——评《教育之我见》

古希腊伟大的力学家阿基米德说过：“给我一个支点，我就能撬起整个地球。”而教育的改革与发展、教学质量提高的支点，就是教育研究。教育研究的力量是巨大的，关键是要把研究的触角延伸至教育的前沿问题。杨生枝先生的《教育之我见》，以新的视角研究教育问题，从问题出发引发教育研究，以灵活的研究方法融合感性素材。该书把教育的热点、难点问题作为研究重点，面对现实问题，透视已有的理论，梳理前人的成果，把问题研究与范式探讨结合起来，形成了独具特色的学术成果。

一、学术性强，强化了教育研究的理性思考

《教育之我见》以多元视角来研究和探讨教育问题，用新的教育理念来促进对教育的理性思考。此书的教育学说可谓是一种反思之学，其基本品质是理论性与实践性并重。

1. 教育起源

在《教育之我见》中，先生对传统教育学中一些问题进行了深度思考，如对于教育起源问题的探讨，已经持续了一个多世纪，虽然说法不

一，但概括起来，主要有“生物起源说”“心理模仿起源说”“劳动起源说”和“社会生产和生活的需要起源说”等几种观点。先生在分析和肯定这几种教育起源论的基础上，提出“教育起源还可另有一说，即人的生存和发展的需要”。在《教育起源又一说》一文中，指出“人与动物的本质区别就在于人有自觉能动性。人为什么‘能动’？‘能动’的主要原因就是需要，需要是人类活动的动因”。“在现实世界中，人的需要是多方面的”，而在这诸多需要中，“生存和发展是最为重要的需要”。因为“人的生存需要，因维持生命和延续种族，就形成对某些事物的基本需要，而这种需要却具有社会的‘基因’。要使潜在于生物个体中的社会性‘基因’发生作用，就需要通过教育来改变人，使生物个体的人成为社会人；人的发展的需要，是要把个体的文化遗产一代代传递下去，要开发人的潜能、发展人的个性、提升人的价值，就必须接受教育”。这里所说的教育起源是人的生存和发展的需要，“既是个体的人，又包括群体的人；既是个体人的生存和发展的需要，又包括社会群体人的生存和发展的需要”。

2. 教育权力

在教育研究中，人们认为社会形态的变化会引起教育形态的变化，社会关系对教育形态起着决定作用。而先生认为，“在教育的诸多关系中，教育权力与教育者的权力这一关系，是教育关系中的主导因素”，“它是以教育特有的气质所表现出来的社会关系的一种缩影”。《教育权力变化与教育历史形态》一文指出，在原始社会，“群体性的教育权力决定了原始社会教育形态的非制度化”，“推动教育发展的内在动力是自然力量”。在奴隶社会，“占有性的教育权力决定了奴隶社会教育形态是‘学在官府’”，“推动教育发展的内在动力是政权力量”。在封建社会，“专控性的教育权力决定了封建社会教育形态的等级化官学教育”，“推动教育发展的内在动力除政权力量之外，还增加了社会的力量或宗教的力量”。在资本主义时代，“资本性的教育权力决定了资本主义社会教育形态的阶级化和分层化的教育体系”，“推动教育发展的内在动力，则增加了学校的力量，开始强化了教育的社会性”。在现代社会，“公共性的教育权力决定了现代社会教育形态的公平性和终身化”。

所谓公共性的教育权力，是人类社会的一种特殊的权力形式，其主要特征是具有公共性，为满足公共社会的需要而存在。公共性的教育权力是公共权力的一部分，包括国家教育权力和公民依法对教育进行自治的权力。随着时代的变迁，特别是进入知识经济时代，人们对教育的感受和认识与过去完全不一样了，对教育越来越重视，把教育看作能够实现自我价值的重要因素，非常关注教育的公平性，关注公民接受教育的权利。随着市场经济的建立和公民社会的发展，教育权力发生了结构性变迁，教育权力向地方和学校下放，学校办学自主权扩大了；教育权力向社会领域转移，如社会力量办学和参与提供教育服务；教育权力向市场领域转移，如教育就业面向市场、教育资金的多元化等。实行公共教育权力，使得教育领域中的关系发生重大变化：在教育内部，国家、社会和学校开始演变为管理者、举办者和办学者，出现了国家的教育权、社会的教育权和学校的教育权；在教育外部，原来的政府力量（政治力量）、社会力量、学校力量（学术的力量）三种互动的力量之间，增加了市场的力量（经济的力量）。公共性的教育权力，使教育变为政府选择、社会选择、市场选择并存和教师、学生、家长选择并存的彼此博弈的格局，其教育形式，主要表现为包括正规学校教育、非正式教育、阶段学校教育、制度化教

育、远程教育以及新兴起的各种教育形式在内的综合性的终身教育体系。(《教育权力变化与教育历史形态》)

3. 教育属性

对教育本质的探讨，众说纷纭。先生认为，人们之所以认为教育本质具有明显的不确定性，是因为忽略了教育的“中介”属性。教育的“中介”属性，造就了教育活动的个性特点。先生指出：“教育的中介属性，主要是通过教育所教育的‘人’为中介的。”因为“教育的一切功能都是以教育对人的作用为基础的”，教育的一切功能只能直接反映在人身上，是通过对人所产生的作用来表现的。“教育的政治功能、经济功能、文化功能、科技功能等，并非是教育对这些领域直接作用的结果，而是一种间接的成效，或者说是所教育的人作用于这些领域的结果。教育与客观的‘事’和‘物’之间，并非直接相通，其作用只能表现在‘人’身上，以所教育的‘人’为中介而发生作用。”

> 教育的这种“中介”特性，决定了教育与社会生活的联系是多边的，教育活动是多样的，教育的文化传递是丰富的，造成了教育的多功能和多价值。可见，教育的“中介”属性是教育的重要属性。(《“中介性”是教育的重要属性》)

4. 教育功能

教育功能，是教育研究中的一个重要问题。先生指出，在对教育功能的论述中，大家忽视了教育的一个重要功能，就是教育的分层功能。在教育中，之所以会出现“重点校”“示范校”以及“择校”等问题，有其特殊的社会历史背景，但也与教育分层功能的影响有关。

我们都知道，社会分层是由社会分工发展引起的。“社会分层对教育的影响不仅表现在制约学校教育的方向和功能，而且表现在各阶层的教育需求的差异、受教育的机会不同、学业成绩的差异及专业、职业的选择上”；虽然社会分层对教育有着深刻的影响，“但教育也有其反作用，有着促进社会阶层流动的功能。它通过提升受教育者的文化水平，提升其社会地位与经济地位”。“现代的学校，运用各种不同的筛选手段，把学生引向不同职业的教育轨道，又通过必要的教育证书，为学生提供不同就业的机会，学校教育成为决定个人社会流动方向的一项主要因素。”因此，“学校是社会阶层流动的最初基地”。

教育的分层功能与教育发展的不公平是两个性质完全不同的问题。教育的分层功能是一种客观现实，是不能消除的，而教育发展的不公平则是可以逐步解决的。如果教育发展不公平，就会导致教育分层功能的扭曲。因此，要通过教育分层功能的发挥，来促进教育不公平问题的解决。也只有首先解决了教育不公平的问题，才能正确发挥教育的分层功能。当然，教育发展的不公平问题其根源并不在教育内部，而在于广泛的社会不平等性之中，教育改革不能取代社会改革。但是，我们却可以利用和发挥教育促进社会阶层流动的这一功能，对社会底层和弱势群体实行教育优先、教育倾斜，通过教育的渠道，来缩小不同社会阶层的文化素质的差距，以推动和谐社会的建立。（《正确利用教育的分层功能》）

5. 教育价值

教育价值表明一种社会关系，即教育活动这一实体与人和社会需要之间的关系，体现着教育的方向和目标。任何一个国家都希望通过教育使国家更加强大，更具有国际竞争力。因此，就国家这一主体而言，教育发展的价值取向就是“为了国家需要”。当然，主要是通过培养人来促进国家发展的。然而，就个人这一主体而言，教育发展的价值取向就是“为了个体的发展”，这也是现代教育着力追求的一个目标。于是，在讨论教育的价值取向时，有人把教育“为了国家”和“为了个体”对立起来，出现了“社会本位论”与“个人本位论”两种对立的观点。

《教育价值的双重取向》一文中指出：表面上看来，“为了国家的发展”和“为了个体的发展”是两种不同的教育价值取向，但实质上，这两种取向的关系是效益与平等的关系。教育“为了国家的发展”，必须关注效益问题，为此就必须更加关注人的发展问题；教育“为了个体的发展”，必须关注教育平等问题，必须关注国家的发展，只有国家发展了，人才能平等地接受教育，也只有把个人的发展融入国家的发展之中，人的发展才会走上全面发展之路。

> 教育之所以具有为国家和为个体的双重价值取向，是因为国家发展与个体发展存在着辩证的关系。作为教育来说，既要反映国家的要求，提出培养人的质量规格，又要反映个体的需要，促进其身心的发展。从本质上来说，二者是统一的，教育要以国家发展需求来指导个体的发展，以个体的发展来实现国家的需求，使国家发展与个体的发展统一起来。

因此，“教育‘为了国家的发展’就必须促进‘个体的发展’，而要‘为了个体的发展’，就必须推动国家的发展，使国家更好地发展教育，进而‘为个体发展’创造条件。当然，二者之间也存在着矛盾，要使它们在更高水平上统一，就要不断地推进国家的发展和教育的改革”。（《教育价值的双重取向》）

6. 教育市场

在市场经济的条件下，人们提出了教育市场的概念，随着教育领域引入市场的竞争机制，有人提出了教育市场化的问题。与此同时，也出现了学校能否企业化的争论。在《教育的公益性与产业性》一文中，先生指出：“世界上绝大多数国家认为教育是公益性事业，具有公益属性。

而坚持教育的公益属性，是由教育的基本性质所决定的。”教育具有公益性，也具有产业性，国际上通常将教育划入第三产业，教育产业的性质是由其专业性、生产性、资源消耗性和可经营性决定的。但是我们要认识到，“教育作为一个特殊产业，与物质生产的产业是有本质区别的。因为，教育的产业性并不等于教育的生产性，在办学和学校管理中引入市场机制，目的是提高教育效益，促进教育朝着多元化方向发展”。（《教育的公益性与产业性》）

正因为教育具有产业性的一面，随着教育领域引入市场的竞争机制，有人便提出了教育市场化的问题；与此同时，也出现了学校能否企业化的争论。不可否认，教育确实存在“教育市场”。“教育市场可以说是市场经济的衍生和拓宽”，如现今出现的教育人才市场、教育投资市场、教育物资市场、毕业生就业市场等；由于承认市场在教育运营中的合法地位，“教育市场以教育凭证、择校、学费及贷款等方式表现出来，这就促使在教育领域和学校之间产生以竞争、选择、付费、公共资源配置等为主要特征的新的教育关系的形成”。但是，“教育市场不是完全的自由市场，不能简单地将市场经济机械地、原封不动地移植到教育中来”。（《教育不能市场化　学校不能企业化》）

然而，现在的问题不是承认不承认教育市场，而是教育能不能市场化的问题。先生在《教育不能市场化　学校不能企业化》一文中明确指出：

教育决不能市场化，这是因为：(1) 教育市场是一种有限的市场。基础教育，特别是由国家政府负担全部或绝大部分教育投资的义务教育来说，不能由市场来调节，而且所有社会成员都可以平等享受。非义务教育，如职业技术教育、高等教育有一部分可以由市场调节，有一部分则不能由市场来调节。

(2) 教育与市场的本质不同。教育与市场在本质上是冲突的，这种冲突表现为教育的公益性与市场的寻利性之间的冲突。市场首先讲经济效益，教育首先讲社会公益。(3) 学生不是商品，就教育活动本身而言还不是价值范畴。马克思在《剩余价值理论》中分析，教师的劳动（教育活动）是一种提供“服务性”的劳动。“服务”主要不是以实物形式而是以劳动形式为他人提供某种使用价值，是作为活动提供服务的。他又说，在这种“服务”中完全不包含劳动和资本的特殊关系。由于“教师”的劳动既不创造抵偿其自身消耗掉的那部分价值，更不生产剩余价值。因此，教育成果不完全是商品，教师培养的学生就不具有商品的特性，教育的办学主体一般来说也不能进行等价交换。(4) 教育是具有特殊价值判断准则的领域。教育最理想的价值就是“人”的完善发展。评判教育价值，固然要看教育的效益，但教育效益标准不同于经济效益标准。教育劳动的对象是人，包括精神教育效益标准和实际教育效益标准两个相互区别又相互联系的方面，不能套用实物生产劳动生产率模式。而且，教育的社会价值更是难以量化为货币形式的指标。(5) 教育需求的因素是多种多样的，主要是根据社会（包括人口结构）、经济、文化、科技发展的需要和教育发展现状作为依据，是有计划、有目的的。教育需求也要根据市场经济建设的需要，但市场的需要并不是教育培养人的完全依据和唯一依据，教育具有高出市场需求的需要。

随着“教育市场化”的提出，也出现了学校能否企业化的争论。现在，人们对基础教育特别是义务教育阶段的学校不能企业化的认识基本一致，争论比较多的主要是职业技术学校和高等学校的某些专业能否企业化。不可否认，职业技术学校和高等学校的某些专业，与产业部门、物质生产领域具有较为直接的关系，可以运用市场经济运行机制，或者是实行教产结合、校企结合。培养人才的类型和规格要求，也要利用市场经济进行调节。但是，“学校教育过程并不完全等同于企业商品生产过程，而有着自己本身的特点和规律。我们提倡校企结合，其指导思想是为了实现资源共享、优势互补，是为了实现教学与就业的无缝对接，而不是要把学校办成企业。特别是普通高等学校，学科专业门类比较多，又承担着教学、科研双重任务，在一些专业、一些方面可以运用市场经济的运行机制，但不可以企业化”。因为“育人是学校的根本和宗旨，人才培养质量是学校发展的生命线，无论从传授知识的角度还是从创造知识的角度看，学校都不适合套用企业的规则，不能把学校企业化”。(《教育不能市场化　学校不能企业化》)

二、思想性强，提升了教育理论的穿透力

教育思想是支撑教育理论的，理论的厚度往往通过思想的深度来体现。思想本身是一种至关重要的实践，但思想关注的是实践背后的观念和价值，而不是实践过程的操作方式。只有尝试从问题之根上去把握问题，才是真正的思想活动，才能萌发新的思想方式。《教育之我见》就是一部思想性很强的教育研究理论集。直面教育问题，追求思想深度，以思想关怀实践的理论是该书的特点。

《教育之我见》突出了思想的启蒙性质和对基础问题的深度思考，以问题和思想为取向，深入探讨了大家既熟悉又陌生的教育话题。例如：

(一)“教育”与“教学”

《教育与教学》一文指出，教育是一个比较宽泛的概念，人要成为一个独立的人，为社会生活做准备，就必须接受教育。“但教育却起始于教学，而教学原初于学。”当非制度化的学习方式在社会生活中广泛流行时，教学却成了教育的代名词。“建国君民，教学为先”，这里的“教学”实际上就是指教育，含广义之意。当教育出现了专门化的活动机构以后，教学便成为发挥教育职能的最基本手段；特别是专门化的学校教育出现之后，“教学”则专门指学校教学。“教学是教育专门化的产物。”教育目的有时亦称“学校教育目的”，但教育目的与学校教育目的却不完全相同。教育目的是指国家对教育应培养怎样的人的总体要求。在教育目的的指导下，学校又需要确定更为具体的培养目标，学校的培养目标又是根据不同类型的教育进行确定的。而学校的“教学目标”，则要把“教育目的”和“培养目标”具体化，具体落实到教学活动中。

教学是教育的核心，教育的功能主要是通过教学来实现的。在教学过程中，教师是主导，学生是主体，“教学相长”既是我国古代已有的优良传统，又是教学活动追求的最高理想境界。“在学校教育中，教学不仅是教育的重要手段，而且总是伴随着教育的。如果说学校教学偏重于系统传授各门学科的内容，那么学校教育并不把教学单纯视为传授知识的手段，而是把教学视为教养的过程，偏重于学生整体素质的培养和训练。”(《教育与教学》)

(二)“教学”中的“教育”

在现在的教学过程中，有一种不正确的看法，认为教学就是传授文化知识与技能，把思想道德教育与正常的教学活动分离，不自觉地忽视了教学中的教育作用。然而，从我们倡导的教学目的来看，教学，并不仅是传授各门学科的知识、技能、技巧，而且传递立场、自然观、社会观、人类生活的价值观。也就是说，在传授学科知识、技能的过程中，总会使学生增长某种见识，在认识和处理问题时采取一定立场，会对人生的真谛形成某种思想观点，形成一定的世界观。可见，教育过程总是伴随着教学过程；而教学也总是伴随着教育的，它拥有巨大的教育潜力。

《教学中的教育》一文指出，教学中的教育，并不是单纯地从接受的学习内容中引申出来的，而是作为教学对象的学生的学习活动本身就具有巨大的教育力。学生有着自己的独立个性，其性格和态度对教学活动有着深刻的影响。在教学过程中，要有学生自我表现和自我实现的场合，要调动学生学习的主动性，充分挖掘学生本身所具有的教育力，这就"要求教学充分发挥自身的教育功能"。教学中的教育，并不是单纯地从接受学习内容中引申出来的，而是因为作为教学内容的知识本身就具有巨大的教育力。因为知识本身就具有强烈的文化性和一定的教育功能，并不是独立于一定精神文化之外而存在的。另外，知识传授过程的形成和方法，也会影响学生形成不同的意志和性格。

《教学中的教育》指出："这里所说的教学中的教育，只限于教学过程中本来隐含的教育功能问题，它是以'润物细无声'的形态交织在整个教学过程中。"毫无疑问，教学是以传授知识和技能为中心的，决不能把教学与教育画等号，但也不能把二者对立起来。"虽然教学与教育各具特性，各有其固有的法则与方法，但二者是相互制约、相互作用，有机地结合在教学这一统一体中，又都是在教学过程和学习知识的过程中来实现和完成的。"

那么，怎样才能实现教学中的教育呢？换句话说，就是怎样借助于教学内容（学科教材），在增长学生的知识与能力的同时，来培养和发展学生的理想信念、思想意识、道德品质与人生态度？简而言之，应主要解决好这几个方面的问题：一是在教学中要重视学生获取知识和运用知识能力的培养，发展学生的科学思维能力……因此，首要条件就要使学生掌握科学知识，加强对自然现象和社会现象科学本质的认识，内化成对于客观世界与人生所持的信念与见解，形成对待这些客观事物所应采取的正确态度。二是要把对学生的素质要求融入学科教学中，在学科教学中注重对学生的素质培养。在学科教学中，各门学科的内容不仅要包括知识技能方面，而且要包括学习态度、学习动机、价值观等各方面。因此，学科教学必须注意把科学文化知识与良好人格培养有机结合起来，挖掘学科教学中已渗透的思想情感和意识，来加强对学生人格素质的培养。……三是变革教学策略和方式，在自主、探究教学中，使学生能够根据自身特长和社会需求，主动朝着有理想、有创造力、能发挥自己最大才能的方向去发展。学生通过积极自主的探究思维去学习，运用所学的知识去解决社会与人生的现实问题，目的不仅在于发展活的知识与能力，而且也在形成对社会与人生的态度，即正确的见解和思想。……学生只有通过积极思考、自主探究，掌握真才实学，才能形成正确的见解、信念、立场。这样教学中的教育是我们应当创造的。

（三）“教育目的”与“学习目的”

教育目的是教育活动的出发点和根本依据，也是教育活动的归宿和最高标准。而学习也是有目的的。在教育的实践活动中，个人的学习目的往往会与国家的教育目的出现碰撞。因此，在教育研究中，无论是“教育目的个人本位论”“教育目的社会本位论”，还是“教育无目的论”“教育目的辩证统一论”，都是在试图解决教育目的与学习目的的矛盾问题，力图使教育目的与学习目的统一起来。

任何社会实践活动，都有自觉的意图和预期的目的，教育活动也是如此。由于教育是一种社会的、集体的活动，要使教育培养的人能适应其将生活的社会环境，教育就必须遵循基本的社会要求和人们生活的共同标准。因此，作为一个国家，有必要对教育目的的基本原则做出规定，作为教育活动的出发点和根本依据，作为教育工作者的行动指南，作为对受教育者进行教育的有效指导。学校不是某个政治派别的财产，而是社会为实现教育目的所设立的教育机构，所以教育目的首先是学校教育（也包括各种类型的社会教育）的目的。但是，学校教育目的和学生学习目的并不是同一范畴。如果说教育目的主要是对教育一方的干预和控制，学习目的虽也受到教育目的的干预和影响，但却有着自己的独立性。教育目的是一种具有普遍指导意义的育人标准，对受教育者进行自我教育有指导作用，起着促进自我成长的作用。但教育目的所反映的社会要求未必能使学生必然地产生相应的反应，个人的学习目的和自我设计也未必能同教育目的所反映的社会要求相一致。因为学习是一种复杂活动，影响和决定学生学习目的的变量是多种多样的，既有客观环境因素，又有主观心理因素。因此，在教育实践活动中，决不能强迫学生去接受教育目的的标准和要求，强迫学生去适应。教育目的要对学生的学习目的施加影响，就必须从学生实际出发，采取适合学生心理发展特点的形式，对学生进行切合实际的学习目的教育，通过对其情感、意志、兴趣、性格等的培养和引导，使之形成与教育目的相适应的学习目的。（《教育目的与学习目的的冲突与统一》）

当我们问一些学生，你上学是为了什么？他们有的会回答，是为了“找工作”“做白领”“像个样”“能出人头地”等。先生认为，学生的这些真实直率的回答，涉及教育的目的问题，是学生学习目的、学习动机的一种反映。而值得深思的是，“人们往往回避甚至忌讳谈论学生的学习动机”。而所看到的普遍现象是“一些家长和教师只关注学生的考试成绩，至于学生为什么而学，却很少有人去过问”。“即使学校，在贯彻国家教育方针的同时，更多关注的也是考试成绩排名、学校考评得分、考生进入名牌学校的多少。”大家只在乎学生学业成绩结果，因为，“那结果与学校的发展、教师的奖金、家长的利益、学生的前途都密切相关，而并没有把精力放在关注学生学习的动机上”。我们不能指责学生的学习动机，因为学生的学习动机与国家的教育目标是有差异的，但作为学校教育者以及家长等都应该明白，“不关注学生学习动机的教育是危险的教育”。学生的学习动机与家长和学校的教育息息相关。如果说家长在学生学习动机引导上有缺失的话，那么学校在学生学习动机上的引导有更重要的责任。“学校和教师是国家教育方针的贯彻者、教育目的的体现者，决不能忽视学生的学习动机，必须注意学生学习动机过于狭隘和功利化的问题。”（《不关注学习动机的教育是危险的教育》）

学生的学习动机，简而言之，就是考查学生学习行为的“为什么”（原因）。但动机并非止于原因，也是行为的理由。从学生角度讲，学习动机主要反映的是为什么；而从教师角度讲，最重要的是了解学生的学习动机是什么，影响学生学习动机的因素是什么。美国实用主义教育家杜威曾认为：“一切教育的根本问题是协调心理（个人）的和社会的因素。……这种协调要求儿童能表现自己，但必须按照社会的目的来表现自己。”因此，学校和教师在关注学生学习动机的同时，特别要

发挥对学生学习动机的影响和引导作用，这是学校教育的责任。（同上）

（四）思想政治教育

思想政治教育是什么？这一问题是思想政治教育研究中具有根本性的问题，既有理论意义，又有实践价值。现实的思想政治教育中面临诸多问题，原因是多方面的，但有一个核心问题，就是对“思想政治教育是什么”缺乏深刻认识。

《思想政治教育的本质含义》一文指出，思想政治教育作为一项专门的人类实践活动，是人类社会随着阶级和国家的出现而出现的。但是，思想政治教育这一概念，却是在马克思主义诞生之后，经历了一个历史演变过程才逐步形成和确立的。“思想政治教育”与“思想政治工作”的概念不同，思想政治教育的概念主要运用在教育方面，而思想政治工作除了思想政治教育之外，还包括许多组织工作和实践工作。

就思想政治教育这一概念本身而言，思想政治教育的本质就在于其思想性、政治性和教育性。思想性，关注的是人灵魂深处的东西；政治性，关注的是人的政治信念的东西；教育性，关注的是人的发展。先生认为，“思想政治教育的本质含义除‘三性’（思想性、政治性、教育性）之外，其核心内涵则是文化性。在思想政治教育中，如果说思想性是其根本，政治性是其主导，教育性是其途径，那么文化性则是其基础”。在现实的思想政治教育中，由于人们片面理解思想政治教育的“三性”本质，便不自觉地把这里的“三性”与文化性分离。实际上，思想教育必须借助于文化，因为文化能为思想教育提供丰厚的资源支撑。“文化是人类实践和信仰的积累，是人的灵魂和品格的象征，对人的生活方式、价值观念和人文精神的塑造，具有潜移默化的作用。文化，就是以人文来‘化’成天下，就是要人们以正确、雅致、高尚的行为表现来形成一个稳定、有序、和谐发展的社会。思想政治教育需要文化这一深厚的人文底蕴作为支撑，离开文化这一根基，思想政治教育就会成为无源之水、无本之木。特别是随着人们精神文化需要的进一步增强，彰显思想政治教育的文化性，是提升思想政治教育性的重要方面。”“文化又具有渗透性强、影响持久以及形象、生动等特点，能不自觉地融入思想之中，并进而完成思想观念的‘自然进化’。”此外，教育本身就是一种文化，是文化的一个特殊要素。“教育既受文化的影响和制约，又具有保存、传递和活化文化的功能，具有整理、更新、创造文化的作用。如果忽视了在认知和情感的相互作用中进行教育，忽视了在潜移默化中进行教育，必将导致思想政治教育效果的弱性化。”“事实上，文化性的缺乏，给思想政治教育带来了不少的负面影响，如将人的文化素质的发展，从思想政治教育目标中割裂开来；将育人的职责，从极其广泛的文化领域中分离开来；将具有丰富育人力量的文化资源，从思想政治教育资源中排除出去。”（《思想政治教育的本质含义》）

> 从根本上说，思想政治教育正是通过对文化价值的摄取，获得人生意蕴的全面体验，进而陶冶自己的情操，以提升自己的世界观、人生观和道德观，以确立正确的政治立场、政治观点和政治行为。因此，在思想政治教育中，必须重视思想政治教育的文化价值。思想政治教育的思想性、政治性、教育性与文化性有着内在的交融性与共生性，共同兼备，融为一体。思想政治教育要不断拓展文化资源、充实文化内涵，把人类所创造的丰富的文化成果作为思想政治教育创新的重要文化资源，充分、有效地去开发和利用。要提升思想政治教育的文化性，还必须创造良好的文化氛围，积极形成良好文化精神与思想理论领域在思想政治教育中的巨大合力。（同上）

（五）心理素质教育

目前，我国心理教育方兴未艾，研究领域日益扩大，受到人们越来越高的关注和重视。但是，学校的心理教育，其效果往往不够显著，原因何在?《心理素质教育中的“误区”》一文指出：心理教育中存在着严重“误区”。

1. 心理素质教育的名称及内涵

有人提出“心理健康教育”，其内涵就是促进学生心理健康发展，但这一提法容易被人误解，似乎接受心理教育的学生往往都是心理上存在着一定缺陷的。也有人提出“心理辅导”，心理辅导虽然明确了辅导与教育的区别，但却强调了由外向内的传授，属于教育的一种方法。于是，有人提出“心理教育”，但是心理教育比较宽泛，似乎适用于各类人员、各类学科。因此，为避免对学生心理教育工作产生种种误解，先生认为“‘心理素质教育的提供’比较恰当”，因为心理教育的目的就是培养学生良好的心理素质，“这样的话，心理素质教育就成为素质教育的重要组成部分，将心理教育从一种教育方法转为教育的重要内容”。

2. 心理素质教育的课程化

在学生心理素质教育中，有的主张心理素质教育课程化，要以课程的形式向学生传授心理学知识；有的主张心理素质教育活动化，认为不宜过于注重心理学知识的传授，而应通过活动来解决学生的情绪、行为等具体问题；也有人主张心理教育应是教学与活动并重，课程与日常教育活动渗透相结合。先生认为，“心理素质教育绝不能课程化”，上心理素质教育课，不符合学生心理发展阶段性和连续性的规律，缺少针对性，只是“隔靴搔痒”，并不能解决学生存在的心理问题。对学生进行心理素质教育，不一定就要编写教材，可采取讲座或研讨会的形式，借助信息技术和多媒体教学设施等进行，除涉及心理学知识的普及外，还应增强学生的反思能力、合作能力、心理应付能力、自信心以及不良心理调控的技巧等方面的教育内容。

3. 学校的心理咨询室

学校开设心理咨询室，主要是为进行一对一的心理咨询活动。但是，好多学校的心理咨询室变了味，将医学模式的心理治疗引入心理素质教育。心理素质教育是面向全体、面向所有学生的一种教育形式，与医学模式上的心理治疗不是一码事。因为“心理素质教育更多的是教育、引导的含义，而不是治疗的含义”。对学生进行类似医学模式的心理测试，除了可以做案例跟踪，或成为相关领域科研的第一手素材外，决不能代替心理素质教育，也不能成为学校实施心理素质教育的一种障碍。

4. 心理素质教育的不规范

在学生心理素质教育中，有些学校出现了一些不规范的做法，主要是将学生心理测试鉴定结果或学生内心的个人隐私，公开发给学生和家长，甚至将学生出现的自信心不足、情感问题、学习问题和人际沟通等一般心理困扰，归入送医院医治范围。这些不规范的做法，会给学生带来难以估量的伤害，甚至会影响其一生。因此，心理教师应该要有保护学生的意识，遵守心理咨询、心理辅导的基本保密原则。

5. 心理教师队伍

在学校心理素质教育中，必须要有一批专业化的心理教师队伍。因为学校专职的心理教师数量很少，可对班主任或辅导员、学科教师进行心理教育方面的培训，让他们在掌握一定心理知识的情况下，行使部分心理教师的职能。此外，也应促进心理教师的专业发展，吸引更多专业素质高的人才加入心理教师队伍。

“心理素质教育是素质教育的一个重要组成部分，从某种意义上讲，是其他教育的一个基础。”学校进行心理素质教育，应“把工作重心前移，及时发现、预防学生的心理问题”。（《心理素质教育中的“误区”》）

（六）教育的限制与自由

当今教育界，有这样一种情况，就是在对传统教育批判中，认为过去的教育对学生管得太严，把学生变成了“教育之奴”；而现在，则把学生作为“教育之主”，出现了对学生不敢管、不愿管、不能管的现象。那么，学校教育中应该如何对待学生呢？先生根据教育的性质，从教育的“限制”与“自由”的矛盾与统一出发，提出了解决这一问题的正确途径。

《教育是限制与自由的统一》指出：“教育本身就有着教化、矫正、引导的作用，就是要对学生进行约束、引导，让学生在教育中自由发展。可见教育既限制自由又有自由，是限制与自由的统一。”所谓限制就是约束，对学生不该做的就要限制。给学生施加外部的约束力，而不改变其内部的选择力，保证其内部选择力更加自由。“对于学生身上存在的一些非理性的倾向和问题，我们提出防御性的限制和约束，一些学生并没有意识到其合理性。要让学生意识到这点，就要使施行的外部压力保证学生的内部自由的实现。”

有位学者曾举过这样一个例子：当飞轮高速旋转的时候，用硬材料做的轴心一下子就断裂了；后来人们试改用软性材料做轴心，不仅十分耐用，而且使飞轮旋转得更加稳定。同样，为了使学生更好地学习，如果采用硬性的防御性策略，甚至采取训斥体罚、变相体罚的硬性措施，不仅适得其反，而且会打击学生的学习积极性和创造性。譬如，有一些所谓“调皮”“捣蛋”的学生，无心向学，而热衷于打游戏等活动。我们或许认为，这些学生贪玩、不爱学习、不用功等。但其实不然，我们决不能忽视他们心底深处所存在的隐忧和悲哀。他们离开课堂、离开学校，也许是因为在学校得不到老师、同学的肯定，长期处于压抑和悲伤的情绪中，课堂已不是属于他们的活动天地。于是，他们就将个人兴趣与课堂学习对立了起来，选择了个人兴趣而放弃了课堂学习。如果我们一味地采取批评和施加压力的办法，只能是适得其反。反之，如果我们对课堂教学进行根本改造，使之成为学生自己的课堂，营造快乐的学习环境，使以课堂为表征的规范要求与学生的天性统一起来，从而产生最活跃的共振式的学习环境。这样，教学活动中的各种规范要求和约束，就会和学生的内在兴趣和内部动力趋向一致，就会摆脱说教或盲目批评所造成的逆向压力。（《教育是限制与自由的统一》）

三、时代性强，突出了当代教育的新问题

随着社会经济的转型发展，教育也被推向社会经济发展的前台，这不仅为我国教育的改革发展带来了机遇，而且提出了挑战，暴露了我国教育现时存在的问题和薄弱环节。为此，《教育之我见》根据“深层次、根本性”的原则，找出了我国教育工作中存在的十大问题。

（一）教育力量问题

在新的时代，对于如何认识人类社会自身的性质，确定人类社会新的发展目标并采取相应的推进措施，世界各国的思想家、科学家和政治家，都进行了认真的思考，提出了多种多样的概念，如“信息社会”“后工业社会”“晚期资本主义社会”等，但是人们普遍认为，最为恰当的还是“知识社会”。知识社会是以知识为基础的社会，“‘信息就是知

识，知识就是力量。’这句格言在今天比在以往任何时候都具有力量”。

在《知识社会造就了教育世纪》一文中，先生指出：知识社会是以知识为基础的社会，教育和学习就成为先导性和基础性的工程；知识社会是以知识为动力的社会，教育和学习就成为名副其实的发动机。在知识社会时代，接受教育、获得知识，是人们生存的条件和发展的资本。可以说：“知识社会造就了教育的世纪”。

知识经济时代，最激烈的竞争就是争夺人才资源。我国是世界人口第一大国，但人才资源比较匮乏，这就迫切需要把人口资源大国变成人才资源大国。《把人口资源大国变成人才资源大国》一文中指出：“世界上可开发利用的资源有四种，物力资源、资本资源、信息资源和人力资源，而人力资源是唯一可深层次开发、无止境开发的战略资源。在知识经济时代，发达国家将构建知识社会作为国家战略，将高层次人力资源的开发作为知识社会建设总体战略的一个重要支柱。我国人力资源丰富，但高层次人力资源开发不够，创新型人才稀缺。我们要建设创新型国家，就离不开创新型人才的培养。”

当今世界贫富之间的差距越来越大。要缩小贫富差距，不论是国家还是个人，都必须从缩小知识差距入手。因为知识差距是能够在相对短的时期内缩小的，会远远少于缩小物质和资本差距所需时间。要缩小知识差距，就必须缩小教育的差距。只有致力于发展教育，才能提高人们的科学文化素质，增强获取知识、利用知识和创造知识的能力。教育是缩小贫富差距的最有力的因素。然而，在现实生活的扶贫工作中，人们注重的是物质的支持、投入的加大，不太重视对贫困人口的“知识”教育，而应看到教育的力量，对贫困人口在获取和利用知识上下大气力。（《从教育入手来缩小贫富差距》）

美国著名经济学家舒尔茨指出：“人类的未来并不完全取决于空间、

能源和耕地，而是取决于人类智慧的开发。”而人类智慧的开发主要靠教育，以培养具有创新精神和创新能力的人才为目标，不断推进知识的吸收能力和转化能力。

> 全球网络化水平的提高，大大缩短了人与人之间的距离。网络快速地传递各种资讯、教育资源、社会服务等。瞬息之间信息就可越过国界、越过海洋，甚至打破数千年形成的文化界限，促使人类的知识活动达到高速度、大范围、高效率。然而这些知识的产生和获取必须依赖于教育，必须发挥教育的巨大作用，通过教育来缩小吸收知识和创新知识能力上的差距，以实现贫富差距的缩小。（同上）

（二）教育走向世界问题

我们说经济全球化，但不能说教育全球化，因为教育毕竟不同于经济，它是人类特有的遗传和交往方式，是人类自身的生产和再生产，具有很强的民族精神和文化精神。经过长时期发展而积淀的世界几大文化板块，如东方文化、西方文化、伊斯兰文化、南亚文化、非洲文化等都是相对独立、相对稳定的文化圈，还将沿着各自的文化轨迹不断地丰富和发展。而且教育对政治的依附性是很大的，必须有国家权力的介入和推动。因此，在各种不同文化下发展教育，可走国际化的路子。

教育国际化为各国教育发展带来了机遇，但同时也对各国特别是中国这样的发展中国家带来了巨大挑战。在教育国际化进程中，我们应当认识到：（1）教育国际化的宗旨是提高本国和本地区的人力资源开发能力，旨在提高教育的适切性、质量和提供国际化的解决办法。当前，在教育国际化进程中，最为迫切的就是扭转发展中国家尤其是最不发达国家的教育所出现的落后状况，以充分发挥教育在所在国家或地区发展中的重要作用。（2）教育国际化应在“本土”基础上以开放的心态参与国际合作。教育国际化并不是教育的“同化”，而是要保留本国化特色、民族化特色。教育是人类文明之花，是人类智慧的结晶，许多办学要素是跨国界流动。没有世界的眼光，就不会办出一流的教育。教育国际化就是要吸收国外先进的教育理念，借鉴先进的教育制度和办学经验，结合本国的国情和办学目标，来创建具有本国特色和民族个性的教育。（3）教育国际化应有助于消除造成人才外流的因素。更广泛的国际智力交流应该有助于教育的灵活性和质量的全面提高，有助于寻求解决人才外流的新办法。（《教育国际化的机遇与挑战》）

在教育国际化中，中国教育最直接最明显的一个损失就是优秀人才和教育资金的大量外流。

发展中国家学生到发达国家的教育机构去就读和发展中国家人才的外流，有其积极意义，也有着一定的合理性。因为在经济全球化和知识经济时代，规模合理的人才外流，对掌握第一手先进信息和经验，跟踪世界科技发展动向和最终发展壮大自己的人才队伍，都不失为明智之举。我们需要客观地看待人才外流具有的积极层面的意义，在人才的问题上不能再回到闭关自守或出现因噎废食的现象。但我们仍然必须看到，人才流失对发展中国家所造成的损失和危害是很大的，如果人才流失在某一领域很严重，就会造成很大危害，甚至会因人才流失造成“智力或知识断代”而陷入危机。特别是纳税人用自己的辛苦所得投入教育事业培养出的人才，流失到发达国家，对民族、对国家都不能不说是一种重大损失。因此，中国作为最大的发展中国家，要改变这种状况，就必须使自己的教育走向世界，让中国教育了解世界，也要让世界了解中国教育，实现教育的国际化；要深化教育体制改革，增强活力，创办特色，要凭借一流教育吸纳人才、留住人才和使人才回归；要培养有根的世界公民，为国际组织和其他国家输送更多更好的国际人才。(《走向世界的中国教育》)

(三) 教育公平问题

我国在推进和谐社会建设的进程中，教育公平问题受到了人们的高度重视和关注。那么，何谓“教育公平”?“教育公平，是教育制度、系统、活动的重要道德性质。严格说来，教育公平与教育平等是有所区别的。如果说平等是根据某种标准所实现的事物‘齐一’或‘等同’的状态，而公平则是赋予一定的社会标准（法律、道德、政策等）和社会活动的道德理念。所以说，教育公平不是教育发展的一种标准要求，而是一个目标要求，是一种理念的追求。”(《教育公平是一种历史追求》)

教育公平问题是在教育发展中产生的，是历史的，在不同历史阶段会有不同的教育公平问题。教育公平问题在不同的发展阶段其内涵和要求是不同的；同时，教育公平问题又是相对的。公平有两个基本含义：一是相对公平，是按同一标准协调事物之间的差别的原则或过程；二是绝对公平，是指一种无差别的、等同的状态或结果。在现实生活和教育工作中，教育公平的法律、制度、原则和要求等都是同一的，表现出的是一种实质公平，反映的是教育的绝对公平；但在教育实践中，这种公平也是相对的，是一种形式公平。尽管教育公平问题是历史的、相对的，是教育发展的一种目标和方向，但必须认识到，提倡和实现教育公平不仅是一项教育行动、一项社会行动，而且是民主国家的一项政治行动。在追求教育公平的过程中，形式公平应该是首先遵循的，通过形式公平或相对公平的不断追求和实现，来逐步缩小或实现实质上的公平。(同上)

教育公平是最重要的社会公平，涉及每个家庭、每个人，很多人把教育当作“改变命运”的重要途径。我国学者大都认为，教育公平应分为“起点公平”“过程公平”与“结果公平”，并且倾向于把“起点公平”作为一种“底线公平”和“现实公平”（可以实现的公平）来看待。从这一观点出发，我们认为教育公平应主要体现在三个方面：一是首先保证受教育权的平等，即为每一个人提供平等受教育的机会；二是在教育过程中保证受教育者的平等待遇，尊重学生的人格、尊严和个性，反对任何形式的歧视；三是实现就业机会均等，在就业权利的保障上，必须体现人人平等的原则。（《教育公平是一种历史追求》）

（四）教育竞争问题

当今世界，教育在国家发展中的地位越来越高，而且激烈的国际竞争，也把教育竞争推到了风口浪尖。在现代社会，国际竞争主要是经济力量的竞争，但归根结底是教育力量的竞争。因为教育属于社会的文化领域，具有文化传承和知识创新的双重特征，肩负着人力资源开发、文化科技创新、文化素质提升等诸多社会责任和社会服务，是推动物质文明建设的动力。在知识经济的新时代，教育要走向世界，必然会迎来国际性竞争，这就对一个国家的教育力量提出了挑战，而教育力量主要体现在以人才培养质量为核心的教育质量效益上。因此，教育的国际竞争也主要是教育质量上的竞争。

在《质量效益是教育国际化的核心竞争力》一文中，先生指出，教育质量是个永恒的主题，不同时期会针对不同问题而确立相应的质量观。质量观是历史的、具体化的、有现实针对性的。教育质量效益并不是单一性的，是整个教育系统的质量，是一种整体质量观。因此，要从总体上，而不是从某一方面确立教育质量效益观。虽然各国的教育质量效益观有所不同，但随着教育国际化的推进，各国的教育质量效益就有机会进行直接比较。中国走向世界的每一步，都离不开教育的主动参与，这就要求当今的教育迅速适应国际化的要求，具有国际化质量和效益。因此，持续、全面提高教育的质量和效益，可以使中国教育在激烈的国际竞争中立于不败之地，这也是迎接教育国际化挑战最基本、最有效的行动策略。

教育质量是个国际化的问题，但却根植于深厚的“本土”土壤，具有鲜明的民族化素养。教育是文化重要内核和国际交往的重要载体。要创办世界性的高质量、高效益的教育，就必须建立教育的国际视野，研究国际一流教育的质量和效益，以国际一流教育的质量效益水平为参照系，在深化改革中开创我国高质量、高水平的教育。当然，在研究和参照国际教育质量效益标准时，一定要与教育本土化有机结合。要结合中华民族的教育传统，积极引进国外先进的思想、理念、内容和方法，并带入教学中，创办有特色、有个性、有活力的中国教育，以取得质量的重大突破。（《质量效益是教育国际化的核心竞争力》）

（五）教育浪费问题

《教育浪费是对人生命的浪费》一文中指出，浪费是一种客观存在的现象，任何领域都不可避免。教育也存在浪费，其危害性更大。

教育浪费有两种情况：一种是看得见的，主要是办学经费的浪费，使筹得的办学经费没能充分发挥效益，没能用最少的钱办最好的教育，这是人们容易看得到的；而另一种是不易为人们所觉察的教育浪费，即因课程设置、教育结构、教育资源、供需要求等造成的浪费，其危害性更为严重。

课程设置造成的教育浪费：课程设置决定着人才培养的质量和规格，如果课程设置不合理，势必对社会和个人发展造成浪费。例如，社会兴起英语热、计算机热，各级各类学校（包括一些幼儿园）都开设英语和计算机课程。这固然对这些课程的普及和学生发展有好处，但问题是，由于各阶段这些课程的学习互不衔接，搞重复教育，难道不是一种教育浪费？此外，一些学校重视英语学习的程度大大超过对汉语的重视程度，不惜以降低汉语的学习为代价来强化英语学习，恐怕是本末倒置了。

教育结构造成的浪费：教育结构是指各级各类学校之间的组合关系，即教育事业的内部关系，合理的教育结构有助于社会和人的发展。而在我国，存在着普通教育与职业教育的矛盾。在经济和科学技术发展中，迫切需要大量接受过一定技术训练的专门人才，而中等教育大都奔向高考。高等教育也缺乏高级专业技术人才的培养。大学扩招，研究生、博士生也“扩招”，虽然满足了更多人对高等教育的需求，但这种发展势头带来的负面效应不可小觑。特别是好多单位在录用人员时，不是从实际工作需要出发提出学历、学位要求，而是非研究生、博士生不用；有的高学历人才找不到专业对应的合适工作，只好改行另谋其位。这些都是教育浪费。

教育资源造成的浪费：由于我国存在着城市与乡村、乡村与乡村、学校与学校之间的发展差距，因此一些地方在教育资源上存在着两个方面的问题，即教育资源不足和教育资源浪费。我们提倡发展信息技术教育，每个学校都想建立计算机网络；提倡发展职业教育，每个学校都想建实验实习基地；提倡学习英语，每个学校都想建语音室；等等。学校有这样的想法是对的，但应根据学生人数和班级数量、经费、师资和使用效益等来进行配置。不考虑使用效益，不考虑资源整合，结果有的学校配置了这些教学设施，闲置存放，不能发挥其有效作用，使有限的教育资源得不到充分发挥。

供需要求造成的浪费：教育应满足老百姓的需求，但对教育需求要进行理性分析，分析这种需求是作为目的的需求还是作为手段的需求。比如，很多贫困家庭对高等教育的需求，实际上是对就业的需求，是想通过升学来就业。高校扩招满足了贫困家庭的这一需求，却又造成家庭承担高额学费、学生就业困难的情况。只有按照各种不同的真实需求来创办多种形式的教育，以教育的多样化来解决群众对教育需求的多样化，才能减少教育浪费。

总之，“教育浪费不仅是经济问题，而且是对生命的浪费。教育作为提升生命质量的事业，其浪费现象应当受到高度关注”。（《教育浪费是对人生命的浪费》）

（六）素质教育问题

素质教育是一个在中国本土产生的而非从国外搬来的事物，是时代发展的产物。由于人们的理解和侧重点不相同，对素质教育的含义便有着各式各样的描述。先生指出：“素质教育在中国，就基础教育领域而言，针对的是应试教育；就高等教育领域而言，针对的是一种狭智教育，即人文教育的缺失。因此，只有从多重角度来审视其多重关系，才能正确认识和把握素质教育的本质内涵。”《素质教育的多重视角》一文对这一问题做了深刻描述：

> 素质教育是正确处理知识、能力和品格三者关系，并构成知识到能力、到品格的由外到内逐层深入的内化过程。在素质教育中，大致可实行三次大的转化：一是汲取知识，将外部知识转化为人的内部的知识；二是将被个体认知结构同化的知识转化为能力；三是在已有知识、能力的基础上，把对外界影响

的体验、觉悟转化成品格，进而形成稳定的自发行为，以作为素质形成的标志。可见，素质教育是人成长的科学发展观，这是素质教育最为重要的本质内涵。

实施素质教育，各地都有一些探索和尝试，但现在的问题是“老虎吃天，无从下口”，没有真正建立起一个切合实际的有效途径和方法，且缺乏操作体系。要通过课堂教学这一主渠道来实施素质教育，就必须把素质教育目标体现在教育的内容和方式上，以学科为载体，从学科教学上去切入。

素质教育要从学科教学上切入，就必须突出学科的素质教育，并围绕这一重点抓好实施体系建设。首先是目标体系，可以将素质教育目标细化分解，渗透到各个学科，进而形成各学科具体的教学目标；也可对各学科的教学内容进行认真分析、研究，善于去发掘、利用各学科的人文素质教育内容，并将这些内容作为学科的具体教学目标；还可以打破书本世界和生活世界之间的界限，总结学生已经积累的生活经验，作为学科教学的铺垫，列入学科的具体教学目标。其次是操作体系，就是找到实施学科素质教育的有效途径和具体方法，核心是课堂教学模式的改革与创新。学科教学实施素质教育，并没有固定的模式，可以根据每门学科的特点，创造性地开展教学活动。常言道：“教学有法，但无定法。”实施学科素质教育也是这样。最后是评价体系，也就是确立一个标杆，有所侧重地在学校、教师、学生层面分别提出合作评价、互动评价和增值评价，保证教学目标的达成。在实施学科素质教育中，不仅学校有不同于以往的课堂教学评价标准，而且每个学科也要有自己具体的

评价标准，其标准一定要体现先进的评价理念，并有具体可行的操作办法。(《把素质教育的切入点放在学科上》)

(七) 创新人才问题

教育发展的全面性里面有一个很重要的问题，就是教育要为所有人提供公平的服务。而在教育实践中，却出现了普及教育、大众教育与英才教育并存的现象。在这三类教育中，最能直接体现教育公平原则的是普及教育，即义务教育的普及。大众教育，顾名思义，就是为大多数人服务的教育，是对大多数青少年的教育。如果说普及教育是要求每个人都必须接受教育，那么大众教育则是要求对大多数人进行教育；普及教育，其基本的公共教育服务由政府提供，而大众教育却引入了一定的市场机制。目前我国推行的是高等教育大众化。(《普及教育、大众教育与精英教育》)

至于英才教育，人们持有不同看法：有人认为我国教育几十年来的最大缺憾就是在于没有培养出大师级人才，没有发展英才教育，因而呼吁要重视英才教育；而有人认为，英才教育不适合中国国情，在现阶段缺乏可行性，只有通过大众教育才能培养英才，因而呼吁重视大众教育。这些看法虽各有一定道理，但如果把两者对立起来，却未免失之偏颇。

实际上，英才教育就是创新人才教育。英才教育给人一种高高在上的感觉，怎样才算英才，也缺乏科学的标准，所以培养创新人才的提法比较科学。由于人的智力发展水平是有差异的，教育公平就是要为每个学生提供适合的教育环境，以使其潜力达到最大限度的挖掘。“为不同智力水平的人提供不同的教育，是理所当然的。特别是在知识经济时代，经济社会的发展不再依赖人的数量，而主要依靠人的智力。因此，让少数优秀者脱颖而出，使之能在高科技领域中做出重大贡献，是有利

于国家发展和人民利益的，而这种发展又将为大多数人的发展创造条件”。（同上）

> 我们所说的创新型人才，就是指能够发现问题和有效解决问题的人。在现代社会中，创新型人才应该是新知识的创造者、新技术的发明者、新学科的引领者。只要能够对一个社会问题、一个科学问题、一个技术问题或是一个自然现象给予重视并且首先能够认识的人，都是创新型人才。创新型人才应当不墨守成规，敢于怀疑，善于思考，勇于探索。创新型人才应该是多层次、多类型的。（《普及教育、大众教育与英才教育》）

现在有一种误解，认为创新型人才的培养只能在高等教育阶段。实际上，创新型人才的培养要从基础教育抓起。在基础教育阶段，使培养的学生具有创新意识、具有创新思维，在高等教育阶段才能脱颖而出。因此，在我国的普及教育、大众教育和创新人才（英才）教育中，应以普及教育为基础，以大众教育为重点，把创新型人才的培养纳入普及教育和大众教育之中，以使我国教育的发展公平、公正，在对大多数人培养的同时也对少数优秀人才进行培养，使拔尖的创新型人才在激烈的国际竞争中大显身手。（同上）

（八）管办分离问题

长期以来，我国实行的是单一的国有化办学体制，由国家政府包办教育。随着市场经济体制的建立，我国实行办学主体多元化。但从整个国家以及各地来说，办教育还得以政府为主体，也就是说以政府办学为主。然而，我们现在所说的以政府办学为主，与计划经济体制下的以政府办学为主是两个不同的含义。计划经济体制下的以政府办学为主，是指政府既是管理者又是办学者；而现在说的以政府办学为主，则是强调政府的办学责任，落实政府是管理教育的第一责任者，而不是说让政府

也成为教育的举办者。（《管教育与办教育必须分享》）

政府在教育的管理中发挥着主导作用，肩负着指导办学教育机构的管理责任。然而，政府除了管理教育外，也要办学。但我们现在所说的政府办学，政府与学校的关系却发生了新的变化，政府作为教育的管理者，与教育的举办者之间存在着委托与代理的关系。政府是教育的管理者，它所举办的学校应该是政府这个委托人赋予代理人这个举办者的一定权利，允许其使用国家资源来办好教育。正由于政府和学校之间是一种委托与代理的关系，作为委托人的政府就有权对作为代理人的学校实施监管；而学校则可以自主行使自己的办学权利。（同上）

政府管理与政府办学所建立的这种委托与代理的关系，也是一个新的矛盾体。因为管理者与举办者的职能、性质及运行规则不同，而且也不能相互代替。当二者发生矛盾后，如果管理者只用政府行为来解决这个矛盾，就会剥夺办学者的自主权；如果削弱政府管理，不适当地扩大办学者的自主权，便会使一些举办者受利益驱动盲目扩张，办学秩序混乱，社会公正受到损害。因此，在深化教育体制改革中，要将政府管教育与办教育的分离作为重点，在二者之间建立起有效的制衡机制。（《管教育与办教育必须分离》）

那么，在实行管教育与办教育分离的过程中，政府到底应该如何行使自己的权力，如何管理教育？

从我国教育的改革实践来看，政府要管好教育，必须实行角色转变，要由权力政府走向责任政府。在教育管理上，责任政府的职能主要有两条：一是要明确政府对教育的责任就是服务，要从管理为主转向服务为主，在管理中搞好服务，在服务中搞好管理。政府在对教育管理时，要树立服务意识，强化政府的公共服务理念和价值行为导向，增强政府对教育的服务效能。二是要明确政府对教育应承担的责任。政府对教育的政治权力渗透是多方面的，行使行政权力只是其中的一种方式，而不是唯一方式。因此，政府在对教育行使行政权力时，必须明确自己应承担的责任。承担办好教育的责任，是政府的第一要义。……承担办好教育的责任，不仅意味着政府对教育行使的每一项权力背后都连带着一份责任，而且拒绝应该行使的权力也是一种失职。因此，由权力政府走向责任政府，是政府权力对教育管理的正确途径。（《政府要承担办好教育的责任》）

（九）民办教育问题

民办教育的快速发展，已成为我国教育事业的重要组成部分。发展民办教育，可以缓解教育服务方面供不应求的状况，以满足社会多元化的教育需求；民办教育又以其极强的服务意识，为受教育者提供充分的选择性教育，有力促进教育公平的发展；民办教育为国家和地方经济社会发展做出了重大贡献。尽管多种形式的民办教育承载着人们的愿望，但人们对民办教育的性质仍缺乏正确认识。

民办教育，亦称私人教育或私人办学。因而一谈起民办教育，有些人便把私人办学同私有制联系起来，或者把民办教育同私人办企业混淆起来。这种误解成为我国民办教育事业发展的一种阻力。正由于民办教育的“私立性”，便决定了其具有“独立”“自主”的特点，造成了民办学校与公办学校有很多不同，如管理体制、办学模式、社会保障、师资建设等方面都与公办学校有着差别，但主要区别则是经费来源不同。公办学校的经费基本上由政府财政拨付，民办学校的经费基本上由社会团体、企业财团或私人资源所提供。在一般情况下，公办学校从学生那里收取的学费要少于民办学校所收取的学费。可见，民办教育基本上属于具有私人产品性质的教育服务，但不能当作是私有制学校，而是一种以民间、自治和非营利的方式满足公益的机制，“以志愿求公益”是这一领域运行的基本准则。（《民办教育的私立性和公益性》）

尽管民办教育具有“私立性”，但决不能因此而否定民办教育的“公益性”：

> 民办学校是带有“共有”性质的学校，所谓“共有”即“公共所有”，是指“集体”“大家都有份”，并不是说投资者把所创办的私立学校当作自己的私人产业。民办教育与其说是私人投资办学，不如说是私人捐资办学或私人借资办学、集资办学。因为借资、集资给学校，等学校有条件还钱时再偿还，这是完全允许的，也是完全合理的。我们说民办学校不以营利为目的，并不排除民办教育要讲求效益、要核算成本、要追求效益的最大化，而是要求民办教育把为公众提供服务放在首位。（同上）

在公益性质上，民办学校与公办学校还是有区别的。《民办教育的私立性和公益性》文中指出：民办学校是私立公益性机构，公办学校是公立公益性机构。由于民办学校是私立公益性机构，所以民办学校的权力关系比较复杂，往往表现出私立性与公益性矛盾的同一性。民办学校的这种非公办、非企业而又属于公益性的私立办学机构，在我国社会转型时期处于一个非常独特的状况之中。“在现实中，市场机制与计划机制两种情况并存，如学校招生多沿袭计划机制，而经费来源、教师聘任却不同程度地采用了市场机制的做法。在这种情况下，民办学校首先应该定好位，把选择性教育服务作为基本定位，把学生和家长对教育的需求作为引导和推动其发展的强大动力，在广大群众对教育的需求中寻找自己的生存和发展空间，并致力于为社会提供充分的选择性教育服务。”

同时，应“努力追求卓越优质的教育，以取得学生家长的认可；努力追求个性特色的差异化教育，以适应社会多样化的教育需求”。

（十）教育家造就问题

在《造就新时代的教育家》一文中，先生指出，一说起教育家，人们就会想到中国从古代到近代，先后有孔子、孟子、韩愈、朱熹、蔡元培、陶行知等；西方有柏拉图、苏格拉底、夸美纽斯、赫尔巴特、杜威等。当今时代，在一些人看来，好像只有西方有教育家，像布鲁纳、布鲁姆、苏霍姆林斯基等，而中国似乎没有。事实上，在我国当今庞大的教育队伍中，也有一些有思想的教育家，只不过是不为众人所熟知而已。

> 那么，怎样才可称得上是教育家？我们所说的“学高为师，身正为范”，是所有为师者的职业规范。也可以说是一个优秀教师的必备条件。对于教育家而言，应在上述要求的基础上再列出几条具体条件：一是具有卓越超群的人格魅力；二是在教学中有自己的独到见解和理论，形成独特的教学风格；三是个人思想、经验和行为具有一定的影响力，即对别人的思想和行动起到了一定的积极作用；四是有创新性的工作业绩，培育出了优秀的突出人才。教育家吕型伟有三句话：教育是事业，其意义在于奉献；教育是科学，其价值在于求真；教育是艺术，其生命在于创新。这就是成为一个教育家必备的条件。当然，也不能一刀切，要根据当地和学校的实际情况来培养教育家。大学有大学的教育家，中小学有中小学的教育家，有国家级的教育家，也应有地域性的教育家。当然，绝不能降低标准要求，不是所有优秀教师都能称得上教育家。（同上）

教育家不是自封的，也不是别人夸出来的，而是靠自身的努力取得的，是在自身的学习和实践中积淀出来的。教育家在教育过程中日积月累，逐渐形成了真才、实学、品行、人格和建树。“教育家的锻造固然需要自身的努力，但教育家的产生还需要土壤、阳光和水分。中国需要教育家、呼唤教育家，但同时需要为教育家的出现创造良好环境，只有这样才有助于培养和锻造一大批教育家。”（《造就新时代的教育家》）

四、实用性强，增强了教育实践的指导力

在《教育之我见》中，先生根据教育改革的主要方面，从每方面的突出问题入手，在增强理论性、形成论点的同时，架设起理论与实践互动的桥梁，使问题的论述落到实处，增强了教育理论对教育实践活动的指导力量。

管理体制改革上，强调“把县级教育权归还给县”。进入新的世纪，我国教育管理体制改革的重点，就是教育管理权力的再调整。对于基础教育，国家明确提出“以县为主”的教育管理体制。但在实行“以县为主”的过程中，存在的一个主要问题就是还没有把县级教育权归还给县上。不可否认，县一级的基础教育、职业教育要在中央政府的领导下，由各级政府负责，单靠县级政府是包揽不起的，这就在客观上造成对县级教育管理重心下移的难度。另外，上级政府对县级教育管理过度干预，管得过死，使县级政府缺乏自主性和管理活力。而且上级政府对教育的管理行为，主要由不同的业务部门来行使，“上面千条线，下面一根针”，政出多门，各行其是，增加了县级政府在教育管理上的难度。此外，教育主管部门也存在此类问题，对县级教育不是服务，而是监控，出台的一些政策与基层的实际情况不符，难以执行。因此，要把县

级教育权归还给县上，必须在转换政府角色和转变政府职能上下功夫，加大改革力度。（《把县级教育权归还给县》）

办学体制改革上，强调“实行学校的自我管理”。在教育体制改革中，我国下放教育管理权限，扩大学校办学权力，强调学校自主办学。《实行学校的自我管理》一文中指出：“学校自主办学的科学提法应该是学校自我管理，因为不管怎样扩大学校的办学权力，学校的自主权总是有限的，总要受到政府、市场、社会、经费、政策等方面的影响，只不过是自主程度的大小。而学校的自我管理就比较明确地规定了学校的办学主体地位和自主程度。”

要实行学校的自我管理，在政府与学校之间必须实行三个转变：一是政府要把属于学校的责权下放给学校，实现从直接管理向宏观调控的转变。把属于学校的权力下放给学校，使学校摆脱对行政组织的依附，使学校真正成为独立的利益主体和法人实体。二是政府要向社会中介机构外移责权，实现从传统的行政管理向提供服务的方向转变。只有实现政府在公共服务中的角色转变，才可以使学校的自我管理得到保证。三是学校要在明确自身责权的基础上，实现从原来单纯的执行机构向办学主体转变。学校必须自觉履行社会责任和道德责任，以使学校的自我管理成为一种理性选择。“要实行学校的自我管理，必须建立现代学校制度。什么是现代学校制度？简而言之，就是与市场经济体制相适应、与现代教育发展的新理念相适应的学校制度，以提高学校的独立性和自主性，以保证学校自我管理。”（《实行学校的自我管理》）

长期以来，人们把学校管理理解为学校内部的管理，而忽略了社会对学校的管理，封闭式办学就是这一思维的产物。学校教育的内容和方式应该对人民负责，学校教育也应当以开放的姿态接受人民的参与和监督。因此，学校管理必须敞开学校大门。首先，要将学校的管理和教学向家长开放，进一步提高学校管理的透明度，加强双方的沟通。其次，应建立有效沟通的公众参与的教育体制，让社会公众拥有更多的知情权、参与权、监督权，这样不仅可以取得社会公众对学校教育的支持，而且也有利于学生的健康成长。最后，应建立学校与社会双向参与的运作机制，社会要参与学校的建设、管理和教学，学校也要参与社会的建设，这样的教育制度才能与社会形成一体化。在家校合作、校社合作中，应发挥学生的桥梁和纽带作用，通过学生这个“纽带”，将学校、家庭与社会联结起来，以形成有利于学校和谐发展的育人合力和良好环境。（《学校管理必须敞开学校大门》）

学校教育改革上，强调“重点是课程改革”。我们都知道，学校教育改革的重点是课程改革，课程改革的核心环节是课程实施，而课程实施的基本途径是教学。那么，什么是“课程”？迄今虽无定义，但归纳起来，大致可分为两类观点：一类是以“教学科目”为特点的狭义课程观，一类是以“学习者全部学习活动”为特点的广义课程观。从20世纪60年代起，国外兴起了研究潜课程的热潮。潜课程亦称“隐蔽课程”“非正式课程”，是学生非正式学习的各种要素，通常体现在学校的情景之中。潜课程的提出，使课程的概念从内涵到外延都有了扩充，更重要的是反映了课程理念的重大变化。

自学校产生以来，课程内容一般都是“面向过去”的，即传授历史上累积起来的文化遗产。而现在，则应从“面向过去的课程”向“面向过去——现在——未来的课程”转变。对于未来的课程内容，可用“基础知识和基本技能”概括。课程的组织形式将日益以技术的控制为取向；课程的内容必须使学生更好地觉察未来的各种选择及其后果。（《课程理念与教学行动》）

学校课程设计是培养未来人才的蓝图，任何教育改革都同课程发展有着必然的内在联系。在课程改革中，要把人的发展作为课程设置的目标，注意重点开发课程的整体功能。关于课程内容，要按照时代性、基础性、选择性的原则，使课程内容与社会进步、科技发展、学生经验有机结合起来，把知识技能的学习与学生创新精神和实践能力的培养有机结合起来。无论哪一种课程，都要做到知识、能力、品行三大功能融为一体。关于课程结构，要通过构建重基础、多样化、有层次、综合性的课程结构，使学生在自主选择和主动学习中，在实现个性发展中能最大限度地发挥课程的教育功能。关于课程计划，学生应根据自己的兴趣、爱好、特点以及学校所提供的课程信息，通过制订学习计划，实行学生选课指导制度和学分制管理制度，以形成适合学生个性发展需要的课程。关于课程评价，要通过完善校本评价、优化外部评价，合理处理课程评价与升学考试的关系，建立符合素质教育要求的课程评价体系。关于课程管理，要赋予学校充分的课程自主权，最大限度地调动学校在课程开发和实施上的积极性、主动性、创造性。（《课程理念与教学行动》）

课程观决定教学观，课程改革推动了教学改革。在教学实施中，必须把新的课程理念落实到日常教学行为之中。再好的课程标准、课程内容、课程设计，在教学实施过程中都会出现各种问题，课程实施者要以敏锐的眼光去发现这些问题，并通过具体教学活动来解决这些问题，在问题解决中提升教学能力。这个过程，也是教学活动真正成为实施课程个性化的创造过程。（同上）

培养方式改革上，强调“改造现行的考试制度”。目前，我国教育考试种类是比较多的，除平时测试外，较大规模的有中考、高考、研考，还有成考、自考等。我国可以说是一个考试大国。考试是高利害的事，特别是高考，更是受到社会的高度关注。先生认为，必须对我国现行的考试制度进行改造。

那么，怎样去改造？《改造现行的考试制度》文中指出：“必须利用评价的理念和方法改造目前的考试。”首先，“要让考试具有较多的评价内涵，增强对人的能力、学习和潜质的测评”。要革除应试教育的弊端，在考试目的、内容和方法上要突出评价的本质，即根据目标、测定效果、判断价值，通过考试来鼓励和指导学生的学习，让每个学生都有进步和发展的机会。其次，“要强化考试的诊断功能”。考试，不仅要为考生提供一个分数，而且要通过各种数据给学生提供一份知识、能力、特长和潜质的报告，让学生不仅知道自己通过没通过考试，而且知道自己哪些方面是强项，哪些方面有问题。另外，“要注重多元化考试”。要改革单一的书面考试，减少终结性考试权重，增加过程性评价权重，重视实践能力和创新能力的考核。此外，还要“加大考试内容和考试方法的改革，以增强考试的客观性，使考试结果与目标有较高相关的信度与效度”。（《改造现行的考试制度》）

在现行考试制度的改造中，先生特别强调了对“高考”制度的改革。《国外“高考”改革之启示》一文，认真研究和分析了一些发达国家的“高考”改革，指出各国都在尊重自身历史传统的基础上，对原有高考制度的不合理成分进行改革，其基本趋势：原先高度分权的国家正在加强高考的控制和管理，而实行统考的国家正在逐步增大地方和高校的招生自主权；各国还都努力通过增加考试次数，组合考试科目和丰富招生形式，尽量增加考生的选择性。“根据这一改革动向，我国高考应该转变思维模式，要在发挥高考选拔功能的同时，注意挖掘高考对教育、教学和学生发展的促进功能，力求通过高考制度改革，提高教育质量，促进学生发展。”

我国高考可在加强国家统一考试的基础上，增加全国统考的次数，使考生得到更多的报考机会。在此基础上，应扩大高校的招生自主权，采取多样化的入学选拔方式。面向全国招生的大学，应在一定程度上借助全国统一考试，实现统考和学校自主考两种形式的优势互补，不必将二者对立起来。要改革“一试定终身”的弊端，在考查基础知识的基础上，重点考查学生的素质与能力，增大平时学习的占分比例，采用统一考试与平时成绩相结合的评判机制。（《国外“高考”改革之启示》）

教育评价改革上，强调“实施发展性评价”。从国际教育教学评价改革的趋势看，评价功能有了本质性的变革，即评价不再仅仅是甄别和选拔，而是促进被评价者获得自信心和持续发展的能力。人们把这种评价称为“发展性评价”，其主要特征：“促进被评价者的发展”“评价者和被评价者具有共同的价值取向”“注重过程评价”“关注个体差异”“评价主体多元化”。（《实施发展性教育评价》）

根据“发展性评价”的目的和要求，在对学生、教师、学校评价时，应各有侧重点：对学生评价，“应依据学生的原有基础和自身差异，进行纵向比较，看进步”；对教师评价，“应依据教育教学实际情况，注重自身素质的提高程度，看发展”；对学校评价，“应依据学校的自我定位、自身条件和现有基础，突出增值测量，看特色”。（《同上》）

实施发展性评价，主要是体现以人为本的教育评价观念。在实施发展性评价的过程中，无论是评价目标和内容的确定、评价方法的选择等，都要坚持“以人为本”的原则。要最大限度地去理解和满足“人”的需要，关注不同类型“人”的思想、心理和行为差异，促进人向着自由和全面发展。要善于发现评价过程中各类“人”的优势和特长，激发其发展的自信。同时，为发展中的“人”提供合理的诊断和建议，引导其进行反思，促成其自我成长和终身学习能力的发展，促进不同类型的“人”整体素质的普遍提高。要用发展的眼光看待发展中的“人”，促进“人”在不同程度上的可持续发展。在学校评价过程中，学生、教师和校长都是教育评价改革中的最需要关注的“人”。（同上）

实施发展性评价，不仅需要教育内部的改革，而且涉及方方面面的改革。因此，优化环境是实施发展性评价的重要保障。

五、哲理性强，拓展了教育学的研究领域

一个民族要想站在科学的高峰，就不能没有理论思维。提升教育研究能力和教育学术水平，是构建中国特色教育之学的重要着力点。《教育之我见》立足我国教育实际，用教育理论解读教育实践，用教育实践丰富教育理论，在探讨教育理论研究中，拓展了教育之学的研究领域，推进了对教育学重建的深入思考。

（一）教育理论的当代境遇

《教育理论的当代境遇》一文指出，当前的教育理论处在一个十分尴尬的境地，人们既需要它，又冷落它。教育理论陷于这种状况，原因是多方面的，其主要原因：（1）“教育理论是一种思辨之学，理性批判是教育理论发展的基本动力。”伴随着社会转型与教育改革，教育领域的问题也日益复杂和尖锐。在这一时代要求下，传统教育理论日渐“退化”，“特别是过去那种囿于单纯的思辨分析、传统空泛的研究惯性，已

不能适应丰富的教育世界。现在发生的种种教育事件，很多已经难以用以往的理论进行阐释。”不可否认，“有不少研究者大量借鉴、吸收、运用西方教育理论的新成果，然而移植的多，形成本土化的东西少”，其理论缺乏针对性，缺乏对我国教育改革发展的指导作用。（2）“教育理论是一种反思之学，其理论性与实践性并重是教育理论的基本品质。”我国的教育理论多游离于生机勃勃的教育实践活动之外，有的研究只重视纯理论的思辨性研究，对教育实践不关注；有的虽然不忘对教育实践的关注，但关注实践的目的并不是为了从实践中发现问题，而是力求在实践中寻求能够支持自己理论的教育事实，用以论证自己理论的“科学性”与“合理性”。（3）“教育理论是一种创新之学，不断推进创新才能使教育理论之树常青。”由于受传统思维、传统经验的束缚，教育理论明显滞后于教育改革之后。“教育研究范围虽然比较广泛，但却很少把触角延伸至教育的前沿问题，研究内容缺乏创见，仍然是就教育论教育，在研究思路的转换、研究边界的拓宽等方面还没有突破。”正因为目前教育理论创新不够，往往给人一种似曾相识之感，因此就无法吸引和激发人们对教育理论的兴趣和研究。

先生指出，教育理论要走出自己的困境，充分发挥其作用，应考虑以下三个方面：一是“要创新研究的思路”。“在教育理论研究上，要以新的视角研究教育问题，从问题出发总结教育理论；要用新的理论，运用教育方法，以灵活的研究方法融合感性材料。”在研究课题上，对于针对性研究问题要务实，超前性研究课题要有远见，准确性研究问题要实事求是，创造性研究理论要敢于创新。二是“要培育理论生成的土壤”。要营造热心教育理论研究的社会氛围，不仅需要教育界、学术界、舆论界等方面的支持，而且需要政府部门的倡导和培育。三是“要重视理论人才的培养”。教育研究者只有具备了中西融通、古今贯通、理论与实践沟通、不同学科之间会通的理论水平，才能将自己的思想境界提升到一定的高度，才有可能创造出真正富有新意，有独特见解的教育理论成果。(《教育理论的当代境遇》)

（二）从教育实践走向教育哲学

《从教育实践走向教育哲学》指出，每个人都有自己的教育哲学思想，只不过有的是自觉的，有的是不自觉的；有的是初级的，有的是高级的。教育哲学思想是教师专业成长的思想支柱，是教师不竭的动力来源。教师有了教育哲学思想后，其教育活动就会回归于理性，教育思路会变得清晰，教育教学才会有的放矢。教师专业发展的实质是个体教育意识的觉醒，而教育哲学思想正是教师本人的教育圭臬。教师的专业发展离不开教育哲学的引领，而教师的教育哲学素养则是教师素质的灵魂部分，是教师从教书匠通往教育家的必经之路。

教师要形成个人的教育哲学并非一朝一夕之功，其工作经验、责任心以及思考、学习和交流等都在起重要作用。先生指出，教师个人教育哲学的形成，一般来说要经过三个阶段：(1) 研究问题阶段。在教学中，有很多问题会摆在教师面前。教师需要从一线找问题，从一线定课题，通过教育科研来解决疑难问题，通过研究课题来寻求突破。要解决科研的虚化问题，用解决“真”问题打好科研意识的底色，通过研究来改善教育行为。(2) 深化反思阶段。教师不仅要对自己的教学进行自我反思，而且对问题的研究也要进行自我反思。通过研究总结教学中的经验，又通过自我反思把教学经验升华为教师的教育智慧。(3) 思想形成阶段。教师要汲取多学科的理论营养，为教育问题的解读、解释、解决提供多元化、精细化的思路，以提升自己的教育哲学修养；要主动在实践中不断探索，把自己的教育科研成果和提炼的工作经验放到教学实践中去检验。理论与实践的紧密结合，是教师教育哲学思想形成的催化剂。它可以让教师自觉地从哲学角度来理解教育现象，也可以让教师自觉地把教育实践上升为哲学观点。(《从教育实践走向教育哲学》)

(三) 从教育问题走向教育决策

长期以来，人们认为教育决策是政府部门的事情，教育研究是学界的事情，教育决策与教育研究人员关系不大。而《从教育问题走向教育决策》文中指出："不可否认，教育决策一般是由政府方面推动的，教育研究一般是由研究方面推动的，教育决策者的文化（以行动指向为主）和研究者的文化（以知识指向为主）之间存在着根本差异。教育研究者注重理论自身的完整性，注重事实背后的规律性，具有理想色彩。而教育决策者注重现实问题的解决，注重协调不同观点和利益，要有可操作性。由于教育决策者与研究者的角色不同、思维方式不同和工作的出发点与落脚点不同，因此决定了教育决策者与研究者的文化指向有所不同。"然而，"教育决策与教育研究却有着密切的联系"。这主要指两个方面：一方面指教育决策者与教育研究者的紧密结合，另一方面指教育决策者要进行教育研究，教育研究者要有效地将研究转化为教育决策的源头。教育决策与教育研究联系的结合点主要体现在：(1)"决策和研究都要尊重现实"，都要关注实际、了解实际、深入实际，以现实的问题为出发点，对现实问题尤其是难点、热点问题，做长远的、全局性的思考，努力做出科学的回答。(2)"决策和研究都要把教育可持续发展作为关键点"，都要有政治的敏锐性、全局意识和社会责任感，关注最广大人民群众的利益，以实事求是的精神和科学研究的方法，使决策和研究都具有科学性、前瞻性。(3)"决策和研究都要在教育创新上下功夫"，要坚持与时俱进，有创新的思维，提出创新的办法；有独立的思考，提出独立的见解。

要加强教育决策和教育研究的联系，"最为重要的方式，就是促进教育决策中的教育研究和教育研究中的决策研究”。决策研究，既有决策前的研究、以前政策的研究；有决策过程中的研究、现行政策的研究；也有决策后的研究、新政策的研究。决策研究是一个科学的过程，既要进行可行性研究，又要进行不可行性研究。从某种意义上说，后者有时比前者更重要。“为了有力促进决策与研究的联系，应从教育问题入手进行教育研究，再从教育研究走向教育决策。”决策研究要借鉴和运用教育研究新成果，利用教育研究新技术，把决策和研究结合起来，才能真正实现科学决策。（《从教育问题走向教育决策》）

（四）把教学与教研、科研结合起来

学校的性质和功能决定了教师在从事教学工作的同时，还要开展教研活动，有的教师还要承担一定的科研任务。

所谓教研，主要是探讨教学上的问题。教师要从“工匠型”转为“智慧型”，就必须做一个研究者，研究教育规律，研究学生，研究教材，研究教法，也包括研究自己。所谓科研，主要是专业性的学术研究。在学校特别是高校，教师不仅被赋予传授知识、培养人才的使命，而且担负着创造知识、推动知识进步的重任。因此高校的许多教师都是教学与科研“双肩挑”。《教研、科研与教学》一文中指出，在学校中，一定要处理好教学与教研、科研的关系。首先，必须明确，一个学校不管如何定位，教学的功能是第一位的，评价一所学校，不仅要看教研、科研成果，而且要看人才培养的质量。其次，教研是教师专业发展的内在需求，是教师专业发展的主渠道，因此教师必须是研究者；科研是学校特别是高校一些教师的重要职责，其重要性不言而喻。因此，“教师的教研或科研活动都要与教学紧密结合，坚持研究与教学的互进相长，既要在教学中站在学科前沿，提出研究课题，又要加强研究成果的反哺教学”。此外，教研、科研与教学在内容上是互补的，既相互融合，又

有着内在联系。“教学中积极开展教研，可以在教学中催生科研课题，有利于科学研究”；而科学研究“在进行学科教学时，把本学科的最新科研信息带进来，就能促进对教学的思考，推进对教学的研究”；在教学中加强教研或科研，都能“提高教学水平，也才能培养出一批能思考问题、分析问题的创新型人才”。（《教研、科研与教学》）

（五）教育学的逻辑起点

长期以来，关于教育的逻辑起点虽然没有人明确提出，但在一些教育思想和教育学说中，人们自觉不自觉地提出了他们学说的出发点。例如，夸美纽斯的“人本起点说”、卢梭的“体育起点说”、赫尔巴特的“管理起点说”、斯宾塞的“知识起点说”、杜威的“生活起点说”等。这里所说的起点，实际上是一些哲学家、思想家和教育家在阐明教育问题时所遵循的哲学依据和价值指向，并不能作为教育学的逻辑起点。

何为“教育学的逻辑起点”?《教育学的逻辑起点》一文指出：“教育学要有自己的逻辑基础，应体现在教育活动各要素的内在逻辑联系、教育理论各元素的内在逻辑联系、教育活动与教育理论之间的内在逻辑联系三个方面。教育学的逻辑起点，应该是这三个方面内在逻辑联系的联结点或者是集合点。由此可见，教育学的逻辑起点，应是构成教育研究对象的最基本的单位；应以‘胚芽’形式呈现，并包含在教育发展过程中的一切矛盾之中；应是在理论体系中一以贯之、在理论各要素中能起到内在的逻辑联结作用。”

该文认为，“教育学的逻辑起点应该是人”。因为教育学之所以成为科学，其重要条件就是对人的发展的客观规律的认识。教育学如果不研究人的发展，不研究教育和人的发展的关系，就不能成为科学。教育学是在总结教育实践经验的过程中逐渐形成的理论，所反映的教育活动各要素内在的逻辑联系，正是教育实践以人的培养为核心的各种行为和活动过程，是在人的发展中展现出来的。教育学中，人是教育研究的具体对象，但与其他与人相关的学科所谈的人不同，教育学中的人是一个整体的人、生成中的人。“人作为教育学的逻辑起点，是因为教育的首要问题即人、教育的根本性，或教育的内在性功能即人的生成，都必须经由人而实现。人总是作为一个整体而贯穿教育过程的始终。”

教育学的逻辑起点是“人”，但“人”并不是教育的出发点。教育学的“逻辑起点”，指的是教育学理论体系的起点；而教育的“出发点”，主要指观察研究教育问题的理论依据。如果说教育学的逻辑起点是人，是教育学研究的“胚芽”，那么教育的出发点就是怎样培养人，二者是有区别的。（《教育学的逻辑起点》）

余　论

《教育之我见》这本书，摒弃了烦琐而枯燥的传统教育学之论述，采用问答、对话式的文体形式，从教育问题入手，借用提问、诱发的方式，突出主题、单刀直入、内容集中、简单明了，达到了深刻的思辨效果。其借鉴新的研究成果，解决教育改革发展中的热点、难点问题，拓展新的研究视野，见解新颖、思考深入、说理透彻，具有独到的学术见解。本书涉猎的问题较广，涵盖了教育学的主要内容，虽单篇成文，却有着内在的系统性，可谓是新的实践教育学。

篇六

扬陕西史志精尤　补古今史志不足

——评《三秦变迁史》

陕西之史志，讫于明代。明嘉靖年间的《陕西通志》（40 卷本）、明万历年间的《陕西通志》（35 卷本）、清康熙年间的《陕西通史》（32 卷本）、清雍正年间的《陕西通志》（100 卷首一卷本）、民国时期的《续修陕西通志稿》（224 卷首一卷本），这几部陕西史志，卷帙浩繁、资料丰富，较为详细地记述了陕西的社会政治、自然风貌、地域流变、名人轶事和风土人情，颇为世人所称道。但因篇幅巨大，翻刻困难，亡佚较多；而且内容芜杂谫陋，颇多纰缪；又分类撰写，不便索阅。新中国成立以后，随着地方史志的兴盛，陕西史志的编写也不断推陈出新，多有独创。然而，近几年出版的陕西史志，或地理，或政治，或军事，或风物，或名胜，多分类述略；也有以人或事立题，或数人数事成书者。虽然角度较新，颇有创见，但因体裁所限，未能从整体上系统地反映陕西历史的演变，也难以全面地展现陕西社会的概况。而杨生枝先生的《三秦变迁史》，取各家之长，补各家之短，改变了编写角度，采用通史体例，将陕西复杂众多的历史现象用发展的线条串了起来，统一于陕西历史发展的沃土之中。此书从传说中的远古一直到辛亥革命，通先启后而贯古今，比较系统地记述了陕西的发展和历史进程，是地方史志中一部不可多得的历史佳作。

一、从“地名”出发，还原了陕西历史的地域文化

陕西历史源远流长，有着五千年的文明史，其历史遗存给后世昭示着中华民族发展的辉煌经历。《三秦变迁史》在记述这一历史演变进程中，突出了陕西文明的独有特点，从陕西“地名”出发，揭示了陕西“地名”所承载的历史积淀和文化记忆，反映了陕西深厚的文化底蕴和丰富的人文特色。

（一）陕西“地名”的历史积淀

1. 陕西与“华夏”

陕西是中华民族的发祥之地，是早期华夏族形成的基础。我国自称“华夏”，都和陕西有关。《三秦变迁史》中指出：

> 夏王朝时代，夏先祖活动于关中。周人起于渭河流域，以“大夏”继承者自居。如周初《尚书·康诰》：“丕显考文王，克明德慎罚……用肇造我区夏。”为了区别于当时处于原始公社氏族时期的戎狄族人，便称呼自己统治的地区为“区夏”。周灭殷后，分封的诸侯同属周的文化体系，称为“诸夏”。如《左传·襄公二十一年》：“以服事诸夏。”同时，也有了“诸华”，如《国语·晋语七》：“劳师于戎，而失诸华。”显而易见，这里的“华”和“夏”都是指关中周人文化之体系。章太炎先生认为，“华”是以华山得名，“夏”是以汉水得名。秦岭在古代通称华山，汉水古名也叫夏水。顾颉刚先生却认为“华”是由“夏”推衍出来的，“华”古音敷，“夏”古音虎，两音相近。虽然两说不同，但均与陕西有关。我认为，“华”是陕西境内的华胥族，“夏”是以龙为图腾的诸夏族，华胥族

和诸夏族的结合，就是“华夏”族组成的基础，是陕西人类的远祖。（《绪论》）

2. 陕西与“中国”

后来，华夏又改称中国或中华，这也与陕西有关。《三秦变迁史》中指出：

西周末年已出现了华夏族与非华夏族的夷夏交融，华夏族的内涵和外延有了扩大。但是在这期间，华夏族始终被认为是中华民族的本源和主体。当时，周代有了城邦，把华夏族居住的城邦称为“中国”，又称“京师”。如《诗经·大雅》曰：“惠此中国，以绥四方”“惠此京师，以绥四国”。中国开始指周的京师，后来把周统治下的全部领土称为中国。这既有地域上的关系，又有民族成分的关系。华夏族认为四方是蛮夷之地，按四方分称东夷、西戎、南蛮、北狄，而自己居其中，故称华夏族的活动区域为“中国”。（《绪论》）

从考古来看，“中国”一词最早出现在西周初年。1963年在陕西宝鸡县贾村镇（今陕西宝鸡市陈仓区）出土的一口“何尊”（“尊”为古代的酒器，用青铜制成）上的铭文写道：“余其宅兹中国，自之辟民。”意思是，“我已经据有中国，自己统治了这些百姓”。铭文的前面还提到“惟王初迁，宅于成周，复禀武王礼”，这是周成王时的记录。在《尚书·周书·梓材》中，也记载了周成王追述往事的话：“皇天既会中国民越厥疆于先王。”可见，“中国”一词从周朝早期便已开始传扬。

3. 陕西与“中华”

《三秦变迁史》中指出：

“中国”这一名称又与“华夏”通行起来，沿用至今。在

长期演变过程中，人们从地域上便称中国，从民族上便称中华（亦称华夏）。（《绪论》）

“中华”最初指黄河流域一带。《三国志》裴注中最早出现了“中华”一词。随着版图的扩大，凡属中原王朝所管辖的地方都统称为“中华”，泛指全国。唐代韩渥诗云：“中华地向城边尽，外国云从岛上来”，已把“中华”与“外国”对举。所以，“中国”也称为“中华”，侨居海外的中国人称“华侨”。

4. 陕西与“秦人”“汉人”和“唐人”

《三秦变迁史》中指出：古代的“秦人”“汉人”，乃至后来的“唐人”，都指的是“中国人”。

（1）秦朝与秦人。西周时，“西垂”的嬴氏首领造父，取得了周王的信任，“遂为周孝王养马于汧、渭之间”“邑之秦，号曰秦嬴”。自此以后，这支部族“复续嬴氏祠”，开始了定居生活，“秦人”的称呼便正式出现。春秋战国时，陕西为秦国所辖，所以陕西当时称为秦，陕西人称为秦人。秦朝立国不久，在秦二世时便被项羽、刘邦等起义军灭亡。项羽分封诸侯，为牵制刘邦，又三分关中，“封秦降将章邯为雍王，辖今陕西中部咸阳以西和甘肃东部地区，都废邱（今陕西省兴平市）；封秦降将董翳为翟王，辖上郡，即今陕西北部，都高奴（今陕西省延安市东）；封秦之降将司马欣为塞王，辖咸阳以东地区，都栎阳（今陕西省西安市临潼区）。此后，陕西又以‘三秦’相称”。（《秦帝国的咸阳统治》）

“三秦”的称谓产生后，历史上也有人将它作为政权名称。例如五胡十六国时期，公元350年，氐族首领苻洪起兵，自称“三秦王”，建立政权。公元352年，其子苻健称帝，都长安，国号“秦”，史称“前秦”；公元385年，羌族首领姚苌擒杀前秦皇帝苻坚，姚苌称帝，都长安，国号“秦”，史称“后秦”。

如果以当时的三秦地域文化来考虑，以三秦代表陕西，或以陕西的地域来局限三秦文化都是不太合适的。明显的，秦岭以南的汉水谷地，自古以来，其地域文化受楚文化影响较深；而陇中和宁夏南部黄土丘陵地区倒是与关中、陕北在文化上表现出了较大的一致性。由此可见，三秦文化的范围仍应以楚汉之际的雍、塞、翟三国疆域为基本的地域范围，按现行的行政区划则包括陕西中部和北部、甘肃东部和宁夏南部。然而从历史的长河中来看，有的地名虽然沿用，但其地域范围却发生了变化，反映了地域的流动性。因此在近代，随着人们理解“三秦”观念的变化，即将陕北、关中、陕南合称“三秦”；陕西也简称“陕”或“秦”。

（2）*汉朝与汉人*。汉人与汉朝有关。《三秦变迁史》详细记述了“汉人”一词的起源。项羽进入秦都咸阳后，封刘邦于汉中，为汉王。汉中的来历，郦道元在《水经注》中说是因汉水而得名，即被水所绕之意。战国时期，楚人在蚕食汉江诸国后，前后以汉水命名的有汉中，还有汉东、汉北等处。秦统一六国后，在全国设立的四十二个郡级的行政区域中，治所和辖区在今陕西境内的有内史、上郡和汉中郡，也有陇西郡的部分县。而汉中郡，辖区相当于今陕西省汉中市、安康市及湖北省十堰市郧阳区；郡治由新城（今陕西省安康市）迁到南郑（今陕西省汉中市南郑区以东）。刘邦打败了项羽，建立了大一统的汉朝。汉朝享有天下四百多年，使得“汉人”的称呼得以沿袭，“秦人”的称谓很快被“汉人”取代。之后，其他民族称汉政权为“汉朝”，称汉朝的军队为“汉子”，称汉朝使者为“汉使”，称汉朝人为“汉人”。到北魏后期，汉族之名逐渐成为华夏民族之别名，演变为中国人的代称。

（3）*唐朝与唐人*。唐人，指的是唐朝人。唐朝时期中国空前强盛，海外影响巨大。在宋朝时，“唐”就已经成了东南海外诸国对中国的代称。历宋、元至明，外国将中国或与中国有关的事物称为“唐”。不仅以“唐”作为“中国”之地的代称，而且称“中国人”为“唐人”。

由于粤语区有庞大的海外移民，故唐人这种称呼在使用粤语的移民中尤其常用。粤语在海外有别称“唐话”；“唐人街”乃粤语中唐人所居住的街区。此外，海外华人对中国唐朝大陆本土习称为“唐”或“唐人”。

由上可见，从古至今，人们所说的“秦人”“汉人”和“唐人”，都与陕西有关。“在漫长的历史发展过程中，陕西境内的许多部落和民族，通过婚姻、政治、经济和文化的交流与融合，逐渐形成了一个稳定的区域性的共同体，构成了今之陕西人类的基础。”（《绪论》）

（二）陕西“地名”的地域特点

《三秦变迁史》中指出：“陕西地形复杂，‘高原之中，时有低谷错出其间。丘陵之部，亦有巍峰翘立其际’。它‘既非平原草地，又非高原台地。虽有泾渭平原、汉中平原，论其大部，究属山丘并连、坂道崎岖。而平川与原野出乎其间’。陕西地势南北高、中间低，有山地、平原、高原、盆地和峡谷等多种地形，由北到南依次是塞北风沙草滩区、陕北黄土高原区、关中盆地区、秦岭山区、汉中安康盆地区、大巴山区。一般来说，这六个地形区通常分为陕北高原、关中平原、陕南山地三个明显的区域。”（《绪论》）

陕北高原，一称陕北盆地 陕北，顾名思义，乃陕西之北部。

> 陕北高原地势西北高，东南低。全区除长城沿线以北多为风沙草滩地形外，其余为黄土高原沟壑、黄土丘陵沟壑和梢林山地地形。由于泾河、洛河、延河、无定河等流水的长期侵蚀切割，黄土高原形成了梁峁交错、沟谷纵横的复杂地形，仅董志原、洛川原仍保有较大的原面。此外，还有横亘高原上的山地……都是陕北高原的组成部分。陕北高原，宜农宜牧，地势

险要，为关中平原的天然屏障。（《绪论》）

关中平原，又称关中盆地或渭河平原　“关中”这一地理概念，最早的记载见于《战国策》，《史记》里也多次使用了“关中”这一名词。

关中作为行政区划的所指范围，古今不尽相同。现在所说的关中，是指陕西中部秦岭以北，子午岭、黄龙山以南，陇山以东，潼关以西的区域……关中平原介于秦岭山地和陕北高原之间，是一个三面环山、西窄东宽的盆地，所以又称关中盆地。关中除东临滔滔黄河以外，南面是重峦叠嶂的秦岭山脉，西面是盘旋曲折的陇山山脉，北面是逶迤如画的“北山”山地，由西而东……群峰起伏。因此，关中自古就被称为“金城千里”和“四塞以为固”的形胜之地。在关中地区，渭河由西而东，将“八百里秦川”割成南北两块；泾河由西北向东南流入渭河，又将渭北地区切成两块。二河支流较多，这些宛若叶脉般的支流，向关中平原的各个方向伸展开去，切割成大小不等的平原……这些原地，地势平坦，土质肥沃，潜水丰富，有利于农业生产。古人曾对关中的殷实和险阻做过高度的评价：“华实之毛，则九州之上腴焉；防御之阻，则天下之隩区焉。”（《绪论》）

陕南山地，又称秦巴山地　陕南，是指秦岭和巴山之间的山岳地带。

陕南地区，北有巍峨的秦岭山脉，自西至东，重峦叠嶂，北坡陡峻，断崖千仞，峡谷深切，有七十二峪，自古为交通孔道；南有山势雄伟的巴山山脉，横岭侧峰，怪石林立，横卧川陕边缘，是陕西汉江流域和四川盆地的天然分界。秦岭、巴山雄峙并行，汉水、丹江沿两山之间横贯东流。在江河所过的谷道之中，形成了众多的可供广农积谷的盆地，较大的有汉中盆地、安康盆地和商丹盆地等。盆地地面平坦，土壤肥沃，水源充足，农业发达，是陕西的“鱼米之乡”。此外，还有黄金峡、白沔峡等地质条件较好的峡谷地段。这种以山夹川的地理结构和农业集约之地，使陕南显得格外重要。（《绪论》）

陕西境内的陕北、关中、陕南三块地域的地理条件互不相同，各有特点，都是在漫长的历史过程中形成的。陕西境内各地域的地理环境及其变化，不仅对陕西历史的发展而且对中国历史的发展都产生了很大影响。

（三）陕西“地名”的历史文化

1.“陕”字的古籍文化

陕西简称“陕”，其名来源甚早，最早见于《公羊传·隐公五年》：“自陕而东者，周公主之；自陕而西者，召公主之。”“陕”之以东归周公管理，“陕”之以西归召公管理。一说“陕”即战国陕陌，汉以后陕县（今河南省三门峡市陕州区）；一说“陕”当作“郏”，指王城所在的郏（jiá）鄏（rǔ）。《三秦变迁史》对此做了辨析，认为，后者之说可信。因为陕陌，为战国时之地名，在周成王时期并未出现，而郏鄏却在周成王时就已有。《左传·宣公三年》曰：“成王定鼎于郏鄏。”《水经·谷水注》引京相璠曰：“郏，山名；鄏，邑名。”北邙山（今河南省洛阳市北），以前被称为郏鄏山。周成王正是以此山为界，分疆而治，以东地区为陕东，以西地区为陕西。而陕之东与陕之西，都在黄河中下游流域，曾是两个高度发展的开发区。这里所说的以“陕”为界的地域划分，是周朝建立之后的事情。

2.“丰镐”的故都文化

周文王在灭商的准备过程中，周人把周之都城从周原迁到了沣河西岸，建立了丰京。丰京的位置大致在今西安市沣河西岸的马王村、西王村、冯村和张海坡一带。根据考古发掘，在周代这里就是关中人口最为稠密的地区。“周人建都于丰，既可以控制东来西往的水陆交通要道，又有利于发展农业生产。”“周人迁都后，文王在丰京率四十余国以事殷。表面上为殷商稳定了西方局势，实际上关中大部分地区已被周人所控制。”

周武王继位后，又把国都从沣河西岸迁到沣河东岸，建都镐京。“镐京在今斗门镇、花园村和普渡村一带。”周武王在地势开阔、平畴沃野的沣水东岸另建镐京，是为了适应周国势力发展的形势需要。镐京作为国都后，丰京并未废弃。“丰、镐两京，隔水相望，近在咫尺，可以说它们是一个城市的两个分区。沣水纵贯其间，一桥飞架东西，构成了雄伟而又壮观的西周王朝的统治中心。”（《周人的创业活动和西周王朝建立》）

3. “咸阳”的秦都文化

秦帝国建立后，咸阳就成了首都。秦孝公迁都咸阳时只有“冀阙”“宫廷”；秦惠王时，对咸阳进行了扩建，“新作宫室，南临渭，北逾泾”。秦始皇登基以后，每灭一国，就按其首都宫殿的样式，在咸阳北原仿建。“六国宫殿”，金碧辉煌，还把咸阳的范围扩大到渭河以南，形成“渭水贯都，以象天汉，横桥南渡，以法牵牛”的态势。秦都咸阳遗址在今咸阳市以东的长陵东站、窑店乡和肖家村车站一带，西距咸阳市区约 15 千米。“遗址有宫殿区、居民区、手工业区、交易市场和墓葬区等。”（《秦都咸阳与关中振兴》）

4. “长安”的国都文化

汉高祖刘邦决定定都关中后，因为咸阳已被烧毁，只好先居栎阳（今陕西省西安市临潼区北），并命丞相萧何在关中选址建都。在选址过程中，当时的渭河南岸，有个长安乡。刘邦一听“长安”二字，“欲其子孙长安都于此”，便决定把国都建在“长安”。“长安本秦之乡名，高祖作都焉。”司马迁说“长安故咸阳也”，就是说长安本来是咸阳的一部分。长安乡在渭河之南，秦始皇在其附近造兴乐宫，汉高祖在此基础上扩建为都城，因此称“长安城”。(《定都关中与国都长安》)

自东汉以后，在很长的一段历史时期，长安失去了国都之地位。然而在东汉末年和西晋末年也曾迁都于此，不过都只有几年而已。分裂时期则有前赵、前秦、后秦、大夏、西魏、北周。农民起义军也曾在这里建立过政权。这些王朝或政权的都城主要在长安，但长安城址有过变迁。长安故城雕残日久，屡为战场，不甚宜人，隋朝建立后，隋文帝便另择城址营建新都，都城地址在龙首原的南麓，名为大兴城。唐朝建立后，将隋的“大兴城”仍改为“长安城”。“此城从隋文帝杨坚动工兴建(582 年)，到唐高宗李治筑外郭城完工为止 (654 年)，前后经历了半个多世纪。”(《唐承隋制与都城长安》)

5. “西安”的王城文化

在反元斗争中，明太祖朱元璋的大军攻破元统治下的奉元路城(奉元，元代西安旧称。元朝时，初称安西府城，后改为奉元路城)，遂改奉元路城为西安府，今西安的名称就是从这里开始的。朱元璋夺取天下后，就在各地建藩封王，重兵宿卫，以屏藩皇室。由于西安是控制西北、西南的咽喉，便封最有权势的秦王于西安就藩，并派人增修加固西安城垣和营建秦王府。秦王府当时称为“王城”，后讹为“皇城”，也就是今天西安城内的“新城”。明代的西安城进行过多次修建，从明洪武七年 (1374 年) 开始，经嘉靖、隆庆，直到崇祯末年，今西安城的规模已完全具备。(《明代陕西建藩与西安府城建设》)

二、从“考据”出发，记述了陕西地域的历史演变

在陕西历史上，从传说中的统治人物开始，直到历代封建朝廷，都对陕西地域有着不同的描述，往往呈现出局部的独立性和整体的统一性的特点，在一定时期内处于变动状态。这种表面看来不断演变的历史现象，实际上是对这一地域范围的继承、变革与发展。《三秦变迁史》根据这一地域演变的历史特点，简练地记述了陕西地域的历史变化，呈现出一幅壮美绚丽的陕西历史画卷。

（一）“周族”“周侯”与“周王”的管辖区域

《三秦变迁史》指出，在夏后启时期，夏王族中任夏王的一支有扈氏就在今关中活动，建立了“夏扈国”。那里曾发生了夏后启与有扈氏之战（在今西安市鄠邑区一带）。到了商朝统治时期，今之陕西境内特别是关中地区先后出现过周、崇、矢、莘、郝等诸侯国，都属于商的封国。周族迁徙多次，在周原定居后才开始建邦立国，曾被商朝封为“周侯”，周自称“小邦周”。“周族”在“岐邑”立国，变为“周侯”，周文王为“西伯”。这个时期人们说的“周地”“周土”，主要指的是“周原”之地。周原遗址位于今陕西岐山、扶风两县间，是一处大规模文化遗址，包括岐山县的京当乡和扶风县的法门、黄堆两乡的交界地带，与文献所记古公止于岐下一直到文王前朝的都邑，地理方位完全符合。（《周人的创业活动与西周王朝的建立》）

《三秦变迁史》记载，周王朝统一全国后，以丰镐为中心，分封诸侯。

> 当时，以丰镐为中心的关中地区，为畿内之地，由王室直接控制。……在王畿之外，关中地区先后有周（今岐山县以北

周公村，为周公旦的采邑）、召（今岐山县西南刘家原村，为召公奭的采邑）、毕（今咸阳北原，毕公高封于此）、程（一作郢，今咸阳、泾阳一带，周王季宅之封地）、郑（今华县城北，郑桓公封邑）、彤（今华县西南，周彤伯国）、芮（今大荔县东南，西周侯伯国）、梁（今韩城市涺水东岸，周梁侯国）、韩（今韩城市南，周韩侯国）、杜（今西安市西南，杜伯国之地）、贾（今蒲城县西南，西周贾伯国）、散（今宝鸡市，散强封国）、弭（今蓝田县一带，弭侯国）等诸侯封国。此外，还有比较大的聚邑岐（今岐山县）、豳（今彬县）、姜（今宝鸡市区姜水原）、虢（今宝鸡市东）、骊戎（今西安市临潼区东）、犬丘（今兴平市东南）、彭戏（今白水县）等。这些诸侯封国和人口聚集的邑，并不是相互连接的，邻国、邻邑之间有着大片的森林和荒芜的田地。另外，陕南有褒国，陕北有猃狁，陕甘交界有井方和羌，泾渭之间有犬戎等少数民族部落。虽然陕西境内的诸侯封国和少数民族部落较多，但都比较弱小，只能依附于西周王室。特别是分布在王畿之外的诸侯封国，则起着拱卫王室的作用。（《周人的创业活动与西周王朝的建立》）

（二）秦朝建立后的陕西地域

《三秦变迁史》记载，秦分全国为四十一郡，连同设在国都咸阳的内史，共四十二个郡级的行政区域。治所和辖区在今陕西境内的有内史、上郡、北地郡和汉中郡，也有陇西郡的部分县：

内史 是由国都咸阳附近的县组成的一个行政区，治所设在咸阳，辖境相当于今关中平原及商洛地区。

当时，所辖县有咸阳（今咸阳市及西安市西部）、芷阳（今西安市东部）、杜（今西安市长安区、柞水县西北部及宁陕县东北部)、蓝田(今蓝田县)、骊(今西安市临潼区渭河以南地区)、郑(今渭南市华州区西南部及渭南市渭河以南地区)、武城(今渭南市华州区东北部)、宁秦(今华阴市、潼关县)、临晋(今大荔县)、北徵(今澄城县)、合阳(今合阳县)、夏阳(今韩城市)、白水(今白水县)、重泉(今蒲城县)、下邽(今渭南市渭河以北地区)、栎阳(今西安市临潼区渭河以北地区)、高陵(今西安市高陵区东部)、弋阳(今咸阳市东北部及高陵县西部)、频阳(今富平县)、云阳(今淳化县及泾阳县西北部)、池阳(今泾阳县南部及三原县)、鄠(今西安市鄠邑区)、废邱(今兴平市)、谷口(今礼泉县)、好畤(今乾县)、美阳(今扶风县北部及岐山县渭河以北地区)、漦(今武功县及扶风县南部)、武功(今眉县东南部)、郿(今眉县西北部、岐山县南部及太白县东北部)、雍(今凤翔县)、虢(今凤翔县东南部及宝鸡市汧河以东地区)、陈仓(今宝鸡市区及太白县西北部)、平阳(今千阳县及宝鸡市北部)、汧(今陇县)、杜阳(今麟游县西部)、漆(今彬县、永寿县及麟游县东部)、栒邑(今旬邑县)、商(今商洛市商州区、丹凤县、商南县和山阳县)、华阳(今洛南县)等县。

上郡 辖区相当于今陕西北部,治所设在肤施。

当时所辖县有肤施(今榆林市南部及米脂、清涧、绥德和吴堡四县)、高奴(今延安市及安塞、志丹、延川、延长四县)、雕阴(今富县、甘泉二县)、阳周(今子长、子洲二县)、定阳(今宜川县及黄龙县东北部)、鄜(今洛川县及黄龙县西南部)等县。

北地郡 辖区相当于今甘肃省东北部及宁夏回族自治区南部,治所设在义渠（今甘肃省宁县西北）。

辖地涉及今陕西的有马岭（今甘肃省环县及陕西省定边、靖边、吴旗三县）、鹑觚（今甘肃省灵台县及陕西省长武县）。

汉中郡 辖区相当于今陕西省汉中市、安康市及湖北省郧县。

辖地涉及今陕西的有南郑（今汉中市南郑区东部）、褒（今汉中市南郑区西部、留坝县南部及勉县）、城固（今城固、西乡、镇巴、洋县和佛坪五县）、西城（今安康市及岚皋、平利、镇坪、紫阳、石泉和汉阴六县）、旬阳（今旬阳、镇安二县及柞水县东南部）、锡（今陕西省白河县及湖北省郧县、郧西县）等县。

陇西郡 辖境大部分在今甘肃省东南部。

辖地涉及今陕西的有故道（今陕西省凤县、留坝县北部、太白县西南部及甘肃省两当县）、葭萌（今四川省广元市及陕西省宁强、略阳二县）二县。（《秦都咸阳与关中振兴》）

（三）汉承秦制的陕西区域

汉之建国“皆依秦制”，地方行政机构除沿袭秦的郡县制外，还实行封国与郡县并行的制度，称“郡国并行制”。汉武帝时，在地方行政制度上做了进一步改革：允许各诸侯国王用城邑分封自己的子弟，客观上削弱了藩国的势力；在郡国之上增设“州”（又称“部”），但州不是行政区划的组织单位。州设刺史之官，来弥补郡县制度的不足。

《三秦变迁史》记载，西汉时划分全国为一个司隶校尉部及十三个刺史部，共设置郡（国）一百零三，分属各部。州刺史乘驿道车巡察各郡（国），没有固定的治所。西汉的郡（国）在今陕西境内的有京兆尹、左冯翊、右扶风、上郡、汉中郡及弘农、武都、广汉、北地、西河等郡的部分县。

京兆尹 用长官官名命名的政区名，隶司隶校尉部，治所设在国都长安城。“京”意大；“兆”意众。首都为大众所聚，故称京兆。京兆尹的辖区相当于今西安市及以东、秦岭以北、渭河以南诸县。

共领十二县，除湖县在今河南境内外，有秦故县蓝田（今蓝田县）、下邽（今渭南市渭河以北地区的南部）、郑县（渭南市华州区）；有改秦地名的长安（今西安市西部，秦杜县长安乡）、霸陵（今西安市东部，秦芷阳县）、南陵（今西安市东南部，秦杜县）、杜陵（今西安市长安区及宁陕东北部、柞水西北部，秦杜县）、华阴（今华阴，秦宁秦县）；有新设立的奉明（今西安市东北部）、新丰（今临潼、渭南二区市渭河以南地区）、船司空县（今潼关，以船库官的官名作为县名）。

左冯翊 用长官官名命名的政区名。“冯”音为凭，意辅；“翊”音弋，意佐，即卫。其地在首都之左，取“辅卫京师”之意。辖区相当于今关中渭河以北、泾河以东的洛河中下游地区。治所设在长安城，领二十四县。

有秦故县高陵（今西安市高陵区东部）、池阳（今泾阳县南部及三原县）、云阳（今淳化县南部及泾阳县北部）、谷口（今礼泉县）、栎阳（今西安市临潼区渭河以北地区的南部）、重泉（今蒲城县）、临晋（今大荔县西部）、郃阳（今合阳县）、夏阳（今韩城市及延安市黄龙县东南部）、频阳（今富平县）、鄜县（今洛川县及黄龙县西南部）、武城（今华县东北部）；有改秦地名的阳陵（今咸阳市区东北角、高陵县西部及泾阳县东南部，秦弋阳县）、长陵（今咸阳市区东北部，秦弋阳县）、云陵（今淳化县北部，秦云阳县）、万年（今西安市临潼区渭河以北地区的北部，秦栎阳县）、莲勺（今渭南市渭河以北地区的北部，秦下邽县）、褱德（今大荔县东部，褱即怀，秦临晋县）、徵县（今澄城县，秦北徵县）、衙县（今白水县东部，秦白水）、粟邑（今白水县西部，秦白水县）、沉阳（沉一作浤，音缺。今华州区东北部，秦武城县）；有新设立的祋祤（今铜川市耀州区及宜君县）、翟道（今黄陵县）。

右扶风 是用长官官名命名的政区名。“扶”意扶助，“风”意风化，其地在首都之右，取“扶助京师，以行风化”之意。辖区相当于今秦岭以北、泾河及西安以西的关中西部。治所设在长安城，领二十一县。

有秦故县好畤（今乾县）、鄠县（今西安市鄠邑区）、美阳（今扶风北部及岐山渭河以北地区）、漦县（今武功及扶风南部）、武功（今眉县东部和南部）、郿县（今眉县西北部、岐山南部及太白东部）、雍县（今凤翔南）、杜阳（今麟游南部）、虢县（今凤翔东南部及宝鸡市汧河以东地区）、陈仓（今宝鸡市中部及太白县西北部）、汧县（今陇县东部）、漆县（今彬县、永寿县及麟游县北部）、栒邑（今旬邑大部分地区）；有改秦地名的槐里（今兴平南部，秦废邱县）、郁夷（今陇县西部及宝鸡市西部，秦汧县）、隃麋（今千阳，秦平阳县）；有新设立的渭城（今咸阳市区南部）、安陵（今咸阳市区北部）、平陵（今咸阳市区西北部）、茂陵（今兴平北部）、盩厔（今周至县）。

上郡 辖区相当于今陕西沮水以北及内蒙古自治区河套中南部。治所设在肤施，领二十三县。

辖地涉及今陕西的有九县。有秦故县肤施（今榆林市南部及米脂、绥德、清涧和吴堡四县）、阳周（今子长、子洲二县)、高奴（今延安市及安塞、志丹、延长、延川四县)、雕阴（今甘泉县及富县东部)、定阳（今宜川县及黄龙县东北部)；有新设立的龟兹（今榆林市绝大部分地区)、白土（今神木县西北部)、奢延（今内蒙古乌审旗南部及陕西横山、靖边二县)、漆垣（今铜川市西北部、咸阳市旬邑县东北部及铜川市耀州区、延安市黄陵县、铜川市宜君县相邻地区)。

汉中郡 隶益州刺史部。辖区相当于今陕西汉江流域及湖北省郧县地区。治所仍设在南郑，领十二县。

在今陕西境内的有九县。有秦故县南郑（今汉中市及南郑县东部)、城固（今城固、西乡、镇巴、洋县和佛坪五县)、西城（今安康、岚皋和紫阳三县)、旬阳（今旬阳、镇安二县及柞水县东南部)、锡县（今陕西白河县及湖北郧西县)；有改秦地名的褒中（今汉中市及汉中市南郑区西部、留坝县南部及勉县外坝河以东地区，秦褒县)；有新设立的沔阳（今勉县外坝河以西地区)、安阳（今石泉、汉阴二县及宁陕县南部)、长利（今平利、镇坪二县)。

弘农郡 隶司隶校尉部。辖区相当于今河南省黄河以南、伊河以西以及淅川、丹江流域。

治所设在弘农（在今河南灵宝市虢略镇北)，领十一县，在今陕西境内仅有二县。有秦故县商县（今丹凤、山阳和商南三县)，有改秦地名的上洛县（今商县、洛南二县)。

武都郡 隶凉州刺史部。辖区相当于今陕、甘两省的白龙江、西汉水和嘉陵江流域。治所设在武都县（在今甘肃成县西八十里)，领九县。

在今陕西境内的只有二县。有秦故县故道（今陕西凤县、留坝县北部、太白县西南部及甘肃两当县)，有新设立的沮县（今陕西略阳县)。

广汉郡 隶益州刺史部。辖区相当于今四川省涪江、绵阳河、鸭子河流域及陕、甘二省交界的部分县。治所设在梓潼（今四川梓潼县）。

领十三县，辖地涉及今陕西的只有二县。有秦故县葭萌县（今四川广元市东部及陕西宁强县东部），有新设立的白水县（今四川广元市西部及陕西宁强县西部）。（《定都关中与国都长安》）

北地郡 隶凉州刺史部，辖区相当于今宁夏的苦水河及甘肃马莲河流域。治所设在马岭（在今甘肃环县南一百三十里），领十九县。

辖地涉及今陕西的只有四县，有秦故县鹑觚（今甘肃灵台县及陕西长武县）；有新设立的直路（今陕西富县西部）、归德（今甘肃庆阳市北部及陕西吴起县）、朐衍（今宁夏盐池县及陕西定边县）。

西河郡 隶并州刺史部。治所设在富昌县（在今陕西府谷县东北的古城镇），共领三十六县。除分布在今山西和内蒙古自治区境内外，辖地涉及今陕西的有五县，均为西汉设立。

有富昌（今陕西府谷县东部及内蒙古准格尔旗南部）、平定（今内蒙古准格尔旗南部及陕西府谷县西部）、圜阳（今陕西神木县东南部）、圜阴（今陕西佳县）、鸿门（今陕西榆林市东部）。

（四）盛唐时期的陕西区域

唐太宗时，为了强化中央政权的统治，改隋朝的郡、县两级制为州、县两级制，并在州之上增设了“道”这一新的行政机构。“道”一级的节度、观察使都兼任管辖区的度支、营田使，这就加强了中央对地方的控制。唐时，还创立了另一种新的制度，在都城或帝王巡幸过以及重要的地方，都设府。唐太宗时全国分为十道，玄宗时改为十五道。

“道”“府”的出现，是今之“省”“市”的雏形。

《三秦变迁史》记载，贞观元年（公元627年），治所在今陕西境内及辖地涉及今陕西的共有二道，关中、陕北及商洛地区为关内道，安康、汉中地区为山南道。开元年间改设十五道后，关中和商洛地区为京畿道，陕北仍属关内道，汉中地区属山南西道，安康地区属山南东道。

关内道 唐太宗贞观元年设立，辖区相当于今陕西中部、北部，宁夏全部及甘肃东北部、内蒙古河套地区。后由关内道分出京畿道，今长武、韩城一线以南，宝鸡、凤翔以东为京畿道。

京畿道治京城内，关内道即以京官遥领。唐初的关内道领二府、二十七州及两个都护府。在今陕西境内有二府，即京兆府（设在长安城，领今西安、咸阳及渭南部分地区）、凤翔府（设在天兴，今凤翔县，领今宝鸡部分地区）。此外，关内道还有华州（设在郑县，今渭南市华州区）、同州（设在冯翊，今大荔县西部）、商州（设在上洛，今商洛市商州区）、陇州（设在汧源，今陇县北部及甘肃华亭一带）、邠州（设在新平，今彬州市）、鄜州（设在洛交，今富县东北部）、坊州（设在中部，今黄陵县东部）、丹州（设在义川，今宜川县西南部及黄龙县北部一带）、延州（设在肤施，今延安市中部）、绥州（设在龙泉，今绥德县）、银州（设在儒林，今横山县东部）、夏州（设在朔方，今横山县西部及内蒙古乌审旗南部一带）、麟州（设在新秦，今神木县长城西边及府谷县）、宥州（设在长泽，今靖边县、定边县）、庆州（设在安化，今甘肃庆阳市）。共二府、十五州，属辖九十五县。

山南道 辖区在长江以北，秦岭以南。相当于今湖北西部、四川东部及陕西，河南二省南部。后山南道分为东、西两道。

山南西道治所设在今陕西汉中市，山南东道治所在今湖北襄樊市。今陕西安康市以东属山南东道，其西各县属山南西道。唐初的山南道在今陕西境内及辖区涉及今陕西的，有一府，即兴元府（设在南郑，今汉中市，领五县）。还有洋州（设在西乡，今西乡、镇巴二县）、凤州（设在梁泉，今凤县凤州镇）、兴州（设在顺政，今略阳县东部）、金州（设在西城，今安康、岚皋县）、均州（设在武当，今湖北原均县北）。共一府、五州，属辖二十县，包括今汉中、安康地区。（《唐承隋制与都城长安》）

（五）宋代“陕西”名之确立与“陕西路”的设置

北宋初，沿袭唐时的道制，后改道为路，路是正式的行政区域。路置转运使，掌管一路的财赋，并过问民政，遂为一方的大吏。路下设府、州、军，在府、州、军下设县。

《三秦变迁史》记载，公元997年，宋朝分全国为京西、京东、河北、河东、陕西、淮南、江南、两浙、福建、荆湖南、荆湖北、广南东、广南西、西川、峡西共十五路。此时，“陕西”之名才正式确立。这时的陕西路，“东尽殽函，西包汧陇，南连商洛，北控萧关”，潼关以西都属陕西路。按十五路来划分，今之关中、商洛、延安属陕西路，汉中地区属峡西路，安康地区属京西路，榆林地区东北部属河东路、西南部属西夏。北宋末年，全国又分二十三路，陕西为永兴军路，兼属秦凤、利州、京西、河东四路。

永兴军路　改设陕西路。辖区相当于秦岭以北，长城以南，乌鞘岭以东，河南渑池县以西地区。

永兴军路治所设在京兆府（今西安市），包括今陕西的绝大部分地区，人们习惯上仍以陕西路相称。元祐四年（公元

1089年)，永兴军路在今陕西境内领二府、十州、四军。有京兆（设在长安县，今西安市）、延安（设在肤施县，今延安市）二府。有华州（设在郑县，今渭南市华州区）、同州（设在冯翊，今大荔县）、耀州（设在华原，今铜川市耀州区）、醴州（设在奉天，今乾县）、邠州（设在新平，今彬州市）、泾州（设在今甘肃泾川县，今陕西长武县西）、商州（设在上洛，今商县），坊州（设在中部，今黄陵县）、鄜州（设在洛交，今富县）、丹州（设在宜川）十州。有清平军（设在盩厔县清平镇）、定边军（设在定边县）、保安军（设在延州永安镇，今志丹县）、绥德军（设在绥德县）四军。共辖属四十县。

秦凤路 分陕西路西部设立，习惯上也以陕西路相称。秦凤路辖境相当于今陕西宝鸡地区及甘肃东部、宁夏南部。

治所设在秦州（今甘肃天水市），在今陕西境内领一府、二州。有凤翔府（治在天兴，今凤翔县）。有陇州（治在汧源县，今陇县北部）、凤州（治在梁泉，今凤县凤州镇）。共辖属十四县。

河东路 辖境相当于今山西大部分及陕西、内蒙古各一部分。

治所设在并州（今太原市），在今陕西境内领二州、一军。有麟州（治在新秦县，今神木市）、府州（治在府谷县）。又有晋宁军（设在葭芦寨，今佳县）。共辖属四县。

利州路 分峡西路设立。辖区相当于今四川巴河以西的川北地区及陕西汉中地区。

治所设在兴元府，在今陕西境内领一府、二州。有兴元府（治在南郑县，今汉中市）。又有洋州（治在兴道，今洋县西部）、兴州（治在顺政，今略阳县东南部）。共辖属九县。

京西南路 分京西路设立。辖区相当于今河南南阳地区、陕西安康地区及湖北西北部。

治所设在襄州（今湖北襄樊市），在今陕西境内只有金州（治在西城，今安康市），共领五县。

此外，到北宋末年，今陕西北部一部分地区为西夏占据，有夏、宥等州，即今榆林地区榆林河流域和横山山脉一带。（《“陕西”之名确立与陕西路的形成》）

（六）明代陕西区域的新变更

明朝建立以后，除京师北京（改北平布政使司为北京）及南京外，全国设立了十三个布政使司，又在沿边地区设置了九个行都指挥使司。明朝合并元代的陕西和甘肃二行省，称陕西承宣布政使司，所辖地区仍包括现在的陕西全省，还有甘肃嘉峪关以东各地，以及宁夏和内蒙古鄂尔多斯市的绝大部分。后来退出河套地区，北界只限于长城稍北各处。布政使司下设府或直隶州，府下辖州和县，直隶州和府属州下都辖县（有的府属州称为散州，不辖县）。

陕西布政使司管辖西安、凤翔、汉中、延安、庆阳、平凉、巩昌、临洮等八个府，属州二十一，县九十五，治所设在西安府。在今陕西境内和辖区涉及今陕西的，有西安、凤翔、延安、汉中四府。关中属西安府和凤翔府，陕北属延安府，陕南属汉中府。各府共辖华、商、同、耀、乾、邠、陇、鄜、绥、葭、宁羌、兴安等十二州，六十八县及榆林卫。（《明代陕西建藩与西安府城建设》）

（七）清代陕西区域至此固定

清代，全国实行省、道、府（直隶州、直隶厅）、县（散州、散厅）四级行政制度。初分全国为十八省，后又增设东北三省、台湾省和新疆省，共二十三省。

清代，陕西省为当时二十三省之一，治所设在西安府。经过宋元明清，陕西与甘肃正式“分家”了，而历史上与陕西一直不相属的汉江流域（今汉中、安康地区）则逐渐归属陕西。当时，陕西省下设西乾鄜、潼商、凤邠、延榆绥和陕安五道。

西乾鄜道 治所设在西安。领西安府和乾州、鄜州二直隶州。

西安府，治所设在长安、咸宁，领长安（今西安市西部和长安区西部）、咸宁（今西安市东部和西安市长安区东部）、临潼、蓝田、渭南、富平、咸阳、高陵、三原、泾阳、兴平、醴泉（今礼泉县）、鄠县（今西安市鄠邑区）、盩厔（今周至县）、同官（今铜川市）十五县；领耀州（今铜川市耀州区）及孝义（今柞水县）、宁陕（今宁陕县）二厅。此外，乾州直隶州（今乾县）领永寿、武功二县；鄜州直隶州（今富县）领洛川（今洛川县及黄龙县西部）、中部（今黄陵县）、宜君三县。

潼商道 治所设在潼关。领同州府和商州直隶州。

同州府，治所设在大荔，领大荔（今大荔县西部）、朝邑（今大荔县东部）、郃阳（今合阳县）、韩城、澄城、蒲城、白水、华阴八县；领华州（今渭南市华州区）和潼关厅（今潼关县）。此外，商州直隶州（今商洛市商州区、丹凤县），领商南、雒南（今洛南县）、山阳、镇安四县。

凤邠道 治所设在凤翔。领凤翔府和邠州直隶州。

凤翔府，治所设在凤翔县，领凤翔、岐山（今岐山县及太白县东北部）、扶风、郿县（今眉县）、麟游、汧阳（今千阳县）、宝鸡（今宝鸡市城区东南部及太白县西北部）七县，并领陇州（今陇县及宝鸡市西北部）。此外，邠州直隶州（今彬州市）领淳化、三水（今旬邑县）、长武三县。

延榆绥道 治所设在榆林。领榆林、延安二府和绥德直隶州。

榆林府，治所设在榆林县，领榆林（今榆林市）、怀远（今横山县）、神木、府谷四县，并领葭州（今佳县）。延安府，治所设在肤施（今延安市中北部），领肤施、甘泉（今甘泉县东南部及延安市南部）、安塞（今安塞县及甘泉县西北部）、保安（今志丹县）、安定（今子长县）、延川、延长（今延长县西部）、宜川（今宜川县、延长县东部及黄龙县北部）、靖边（今靖边县及吴旗县东部）、定边（今定边县及吴旗县西部）十县。此外，绥德直隶州（今绥德县及子洲县南部）领米脂（今米脂县及子洲县北部）、清涧、吴堡三县。

陕安道 治所设在南郑。领汉中、兴安二府。

汉中府，治所设在南郑，领南郑（今汉中市南郑区东部）、褒城（今汉中市南郑区西部及勉县外坝河以东地区）、沔县（今勉县外坝河以西地区）、城固、洋县、西乡、略阳、凤县八县；领宁羌州（今宁强县）及佛坪（今佛坪县、周至县西南部及太白县东南部）、留坝、定远（今镇巴县）三厅。兴安府，治所设在安康（今安康市），领安康、紫阳、平利（今平利、镇坪二县）、洵阳（今旬阳）、石泉、白河六县；及汉阴、砖坪（今岚皋县）二厅。（以上见《清前期陕西社会与商品化的发展》）

纵观陕西历史几千年来的区域演变，我们大致可以看出：地方行政区域划分的出发点都是为了维护统治阶级的利益，在政治方面考虑得多，在经济方面考虑得少；同时，也跟随政治的需要而不断改变管理层次。地方行政区域作为一种制度，惯性很大，每个时期的区域变化都可以找到其渊源。这种变化要经过长时间才能充分体现出来，是一种承袭、变革和发展的关系。

三、从“史实”出发，填补了历史记述之不足

《三秦变迁史》在记述陕西历史时，不仅翔实地反映了陕西的兴起与衰落、发展与演变，而且吸收了最新考古资料和研究成果，力求史料的确凿和历史的真实。在现有的一些通史中，对有些在全国具有重大影响的历史事实或记述不详，或遗漏不记，或记述不足。对此，《三秦变迁史》不仅还原了这些历史原貌，而且补充了史志之不足。

《三秦变迁史》中，对夏先祖在陕活动与关中灭扈之战、大邑商在陕兴起及对关中的控制、周人的创业活动与西周王朝建立、先秦的秦人崛起与居雍称霸等，都有着翔实的记述。特别是随着全国政治中心的东移和经济重心的南迁，陕西也告别了昔日的辉煌，在历史记载中也出现了被边缘化的现象。而《三秦变迁史》正是通过对唐末大乱之后陕西历史的详细记述，弥补了中国通史记述之不足。

自全国政治经济文化中心南移，陕西逐渐变成了战略要地和军事防御的重要战场。例如北宋时期的陕西历史，在很大程度上以宋、夏战争为中心；南宋时期的陕西历史，在很大程度上以宋、金战争为中心。然而在一些通史的记述中，对这些具有重大影响的历史事实反映不足。而《三秦变迁史》在记述两宋时期的陕西历史时，对宋、夏战争与宋、金战争做了详细记述。这里仅以此为例简略述之。

（一）北宋时期的宋、夏战争

1. 西夏的崛起

党项是我国古代羌族的一支，早期活动在今青海东南部黄河河曲一带。后来，随着游牧民族的内附和内迁，党项部族就散居于今之陕、甘、宁边境。唐末，党项族首领拓跋思恭统一了党项各部，并出兵助唐廷镇压黄巢起义。唐以夏州为定难军，封拓跋思恭为节度使，晋爵夏国公，赐姓李。当时，党项人便据有今无定河流域的银（今榆林市鱼河堡）、夏（今横山县西毛乌素沙漠一带）、绥（今绥德县）、宥（今靖边县西北、内蒙古与陕西边界一带）等州。宋朝立国后，党项对宋称臣。北宋初年，党项与宋往来密切，贸易频繁，但宋与党项也有冲突。当党项部族传到李继捧、李继迁兄弟时，李氏家庭发生了权力之争。982年，党项族首领李继捧率部投宋，迁居东京，宋军占领了党项地区。其弟李继迁不愿投宋，率众自银州逃往夏州东北。李继迁联络北方各党项族，力图收复陕北故土，但都连续遭遇失败。后来，在银州党项人的响应下，李继迁采用诈降之计袭取银州，取得了起兵以来的首次胜利。又采取附辽抗宋的策略，李继迁又击败了哥哥李继捧。又经过几年战争，到宋真宗时，北宋向李继迁妥协，封其为夏州刺史、定难军节度使，把夏、银、绥、宥、静五州之地交予其管理。至此，李继迁终于收复了党项故地。1002年，李继迁攻陷灵州（今宁夏吴忠市）后，改灵州为西平府，并把党项族的统治中心移到这里。1038年，李继迁的孙子李元昊称帝自立，国号大夏，史称西夏。当时，西夏的统治领域扩展到“东尽黄河，西界玉门，南接萧关，北控大漠”，与宋、辽形成鼎立局势。西夏建国后，党项贵族四处扩张，屡屡进入宋境，攻城陷地，掳掠人、财，给西北边地人民带来了深重灾难。同时，西夏又东附辽朝，西联吐蕃，对宋的北部边界造成了严重威胁。

2. 陕北防御与延州大战

李元昊称帝后，宋朝上下大为震惊，下诏削夺原授予李元昊的官爵，并派夏竦、范雍、庞籍主持陕西军政，对付西夏进犯。

陕北是西夏争战的重要战场，而夏州则是保卫鄜、府两州和无定河河谷各城寨的关键所在。由于宋曾毁弃了夏州城（今靖边县），西夏据此先发制人，从东、西两个方面向宋进攻。1039 年，西夏进攻保安军（今志丹县），挑起战争。当西夏军兵临城下时，宋将狄青主动要求担任先锋，与前来交锋的敌人交战。狄青本是京城禁军里的一个士兵，宋仁宗派禁军到边境守防，狄青才来到保安军。狄青每逢上阵，先换一身打扮，披头散发，戴一个铜面具，只露出两只炯炯有神的眼睛。他手拿一支长枪，带头冲进敌阵，东挑西杀，西夏军纷纷败退。狄青前后参加了二十五次大小战斗，受了八次箭伤，从没打过一次败仗。西夏士兵一听到狄青的名字，就心惊胆战。这次保卫战中，西夏进攻为狄青所败。但由于宋朝边防体制混乱，庞大的边防军分散在五路二十四州军的几百个寨堡中，互不相属，都直接受朝廷控制，调度失宜，在党项贵族势力的攻击下形势很快恶化。

1040 年，李元昊大举进攻延州（今延安市），延州是陕北的交通枢纽和兵家争夺之地。为了控制陕北，这年正月，西夏兵分三路，采用两翼包抄、中央突破的战法，攻破北宋军横山山脉的防线，直逼延州城下。在此战之前，西夏派人“求和”，以麻痹宋军。然后分兵进攻延州西北的保安军和东北的承平寨（今清涧县西南）。虽然保安军的狄青击败了西夏侵略之军，但北宋延州守将范雍却将八万主力军分兵东西远离延州。乘此之机，李元昊又派重兵再次进攻保安军和承平寨，诱使宋军继续分兵。时机成熟后，李元昊亲率十万主力军沿金明道南下，直取金明寨（今安塞县旧城附近），宋将李士彬被俘，全线崩溃，西夏军直逼延州城下。范雍处此危境，乃急召环庆路副都总管刘平前来救援。刘平率领援军万余人，踏雪倍道而进，在离延安城五里的三川口，受到西夏军阻击，遭受惨败。西夏军乘胜攻破土门、塞门、安远等寨。但承平寨防守坚固，不易攻下；宋骑兵八千人驰援延州，袭破了西夏军的围攻线，才使宋军暂时稳定了下来。后来，宋麟州和环庆的部队分东西两头断西夏军后路，李元昊才引军北撤。

1041 年，西夏军进攻渭州（今甘肃平凉市），宋将任福在好水川全军覆没。1042 年，西夏军进攻镇戎军（今宁夏固原市），在定川寨又给了宋军以歼灭性的打击。李元昊乘胜向关中进攻，范仲淹派重兵阻击，才迫使西夏军退回。西夏军虽然连连取胜，但国力已疲，无力再战。1044 年双方议和，宋朝正式承认西夏国，并岁赐大量银、帛、茶等物，以此维持妥协。

3. 范仲淹、种家将威震陕北

延州大战失败后，宋仁宗命韩琦、范仲淹经略陕西。范仲淹，字希文，祖籍邠州（今彬县），后徙居江南，遂为苏州吴县人。他首次到陕北时，适逢宋军大败于延州定川口，形势非常紧张，便自请为延州知州。范仲淹一到延州，就着手改革边防军事制度。为了改变兵不识将、将不专兵的传统，他把延州路一万八千人配隶六将，授予职权，日夜操练，并按敌情轻重派出相应军队，轮番御敌。这样“约束即定，总领不二，劳逸又均，人乐为用”，很快提高了军队的战斗力。他还在沿边大兴营田，开市招商，增修城寨，完善烽燧，招抚流亡，团结边地诸羌部，使残破的边防逐渐得到恢复与巩固。

范仲淹在陕西，非常器重名将种世衡。种世衡任陕西鄜州判官时，西夏屡侵陕北，宋军设防不足，种世衡建议在延安东北二百里故宽州城，修筑其废弃城垣作为军事基地。西夏很快觉察到这一据点的重要性，便出兵夺取。种世衡率部一面作战，一面筑城，终于建成了这一座“右可固延安之势，左可致河东之粟，北可图银、夏之旧”的军事重镇，这就是今天的清涧县城。城建成之后，种世衡广开营田，招募商贾，贷以本钱，发展边地经济，联络羌、蕃部落，共抗西夏。当宋军在延州等地连续失利时，种世衡率羌兵增援泾原，扭转了危局。后来，种世衡病死在其率部筑成的新据点——细腰城。

当宋军面貌一新，边防得到加强时，由于韩琦失败，范仲淹被人诬告，降知耀州（今陕西铜川耀州区）。后宋夏多次战争，宋军连连失败，宋仁宗又不得不起用韩琦、范仲淹防守边境。由于韩琦、范仲淹等同心协力，号令严明，爱抚士卒，“诸羌来者，推心接之不疑”，故西夏不敢轻犯其境。范仲淹去世时虽已离开西北多年，但陕北仍然出现了“羌酋数百人，哭之如父”的感人情景。至今延安嘉岭山下还保留着范仲淹手书石刻“嘉岭山”三字与“范公井”等遗迹。

1066 年，夏毅宗亲自率军攻打庆州失败后，宋军开始取得军事上的主动权。1067 年，西夏绥州守将降宋，夏军来争绥州，被种世衡的儿子种谔大破，收复绥州。后西夏多次进攻，都未能得逞。到 1072 年，宋夏议和，以绥德（绥州归宋后所改名）城外二十里定界，西夏被迫承认绥州归宋。

4. 大举攻夏与永乐之役

到宋神宗时期，西夏国内内讧不断，王安石的熙宁变法使宋朝出现了一些新气象。于是，在 1081 年，宋朝企图一举灭夏，从五路出师，攻伐西夏。东线攻入银、夏、宥三州，把夏军全部逐出今陕西之境。西路更攻入西夏心脏地区，围攻灵州。西夏诱宋兵深入，坚壁清野，宋军粮饷不继，围攻失败，无功而返。

在宋夏两军暂时对峙的情况下，延州守将沈括提出沿横山山脉筑堡，把西夏拒于荒漠以西。宋将种谔同意沈括的主张，便向皇帝上书，宋神宗欣然同意，于1082年八月派遣给事中徐禧、内使押班李舜举到延州、鄜州等地监军。徐禧到陕北查看地形后，向神宗上书说，银州虽然在榆溪河、无定河交汇的地方，但不如永乐地势险要，提出先修永乐城，故址在今米脂县西北。种谔认为永乐处依山无井泉，军队饮水有困难，万万不能这样做。但皇帝听信了徐禧的话，下诏徐禧监护诸将修筑永乐城，让种谔守延州。永乐城修了十四天便竣工了，皇帝赐名叫银州砦。城修好后，徐禧退到米脂，派曲珍、高永能率一万多人据守永乐。九月，西夏出动几千骑兵偷袭永乐城，徐禧、李舜举等出兵援救，由沈括守米脂。不久，西夏调集全部兵力围攻永乐城，宋将高永能请求在西夏兵还没列成阵势的时候进行反击，但徐禧认为："王师不鼓不成列"。他手执指挥刀，亲率士卒，等待西夏兵列成阵势后出战。结果西夏兵越来越多，将士们看了都害怕起来，这时战将曲珍劝说："今众心已经动摇，不可战，战必败。"徐禧不听战将们的意见。西夏兵长驱直入，渡过无定河，打败了宋军的精锐部队，把永乐城团团围住，并占据了水寨。永乐城中缺水，将士们渴得无法忍受，打井打不出水，城里的人渴死很多。又逢当时半夜下起大雨，西夏兵从城四周急攻，城被攻破，宋兵惨败，徐禧、李舜举以下蕃汉官两千多人战败而亡，士卒役夫死亡六十多万。消息传到京师，神宗悲痛欲绝。

永乐战败，其惨重为开战以来所未有。西夏乘胜要求宋退到战前边界，作为议和条件，宋朝拒绝。于是西夏继续进攻，均未得手。至此，宋夏双方谁也奈何对方不得，战事停滞。

5. 宋夏和议与陕北停战

1092年，西夏倚仗辽国援助，再次进攻绥德城，未克，又攻环州，结果大败而归。

1096年，西夏再次出动五十万大军，依然分三路两次进攻延州。西路自顺宁（今志丹县西北）、招安（今安塞县西南），中路自塞门、龙安（今安塞县），东路自黑水（今横山县西）、安定（今子长县西），仍采取两面包围、中间突破的战略。但这次战争，西夏军攻陷金明寨（今安塞县南）后，无法进一步深入。次年，宋军在边地增修许多城堡，建成一条防线。

1098年，西夏在梁太后的率领下，四十万大军猛攻防线上新筑的平夏城，结果劳而无功，失败而回。到1099年，西夏崇宗亲政，后族失势，内政变化，而宋又以大军进逼西夏。西夏挽辽人出来求和，和议再成。西夏归还宋永乐之俘；宋将收复的米脂、葭芦、浮图、安疆四寨归还于夏。自此至北宋亡，宋夏间不复有大的战争。

从西夏建立到宋室南迁，宋、夏在北部边境时战时和，对峙了八九十年，其中绝大部分时间主要战场都在今之陕北。几十年的宋夏战争，使陕西北部满目疮痍。关中虽未直接遭受战祸，但征输挽运，人民负担极重。从而使陕西在北宋始终未能恢复以往的繁荣。（《宋夏金在陕之鼎立与战争》）

（二）南宋时期的宋、金战争

正当北宋王朝与辽、夏忙于战争的时候，居住在我国东北地区的女真族兴盛起来。五代时，其受辽的统治。北宋中后期，女真族的完颜部落逐渐强盛，并正式举兵抗辽。1115年，完颜部首领阿骨打自立为皇帝（金太祖），建立了金朝。金朝建立后，与北宋联合，灭掉辽国。灭辽以后，又向北宋进攻。1126年，金兵长驱直入，攻破北宋京都开封，俘徽、钦二帝和大量财物北去，北宋灭亡。于是，在1127年，康王赵构在南京应天府（今河南商丘市）立为高宗，史称南宋。金军又以重兵压境，高宗畏惧，出逃扬州，最后在杭州定都，改称临安。

1. 陕西沦陷

当高宗赵构逃到江南时，金军兵分两路：一路由金兀术率军渡江，尾追南宋皇帝；一路由完颜娄室率军，直扑中原。完颜娄室在攻占了山西、河南等地后，于1127年，又从陕州渡过黄河，翻越中条山，趁黄河封冻，由韩城对岸踏冰过河，攻入关中，占领了同州、华州一带，切断了潼关与长安的联系，很快攻占了潼关。后又攻破京兆府，俘虏了宋制置使傅亮，占领了长安、凤翔等地，关陇为之大震。从此，陕西军民从抗夏斗争转为抗金斗争。完颜娄室孤军深入，在陕西军民的勇猛打击下，金军只好在大掠关中后退兵东还。

1128年，完颜娄室、蒲察率兵再次进攻陕西。金将绳果在蒲城、同州（治在今大荔县）大败宋军后，沿路城池皆被其所破。完颜娄室率领大军攻破丹州（今宜川县及黄龙县北部一带）、临真（今延安市南）后，接着攻占了延安府（今延安市）。又攻降宋绥德军（今绥德县）及静边、怀远等十六城寨。金兵乘胜直进，一举攻破青涧城（今清涧县），青涧守将折可求以鄜、府、丰三州及九个堡寨降于金。金军乘胜直攻，又破晋宁军、安定堡、渭平寨及鄜（今富县东）、坊（今黄陵县东部）二州之地。于是，完颜娄室守延安，降将折可求屯绥德，蒲察还守蒲州。在金军的攻占之下，延、鄜、坊等州地区皆惨遭破坏，百姓存者无几。随后，完颜娄室又率军进入关中，攻占三原、乾州，直入京兆，驻军长安。此时，关中与陕北大部分地区均为金军攻占。但通往蜀地的咽喉要地，仍被宋军控制。

2. 关中大战

当陕西大部分地区为金军占领之时，入侵江南的金兀术却受到岳飞、韩世忠的沉重打击。于是，金朝改变了进攻战略，把主攻方向放在陕西，准备由关中进兵陕南及四川。宋朝为了阻止金军再次入侵江南，遂命川陕宣抚处置使张浚从关中或陕北袭击金军后方，以牵制金军。于是，张浚就决定组织一次大规模的反攻。

1130年八月，张浚调兵遣将，命大将吴玠从凤翔地区东进，收复了永兴军（今西安市），接着又夺回鄜、延诸州。九月，南宋永兴军、熙河、泾原、环庆、秦凤五路大军集结于关中，号称二十万，以熙河经略使刘锡为统帅，负责前线指挥，张浚也亲自由秦州前往邠州督战，准备和金一决雌雄。九月中旬，宋、金双方在富平原上摆开阵势，进行决战。富平附近的地形，一片平坦，旷野无阻，以步兵为主的宋军无险可守，却有利于金军骑兵的纵横驰骋。当时宋军阵前有片长满芦苇的沼泽地，宋军认为这是有利的凭借。当金兵用土袋填平沼泽地后，宋军仅有的凭借也化为乌有。大战开始时，宋军猛攻金军右翼，金兀术陷入重围，金军拼命死战，才得以突围而出。然而就在这时，宋将赵哲在金军左翼的攻击下惊慌失措，率军逃跑。结果金军反败为胜，联合进攻。而宋军上下之情不通，不能及时应援，结果五路军力被分别击破。宋军全线溃败，金军乘胜追击，张浚率残部一直退到兴州（今略阳县），耀州、凤翔等地的宋军也先后降金。到这年年底，秦岭以北的整个西北地区几乎都为金朝控制。富平之战以宋朝惨败而告终。

3. 和尚原保卫战

富平大战失败后，宋将吴玠聚兵扼守大散关以东的和尚原（今宝鸡市西南），以抵御金兵进攻陕南和四川。和尚原四周陡峭，顶上宽平，又有水源，屯军原上，就可控制大散关。金军要向南进攻，和尚原便是第一道难于逾越的障碍。吴玠退守和尚原后，整修关寨，屯粮练兵，决心死守。

这年五月，金将乌鲁、折合率数万精骑分两路南侵，约期会攻和尚原。宋将吴玠、吴璘（吴玠的胞弟）率数千人驻屯原上，列阵迎战，四战皆捷。因山谷路狭石多，马不能行，金兵弃马败走。不久，凤翔金兵前来进攻箭筈关（今宝鸡市西南），吴玠又派遣别将击败，金军两路始终不得会合，后退去。十月，金兵十余万人，由元帅金兀术亲自率领，在宝鸡（今宝鸡市）南渭水架设浮桥，渡渭攻原。吴玠、吴璘督领兵将，死守阵地，选拔劲弓强弩，利用有利地形，轮番射击，金兀术稍退却。此时，吴玠、吴璘另派出一支骑兵，切断金军运粮通道，并在金兵撤退途中设下伏兵，以断其后。金兀术连续三天，同吴玠所率宋兵鏖战。经过三十余回合的战斗，损失惨重；在撤退时又遭宋军伏击，致使全军溃败。宋军俘虏金兵一万多人，二十余里长的山谷里到处横着金兵尸体。金兀术身中流矢，仅以身免，率残兵狼狈退去，仅留撒离喝退守凤翔。和尚原大战，是金侵宋以来最严重的一次惨败，金人被迫暂时放弃了攻夺和尚原和由陈仓道南下的企图。

4. 仙人关大捷

和尚原大战后，金军虽遭惨败，但其攻陕入川的计划并未改变。1134年，金兀术再次率军向南宋蜀口进兵。金兀术率兵十余万，由凤翔经宝鸡，再一次进攻和尚原。当时，吴玠的胞弟吴璘守卫着和尚原，因军粮匮乏，兵力不足，自动撤离。金兀术占领和尚原后，出散关，沿陈仓道南下，攻下凤州、河池等地，进逼仙人关。仙人关在凤州以南的略阳县和甘肃徽县交界处。在仙人关西北的河池和成州一带，宋军利用嘉陵江支流青泥河、横川等水源，设置了被称为“地网”的塘乐沼泽地带，以阻挡金军骑兵的进攻，仙人关东北十余里有虞关（亦称鱼关），为嘉陵江航运的终点。虞关以北，连着铁山栈道，也是川陕路上的险要去处。吴玠在仙人关东北一道长岭附近修建营垒城寨等一系列防御工事，驻兵屯守，取名杀金坪，以加强纵深防御，并根据地形于仙人关和杀金坪之间，修筑了加强联系的第二道关隘。金军为了争夺这一军事要地，发动了对仙人关的大规模进攻。金兀术这次已下定决心，“示无返意”，要攻破仙人关，夺取蜀口，以长驱入川。

金兀术大军一到仙人关，先占据了杀金坪东面的高岭，在岭上立栅扎营，修建连珠堡寨四十余座，沿岭而下，进攻宋军。宋将吴玠亲率主力迎战。吴璘闻讯，急从阶州七防关（今甘肃武都区东）倍道驰援，冒围转战，会于仙人关。宋军初战失利，被金军突破杀金坪第一道防线，被迫退守第二道关隘。当金军向第二道关隘发动猛攻时，宋军同仇敌忾，拼死抗拒，不使金兵前进半步；又不时派遣精骑袭击金营，金兵惊恐。金军兵分两路，一路从东面，一路从西面，连续不断发动进攻。金兵披着重铠，一人在前，二人拥其后，前面一个战死，后面一个披起前者的盔甲继续前进。宋军继续采用在和尚原克敌制胜的战术，占据险要地形，用神臂弓向金兵密集射击，并施放炮石，摧毁金军的攻关设施。面对满山遍野的金兵，吴璘拔刀鼓励诸将：“此地是四川的门户，宁死不可失守！”战场上火把照亮了群山，战鼓声、喊杀声震天动地。金兀术在前三天的战斗中被宋军消灭了大量的有生力量，但仍不肯撤军。又经过两天一夜激战，金兵死伤惨重，溃不成军，金兀术连夜拔营退走。宋军乘胜追击，又于横川寨（今甘肃成县东四十里横川镇）和河池断敌归路。

仙人关大战胜利后，吴玠便率军乘胜收复了被金兵占领的凤州城、和尚原和大散关等地，重新巩固了秦岭一线，极大地打击了金军企图染指四川的野心。从此，金军再也不敢对陕南和四川发动猖獗进攻了。在这十多年的抗金战争中，陕西保卫战的巨大胜利，牵制了金军主力，有力地支援了其他抗金战场。

5. 陕西割据

在金、夏、宋对峙时期，在今陕西境内，形成了金、夏、宋的割据统治与鼎立之局。南宋偏安一隅，秦岭以南为宋所有。南宋在其所控制的范围内设立了十六路，今陕西境内有利州东路和利州西路。利州东路，包括今陕西汉中地区和安康地区；利州西路，今陕西境内仅有略阳县、凤县、太白县各县的一部分。

在今陕北境内，秦岭以北属于金。今陕西关中和陕西东南的商洛地区以及陕西北部延安地区的部分领土，皆被金国占据。今秦岭以北的陕西大部分地区分属金的京兆府路、鄜延路和凤翔路的一部分。

今陕北的另一部分地区（主要是今榆林地区）仍被西夏占据。南宋初期，西夏国力逐渐衰弱，故土大多丧失，虽仍据有陕、甘、宁边境之地，但在今陕西境域仅有夏、宥二州之地，包括宁朔（今榆林市榆林河流域）、德静（今榆林市西部）、朔方（今横山区西部及内蒙古乌审旗南部）、长泽（今靖边县及定边县北部）一带地区。

在宋、金、夏时期，由于陕西境内战争较多，又被分裂割据，再加上自然条件的差异等诸因素的影响，使得陕西经济的发展受到极大阻碍和呈现出极端不平衡状态，陕西经济的重心逐渐移向秦岭以南。（《宋夏金在陕之鼎立与战争》）

北宋时期在今陕西境内的宋、夏战争，虽不是宋、夏战争的全部，但却是宋、夏战争的主战场。南宋时期在今陕西境内的宋、金战争，也不是宋、金战争的全部，但不亚于南方的岳飞抗金。《三秦变迁史》的记述，真实生动地还原了历史事实。

四、从“特点”出发，揭示了陕西经济不同时期的特征

在中国古代史上，随着政治的变化，经济也发生着繁荣、衰退、萧条、复苏的周期性变化。从总体上看，随着社会生产力的发展和生产水

平的不断提高，社会总是在向前发展的。然而，由于不同历史时期生产力发展水平不同、统治者推行的经济发展方式不同，造成了社会发展的不同历史时期所呈现出的经济发展特点不同。《三秦变迁史》在记述陕西历史的发展过程中，正是从这一经济发展特点出发，以陕西不同历史时期的不同经济现象为重点，揭示了陕西经济发展不同时期的特征。

（一）西周以农立国

《三秦变迁史》指出，西周以农立国，采取的主要措施：

1. 推行“井田制”的土地制度

井田制是土地公有制，是利用原来“农村公社”的组织形式进行耕种。“周王把大量的土地分赐给诸侯百官，诸侯百官用道路、水道把土地划分为许多方块田，每方块土地约百亩；奴隶也随着田地一起被封赏给这些贵族，并被编制在这些方块田上进行集体耕耘。这种区划的土地，后来被称作‘井田’。这种大规模简单的劳动协作，在一定程度上提高了劳动生产率。同时，周朝也鼓励庶人开辟私田。”据岐山县董家村遗址出土的铜器卫盉铭的记载，“西周中期，已出现了土地的交换和租赁现象。这一土地制度的微小变化，反映了这个时期关中一带开始出现封建制的萌芽”（《周人的创业活动与西周王朝的建立》）。

2. 重视修池引泉灌溉事业

在岐山之阳和渭水之旁的关中平原，到周孝王时，引泉灌溉较为普遍，并且创造了陂池一类的水利设施，用以储蓄水流，旱时浇灌田地。如“滮池（在今西安市西北），就是丰镐附近最有名的蓄水库”。此外，他们又在人住邑中“开井”，陕西打井和使用井水的历史，在西周这个时期就已经开始了。西周时期已有不少的水利制度和措施。《周礼·冬官》篇中的“凡开沟，必须看水势；修堤防，必须看地势”，便揭示了治水的原则。《周礼·地官》里还记载了当时的农田灌溉，说：“用潴

（池塘）来蓄水，用防（堤防）来拦截水，用沟来引水，用遂（小沟）来均匀各块田间的水，用列（田间小沟）来留渗必要的水，用浍（大沟）来泻去多余的水。”这些沟洫灌溉制度的论述，都是关中人民农田水利的经验总结。当时国家设有“司空”的官职，专管灌溉及道路事务。（同上）

3. 提高农业生产技术水平

当时的劳动人民在辨土、施肥、用水、选择日照等方面都积累了一定的经验，关中的农作物品种和产量有了显著增加。农业生产工具也有了较大改进，农具有耒耜（耕）、耨（锄）、铚（割）、刈等。通过《诗经·周颂》所载“钱”“镈”“铚”等字形，可以推想有金属工具。《诗经·周颂·载芟》有“有略其耜”，《诗经·周颂·良耜》有“畟畟良耜”，“略”与“畟畟”都译为锋利，耜刃锋利，说明了农业生产工具有了大的改进。西周盛行耦耕，二人合作，比商代三人的“田”进步了。西周农业生产规模很大，《诗经·周颂·噫嘻》描述了周成王亲自号令成千上万农夫在三十里大田上同时耦耕的壮观场面。“西周已有休耕轮作制度，还使用绿肥和堆肥。而且多种作物混种，收获量颇高。总之，西周农业水平比殷商远为进步，尤其关中地区农业特别发达，已初步为‘一夫耕百亩’的小农经济打下基础。”（同上）

4. 发展关中的养蚕织帛事业

如“在泾阳县高家堡西周墓出土的麻布片，是以大麻纤维织成的。平纹组合，组织比较紧密，每平方厘米有经线十三根，纬线十二根。这块西周麻布实物的发现，说明西周时关中纺织技术已具有较高水平”。西周时期，关中的手工业已达到相当高的水平，“在周原和丰镐古都，以及凤翔、眉县、户县、蓝田、泾阳等地，都出土了大批西周青铜器”。如素以“青铜器之乡”闻名的周原，就有大量青铜器出土，如制作年代最早的大丰簋、最重大的盂鼎、铭文最长的毛公鼎等都是在这里发现的。陶瓷业在西周也有了较大发展，“在岐山县贺家村西周墓葬中出土的一件完整的瓷豆（“豆”是盛食品的带柄盘），是我国早期的瓷器器皿之一。这些实物的出土，充分说明陕西陶瓷工艺早在2600多年前已达到很高水平”。周原地区出土蛤蜊和大蚌壳较多，多不是周原所产。周原不产乌龟，该地却发现数以万计的龟甲，这可能是“外来的交换物品”。由此可见，“西周时期的关中是当时商品交换的中心地域”（《周人的创业活动与西周王朝建立》）。

陕西关中地区具有良好的地理条件和优越的农业基础。经过周人的长期开发和耕耘，关中地区在很长的历史时期里，是我国经济、文化最发达的地区。正如司马迁在《史记·货殖列传》里所盛赞：“关中自汧、雍以东至河、华，膏壤沃野千里，自虞夏之贡以为上田”，是全国财富最集中的地方。正因为如此，自西周至唐，在中国几千年的历史发展中，都把统治中心放在关中，把国都建在丰镐一带。

（二）大秦科技发达

从秦人立国到秦王朝建立，目前发掘出的实物资料足以证明，大秦时期的科技是很发达的。对此，《三秦变迁史》中做了简要介绍。

郑国渠 秦始皇即位后，采纳了水利专家郑国在泾水下游开渠引水的建议，兴修了“郑国渠”这一著名的水利工程。“渠自仲山西瓠口（今陕西省咸阳市礼泉县东北惠民桥西）引泾水东流，横绝自北山流下的清、漆、沮诸水，到今蒲城县东南入洛河，全长三百余里，灌区涉及今泾阳、三原、高陵、富平、临潼、蒲城及渭南等县市区。灌田四万五千多顷（相当于现在的280多万亩），变盐碱地为良田沃土。这条渠修成后，使关中变成‘陆海’之地。”

万里长城 秦统一全国后，为防御北方匈奴南下，派大将蒙恬率雄兵三十万，攻占了黄河以南的大片土地（今内蒙古河套一带），并征调各地民众，将战国时期秦、赵、燕三国北边的长城予以修缮，沿西北连贯为一，即西起临洮（今甘肃省岷县），北傍阴山，东到辽东的“万里长城”（全长约 2500 千米）。后经历代王朝不断培修，“建成了西起甘肃嘉峪关，经宁夏、内蒙古、陕西、山西、河北，东达辽宁鸭绿江畔，全长约 6350 千米的‘万里长城’”。

阿房宫 秦咸阳横跨渭河南北，渭河以南除上林苑外，就是以阿房宫为中心的庞大宫殿建筑群。阿房宫前殿遗址在今西安市西郊三桥以南的阿房宫村附近，东起巨家庄、赵家堡，西到古城村，东西长 1300 米，南北宽 500 米，夯土台址依然存在。阿房宫前殿规模宏大，“上可以坐万人，下可以建五丈旗”，并“周驰为阁道，自殿下直至南山之巅以为阙”；向北跨越渭河，与咸阳宫相连。其外有城名阿城，东西北三面有墙，南面无墙。其规模之大，构造之壮丽，可以想见。

随着阿房宫等大型宫殿的修建，秦代关中建筑科学技术水平也有了较大的提升。被世人视为珍品的秦砖，以制作精细、颜色青灰、质地坚硬、朴实大方、形式多样并表饰细纹等为特征。出土的秦代陶质曲颈水道，为古建筑史的研究，提供了难得的依据。

青铜兵器 秦代，采矿、冶炼、制造等手工业生产，在规模和工艺方面较前期都有很大提高。如出土的武士俑手中有实战用的青铜兵器，弓、弩、戈、戟、钩、剑等都非常精致。出土的秦剑虽然在地下深埋了 2100 余年，但至今仍寒光逼人，锋利无比。据化验证明，铜剑表面经过了铬酸盐或重铬酸盐的氧化处理。“这说明，远在 2100 年前，我国劳动人民就掌握了铬酸氧化法，真可谓世界冶金史上的一大奇迹。”

秦始皇陵兵马俑 秦始皇陵四周分布着大量陪葬坑和墓葬，其中包括举世闻名的兵马俑坑。秦陵园区范围达 56.25 平方千米，相当于

78个北京故宫的面积。陵墓底部面积达25万平方米，陵高115米，陵中内涵丰富、规模极其宏大。出土的两乘大型彩绘铜车马是秦始皇生前所乘车驾的复制品。一辆用以开道、警戒，叫“高车”；另一辆为始皇帝乘坐的大型安车，叫“辒辌车”。“经过化验得知，二号铜车马的不同构件，采取了不同的配料原则。”“全车共有3400多个零件，组装的工艺多种多样，有铸接、铸焊接、嵌接、销接、插接、子母扣接、活铰连接等多种方法。”特别是“马金银项圈的金管和银管之间，似用焊接法连在一起，但用二十四倍的放大镜观察找不到焊缝，说明当时的焊接技术已相当高超”。此外，秦兵马俑，系单独造型，逐个烧制而成，其面容、发式、服式及神态，各具特色，无一雷同；兵俑饰以彩绘，绚丽多姿，形态逼真；兵俑军容严整，官兵俑肃立，车、步、骑俱备，军容严整，精美绝伦，反映了当时雕塑和彩绘艺术之高超。（《秦帝国的咸阳统治》）

先生认为，随着秦代古迹的保护和出土文物的发掘，实物资料所反映的秦代科技之发达震惊世界，即使以现代眼光来审视，也是令人瞩目的成就。然而在中国历史上，在对秦始皇和秦代统治的否定中，给人们造成了秦代野蛮落后的印象；把秦与汉放在一起叙述，往往使汉代的水平盖过了秦代的成就。秦代的兼并战争和大兴土木，给关中人民带来了繁重的徭役和赋税负担，但所留下来的遗址和古物，却反映了秦代关中科技的发达和高超。

（三）汉代丝绸之路

1. 西汉丝绸之路的开拓

汉代把玉门关和阳关以西（今新疆及以西地区），称为西域（包括中亚以及更远的地方）。《三秦变迁史》记述，公元前139年，汉武帝为“通西域”，派张骞出使西域“以断匈奴右臂，隔绝南羌、月氏”。张骞，汉中郡城固（今陕西省城固县）人，杰出的外交家，后封博望侯。张骞率百人出使西域，途中被匈奴拘禁十年，后来乘机逃脱，不辱使命，越过葱岭，到达大宛、康居、大月氏等国，最后于公元前126年返回长安。他是开辟西域交通的第一人。公元前119年，他又两次出使西域，这次他的副使还到达大夏（阿富汗）、身毒（印度）、安息（伊朗）等国。汉武帝还派使者到达奄蔡（黑海以北）、条支（叙利亚）和犁靬（属罗马帝国）。中西交通从此畅通，贸易大盛。此后，西汉每年从长安派使者多达十批，动辄数百人，带去冶铸、井渠、农耕等先进生产技术和大量丝织品、漆器；而西域的“商胡贩客，日款于塞下”，传来佛教、乐舞等西域文化和良马、骆驼、水果等物产。由于丝织品成为中国输出的主要商品，在各国享有盛誉，所以这条道路后来被称为“丝绸之路”。丝绸之路的开拓促进了欧亚非各国和中国的友好往来。（《长安之盛与三辅繁荣》）

2. 东汉丝绸之路的复通

《三秦变迁史》记述，东汉明帝时，为了消除边患，东汉政府加强了与西域诸国的联系，朝廷遣班超率吏士三十六人出使西域南道。班超，字仲升，扶风平陵（今陕西省咸阳市）人，史学家班固之弟。班超以政治、军事手段使鄯善、于阗、疏勒诸国脱离了北匈奴的统治；后又平定莎车、龟兹、焉耆等地贵族叛乱，击退了大月氏的入侵。因功，官至西域都护，封定远侯。在西域都护任内，曾派副使甘英出使大秦（罗马），抵安息（今伊朗）西境，未达目的而返。班超经营西域三十余年，得到西域人民的广泛支持，威信很高。由于他和广大将士的努力，不仅确保了“丝绸之路”的畅通，而且加强了中原与西域的联系，为维护多民族国家的统一事业做出了重大贡献。（《京都东移与陕西中兴》）

丝绸之路开通之后，天山南北地区第一次与内地联成一体，在中国历史上有非常深远的意义。中原的丝织品、科技和农业先进技术传到西域，而西域文化和各种物产向东传播。这种频繁的经济、文化交流，促进了西域社会的进步，也丰富了中原人民的物质文化生活。

（四）隋唐商贸繁荣

工商业生产的兴盛和商品贸易的繁荣，是隋唐时期陕西经济繁荣的主要表现，《三秦变迁史》对此做了介绍。

1. 高档商品的普及

隋唐时期，随着经济的繁荣与手工业的发展，更多的商品进入市场，高档商品向社会日用品普及。“长安是‘丝绸之路’的起点，虽然外运的丝绸不是全出自陕西，但陕西的丝绸业在全国占有重要地位，织造工艺水平达到全国最高水平。当时生产的丝织品花色繁多，有绫、纱、缪、绵、绢、绮、生縠、轻容等类。京兆府的绫、纯（一种粗绸）、绸和隔纱，兴元府所产的縠，均被列为王朝的贡品，显然是全国的名产。丝织品的花纹，除织、绣外，又有印染新法，此法先在民间流传，后传入宫禁。唐朝染色有绞缬、夹缬和蜡缬，唐玄宗的嫔妃柳婕妤的妹妹就是第一个把夹缬染色传入皇宫的。”陕西的制瓷业有了新的发展，“耀州窑生产的青瓷和白瓷，技艺很好，瓷器精美，产品远销国外”。“唐三彩”是唐代陶瓷着釉的特色之一，上施黄、绿、赭三色彩釉（实际不止三色），彩釉见热熔化，互相渗透，有浓有淡，有深有浅，形成一种自然合成的特殊效果。金银器可谓当时的“高档商品”，“在今西安何家村、韩森寨和蓝田、临潼等地，出土了大量的唐代金银器皿等珍贵文物，其中有莲花瓣赤金碗，八面玲珑的金银杯，仿游牧民族皮囊壶的鎏金舞马衔杯纹银壶，纤小精细的赤金龙，鎏金八棱银杯、六曲盘、提梁壶等，都是罕见的艺术珍品，造型精美，可谓‘巧夺天工’”。总之，唐代商品数量的增加，新兴商品大量进入市场，使陕西境内特别是关中地区的各类市场规模日益扩大。

2. 商业都市的繁荣

唐都长安是全国的商业贸易中心，而东市和西市，则是长安城商业最集中的地方，这里“四方珍奇，皆所积集”，市场繁荣，货物齐全。繁多的店肆都按所经营的业务分成不同的行，据说东西两市各有二百二十行。经考古发掘，西市就有金银、铁、绢、纸、笔、鱼、肉、秤、药、鞦辔、大衣等行，及油靛店、饮食店、烛蜡店、寄附铺、邸店、柜坊等，各行组成“行会”，设行长。“寄附铺”，相当于今天的寄卖所，专门代人出售旧物，当时有名的是侯景先寄附铺（亦称当铺）。还有许多“邸店”，相当于后世的货栈，存放和代售外地商人的货物，店主人从中收取存管费。也有专门服务于外国行商的，如波斯邸，就是波斯商人开设的客邸，大约寄存货物，也供客商住宿。“柜坊”是商人存放现钱的商号，经营存款，主人按钱数收取存款费。西市内还设有公共存货的仓库。另外，长安还有坟典肆，也就是书店。东市的商业大体与西市相仿。东西两市经商人员众多，店铺密集，是唐长安城内最繁华的地区。长安居民坊中也有许多小店铺、小商贩、手工业作坊和旅店，一般的日用品、食品可以在街巷中就近购买。如延寿坊有金银珠宝店，宣阳坊有给丝绸染花的彩缬铺，丰邑坊有供应各种丧葬用品的店铺。饮食业，永昌坊有茶肆，昌乐坊有梨花蜜，辅兴坊有胡麻饼店，平康坊有羌果摊，长兴坊有毕罗店等。据考证，毕罗，即伊斯兰教民族中所盛行的抓饭。少数民族经商较为普遍，“胡姬招素手，迎客醉金樽”，就是这种情况的描写。有些坊中的小巷还往往以特别行业命名，如靖恭坊有个制毡业的巷子便称为“毡曲”，颁改坊有一条以馄饨业出名的巷子，名为“馄饨曲”。“曲”就是巷子的意思。此外，许多里坊中还有称为旅邸、逆旅、僦舍、旅馆、寄舍等不同名称的旅店，是当时长安商业贸易极盛的一个显著标志。

3. 外商涌入与“飞钱”出现

随着对外贸易的发展，经常有一批外国商人，通过“丝绸之路”或东南沿海港口，络绎不绝地来到长安，其中主要有突厥、回纥、大食、波斯和拂菻（东罗马帝国）的商人，而以波斯人为最多。这些人当时被称为“胡人”，他们贩卖珠宝、香料和药物，到处采购丝绸、工艺品、瓷器、金银首饰、茶叶等来自全国各地的商品。当时长安城里的外国商人多达四千余人，有的留居长安达四十年之久。为了便利行商，当时社会上已出现了“飞钱法”。“飞钱”相当于现今的汇票，亦称“便换”。飞钱法就是商人把钱交给诸道进奏院（驻京办事处），或官僚富豪之家，自己则轻装外出，持票据到外地取钱，购买货物。这种简单的汇钱法，促进了商业的发展。西安市郊多次发现的波斯银币、东罗马帝国金币、阿拉伯银币等，都说明了唐代同西亚、欧洲的密切贸易关系。

4. 富商大贾的活跃

随着商业的发展，长安出现了巨富大贾，他们囤积居奇，货堆如山。如唐高宗时长安城西怀德坊的邹凤炽，由于驼背，人称“邹骆驼”，其“金宝不可胜计，常与朝贵游，邸店园宅遍满海内，四方物尽为所收”。唐玄宗时的王元宝也曾说：“臣请以绢一匹系陛下南山树，树尽臣绢未穷。”可见，王元宝乃当时“大富”。还有西市商人王酒胡。安国寺重修时，唐僖宗李儇至寺中，令敲钟十下，捐钱一万贯，王酒胡竟敲钟一百下，捐巨款十万贯，其家产胜过皇室。这些巨商富豪和贵族官僚勾结在一起，欺行霸市，剥削人民。就连皇宫里的太监也蛮横无理，强行掠夺，任意欺侮百姓。诗人白居易的《卖炭翁》一诗，就是对这种情况的有力揭露。（《开元之治与陕西鼎盛》）

隋唐商业贸易的繁荣，与商品流通的发达是分不开的。隋唐时期，不仅在国内建立了四通八达的水陆交通线，而且商业活动的范围扩展到国外，使国际贸易得到迅速发展。

（五）明代商品经济

《三秦变迁史》重点记述了明代商品经济在陕西的发展。明中叶以后，随着农业经济的恢复和发展，陕西地区的商品经济也逐渐蓬勃兴起。这首先表现在小农经济有向商品经济转化的苗头。三原县北“水泉滋润”，种植蔬果的菜农，依赖市场，获利较厚。而且在社会分工的进一步发展上，不少条件较好的地方，已经出现了手工业和商品生产基地，如陕西南部汉中等地的造纸业以及陕西一些地方的木材加工业等。明代陕西盛产茶叶，据记载，明初陕西的汉中、金州（安康）、石泉、汉阴、平利、西乡诸县，有茶园45顷，茶树860000余株，年产26000斤有余，并设有茶课司，征收税额。陕北又是盐的产地之一，当时的西安、汉中、延安、凤翔四府都设有盐行，并允许商人运粮到边地，换取“盐引”到指定地区出卖，这就促进了商品的流通和商品市场的扩大。陕西也卷入了以武装盗矿为特点的全国性采银狂潮，洛南“矿利稍厚”“矿徒猖獗”，多时聚积万人；汉中“矿贼俞士乾聚众数千，肆为吞噬”。这充分说明当时商业资本的活跃。

明代，陕西还出现了许多拥有大量资本的商人集团。当时，活跃在商业界的有两大集团，一是安徽新安的徽商（亦称新安商人），一是陕西的秦商（亦称陕商）。后来山西商人加入陕西行列，史称秦晋商人或山陕商人。秦商是明代商业界中十分重要的一支。郭正域《大司马总督陕西三边魏确庵学曾墓志铭》中说：“盖秦俗以商贩为业，即士类不讳持筹。”张瀚《松窗梦语》亦云：“至今西北贾多秦人，然皆聚于汧、雍以东，至河华沃野千里间，而三原为最。”清嘉庆《江都县读表》也说：“明中盐法行，山陕之商麇至。”《皇明经世文编》卷一三六胡世宁的《边备十事疏》说：“古迁蒙右，填实边塞下，今山陕富民多为中盐，徙居淮（淮安）、扬（扬州）。”当时的商人集团掌握着全国粮、棉、丝、茶、盐、铁、木材的交换命脉。这些富商大贾，大都与官府有着这样或那样的联系，不少人是以官商的面目出现的。“顺治以前，尚见有不少的山陕徽浙商人直接从事海上贸易的活动，远航日本等国，以中国的绸绫毡布，来换取外洋的椒檀铜藤诸货。”（《康对山先生全集》）

明代，陕商活动的范围是苏、浙一带及直隶、山东、湖北、湖南、四川、甘肃，还有地处西南云贵高原的云南和康藏高原的西藏。正如《小方壶舆地丛抄续编》说，拉萨“城以内所住商贾，唯秦、晋两帮最夥”。《云南通志》也说云南的“典当业则为陕西、山西帮开设者”。扬州大明寺（又叫法净寺）的大雄殿，是陕西商人在弘治六年（1493年）修的。此外，外地商人也大量流入陕西经商，大得利润。随着商品经济的发展，陕西传统的“重本抑末”的经济思想受到了一定的冲击。（《商品经济的活跃与地方文化发展》）

（六）清代新因素生产关系萌芽

《三秦变迁史》对清代陕西地区新因素生产关系有着详细的记述。陕西农业经济的发展和粮食产量的提高，使得庶族地主、富裕的农民有可能将更多的粮食投入市场。如陕南的商品粮不仅满足了当时蓬勃发展的山区工场手工业的需要，而且大批地沿汉江运销湖北等地。据乾隆时期的档案记载，当时陕西已出现经营地主和货币地租。据对陕西地方志所记载的商品大体统计，当时用作商品交换的基本上是粮食等农业品，还有农家手工业品（布）、农村手工业品（纸、陶器）、城市手工业品（铁银铜诸器）等。虽然清代陕西商品生产仍是农业小生产，特别是以农民的小生产为主，但它已不是唯一的形式，采用雇佣劳动的生产部门有所增多。如当时陕西的造纸、木材、采矿、冶炼等手工业方面都有雇工，商业资本主要是从农产品和农民加工品的贸易中积累起来的。如陕南汉中地区烟草种植已相当发达，就是专为销售而经营的。这个时期，陕西出现了田主、土地经营者、农业雇佣工人三种集团。农业雇佣工人的大量使用，是商品经济在清代发展的一个突出特点。

清代，陕西出现了商人直接支配生产的形式。陕西中南部的终南山一带，出现了规模较大的商人经营的木厂或木厢。当时，“西安府之周至县，西南至洋县六百里”，“林内开设木厢，冬春匠作背运佣力之人，不下数万”。木厢即工厂，“一厂群工备，大者屡千人”。这些厂大都是商人操纵的以雇佣生产为主要特征的手工业工场。道光《户部则例》载：“陕西南山铁厂，合商民自出资本，募工开挖。”陕南这样的手工工场大量增加，发展很快。陕西的这些“铁厂、板厂、纸厂、耳菌厂皆由厚资商人出本，交给厂头雇募匠作”。陕西的手工业工厂，大都达到相当规模，内部分工十分发达，主持者拥有巨额资金，显然是资本主义性质的工场手工业生产。由于商品货币经济的发展，陕西某些手工业生产中包买商或“账房”的活动也十分活跃。

这些工厂大都由“拥厚资求赢者”，即以获得利润为目的的投资者主持，“若不准开厂，则工作之人无资以生”。这些一无所有的“工作之人”与“拥厚资者”之间形成的生产关系，显然已具有资本主义性质。尽管在清代，陕西小农经济商品化程度有了迅速发展，具有资本主义新因素的生产关系开始萌芽。但由于其基础仍然是封建性的，在封建专制的沉重压抑和残酷剥削下，到清朝中后期也就日趋衰落、夭折了。（《清前期陕西社会与商品化的发展》）

《三秦变迁史》在记述陕西历史变迁过程中，紧紧抓住经济发展这条主线，从不同历史时期的不同特点出发，突出了每一历史时期经济发展的主要特征，既清晰反映了陕西历史的发展脉络，又打破了地方史学的传统写法，展现出了此书的独有特色。

五、从“传承”出发，阐述了陕西文化的多元变迁

文化变迁与社会变迁既有联系又有区别。一个社会内部和外部的变动都会促使其文化系统发生适应性变化，从而引发新的需要。创新、传播、涵化是文化变迁的过程和途径。《三秦变迁史》阐述了陕西文化的多元变迁，揭示出了陕西文化发展的连续性和创新性。

（一）远古至夏朝建立以前为陕西文化的起源期

陕西文化起源于古代神话和民间传说。《三秦变迁史》正是从这一起源入手，记述了女娲独居骊山，用黄土做人，“引绳于泥中，举以为人”，给陕西人类的诞生插上了幻想的翅膀，“而近代考古的发展，才使人们拿起了打开陕西人类起源奥秘的钥匙”。特别是半坡时代出现的原始文化艺术和一些原始文字符号，是陕西文化起源的重要标志。在父系氏族社会的末期，生活在西安地区的先民们，已开始用文字来交融思想和记述事情了。西安市西郊斗门乡花园村一个原始社会的遗址中，发掘出了一批原始先民刻写的甲骨文，把中国人最早使用文字的历史，提前到公元前5000年至公元前4500年左右。

陕西其他地区的文化遗址中，“还发现有人和兽的骨架埋在一起的乱葬坑”；“人的骨骼散乱，残缺不全，有的人两手前伸，作挣扎状”。这些文化遗存的发现，便历史地构成了陕西奴隶社会的前驱。陕西先民在物质文化、精神文化和社会组织形式等方面的建树，都是中国传统文化的渊源。（《陕西远古人类的活动》）

（二）夏、商至西周时期为陕西文化的形成期

在夏、商时期，陕西境内特别是关中地区有许多诸侯封国，尤其是西土“小邦周”的建立，为陕西文化的形成奠定了基础。西周时期，以

宗法制和分封制的建立、井田制的推行、引泉灌溉和牛耕的出现、纺织业和陶瓷业的发展，以及以“青铜器之乡”闻名的周原为标志，是陕西文化的形成阶段。《三秦变迁史》中指出：

在周原宫室基址发现了17500多片甲骨，其中有字卜甲290多片。文字形状与殷商甲骨文相仿，但字体细小，在指甲盖大的一块卜甲上，竟能刻上20至30个字，还有一种由数字组成的辞。此外，今武功郑家坡、岐山凤雏村、扶风召陈村和长安沣西张家坡等遗址中，还出土过西周陶文，发现有刻画符号和文字的陶器残片31片（件），瓦片53片（件），计84片（件）。这些符号已经属于文字的范畴了。周原出土的陶文，除有一定“形”外，还有一定含义，起着说明瓦和陶器的数量与放置地方或方位的作用。这些陶文既有地区的特殊性，又有一定的共同性，这也表明其已具备文字的性质，在较广泛的地区使用。这些陶文字体中，有些字与该遗址中出土的西周甲骨文相类，只是刻画比较草率。如“周”刻作“母”。陶文出自工匠之手，这说明当时民间已流行这种文字了。如果说西周卜骨、卜甲中的文字，是西周宫廷文化发展的标志，那么西周出土的陶文字，则说明当时书写文字已普及到下层工匠之中。在这一基础之上，成熟的文学的出现，是很自然的现象。三百零五篇的《诗经》，是西周文化发展的杰出代表。（《周人的创业活动与西周王朝建立》）

西周奴隶主统治者为了巩固奴隶主贵族内部的政治、经济秩序和强化对奴隶阶级的专政，在丰镐京都颁发政令，制礼作乐，建立了一整套宗法制度和礼乐刑政制度。特别是记载周公言论的《尚书》中的《大诰》《多士》《无逸》《立政》等篇，对西周奴隶制的巩固和后来我国封建典章制度的形成，都起了积极的作用。“六经”的编写，是陕西文化形成的重要标志。

（三）秦、汉时期为陕西文化的定型期

秦时，雍都文化很发达，“秦穆公自称秦‘以诗书礼乐法度为政’，‘诗书礼乐’乃西周文化之特征，可见秦吸收了周代的先进文化。《诗经》的《秦风》，是雍都时代的文化；《尚书·秦誓》是秦穆公的官方文书。此外，秦国的医学也很先进，秦医缓曾为晋景公治病，秦医和曾为晋平公治病。这说明秦国的文化进步很快”。秦统一六国后，建立了影响数千年之久的皇帝制、郡县制和各级官僚制度，推行了“书同文”“度量壹之”和“车同轨”，造就了关中文化的迅速发展，特别是以《吕氏春秋》为代表的史学著作的出现，标志着陕西文化的逐渐成熟。（《秦帝国的咸阳统治》）

西汉时期，三辅乃京畿所在之地，是全国统治中心。因此，西汉王朝对三辅之地的文化建设十分重视。随着社会经济的迅速发展，陕西的文化教育事业都有了新的发展。特别是到了汉武帝时期，陕西文化空前兴盛，取得了以机械制造工艺、造纸、天文等为代表的一大批科技成果。西汉政府积极收集整理书籍，在长安创建了我国最早的档案馆和图书馆。世居长安的刘向、刘歆父子编定的《七略》，是我国第一部系统的图书分类目录。此外，宫廷乐府机构的创建，乐府歌诗的演唱，汉赋文学作品及以《史记》《汉书》等为代表的史学著作的出现，以及道教的产生和佛教的传入，是陕西文化发展的重要标志。（《汉承秦制的三秦发展》）

先生指出，随着汉武帝“罢黜百家，独尊儒术”文教政策的推行，朝廷设立《诗》《书》《易》《礼》《春秋》五经博士，允许自行授徒，陕西文化进入定型期。自此以后，中国封建社会的文化教育基本以此为遵循。

（四）魏晋南北朝时期为陕西文化的发展期

魏晋南北朝时期，大小军阀和少数部族为了入主中原，在北方能够站稳脚跟和发展势力，便加强了对陕西特别是对关中的争夺和控制。在北方混战中，中国农业文明与游牧文明在民族迁徙、冲突中互相交流和融摄，北方世族南迁，促进了南方文化的发展，接着，南方文化又向北方回流，实现了南北文化的沟通。同时，玄学从儒、释、道争论中诞生，各民族文化风习也在战乱中薪火相传，该时期可谓中国文化内部冲突与融摄的阶段。

在三国鼎立时期，今之陕西被分割为三部分：关中及陕南东部属曹魏，陕南西部归属蜀汉，陕西北部为匈奴贵族所占据。曹魏基本控制着关中地区，在促进社会经济的恢复和发展过程中，也加强了关中文化建设。当时的关中出现了一批著名的哲学家和文学家，如北地泥阳（今铜川市耀州区东南）人傅嘏，是魏国著名的哲学家；弘农华阴（今华阴市）人杨修，是当时著名的文学家；还有“建安七子”中的王粲、女诗人蔡琰等，都在长安一带生活过。此外，蜀汉时期的汉中盆地，文化教育事业也有了新的发展，特别是陕南地区的“五斗米道”异常活跃，是原始道教的一支——天师道。（《三国鼎立时的陕西割据》）

在西晋末年的北方混战时期，关中屡遭战乱，汉民大量南迁，西北少数民族大批涌入，使关中的民族成分不断得到更新。在前秦统治之下，苻健等统治者在关中薄赋税，轻宫室，重政事，优礼仪，敬老人，提倡儒学，兴办学校，大大加速了少数民族封建化的进程。以苏蕙的织锦诗《回文璇玑图诗》、苻朗的《苻子》、赵整的乐府诗、高僧道安及弟子慧远的佛教学说等为代表，反映了关中文化的新发展。后秦时期，鸠摩罗什在草堂寺讲经，并校译梵文经典，反映了当时长安佛教文化之极盛（《北方混战中的关中政权》）。北魏入主关中后，佛教又有了新的发展，大修佛寺，假慕沙门，僧尼大增。现保存下来的法门寺古刹（当时的“关中塔寺之祖”），其宝塔地宫珍藏的舍利、金银器、丝绸品等稀世珍品，丰富多彩，令人叫绝，反映了关中佛教文化之兴盛。在各民族文化风习的影响下，在儒、释、道的文化冲突与融摄中，孕育着关中新文化。（《拓跋鲜卑入主后的关中复兴》）

（五）隋唐时期为陕西文化的繁荣期

隋唐时期，辽阔疆域内因地制宜多种形式的行政管理制度及以“胡化”为特征的诸族荟萃的社会风俗文化，造成了陕西特别是关中文化的繁荣。《三秦变迁史》对此做了详细记述：

唐代，今之陕西的建筑、筑路、造船、水利等工程技术和自然科学都取得了崭新的成果；天文学家李淳风颁行的《麟德历》，标志着天文学的很大进步；玄奘的《大唐西域记》、贾耽的《海内华夷图》、李吉甫的《元和郡县图志》等，反映了地理学的新发展。当时，陕西名医辈出，著作丰富，如孙思邈的医学名著《备急千金要方》及《千金翼方》，对医学和药物学做出了巨大贡献，被后人尊为“药王”；郿（今眉县）人王焘所撰的《外台秘要》，是最早的传染病医著；还有洛南县人韦善俊等。

唐代，陕西文学艺术繁荣，清人编纂的《全唐诗》有48900多首，其中不少是以今之陕西的人、事、物为题材写成的。杜甫、李白、王维、白居易、元稹等著名诗人和文学大家大都短期或长期在长安居住过，并在这里留下了光辉的艺术创作。另外，唐代长安的经学家著述甚为丰富，如西安碑林保存的著名的《开成石经》，共有114块碑石，刻65万字，是唐代经学成果。关中还出现了一批史学家和文献学家，如京兆万年（今西安市）人姚思廉、京兆华原（今铜川市耀州区东南）人令狐德棻、京兆高陵（今西安市高陵区）人于志宁、杜陵（今西安市东南）人韦述、京兆万年（今西安市）人颜师古等。尤其是京兆万年人杜佑，以36年的时间，撰成我国第一部记述典章制度的通史——《通典》，计二百卷，从此确立了史书中的“政书”体裁，以后遂有“九通”“十通”出现。此外，在军事、法律和佛学研究等方面，陕西也有着前所未有的新发展，如李靖的《李卫公兵法》，长孙无忌编著的《唐律疏议》三十卷，高僧法顺所著《华严法界观门》、窥基所著《唯识论述记》等，都代表着陕西文化的新成就。

唐代，陕西绘画不仅名家辈出，而且技法推陈出新。最有成就的是长安宫廷画家吴道子，号称“画圣”。世居长安的李思训父子，为山水画北派之祖；阎立德兄弟，擅长人物故事画。蓝田人韩干，画马名家；长安人韩滉，画牛名家；京兆人张萱，人物画专家；京兆人周昉，仕女画家；长安人边鸾，花鸟画家等。此外，壁画是另一种绘画形式，关中唐陵出土的大批唐代壁画，具有极高的艺术价值和史料价值。如章怀太子墓甬道左壁的《观鸟捕蝉图》，只有一石一树一蝉一鸟和在深宫中表情不同的空虚无聊的三个侍女，是一件极精致的绘画小品。唐代关中还出现了线画石刻艺术，这是绘画与石刻相结合的产物。在陕西唐墓出土的石椁上（也有少量是石椁以外的），游刃自如地刻画着大量的人物（大多数是宫女）、花、鸟，装饰图案等。而石椁上一幅幅生动美丽的唐代仕女石刻线画，是全国罕见的“陕西特产”。至于雕刻，陕西更有不少佳品杰作，关中十八个唐陵拥有大量巨大石刻群，有“唐代露天雕刻馆”之称。

唐代，书法艺术纯熟。陕西一大批著名的书法家，风格各异。京兆万年人颜真卿，创“颜体”；华原（今铜川市耀州区）人柳公权，创“柳体”。此外，唐玄宗李隆基的《石台孝经》，是难得的汉隶珍品；褚遂良的《唐同州圣教序碑》，被誉为“铁画银钩”；张旭的《断千字文碑》、怀素的《千字文碑》，世有“颠张狂素”之称。至于碑石上的字体，有的笔力遒劲，有的开朗严谨，有的豪放洒脱，有的墨痕润朗，有的隽永苍劲，反映出我国古代书法艺术的极高水平。

唐代，长安的音乐、舞蹈和戏剧艺术空前昌盛。唐宫廷除设有专管礼乐祭祀的雅乐机构外，还设立了专供皇家娱乐的剧团——内教坊；在长安以北的禁苑内，又设立了一所综合性的皇家艺术学院——梨园，是训练歌舞艺人、戏曲演员和排练文艺节目的地方。内教坊和梨园的设置促进了歌舞艺术的发展。如唐代吴文残碑一通，反映了唐代汉族人和西域人二人一起表演《双柘枝》舞蹈的情况。此外，唐代的体育活动也很活跃，足球和马球是当时盛行的体育运动项目。西安北郊大明宫范围内曾发现一块刻有“含元殿及球场等，大唐大和辛丑乙未年建”的刻石，便是很好的佐证。

唐代，宗教文化交流获得了更大发展。传入长安的景教（又称也里可温教），在长安义宁坊“建寺一所，度僧廿一人”，后改称大秦寺；摩尼教，长安亦有摩尼寺；祆教，亦名拜火教，仅长安城内就有胡祆祠、祆祠、西祆祠、南祆祠四所；伊斯兰教，有位于今西安鼓楼西北隅的化觉巷清真寺，至今保存完好。唐人主要信仰的是道教和佛教。长安城中的道观就有 30 所之多。佛教在唐代更盛，长安成为国际佛教留学之地。当时的佛教寺院，除京兆府户县草堂寺、扶风法门寺外，仅长安一带就有大兴善寺、弘福寺、慈恩寺等。特别是高僧玄奘西行游学印度求法取经，带回佛经六百五十七部，先后在弘福寺、慈恩寺等处翻译；佛教建筑大雁塔，是为玄奘保存佛经、佛像而修建的。唐时长安有寺院一百四十座，僧尼多达数万。此外，日本留学生空海，慕名来到今西安曲江池北岸的青龙寺，向密宗第七祖师惠果学习密宗教，回国后，成为日本创立“东密”的开山祖师。为了纪念空海和尚，日本募捐设立的“空海纪

念碑”和修复的“惠果、空海纪念堂”，在青龙寺遗址落成。（《开元之治与陕西鼎盛》）

总之，隋唐时期为陕西文化的繁荣阶段。

（六）宋元时期为陕西文化的演化期

《三秦变迁史》指出，宋代，陕西政治、经济相对衰落。然而一度衰落的陕西文化迎来了新的发展阶段，其主要标志就是地方文化的活跃。

宋代，陕西出现了不少有成就的文学家、艺术家和科学家，如以新平（今彬县）人陶谷、京兆长安人韩溥、韩城人张昇为代表的一批著名的文学家。范仲淹、苏轼等曾在陕西经略为官，都留下了不少诗文名篇。一些艺术家也在陕西留下了珍贵的艺术作品，如北宋著名的山水画家范宽曾居南山、华山之中，对景写生，自成一家；大书法家米芾，曾在周至楼观台留下了“第一山”的题碑。此外，北宋著名的“蓝田四吕”，即吕大忠、吕大防、吕大钧、吕大临四兄弟，是今蓝田县三里镇桥村人，四人合作的《吕氏乡约》提出了民间自治主张。吕大忠把五代韩建修筑新城弃于野外的“六经石”收集迁移，新移的石经，为其后发展的“西安碑林”奠定了基础。吕大临在考古方面很有建树，其《古器物图录》是我国的一部重要考古文献。

以理学为主导的儒学新派别在三教合一的时代潮流中形成。宋代理学中取自道教的成分，主要是关中道教学派的哲学体系。关中道教学派的创始人是华山道士“陈抟老祖”。陈抟，自号扶摇子，亳州真源人，曾移居陕西华山，与华阴隐士李琪、关西逸人吕喦（吕洞宾）、终南道士谭峭等一起研究道教。陈抟的《龙图序》一书，融合《易经》中的哲学思想与道教神秘主义，宣扬神学目的论的天人相通说，创立了对理学发展有重大影响的先天象数学的思想基础。宋之理学分为濂、洛、关、闽四大学派，而“关学”即关中之学，创始人张载，生于长安，随父侨寓于郿县（今眉县）横渠镇，成名后即在横渠讲学，人称“横渠先生”。张载所创立的“关学”，是宋代理学中具有唯物主义倾向的主要派别，但其宗法伦理观念却被朱熹等人所接受。（《北宋陕西社会与经济文化发展》）

宋元时期，陕西文化有一个新的变化，就是群众文化的活跃。如果说宋以前，由于京师长安的缘故，陕西文化比较集中于京兆一带；但从宋以后，则更多地表现为在广阔农村的如秋神报赛等文化活动，陕西地方戏曲文化则更为活跃。元灭金后，爱好戏曲的元世祖曾掠关中妇女为娼，在京兆城里建立教坊、行院、勾栏，其建制与规模，并不亚于大都与杭州。当时，整个陕西特别是关中民间戏曲活动普遍兴盛。元好问在记述西安附近演出活动时说：“日暮新丰原上猎，三更歌舞灞桥东。”元代陕西有许多散曲作家，特别是著名的杂剧作家马致远曾在陕西生活过一段时间，以陕西的故事为题材创作了许多有名的杂剧。当时，陕西地方戏曲种类繁多，有秦声歌舞、货郎旦、唱曲、杂剧等，是元代戏曲活动最为活跃的地区。（《元代陕西的进步与危机》）

（七）明清时期为陕西文化的新变期

《三秦变迁史》把明代与清前期称为陕西文化的新变期，并做了简要记述。

1. 明代

陕西科学技术有了新的发展，以泾阳人王徵的《新制诸器图说》为代表，反映了陕西科学技术的新成就；以“前七子”中的康海、王九思的诗文、散曲和杂剧为代表，反映了陕西文学艺术的复兴。陕西籍作家韩邦奇，著有音乐理论著作、地理著作、史学著作和理学著作等。明代后期，西安府长安县（今西安市）人冯从吾则继承了关学的传统，吸取同时代其他学派之长，是关学中把程朱理学与陆王心学融合起来的集大成者。他借用西安城南门内的宝庆寺（位于今西安市书院门小学）作为讲学场所，听众竟达几千人。在冯从吾的主持下，关中首善书院（亦称关中书院）应运而生。当时，关中各地建立了不少书院，如“宏道书院”（三原县）、“文正书院”（耀县）、“新城书院”（富平县）、“千山书院”（陇县）等。

明代，陕西文化还有一个新的特点，就是文人学士多是地方志专家，当时的地方志编写比较兴盛。关中地区出现了八部有名的县志，号称“关中八志”。特别是三原人马理，是研究《礼记》《仪礼》的专家，他主编的《陕西通志》，是现存陕西省志中最早的一部。（《商品经济的活跃与地方文化发展》）

2. 清代前期

在商品经济发展的影响下，陕西在封建极权政治下产生出了具有新元素的文化。清初三大启蒙思想家之一的顾炎武，是江苏昆山人，但他的后半生多是在北方度过的。他在陕西住了很长时间，对陕西的学风评价很高，“秦人慕经学、重处士、持清议，实与他省不同”。顾炎武在关中进行了频繁的讲学交友活动，与“关中三李”中的李颙、李因笃和华阴王宏撰等人交游甚密，切磋学问，辩论短长。顾炎武、屈大均等南方学者来陕，传东南之学于西北；李颙、王宏撰等游历江南，传关中之学于江表。“关中三李”中的李颙，提倡经世致用和求实之学，反对理学的空谈和浮夸之风，同顾炎武辩论“体用”问题，主张各取所长。其学说在清初不仅风靡北方，而且传入江南，与直隶（河北）的孙奇逢、浙江的黄宗羲之学说鼎足，号称“海内三儒”。关中学者虽各有所长，长短互见，但他们都从理论或治学实践上发扬了关学“重实”的传统，推动了清前期实学思潮的兴起和关学的进一步发展。

清前期陕西出现的文学艺术，大都有着一定新的民主思想。当时，陕西出现的文学艺术，选材范围十分广泛，有的取材于历史事实、历史传说与神话小说；有的取材于日常现实生活。如陕北米脂人李健侯，写出了反映李自成农民起义斗争的小说《永昌起义》，这在当时是难能可贵的。明末“关中八遗”之一的李灌，隐居乡里，编写了一些反对清人入主中原的诗词和说唱剧本，多带有浓厚的民族思想与不可屈服的反抗精神。渭南人李芳桂创作的《白玉钿》《火焰驹》等作品，把青年男女争取爱情、婚姻自由与反抗宗教愚昧和封建专制思想联系起来，具有深刻的思想性和浓厚的生活气息。剧作家王筠，人称“长安才女”，其创作的大型剧本《繁华梦》《会仙记》等，以妇女解放为主题。至于《铡美案》《打渔杀家》《法门寺》等，内容之新颖、寓意之深刻、艺术之高超，都是前所少见的。而且，陕西戏曲班社也开始出现营业性的演出。当时，以里巷歌谣与旷野山歌为基础的陕西地方戏曲和民间文艺的兴旺发达，间接地反映了作为专供封建统治者享有的庙堂艺术的衰微与崩溃。

清代，陕西还出现了一批著名的科学家、文史学家和金石学家。特别是乾隆年间，曾任陕西巡抚的毕沅，不仅主持陕西县志的重修和编写工作，而且着力收藏、悉心研究金石书画，踏勘、修缮陕西境内的许多文物，其中最为突出的是整修西安碑林。毕沅不仅重建了西安碑林，而且著有《关中金石记》《关中胜迹图志》，对陕西文物的研究和保护做出了卓越贡献。（《清前期陕西社会与商品化的发展》）

（八）清代后期为陕西文化的转型期

《三秦变迁史》指出，鸦片战争至辛亥革命时期，陕西文化遇到了严峻的考验和危机。于是，陕西人开始正视现实，兴起了向西方学习的热潮。在办洋务的封建官僚的主持下，陕西也兴起了“办洋务”，开始引进反映西方文化面貌的机器制造技术。陕甘总督左宗棠初入陕时，创办了西安机器局。这是在西安城内创办的一个中型军火工厂，后改名陕西机器局，这个军火工厂大体上是按照西方工厂的组织形式来进行生产的。又如，清政府投资建立的“陕北延长石油矿”，是我国最早建立的油矿。陕西又陆续出现了一些民用企业，如集股开设机器纺织局，是“官绅商合力”创办的。

洋务派在大搞“洋务”的同时，又积极大兴“西学”。当时，在陕西的维新社会改革活动中，由官款和绅商捐款兴建的关中味经书院和崇实书院，与官办性质的关中、宏道两书院不同。这些大兴“西学”书院的创办，虽然也在于“务期明体达用”，但在对“西学”介绍和早期人才培养等方面，起了积极作用。1894 年甲午战争的惨败，宣告了“洋务运动”的破产。于是，陕西一部分比较开明的官僚、地主、商人以及向资产阶级转化的知识分子，强烈要求改良政治、变法图强。其代表人物就是咸阳天阁村（今咸阳市秦都区马庄乡天阁村）人刘光蕡，号古愚。他受西欧民主科学思想的影响，认为“西方之学皆归实用”，便在泾干书院设立算学、格致（理化）等新的学科。后来，又与柏子俊等在味经书院开设了天文、地理等“新学”，并提倡读报和研究时局。他还在味经书院门口东西两侧设立“刊书处”和“卖书处”，刻印和销售国内外各类科学书籍。在维新变法运动中，刘光蕡在陕西桴鼓响应，积极宣传和推行维新变法，时有“南康（康有为）北刘（刘光蕡）”之称。刘光蕡先后在泾阳、泾干、味实、崇实等书院执教三十年之久，培养了一大批具有近代科学知识和新思想的爱国志士。（《陕西的洋务活动与反帝爱国斗争》）

在维新变法运动中，康有为在北京联合各省 1300 多名举人发动“公车上书”，要求变法图强，陕西籍应考举人签名参加的有 55 人。维新变法期间，蓝田县人阎甘园和毛昌杰等创办《广通报》，这是陕西第一家私人报纸。此外，陕西还出现了电报局、邮政局。在教育方面，关中大学堂、师范学堂、八旗中学堂、私立学堂、法政学堂、女子学校、女子师范学堂等，也都相继设立。当时，维新变法所带来的新文化成为陕西的一股风气。（同上）

1905年，资产阶级革命派孙中山在日本东京成立同盟会时，在日本留学的陕西官、私费学生，已达30余人。井勿幕、宋元恺、张季鸾、赵世钰等陕西留日学生，首先加入同盟会。同年冬，井勿幕等同盟会会员先后回陕，从事革命的宣传和鼓动工作，发展同盟会会员，创建了“同盟会陕西支部”。陕西同盟会会员在国内外创办报刊，当时在东京有《秦陇》《关陇》《夏声》，在陕西有《教育界》《兴平报》《陕西杂志》等，在上海有《光复学报》《民吁》等。这些报刊，成为革命党人的宣传工具。

1911年，武昌起义爆发，陕西革命党人响应。10月22日，起义总指挥张凤翙、副总指挥钱鼎率领新军进攻西安城；23日，西安全部光复。“陕西秦陇复汉军军政府”成立后，数日之间，关中、陕北及陕南的安康、商洛等地，纷纷响应，五六十县举旗起义。至5月，清朝在陕西的统治彻底结束。虽然，陕西的辛亥革命和全国一样，也因资产阶级右派、立宪派和旧官僚的窃权而失败，但在以“三民”主义为代表的新文化的冲击下，陕西文化开始走上了近代化阶段。（《陕西革命的高涨与辛亥革命运动》）

先生认为，按照陕西文化发展的总体状况，还可将上述各阶段归纳为前后两个不同的阶段：从陕西文化形成至隋唐时期，是其不断发展和趋于鼎盛的阶段；而宋元至晚清时期则是陕西文化开始反省自强，摆脱困境，走上新文化之路的阶段。

六、从“观澜”出发，将名胜古迹依托于陕西历史的记述之中

在陕西这块大地上，历史长河留下来的名胜古迹星罗棋布，给后世昭示着中华民族发展的辉煌经历。《三秦变迁史》对这些具有代表性的名胜古迹，既没有烦琐考证，又没有单独介绍，而是撷取最具代表性和典型性的名胜遗存，依托于当时的社会历史之中，在叙史中进行抒写。

（一）依“遗址”展示陕西的历史文化

大约在一百多万年前，陕西地区的人类化石及其文化遗存就十分丰富，最重要的是关中平原东南的“蓝田人”及其文化。“近几年来考古发掘证明，蓝田地区是古人类化石的宝库。截至目前，蓝田地区发现的人类化石已有距今一百一十五万年的公王岭蓝田人，距今九十五万年的陈家窝蓝田人，距今二十万至三十万年的桐花沟人化石，距今一至三万年的冯家村人化石。据测定，公王岭和陈家窝的‘蓝田人’，是黄河中游发现的重要的早期人类化石，而且也是亚洲北部迄今已知的最古老的直立人”。（《从“蓝田猿人”到“沙苑古人”》）

“在陕西境内代表性的人类化石大荔人介于‘猿人’（如蓝田猿人、北京猿人等）与‘古人’（如山西丁村人、许家窑人等）之间，是从第一阶段的直立人发展到第二阶段的古人过渡时期的一个代表。”原始人类时期的“猿人”经过许多万年的发展，便进化为“古人”，而“大荔人”填补了由“猿人”向“古人”过渡的空白。

“古人”在体质形态上比“猿人”有了很大进步，但比现代人还要原始一些。由于这个缘故，才称为“古人”。“在陕西境内留存有许多‘古人’的遗迹，如横山石马坬、榆林鱼河堡、绥德油坊头、韩城禹门口、大荔沙苑、汉中南郑等处的文化遗存，都是这个时期的代表。”特

别是距今一万年的大荔县沙苑地区的“沙苑文化”，反映了进入“古人”时代的陕西人类，生产力水平比“蓝田人”“大荔人”都有了较大提高。（《从“蓝田猿人”到“沙苑古人”》）

距今六千年左右，陕西地区新石器时代的居民，迈入新的历史时期。“注入黄河的金水、湄水、延水、无定河、窟野河两岸，以及陕南的汉水流域、嘉陵江上游，都密布着新石器时代遗址。西安附近地势开阔，水流多而平稳，遗址的分布也甚为稠密。”而具有代表性的是被称为仰韶文化明珠的“半坡”遗址。半坡遗址的布局、生活、生产及文化遗存，反映了母系氏族的社会特点。

距今三四千年，在陕西境内广泛分布着的不同类型定居生活的氏族部落，大都进入了父系氏族社会。“从现有考古材料看，除陕南尚未发现外，关中和陕北均发现了原始村落，而以关中为最多。特别是渭河流域最为密集，仅沣河下游两岸七千米的地段内，就有八处原始村落。今西安沣西客省庄、西安十里铺米家崖、华阴横阵、凤县郭家湾、神木石峁、岐山双庵、临潼客家等，大体上都属于这个时期的文化遗存。”而“位于渭河北岸西安市临潼区相桥乡的康家村落遗址，是陕西境内目前发现最完整的龙山文化遗址，比较全面地反映了父系氏族公社时期的社会状况”。（《原始人类定居与农业文化起源》）。

如果把上述原始社会的遗址串起来看，就可以展现出陕西人类从“猿人”走向“新人”的历史轨迹，就会发现陕西这块圣地是世界人类文明发展史上代表东方文明的发源地之一。

此外，陕西大地还留下了有史以来的许多遗址，代表性的有陕西北部桥山“人文初祖”的黄帝陵，位于岐山、扶风两县间较大规模的周原遗址，沣河西岸丰京和沣河东岸镐京的丰镐遗址，长安区沣河两岸的西周车马坑，凤翔县南的秦代雍城遗址，西安市郊、临潼骊山以东的秦始皇陵，万里长城及驰道，西汉宫殿遗址与帝王陵寝，岐山县渭河南岸的五丈原遗址，勉县定军山下的武侯墓和武侯祠，唐长安城遗址和关中唐墓陵及二帝一穴的乾陵，靖边县以北大夏国所建的统万城遗址，榆林龙镇马湖峪村大庙梁山上的永乐城遗址，明代修建的西安城及鼓楼和钟楼，米脂县城北盘龙山上建筑的李自成行宫，清代的西安府满城遗址等。如果把这些历史遗迹串起来看，就会构成一部波澜壮阔的陕西历史画卷。

（二）依“古迹”抒写陕西的观览文化

在陕西的原始文化艺术中，半坡遗址中出现了一些原始文字符号。半坡彩陶和黑陶上每每有一些与器物上的花纹不同的类似文字的刻画。“彩陶上的那些刻画记号，可以肯定地说就是中国文字的起源，或者是中国原始文字的孑遗。”在仰韶文化中期，陕西出现的原始村落——姜寨遗址中，“发现刻在陶器口沿上的符号有四十余种，一百二十多个。这些表达一定意思的符号，是我国文字的起源，是周原（或西周）甲骨文的萌芽”。西安市长安区斗门镇花园村一个原始社会的遗址中，发掘出了一批原始先民刻写的甲骨文。它把中国人最早使用文字的历史，提前到四千五百年至五千年，相当于龙山文化晚期（《原始人类定居与农业文化起源》）。传说，黄帝的史官、汉字的创造者——仓颉，就是今白水县北原乡杨武村人。《荀子·解蔽》曰：“好书者众矣，而仓颉独传者壹也。”仓颉很可能是古代整理文字的代表人物，其墓葬在今白水县史官乡武庄村。文字的产生和使用是人类进入文明社会的重要标志。（《姜姬部族兴起与陕西先民形成》）

素以“青铜器之乡”闻名的周原，出土了大量青铜器。制作年代最早的大丰簋，最重大的盂鼎，铭文最长的毛公鼎等都是在这里发现的。商代青铜器上一般没有铭文，个别器物只有几个字；而西周的青铜器上往往铸有几百字。如毛公鼎，有铭文四百九十七字；又如《墙盘铭》，长达二百八十四字，记述了自文王到恭王时的周王政绩和微国事迹，几乎相当于《尚书》中的一篇文章，具有很高的史料价值。（《周人的创业活动与西周王朝建立》）

秦陵西侧出土的兵马俑、铜车马、墓壁画等，都反映了秦代关中文化的高超水平。此外，秦代已有了刻石和活字。自禹铸九鼎的传说开始，国家大事，都在金属器物上铸字。唐初在今凤翔县发现的十个石鼓，每个石鼓上刻着一篇有韵的诗。考古学家断定，石鼓是秦器。秦始皇出巡，在重要地区刻石凡七次。1950 年山东省邹县出土的秦代陶量器外壁有秦始皇二十六年统一度量衡的四十字诏书，“这实在是中国活字排印的开始”（《秦都咸阳与关中振兴》）。特别是近期发掘出的《云梦睡虎地秦简》，记载了秦代法律、医学等诸多内容，其中记载“秦国重视耕牛饲养，养牛好的有赏，差的受罚，关中特有的秦川牛大约就是此时大量出现的”。《云梦睡虎地秦简》为研究秦代文化提供了翔实的资料。

造纸术是陕西文化的一大成就。据史书记载，纸的出现最早在东汉，但考古发现西汉时期已经有了纸。西安灞桥发现的一座西汉初期的汉墓，其中有垫在铜镜下的古纸残片，纸用大麻和苎麻纤维制成，质地粗糙、松弛，被称为“灞桥纸”。在扶风县中颜村西汉窖藏中出土古纸三片，称为“中颜纸”，时代可能在宣帝年间。纸呈乳黄色，色泽稍好，较坚韧耐折。这两种纸是世界上最早的植物纤维纸，虽十分粗糙，且不宜作为书写材料，但这些实物表明西汉时期的关中地区就有造纸术和纸的出现（《长安之盛与三辅繁荣》）。东汉时，桂阳郡（今湖南耒阳）人蔡伦，在今陕南洋县造出了“蔡伦纸”。蔡伦总结了西汉以来用麻质纤维造纸的经验，改进了造纸技术，采用树皮、麻头、破布、旧渔网等做原料，创造性地生产出可作为书写材料的纸，所以时有“蔡伦纸”之称。蔡伦曾被封为龙亭侯，其封地治所即今洋县东十八里的龙亭铺，汉设龙下亭，以在龙山下得名。陕西洋县龙亭铺街南有“汉龙亭侯蔡伦之墓”，墓前建龙亭寺，是为纪念蔡伦而修建的。(《京城东移与陕西中兴》)

汉武帝茂陵有众多的陪葬墓，其中一座构思新颖、造型奇特，这就是西汉丝绸之路的开拓者——骠骑将军霍去病的墓冢。造墓人特意把霍去病墓筑成祁连山的形状，在墓上和墓前放置着各种大型石雕的人和兽像，作为墓地装饰物，尤其是“马踏匈奴”石雕，高度概括了霍去病抗击匈奴的战功。在制服匈奴的同时，汉武帝又派汉中郡城固（今城固县）人张骞出使西域。张骞出使西域，开通了丝绸之路，封博望侯。张骞去世后，其墓葬建在今城固县博望乡的饶家营村。墓冢坐北向南，呈覆斗状态，墓前有石碑四通，正中一通石碑书：“汉博望侯张公骞墓。”在西汉观览文化中，最为突出的是陕西韩城司马迁祠。司马迁，陕西韩城人，他的伟大著作《史记》，被鲁迅赞为“史家之绝唱，无韵之离骚”。今韩城市城南十公里的芝川镇南原，一条蜿蜒而上的石铺陡坡上建有司马迁的祠和墓。司马太史祠面对黄河，背负梁山，两旁峭壁千尺，十分雄伟壮观。(《长安之盛与三辅繁荣》)

创建于东汉的法门寺古刹，在今扶风县北十千米的崇正镇（今法门镇），俗称法门寺，当时“晦迹丘墟”，不成气象。到了北魏，岐州牧拓跋育（或称元育）对此寺进行了重建，增修了台、殿，才变成较大的寺宇。法门寺塔藏佛指骨舍利四枚，其中有佛真身指骨一枚，其余三枚属于真身指骨的“影骨”，简称“一身三影”，法门寺因此震惊中外。寺因塔而建，东汉至北魏时称“阿育王寺”，隋改名“成实道场”，唐改为“法门寺”“法云寺”，宋改名“崇真寺”，人们习惯称“法门寺”(《拓跋鲜卑入主后的关中复兴》)。以法门寺为代表的佛教文化在隋唐得到更大发展，仅长安一带还有佛经译场草堂寺、诗声梵音仙游寺、“东密祖庭”青龙寺、玄奘存经的大雁塔等众多佛寺。道教在唐代也大盛起来，最为有名的是今周至县境秦岭北麓的楼观台。楼观台，又称“说经台”。相传道教始祖老子西行至关，尹喜辞关令之职，迎老子至古宅楼观，执弟子之礼，老子乃著述《道德五千言》授之。玄宗时对楼观台进行了规模较大的改建，如今留下的授经台、炼丹炉、吕祖洞、宗圣宫遗址，以及历代名人留下的78通碑碣，都成了极为珍贵的文化遗产。（《开元之治与陕西鼎盛》）

唐代陕西名医辈出，京兆华原（今陕西铜川耀州区孙家塬）人孙思邈，是一位伟大的医学家。他的医德和医术声闻天下，其不朽的医学著作《千金方》，被称为中国最早的临床医学百科全书，后人尊称他为“药王”。孙思邈采药隐居的磬玉山，后人更名为药王山，并在山上修庙立碑。今耀县城东的药王山上存有历代纪念孙思邈的庙宇和遗迹。（同上）

此外，唐朝时的耀州窑，到宋代进入辉煌时期，耀州瓷器名闻中外。耀州窑的遗址，在今铜川以南的黄堡镇，因铜川当时被称为“同官”，隶属耀州，所以这里的瓷窑统称“耀州窑”，所烧制的瓷器叫“耀瓷”。宋代时期，耀州窑以烧制工艺精湛的刻花青瓷著称于世，是我国古代北方青瓷的代表，完全形成了独具一格的“北方青瓷窑系”。（《北宋陕西社会与经济文化发展》）

西安是明朝经营西北的大本营，为了加强西北的防务，历任陕西地方官员先后十二次整修西安城。“明代扩建后的西安城墙，周长十一点九千米，面积约九平方千米。城墙高十二米，顶宽十二至十四米，底厚十五至十八米。城墙四面各开一门，门上建有城楼；门外有瓮城，瓮城设有箭楼、闸门和闸楼（又称谯楼、炮楼）；城四角有角台，台上建有角楼……这就构成了一个庞大而严密的防御工程，使西安城成为一座难以攻克的军事堡垒”。（《明代陕西建藩与西安府城建设》）在西安城内的古建筑，最引人注目的要算位于市中心的钟楼和建于西北边不远处的鼓楼，两组建筑大概是蕴含着“东钟西鼓，声闻天下”的寓意吧。

在清代，陕西观览文化最有代表性的就是西安碑林。西安碑林始建于北宋元祐二年（1087 年），最初是为保存唐《开成石经》而建立的。元、明两代石经遭到破坏。清乾隆壬辰年（1772 年），毕沅亲率同僚到碑林进坊，见房屋倒塌，碑石卧于瓦砾之间。毕沅便决定重建和保护碑林，修整房屋，复原前后堂庑；将几十块巨大刻石从瓦砾中挖掘出来，洗刷文字，组织石刻陈列。现在西安碑林陈列面积为一千九百六十四点三平方米，包括六座大型陈列室、八个墓志廊、两座碑墙和八个碑亭。这里收藏有汉、晋、北魏、北周、隋、唐、宋、元、明、清及近代碑石、墓志、经幢（俗称八棱柱，也叫石柱）、造像三千三百余件，已陈列展出一千多件。由于碑石林立，气魄宏大，故称“碑林”。（《清前期陕西社会与商品化的发展》）

《三秦变迁史》不仅把人们经常参观的历史遗迹囊括在具体的历史叙述中，而且注重深层次历史文化内涵的发掘，从而揭示出其中蕴含的丰富的历史信息。

（三）依“名胜”展现陕西的山河壮美

《三秦变迁史》在叙述陕西几千年的历史发展中，记述了陕西地区的一些关隘、名山和江河。此书的记述很有创意，不是为写胜景而写胜景，而是依托历史事件、历史人物及地域变化叙写，为陕西现存的胜景增添了美学审美魅力。

1. 雄关

陕西腹地是关中，那么何谓“关中”？顾名思义就是“四关之中为关中”。潘岳《关中记》说：“东自函关，西至陇关，二关之间，谓之关中。”《三辅旧事》说：“西以散关为限，东以函谷为界。”徐广说：“东函谷，南武关（今陕西丹凤县），西散关（今陕西宝鸡市），北萧关（今宁夏固原市东南）”（《绪论》），四关之中为关中。《三秦变迁史》在记述秦在关中建立根据地时，简要介绍了函谷关；在记述刘邦率军西攻，袭取武关时，简要介绍了武关；在记述三国时代蜀相诸葛亮初出祁山，沿陈仓道进军时，简要介绍了散关；至于萧关，关址在宁夏固原市东南，是当时关中政治中心北边的险要屏障。

《三秦变迁史》中，记述唐代在全国设关一百四十三座，在属于中枢直接掌管的二十六座关中，现在陕西境内的就有潼关、蒲津关、龙门关、蓝田关、库谷关、子午关、骆谷关、甘宁关、兴城关、百牢关、大震关、陇山关、永宁关等十三处；此外，今陕西境内还有渭津关等处（《唐承隋制与都城长安》）。明代，在今陕西境内和接近陕西的地方设置了不少关隘，共四十七座，其中前代旧关三十四座，新设的关十三座，如银州关（今横山县东党岔）、金锁关（今铜川市北）、石窟关（今麟游县西北）、二里散关（今宝鸡市西南）、斜峪关（今眉县西南）、盐场关（今西乡县东南）等（《明代陕西建藩与西安府城建设》）。足以可见，陕西关塞之多，防卫建设之重要。此书中，特别对东汉政权为保卫西北边陲和京都洛阳新设置的潼关，做了重点介绍。潼关是继函谷关而起并且用来代替函谷关的。设置潼关后，函谷关就逐渐被废弃了。潼关在今陕西潼关县以北，春秋时称桃林寨，后因关南有潼水沟，故名潼关。潼关位于陕、豫、晋三省交界处，南依华山，北临黄河，为关中东部要塞，有“一夫当关，万夫莫开”之势。东汉修筑的潼关城，在今潼关吴村东北的港口东南原上。那时黄河紧靠原下流过，港口东西还没有道路通行；而且接近关城的道路又傍着绝涧，更是险要。唐初在河边开了道

路，才把潼关城由原上移到了河边。（《京都东移与陕西中兴》）

2. 古道

刘邦封地之汉中平原，地居秦岭、巴山之间。秦岭屏障于北，有陈仓、褒斜、骆谷、子午等古道据险；巴山环卫在南，有米仓、金牛、阳平、百牢等关隘可守。而书中重点介绍了金牛道、子午道、陈仓道、古栈道和驰道等处。

秦为伐蜀而开通金牛道。公元前316年，秦惠王起兵伐蜀（今汉中及南郑西部、留坝县南及勉县等地）。由于山路险阻，不好进军。便想出一个计策，雕刻了五个石牛，说是能拉出金块送给蜀王。蜀王很高兴，派了五个大力士开凿山路，转运石牛。秦国军队便顺着这条道路，灭了蜀国。这就是川陕交通的主要道路——金牛道的传说。（《巩固关中与统一六国》）

刘邦入汉中封地时走的古道便是子午道。子午道是长安通往汉中的一条道路，北口在西安市城南六十里，称“子口”；南口在陕南洋县东一百六十里，称“午口”。据《通典》载，“全长八百四十一里，沿途山大谷狭，两岸绝崖峭壁，道路崎岖险阻”。（《咸阳暴政与刘邦入关》）

“故道，也称陈仓道，就是从今宝鸡市向西南，通过大散关，经凤州、略阳向南入四川，或向东南经勉县入汉中的大道。”韩信率兵由汉中出发，沿陈仓道北上，攻克下辨（今甘肃成县）、故道县（今陕西凤县凤州镇），出散关，越秦岭，渡渭河，以迅雷不及掩耳之势，一举攻下陈仓道北口的陈仓城，在秦岭北麓敌军前沿获得了一个立足点。（同上）

韩信“明修栈道，暗度陈仓”中的栈道，就是古栈道。栈道是我国古代在峭岩陡壁上凿孔架桥连阁而成的一种通道。当时，人们根据地形沿山峪开凿道路，沿绝崖开凿洞穴，横插木梁，上铺木板，称为栈道或

阁道，即“栈道千里，通于蜀汉”。（同上）

秦统一后，以国都咸阳为中心，修筑了通往东北、华北和东南地区的几条“驰道”。驰道，就是驰骋车马的宽广的道路。驰道宽五十步（六尺为步），用铁锤筑实路基；驰道中央宽三丈，路面比较高厚，是皇帝独用的专路，并栽种青松标明路线。这样的驰道以咸阳为出发点，伸向四方。驰道之外，又修筑了直道。这一条从咸阳附近的云阳宫（今淳化县西北）直通九原郡（今内蒙古包头市西北）的道路，使阴山以南各地都和关中有了联系。（《秦都咸阳与关中振兴》）。

3. 名山

陕西地形复杂，有山地、平原、高原、盆地和峡谷等多种地形，这就造成了陕西的峭山众多，重峦叠嶂。《三秦变迁史》简要介绍了陕西名山之分布。

陕北高原，北有东西走向的横山山脉，西段称为白于山，东段称为横山；西有南北走向的子午岭，又称桥山；东有黄龙山，与崂山连接，组成中部的梁山。由陇县入陕境的六盘山余脉，向南伸延的一支，称为陇山，关山为其主峰；向东延伸的一支，与“北山”相连，形成陕北高原南部的山地，其中的娄敬山、五峰山、顶天寺、钻天岭和将军山，都是陕北高原的组成部分。

关中平原，东临滔滔黄河，南面是重峦叠嶂的秦岭山脉，西面是盘旋曲折的陇山山脉，北面是逶迤如画的“北山”山地。由西向东有岍山（岐山县东北）、岐山（岐山县北）、九嵕山（礼泉县东北）、仲山（泾阳县西北）、石门山（旬邑县东）、金锁关北的庙山（铜川市）、尧山（蒲城县北）、武帝庙山（合阳县西北）、牡丹山（韩城市西北）等，群峰起伏。因此，关中自古就被称为“金城千里”和“四塞以为固”的形胜之地。

陕南山地，又称秦巴山地，指秦岭和巴山之间的山岳地带。陕南地区，北有巍峨的秦岭山脉，自西至东，重峦叠嶂，北坡陡峻，断崖千仞，峡谷深切，有七十二峪，自古为交通孔道；南有山势雄伟的巴山山脉，横岭侧峰，怪石林立，横卧川陕边缘，是陕西汉江流域和四川盆地的天然分界。（《绪论》）

《三秦变迁史》在记述陕西的山脉、山岳时，还给一些名胜之山注入了浓厚的文化色彩。如记述西岳华山时，讲述了关中道教学派的创始人陈抟老祖，曾在华山居住并传教，使华山成为中国道教主流全真派圣地的故事。西安城南秦岭山脉段的终南山，又名太乙山，北方新兴的全真教的创始人王重阳，辞官修道，进终南山过起隐居生活。由于终南山的隐士文化从未间断，所以终南山为隐士第一山。今韩城市东北六十里的龙门山，相传是大禹治水，“导河积石”形成的。今西安市临潼区南的骊山，曾是周幽王“举烽火、戏诸侯”，褒姒一笑失天下之地。今汉中市勉县境内的定军山、天荡山，是三国蜀将黄忠斩魏将夏侯渊的地方。这些历史文化传说极大地增加了阅读的趣味性。

4. 胜水

《三秦变迁史》记述了黄河流经陕西时形成的宛若叶脉的河流。“黄河自山西省的河曲县以西由北而南，沿陕西的府谷、神木等十三个县东侧，于潼关流入河南，是陕西东部的天堑，为秦晋两省的天然分界线。秦岭以北，窟野河、无定河、清涧河、延河、洛河、渭河、泾河等，都流入黄河；陕南的汉江、丹江、嘉陵江等，统汇入长江。其中，渭河横穿关中，汉江横穿陕南，是陕西境内的两大河流。”（《绪论》）

关中自古有“八水绕长安”之说，指的是黄河水系的渭、泾、沣、涝、潏、滈、浐、灞八条河流，在西安城四周穿流。西汉文学家司马相如在著名的辞赋《上林赋》中写道“荡荡乎八川分流，相背而异态”，描写了汉代上林苑的巨丽之美，以后就有了“八水绕长安”的描述。汉水、丹江沿秦岭、巴山之间横贯东流，形成了众多的盆地以及黄金峡、白沔峡等有名峡谷。

同样的，《三秦变迁史》也对一些江河赋予了文化色彩。如对今宝鸡市陈仓区南的蟠溪谷溪流的记述，生动地描绘了姜太公在此钓鱼以求见文王，周文王在此迎拜姜太公的故事。在记述汉水上游支流褒水（褒河）时，提到曹操由长安经褒斜道向汉中进军，至龙门时，看到“褒河的水涌出峡谷，飞泻直下，便见景生情，提笔写下‘衮雪’两个大字。因为周围都是水，水波翻浪，水花飞溅，所以他写‘滚’字的时候，把左边的三点水给省掉了。曹操当年写的这两个字，被刻在石门下边的崖壁上（现存汉中市博物馆）”（《三国鼎立时陕西割据》）。又如在记述长安都城的宏伟建设时，对昆明池遗址做了专门介绍。昆明池的遗址是今西安市长安区斗门镇东南的一片洼地，面积约有十平方千米，地势比周围低二至四米。相传昆明池是皇帝作乐嬉游之处，池中雕刻石鲸，以象征江海；池两边雕刻牵牛、织女石人，以象征天河；池中建巍峨壮丽的豫章台（昆明台），以供皇家赏玩。池中有戈船数十，楼船百艘，还备有龙首船，宫女泛舟池中，“‘张凤盖，建华旗’，作‘棹歌’，杂以‘鼓吹’”。与昆明池有关的遗物，如今只有斗门镇石爷庙中的石爷，即牛郎；北常家庄石婆庙中的石婆，即织女，以及马营寨村的石鲸鱼等。这些遗物都和考察昆明池遗址的范围有一定关系（《定都关中与国都长安》）。这些富有情趣的引证和描写，带给读者畅快的阅读体验。

《三秦变迁史》独具特色，将名胜古迹依托于陕西历史之中。书中撷取陕西大的历史浪花，将陕西的“遗址”“古迹”如雄关、古道、名山、胜水等跃然纸上，给人以耳目一新之感。为陕西灿烂的古代文化增添了光彩，使读者好像走进了一座巨大的博物馆。此书不是一般的叙事性记述，而注重于探索挖掘深层次历史文化的内涵，提高了历史文化跨越时空的穿透力。

余　论

《三秦变迁史》内容比较全面，不仅详述了各个历史时期陕西的政治革新、经济变化、文化发展、地域演变，而且融名胜、古迹、名人、名事于一炉，比较翔实地反映了陕西的历史变化、历史风貌、历史特点和历史人文。陕西历史悠久丰富，范围广阔，但先生能注意突出重点，剪裁精当，并吸收了最新考古资料和研究成果，力求史料的确凿和历史的真实。此书不失为一部佳作，并具有独到的创新。

篇七

宏阔的研究视野　独到的理论创新

——评《走进哲学世界》

长期以来，在哲学研究中，中国哲学、西方哲学以及马克思主义哲学大都沿袭各自的哲学模式，没有多大变化，很少实现古今中外哲学思想的汇通与融合。要将西方哲学中国化，要使中国哲学汇入人类文明的大洋中，要构建中国特色的哲学思想，就应当在中国哲学、西方哲学和马克思主义哲学的“综合创新”中，在它们的高度融合中创建中国哲学。杨生枝先生的《走进哲学世界》，就是以一种宏阔的视野、开放的意识、独到的见解，把西方的古代至现代哲学所讨论的对象，和中国古代至现代哲学所讨论的对象进行沟通、对比、分析，并借助他人的眼睛来认识中国哲学，在一定程度上构建出了适应新时代要求的“大哲学”，展示出了一幅世界哲学思想发展的立体图景。

一、从“寻源”入手，沟通中西哲学的话语体系

自近代西方哲学传入中国，首先表现为一种知识性的引进，体现为一些知识点方面的介绍，用西方的哲学话语来介绍哲学的概念、观点、人物和学派等；而且在长期的哲学研究中，哲学史当中的具体的概念、

结构，全是西方的标准。也正因为这样，在世界性的哲学研究中，才出现了一系列对中国哲学的误解和偏见。而《走进哲学世界》，“在探究哲学的不同概念和范畴时，采取横向联系的方式，注重中、西哲学文化间的交流与互动，开辟了中、西哲学的概念、范畴、命题、理念及其流派之间的平铺视野，揭示出中、西哲学之间完全不同的横向逻辑”，“也再现了中、西哲学之间的异中有同、同中有异”。

先生指出：“近代以来，西方一些思想家无视东方文化，说中国没有哲学。……中国哲学源远流长，绵延两千多年而未中断，是世界哲学史上所仅有。然而，一些思想家为什么否认中国哲学的存在？一些哲学家解释说，这是由于中外哲学特质与思维方式不同所造成的。中国哲学注重‘主体论’，以生命为中心；西方哲学注重‘客体性’，以知识为中心。我认为，这只是中西哲学不相融的一个方面，而主要的一个方面，则是中西各自在相对封闭的环境下形成中西哲学，在哲学的一些历史范畴、概念表述以及所研究问题的路径上是大有区别的，很难使二者相互融合。”因此，先生从“寻源”入手，以沟通中、西哲学的话语体系。

（一）从哲学的原本定义入手，揭示出中国古语中早有西方哲学之语意

什么是哲学？其他学科通常没有必要纠缠于这个学科的概念到底是什么，但哲学不同。研究哲学经常要谈哲学是什么，尽管最终都不可能给予一个最为确定的答案，但这却是哲学思考的一个特点。《走进哲学世界》紧紧抓住哲学思考的这一特点，从对哲学概念的诠释入手，指出：“哲学”词意源于古希腊文，意思是“爱智慧”，而哲学家自谦为

“爱智慧者”。按哲学的这个最初原意来理解，中国古语中也早已出现了这个语意。《哲学之含义》一文曰：

> 中国古代虽然无“哲学”一词，但在古汉语中，“哲”字却早已出现。“哲”，亦作“喆”，“智”也，即智慧、聪明、贤明等意思。《尚书·皋陶谟》中，就有“知人则哲”的说法，有智慧称为哲。东晋人袁宏《后汉书·桓帝纪》中说：“视之不明，是谓不哲。”这就是说不聪明的人谓之“不哲”。在中国古代，有称为“哲人”“哲士”的，与今日所说的哲学家相类。《诗经·大雅·抑》曰：“其维哲人，告之话言”是说这是智慧卓越的人所告知的话语。《东观汉记·田邑传》曰：“愚闻丈夫不释故而改图，哲士不徼幸而出危。”称贤明的人为哲士。在中国近现代，亦有将西方的哲学家直接称之为哲人、哲士的。如鲁迅《坟·摩罗诗力说》：“自柏拉图《邦国论》始，西方哲士，作此念者不知几何人。”中国古话中的“哲思”“哲理”等词，与今日哲学之语意相同。(《哲学之含义》)

最早将西方哲学和西方人关于哲学的概念传入中国的是明末来华传教的耶稣会士。“哲学”的译名或取音译或义译，多译为“爱知学”。近代以来，有人将“哲学”译为清末通用的“科学”的译名“格致学”或“格学”，哲学与科学皆名“格致”。“哲学”这个译名是从日本输入，经晚清学者黄遵宪介绍到中国的。中国古语中的“哲思”“哲理”都有着哲学思想的问题，都会和所谓的“三观”联系在一起，这就是人生观、世界观、价值观；而这“三观”，也都是中国古代儒释道所探讨和思考的主要问题。这就颠覆了“中国没有哲学”的传统观念。(同上)

（二）从哲学的不同“概念”入手，打破了中西哲学的隔膜与壁垒

不同于一般的具体科学，哲学是一个只能用“纯概念”才能把握的思想的抽象体。正如黑格尔所说，直接与哲学打交道的是“纯概念”。因此，先生从“概念”入手，借助于西方哲学概念来诠释中国古代哲学。如“万物本原”一章中，在对“本原”范畴的研究中，先生指出，西方哲学中，“本原，又称始基，指世界的来源和存在的根据。原指开始、发端、起源，后来逐渐演化为原则和根据”。在西方，古希腊米利都学派最先使用了“本原”一词，并首先提出和探讨世界的本原问题，认为世界的“本原”是物质性的元素。在这里，先生指出：

> 关于“本原”的类似思想，在中国先秦哲学中就已出现。《管子·水地》云：“水者何也？万物之本原。”此处讲的“本原”与西方哲学讲的本原意义相近。宋代的朱熹也曾说：“若论本原，即有理然后有气。”“本原”不仅是始原，而且是为本、为宗、为根据的意思。“本原”亦称为“本根”。《老子·六章》云：“玄牝之门，是谓天地根。”《老子·十六章》云：“夫物芸芸，各复归其根。”《庄子·知北游》篇云：“惛然若亡而存，油然不形而神，万物畜而不知，此之谓本根。”老、庄所谓“根”和“本根”是指“道”。“本根”与“本原”意同。（《本原范畴》）

当西方哲学的“本原”发展为“本原论”，就和中国古代哲学的“本原”不尽相同了。

又如“本体”，在西方哲学中，“本体”一词源于拉丁文 on（存在、有、是）和 ontos（存在物），与中国“本体”的固有概念含义不同。

有学者认为，汉语中的“本体”一词是翻译引进而创造的。事实上，“本体”一词，在中国汉代就已出现。西汉的京房就说过“震入兑，二阳刚，本体阴柔，降入临”和“阴阳二位，各复本体”。按《后汉书》所载，建安年间，应劭给汉献帝的奏书中亦有“八音有本体，五声有自然”。将“本体”上升为具有高度抽象意义的哲学概念，则主要源于汉魏以来的“格义”佛学。如法藏《大乘起信论义记》中“谓真如本体亦是可遣之法”，即以中国固有的“本体”一词作为“真如”的同义词。而后来禅宗的一些大师对“本体”概念的众多运用，则为宋明理学将“本体”概念引入儒家学说提供了哲学基础。……在宋明哲学家中，“本体”与“实体”概念含义相近，都是指与虚幻不实或流动易变的现象世界相对应的真实无妄的本性。它们无形无象、不可感知，但作为一切事物存在变化的原因和根据又无处不在。……而西方哲学的本体、实体范畴本身就是十分笼统的说法，不同的西方哲学家对本体有不同的规定，根本就没有所谓统一的“本体”意义。(《本体与本体论》)

先生指出：“如果说‘本体’是中国古有的一个概念，并不是从西方进口而来的，而本体论则完全是一个西方概念，是西方哲学史上所特有的一个形而上学形态。”(同上)

又如“存在”，这个概念来自希腊文的“是”，用“是”表示“存在”；而古汉语中的“是”表示事物的真实。西方哲学中用“是”表示“存在”，但西方哲学中的“存在论”概念就是我们通常讲的本体论，而古汉语的“是”含义颇多，常作实在或真实之义讲，不同于西方哲学的“是”。西方哲学中也有将“存在”与“有”通用的；在中国古代哲学中，以“有”为本体，“有”都是实有，与“存在论”相通。后来，西方的“存在主义”成为一个很广泛的哲学流派，是“把孤立的个人的非理性意识活动当作最真实的存在”。在西方“存在论”的影响下，冯友兰说“事物存在，就等于说有实际”。用“实际”代替“存在”。（《存在观》）

（三）从哲学的思考“问题”入手，强化了中西哲学的深层次汇通

世界本原的问题，是哲学家一直探讨和回答的中心问题。西方哲学的世界本原思想，在中国先秦诸子学中就已出现，而且二者有着十分惊人的相似之处。“万物本原”一章中对二者进行了对比：

1. 水是万物的本原

在古希腊，西方哲学史上第一位哲学家泰利斯，首先摆脱用神创说去解释万物的产生，提出了“水是万物，万物复归于水”的哲学观点，认为水是世界初始的基本元素。这里的“水”，作为哲学范畴，不是某个特殊的水，而是抽象、普通的水。无独有偶，在中国先秦哲学中，《管子·水地》中就提出了水是万物根源的学说。《水地》篇说：“水者何也？万物之本原也。”这里的“水”，不仅是各种具体之物的本原，而且具备“仁”、“精”（诚实）、“正”、“义”、“卑”（谦卑）等优秀品质。管子所说的水，和古希腊泰利斯所说的水一样，作为哲学范畴，也是抽象的、普通的水（《水是万物的本原》）。

2. 气是世界的本原

古希腊哲学家、米利都学派的学者阿拉克西米尼，提出了“气是万物本原”的命题。他还认为气是呼吸、生命、灵魂，甚至是神。类似的哲学思想在中国出现较早。如《列子》曰：“气，形、质，具而未相离，故曰浑沦。……（气）清轻者上为天，浊重者下为地，冲和气者为人。”

《左传》提出“阴阳风雨晦明（六气）”为生之原。中国古代哲学中有一个重要的概念“元气”，元犹原也，认为气是世界之本原，“天地合气，万物自生”。当然，古希腊的气论与中国古代哲学的气论还是有区别的，表现在中国古代哲学中的气论是一种连续性的存在（《气是世界的本原》）。

3. 火是万物的本原

古希腊哲学家赫拉克利特认为“火”是万物的本原，火的变化和运动都有一定“分寸”，即遵循一定尺度；火与万物的相互转化也是有规律的。这种尺度和规律，赫拉克利特称为“逻各斯”，中文译为“道”。在中国古代哲学中，火虽没有被看作是世界的本原，但却认为火是构成世界的一种重要元素。《国语·郑语》曰：“先王以土与金木水火杂，以成百物。”中国古代思想家把自然观和人的活动归结为五种物质因素，而火是非常重要的一个物质因素。中国古代哲学又有五行相生说，中有木生火、火生土之说。而赫拉克利特也曾说：“火生于空气之死，空气生于火之死。”有相克相生之意。中国古代哲学中，火为德性，称为“火德”，火完全道德化了（《火是万物的本原》）。

4. 数是世界的本原

古希腊早期哲学家毕达哥拉斯提出了“数是万物的本原”的思想，将数提高到本体论高度。毕达哥拉斯说：“万物的本原是一。从一产生二，二是从属一的，不定的质料，一则是原因。从完满的一与不定的二中产生出各种数目，从数产生出点，从点产生出线，从线产生出面，从面产生出体，从体产生出感觉所及的一切形体，产生出四种元素，水、火、土、气。这四种元素以各种不同的方式互相转化，于是创造出有生命的、精神的、球形的世界。”他不仅把物质的东西看成是由数产生的，而且把非物质的事物也看成是建立在数之上的，认为理性是一，意见是二，正义是四，婚姻是五，爱情是八等。

在我国古代，就有过数字崇拜，后世的洪范五行派的数字神秘化以及河图洛书等，都有着数字崇拜的深刻意蕴。又如中国古代占卜之学的《周易》，就是由象、数、理三位一体构成的。所谓象，指卦象、爻象；所谓理，指事物的原理、原则和事物发展的规律；而数，就是《系辞上》所说的“大衍之数”。天数五，即一、三、五、七、九；地数五，即二、四、六、八、十。一、二、三、四、五为生数，六、七、八、九、十为成数。古人占卜，就是利用六、七、八、九这几个数来显示阴阳变化，构成各种卦象和爻象。在“天地之数”哲学思想的支配下，中国古代哲学家也提出万物的本原是“一”，“一也者，万物之本也”。先秦哲学家老子说：“道生一，一生二，二生三，三生万物。万物负阴而抱阳，冲气以为和。”老子将“道”视为天地万物存在之根据，而“道”是由数产生的，是始基于“一”。而在当今，大数据认为，世界的一切关系皆可用数据来表达，万物皆可数据化，世界就是一个数据化的世界（《数是世界的本原》）。

5. 道是化生万物的源泉

在中国古代，道家学说的创始人老子，提出道是“万物之宗”“万物之奥”“是谓天地根”。这里的“宗”“奥”和“根”，不仅是“先”的意思，而且是为本（天地万物存在之根据）的意思。老子从抽象的哲学意义把“道”规定为万物的本体，认为“道”是化生万物的源泉。庄子也以“道”为宇宙的本体，认为它“自本自根”“自古以固存”，而且认为“道法自然”。到了后来，儒家经典《易传》提出了“一阴一阳之谓道”，以“道”为天地万物运动变化最根本的规律。

古希腊哲学家赫拉克利特也有“道”的学说。他认为宇宙唯一不变的特征就是它的永恒变化，所有事物背后的那项原理为“道”。认为

"道"是永存的，是"不能领会"的。他说人应当遵循人之共同的"同然"，道就是"同"。可见，赫拉克利特的"道"的学说，不同于老、庄哲学，认为"道"是"人之所同然""是万物之指导"，有类于《易传》或韩非子之说，并没有把"道"作为万物之本原。

有学者指出：

> 作者从跨文化互动的关系中看哲学，打破了传统研究领域中中西哲学的隔膜与壁垒。在长期的哲学研究中，哲学史当中的具体的概念、结构，全是西方的标准。因概念、范畴的不同，中国哲学的内容不容置喙。作者在探究哲学的不同概念和范畴时，采用横向联系的方式，注重中西哲学文化间的交流与互动，开辟了中西哲学的概念、范畴、命题、理念及其流派之间的"平铺"视野，揭示出中西哲学之间完全不同的横向逻辑。……通过这样跨文化之间的交流与互动，再现了哲学超越知识的限度而表现出普遍的高度，也再现了中西哲学之间异中有同、同中有异的特点。（燕连福《哲学研究不可多得的思想资源》，见《杨生枝学术思想评说》，陕西人民教育出版社，2021年版）

二、走"融合"之路，汇通中西哲学的公共情怀

中、西传统哲学，是人类文化的不同的个性化样态，虽然具有一定的历史与地域性特征，但也包含着人类文明中超越时空的普遍性与公共性因素。这种公共性，既是时间意义上的超越古今，又是空间意义上的沟通中西，还是不同流派间的破除门槛。《走进哲学世界》正是通过跨文化之间的交流、汇通与对话，抱以普遍意义上的公共情怀，在哲学研

究上不仅注意辨“异”，而且注意求“同”。

（一）在思想资源中，寻找古典哲学与现代哲学之间的延续性

如在“宇宙哲学”一章中，从“巫史世界观”谈起，指出“巫史世界观，是古代巫史头脑中对世界变化的反映”。“中国古代的巫史世界观，是所谓自然的和超自然的环境这种现象的巫术变形的结果。而西方古代的巫，虽然也被认为拥有或可以运用超凡力量起到奇异作用，但与中国巫史观不同的是，西方巫意识是上帝创造世界的世界观。”（《巫史世界观》）又从“天人关系”入手，论述了中、西哲学的“天之论”“‘上帝’的命运”“‘鬼神’的思考”以及“灵肉关系”，指出：“西方思想中的天人关系，是从神人合一、神人之分再到神人协和，总是停滞于宗教形态，没有如中国的‘天人合一’‘天人之分’以及‘人定亦能胜天’的哲学形态——天人之学。”（《天人关系》）从中可以看出，研究现代哲学无法回避几千年的古典哲学，也无法割裂古典哲学对于现代及未来哲学思想的深刻影响。因为古人思考的哲学问题，今人也要思考，在古今哲学面对共同问题时，今人总是站在古人所思考的基础之上思考，有继承性和延续性。

哲学是怎样形成的？先生认为，哲学是在“穷神知化”的过程中形成的。“穷神知化”，语出《易·系辞下》：“穷神知化，德之盛也。”意谓能够穷究事物的神妙，认识事物的变化，才是一种较高的道德境界。先生在文中指出：“‘穷神知化’的哲学起步是从‘认识’开端的。”“穷神知化”中的“神”，并不是西方哲学的“上帝”。“天神”，乃是“天道”。这个“天道”虽是形而上的，却并不在彼岸，而在人心之中，“体现着人生行为的价值取向”，是通过“诚”来领悟、来“穷”的。不论

是在心中“穷神”，还是在心中“知化”，都要求从克服和超越自我出发，只有这样，所“穷”所“知”才能见到“万物皆如其本物”，达到较高的精神境界。总之，“以生命为中心的宇宙观，以价值为中心的人生观，以及对超越界保持开放信念的实践观，都是在‘穷神知化’中形成的”（《哲学之含义·哲学是“穷神知化”》）。由此可见，无论古今，哲学思辨都具有共同的地方，而且在探讨共同问题时，其深度和广度往往不相上下。因此，站在现今哲学的立场上反思古典哲学，要具有“古今一也”的公共情怀。

（二）在比较研究中，探讨中西哲学之间的共通性

哲学不是以人物、情节、故事，而是以命题、概念、范畴来反映对象，所以中、西哲学都离不开逻辑思维和体悟、体认。先生在“哲学特性”一章中指出：古希腊哲学家苏格拉底的哲学方法是“回答法”，而孔子的哲学方法是“讲授法”，“这两种哲学方法虽然不同，但都要求思考、提问、启发和论辩”，都具有思辨性。但中、西哲学的思维方式不同，“中国古代哲学主要是运用范畴进行思辨，取象、类比、譬喻为其主要说理方法”，而“西方哲学用的是概念化的方法，抓住一个思想、一个表述的真实的意义，然后形成判断和推理”（《哲学之特点·哲学的特质》）。先生在探寻中、西哲学思维之差异时指出，“在中国和西方不同的文化土壤中，所产生出的主要思维方式是有差异的”。《思维方式·中西思维之差异》一文从不同地域的影响，分析了中国哲学的“整体性思维”与希腊哲学的“分离性思维”；从不同的经济基础，如中国农业国与希腊工商业国，分析了中国哲学的“意象性思维”与希腊哲学的“抽象性思维”；从不同的文化背景，分析了中国哲学的“内在性思维”与希腊哲学的“外向性思维”。当然，这些差异与不同，只具有相对意义，二者之间也有交叉和共同的地方。“尽管中西哲学的传统思维方式、

思维习惯不一样，但都是经过抽象思维的整合，体现着理性认识由浅入深、由低级到高级的发展。”“中西哲学思维方式的不同，所创造的中西哲学之不同路径，各具特色、各领风骚。”（同上）通过这样的比较研究，不仅探讨出中、西哲学的特性与共性，而且也总结出世界哲学发展的共同规律。

（三）在思想对话中，揭示出中西哲学之间的多样性

《走进哲学世界》采用哲学家比较和哲学家对话的方式，反映中、西哲学思想的交流、联系与影响。在“哲学大家”中，通过比较中国孔子与晚于其整整一个时代的古希腊哲学家苏格拉底身处的社会环境、文化传统和个人的生活经历，发现二者哲学思想上的不同点。但他们在不同的历史路径上，达到了同一个结论，“在哲学上实现了从天到人的转变”（《哲学家比较·孔子与苏格拉底》）。先生将中国的老子与德国哲学家尼采比较，发现二人虽然相隔久远，但二人的哲学思想却是异中有同，同中有异。老子政治思想的没落情绪和消极的人生观，不为人们所接受，但他朴素的辩证法思想，直到今天仍有借鉴作用；尼采思想所反映的正在形成的垄断资产阶级的愿望和利益，不为人们所接受，但他主张以哲人哲学取代基督教的反叛哲学，却具有很强的感召力（《哲学家比较·老子与尼采》）。柏拉图和荀子都生于乱世，乱世求治是二人的共同追求，但由于所处的社会和文化背景的不同，二人的哲学思想各有自己的特点。柏拉图探求的理想国是以斯巴达的原始共产主义为蓝本而设计的，从而形成了自己独特的唯心论的哲学思想体系，堪称西方古代哲学大师；荀子对先秦各种学派进行了总结和发展，从而形成了自己独特的唯物论的哲学思想体系，可称为中国先秦哲学大师（《哲学家比较·荀子与柏拉图》）。南宋理学集大成者朱熹与德国古典哲学的创始人康德，都是以不可知论的方式将形而上学的对象从认识领域转移到了道德

领域，对中国和西方分别产生了深远影响。更重要的是，康德哲学太像中国哲学，所以尼采称他是“哥尼斯堡伟大的中国人”，毛泽东早年也说过“吾国宋儒之学，与康德同”。当然，这种“同”不是绝对的等同，而是同中有异，异中有同（《哲学家比较·朱熹与康德》）。明代心学派王阳明与欧洲宗教改革运动的发起者马丁·路德，面对各不相同的封建统治危机，均采取了“返本开新”的基本策略，构建出各具特色的哲学理论：阳明心学以伦理为核心，重新论证纲常名教的合理性和神圣性，以培养具有新儒学精神，能够维护封建统治秩序的卫道士；路德宗学以信仰为基点，重视世俗化和理性化，意在培养具有新教精神，能够满足新兴资产阶级需要的基督徒（《哲学家比较·王阳明与马丁·路德》）。

在《哲学家比较·毛泽东与马克思》一文中，先生明确提出“毛泽东哲学思想固然是马克思主义哲学的继承、丰富和发展，但毕竟不是一回事，各有不同特点”。毛泽东哲学思想可称得上是一个独创流派。

> 马克思主义哲学是德国哲学，是在古希腊哲学、德国古典哲学成果的基础上产生的，属于西方哲学体系，其哲学语言、理论形态、思维方式以及其社会背景都和毛泽东哲学思想有着很大区别。……马克思主义哲学中国化是一个综合过程，大致须在三个层面进行：(1) 在语言层面，马克思主义哲学必须汉语化。……毛泽东在学习马克思等人的著作时，不过分拘泥于词句，而是把握原著的总体意蕴，反对脱离整个宏观语境的咬文嚼字。(2) 在理论层面……马克思主义哲学在中国必须要经历一个理论上的重新建构过程……毛泽东善于从理论与实践统一上把握马克思主义。(3) 在实践层面……借助于马克思主义哲学来从事实践活动，这本身就是中国化。……毛泽东在运用

马克思主义指导中国实践过程中，不仅实现了马克思主义哲学的中国化，而且在哲学理论上也出现一个革命性的升华和飞跃。毛泽东思想的活的灵魂，即实事求是，群众路线，独立自主，贯穿于毛泽东哲学思想体系，是毛泽东哲学思想的精髓、根本点和出发点，也是对马克思主义哲学的丰富和发展。

在“哲学大家”一章中，先生又特列“哲学家对话”。对话，对于沟通中、西不同哲学思维，尤其是对现代哲学的发展是很有必要的。《哲学家对话》中，重点介绍了“莱布尼茨与中国之缘”“狄德罗与中国哲学”“黑格尔的中国研究”“海德格尔与中国文化”“萨特的中国之行”等，反映了东学西渐中的中国哲学对西方哲学的一定影响；又重点介绍了“康有为的进化派哲学观”“严复的西方经验论”“王国维的比较哲学”等，反映了西学东渐中的西方哲学对中国哲学的重要影响。

《走进哲学世界》在反映哲学上的公共情怀时，突出了古今之间的延续性、中西之间的共通性，强调容纳多元文化、宽容异质文化，主张哲学思想的多样性。在研究和传播哲学思想时，不仅注意辨“异”，注意求“同”，还应注意求“同”存“异”。

三、破“体用”思维，构建当代哲学的创新形态

中国哲学要走向世界，要在世界舞台上发出声音，就必须具有世界的眼光、开放的意识、宽容的精神和与时俱进的思想，致力于中国特色哲学的创新。中国哲学的建构之路，必须打破传统的所谓“中体西用”“西体中用”“中西互为体用”的“体用”方式，而应在蕴含着中华民族文化基因和思想追求中，在保证自己存在的基础上，吸取西方哲学思

想，吸取世界各民族的哲学思想，在与世界哲学的交汇中彰显中华文化的火花。而在这方面，《走进哲学世界》做出了开创性的探索。

（一）以人为主体，按照人的由浅入深的思维方式构建哲学体系

哲学是人的“思想之思想”，这里包含两层意思：一是人是有思想的动物，思想是人的本质属性；二是人总是以自己为对象进行思考，而且总是对自己的想法、行为及情境进行反思。人类的这种思想之思想，总是按照由近及远、由浅入深的思维方式进行的。因此，《走进哲学世界》正是以人的这种思维方式来构建新的哲学体系。如在“宇宙哲学”一章中，先从古之先民说起，揭示了古代先民宇宙观念的起源和生成。“在他们的想象中，自然天地无非就是一所大房子而已。他们眼中的‘天’，不过是由八根大柱子支撑起来的一个大屋顶。后来，‘宇’‘宙’二字便由普普通通的‘屋边’和‘屋梁’演化为‘天地万物的总称’的‘宇宙’，充分反映了古代先民宇宙观念起源和生成的文化蕴含。”随着人类对宇宙构造和演化历史的认识日益加深，于是“出现了两个不同层次的宇宙概念，即哲学宇宙概念和自然科学宇宙概念”（《宇宙观·“宇宙”词源的哲学蕴含》）。

古人认为，世界有在开辟以前的时期，而对这个时期的样子，则一无所知。人类为了解答对这一时期的各种困惑、疑惑，往往会创造、杜撰各种神话，用神话形式进行解答。于是，中国出现了盘古开天辟地的创世神话；古希腊出现了神明创世神话；以后又出现了宗教神话。

> 让神话来解答宇宙的起源，表现出了远古人类特有的宇宙观。他们在表达自己对宇宙起源的认识时，是用“近取诸身，远取诸物”的方法来建立这一系统的。他们把天地的生成

（“远取诸物”）和蛋、水、山（“近取诸身”）等自然物结合起来，确立为宇宙秩序的核心，把自己的思想写在自己所接触的各种自然物之上。古代神话中所表现的宇宙观，不是神明创造世界的观念，而是把神明和人放在一个共同的世界中，共同生存。哲学家们把这种观念称作“世界图式”，而在这个世界图式中，不论是人还是神，都是人类智慧（认识和思考）的产物。所以，哲学的最初境界是神话。（《宇宙观·神话宇宙观》）

先生又从古代先民的思维方式出发，论述了对宇宙起源的早期观点，即“早期宇宙观”。中国古代宇宙观的思维主要是取象与类比。就是观象于天，取法于地，近取诸身，远取诸物，通过“类万物之情”而表达对宇宙结构的认识，于是产生了早期的“盖天说”，认为“天圆如张盖，地方如棋局”；还有一种“浑天说”，认为天不仅是一个半球形，而且是一整个圆球，地球在其中，宛如鸡蛋壳包裹蛋黄一样。而西方古代宇宙观的思维主要是抽象与概括。古希腊哲学家在探讨宇宙有关问题时，则是从事物的“本质”“基质”开始的，是惊异于万物的存在，依靠以果溯因的办法，亟思万物究竟如何产生。正由于他们开始用理性思维来解释宇宙起源问题，因此，古希腊人最早认识到天体是球形。公元前6世纪，毕达哥拉斯从美学观念出发，认为一切立体形中最美的是球形，主张天体和我们所居住的大地都是球形的。可见，由于古代哲学家的思维方式的不同，便出现了不同范式的宇宙理论。（《宇宙观·早期宇宙观》）

随着社会的发展、科技的进步和人们认识的提高，出现了“理性宇宙观”“科学宇宙观”和“地球宇宙观”。先生正是根据科学史上人类的认识，揭示了人类宇宙观的演变过程，反映了传统哲学思想的历史发展。

（二）以具体学科为突破，在哲学与各学科的互动沟通中拓展理论视野

哲学发展的一个基本方法，就是打破学科之间僵化的壁垒，在跨学科的融合中拓展哲学发展的视野和空间。《走进哲学世界》在哲学与其他社会科学、哲学与宗教等学科的对话中，吸取理论营养、拓展理论视野。

在“哲学与科学”的关系中，先生指出：“科学是揭示事物的客观规律的知识体系”，而“哲学是靠科学所提供的知识把握世界的”“哲学是科学的世界观”。

> 在西方文化视野中，科学首先是作为一种探求世界本原、安顿人类心灵的文化而存在；其次才是我们今天所理解的“生产力”。比如，古希腊哲学家对世界本原问题的猜测非常荒唐，但是，这并不意味着这批古代哲学家是幼稚的。因为真正推动科学进步的并不是对“世界本原”这个问题的具体回答，而是对这个问题的持续追问。（《哲学关联·哲学与科学》）

先生又指出：

> 哲学特别擅长理论思维，而科学问题的“求解”，也必须进行理论思维。任何科学，无论是思考理论，还是关注实验，抑或是自然的理解，都离不开理论思维，即哲学性思维。哲学自己没有终极答案，但是把智慧留给了科学，浸润在科学的“求解”之中，凝聚在科学的“答案”之中。……认识问题，是科学与哲学的纽带。（同上）

历史地看，哲学是学术之母，科学正是从哲学中发育并分化诞生出来的。

在“哲学与政治”的关系中，先生指出“哲学家离不开特定的政治环境，哲学思想也都渗透着不同的政治内容”。

> 哲学与政治的关系如何，还反映在哲学的学术性和政治性问题上。目前存在着两种普遍的倾向：一种是只承认哲学的学术性、科学性，而否定它的政治性；一种是过分强调政治性而否定学术性，把学术性问题当作政治性问题来处理。实际上对于哲学而言，其学术性与政治性密不可分，是哲学自身的一个问题的两个方面，决不能将二者割裂开来、对立起来，不能用一方否定另一方。（《哲学关联·哲学与政治》）

在“哲学与历史”的关系中，先生指出，德国哲学家黑格尔提出的“哲学就是哲学史”命题，有两层含义：其一，“哲学是历史性的思想”；其二，“哲学史是思想性的历史”。这个命题的真实含义，在于哲学活动中的“历史”与“思想”的内在关联。因为，“每一个时代，都应有属于该时代的哲学思想，哲学史乃是由这种每一时代思想的创造所构筑的历史”。

> 在哲学与历史问题上，我们既不能把哲学归结为哲学的历史，又不能把哲学研究限定为对哲学历史的研究，更不能以“历史”冲淡乃至代替“现实”和“未来”，而是要把哲学定位为“历史性的思想”，即以“历史性的思想”的理论自觉不断地创新“思想性的历史”，使哲学成为“时代精神的精华”。（《哲学关联·哲学与历史》）

总之，“哲学创新离不开这个时代，离不开时代的科学技术的发展，也就是说离不开哲学的历史。因此，现时代的新的哲学（包括马克思主义哲学），一方面是传统哲学的继承，另一方面也是传统哲学的终结，是新的哲学的创立”。（同上）

在“哲学与学科”的关系中，先生指出，学科是哲学的基础，有一门学科，就有一门相对应的哲学，可称为学科哲学，在这里哲学与该学科发生交叉，这是因为哲学（世界观）对一切学科都有指导作用。哲学是各门学科的指导，如果说各学科的特点是分析，而哲学则是一种综合。“相对于各种学科而言，各学科哲学正是从哲学的角度来考察科学知识的发展问题”，是“以学科活动和学科理论为研究对象的”。在哲学与学科的发展中，各门学科哲学也得到快速发展，而且一个个从哲学中分化出来。这样发展下去，会不会使哲学的领地被瓜分殆尽呢?

> 这是不会的，因为哲学有一个固有领域，没有任何其他科学可以占领，那就是作为整体的世界及其一般规律。固然，任何一门学科都要研究一个整体，都要研究这个整体的一般规律，但比起哲学的对象，它仍然是局部的、特殊的，即有限的，而就其哲学本身来说，它则是完整的、一般的，即无限的。(《哲学关联·哲学与学科》)

在“宗教与哲学”的关系中，先生指出：宗教作为人类精神文化的一部分，直接参与人类文明兴衰变迁的全过程。

> 在人类社会早期，宗教承担了对世界的解释、司法审判、道德培养和心理安慰等功能。现代社会中，科学和司法已从宗教中分离出来，但是道德培养和心理安慰的功能还继续存在，宗教发展则是关心社会和政治问题，宗教成为生活的一个层面。宗教也涉及甚至讨论哲学的根本问题，成熟的宗教才可达到包含哲学内容的水平。(《宗教与哲学》)

由于宗教观念和具体内容的不同，所以在宗教问题上也存在着立场上的巨大差别。在西方的以基督教根本问题即上帝观的传统哲学中，有神论非常流行；在中国的宗教问题上，无神论占据主流。宗教也有哲学，宗教哲学就是指“有哲学”的部分而言。因为宗教也涉及甚至讨论哲学的根本问题，成熟的宗教才可达到包含哲学内容的水平。

以基督教为例，宗教哲学的特点是，也把基督教根本问题——上帝观作为自己的主要研究内容，但却是从信仰以外的立场，将之与哲学根本问题的认识论、本体论、世界观、人生观结合起来论述。这样，就存在着三种不同的宗教哲学概念：一种是宗教内部的哲学，是宣扬宗教信仰的哲学，是宗教的研究对象；一种是用哲学研究信仰，是研究信仰的哲学，也是研究宗教内部哲学的哲学；还有一种认为完整意义的宗教哲学是内外两方面宗教哲学的统一。（同上）

此外，先生又对不同智慧系统的优秀的思想资源和哲学问题进行批判性整合，如对“有”（存在希腊传统）、“生”（儒家传统）、“无”（道家传统）、“空”（佛家传统）等不同的哲学基源性问题给予整合性研究，使哲学的基础性研究有新的突破。

《走进哲学世界》通过哲学与各学科的互通对话，突破了学科体制所划定的学科之间的固定界限和藩篱，从各学科哲学中吸收理论营养，使哲学在与人类文化丰富维度的互动沟通关系中，获得广阔的学术和思想空间。

（三）以自身文化为载体，坚持中西传统哲学的现代性转换

现代哲学是传统哲学的延续和发展，是在传统哲学的基础上发展起来的。传统哲学文化与现代哲学文化共同的地方，就是共同面对的是延续不断的人类生活，而且传统哲学众多的思想命题和丰富的历史资源可以转化成现代人的精神世界的养料。因此，《走进哲学世界》以“大哲

学”的新视野和新格局，创造性地把中西传统哲学的话语形式和思想资源推向了现代转换。例如，在探讨“人”这一问题上，就实现了思想资源的现代转换。

“人是什么?”在回答这一问题时，先生指出：“西方的人是个体的，印度的人是宇宙的，中国的人则是天人合一。西方的宇宙是一个实体的宇宙，从而人也被视为一个实体结构的人；印度的宇宙是一个空的宇宙，从而人也被视为一个空性之人；中国的宇宙是阴阳合和的宇宙，从而人是一个虚实相生的结构”（《人之论·人是什么》）。这反映了西方、印度、中国在这一问题上不同的思想进路。

“人从哪里来?”在回答这一问题时，先生指出，从古至今对这一问题有两种不同解释：一种是自然观的解释。古希腊哲学家认为生物是从湿元素中产生的，而人则是由鱼产生的。到18世纪下半叶，法国博物学家拉马克在《动物哲学》一书中阐述了他的生物转变论观点，用纯粹推论性质将人类视为一项演化的结果。到了达尔文的《物种起源》，认为人是宇宙进化的产物，是从类人猿长期演化而来的；另一种是哲学观的解释。中世纪的西方，基督教《圣经》把世界万物描写成上帝的特殊创造物，“上帝按照自己的形象创造了人”。后来，有人认为人是环境的产物，但却把环境归结于政治、法律，最终陷入了历史唯心主义。

在回答“人从哪里来?”的问题时，当代哲学有一个普遍的解释：“劳动创造世界”，劳动也创造了人。实际上，这是对“劳动”含义的曲解。“人是劳动的产物”是变形的，因为劳动被视为人的一种外在之物。比较准确的理解应该是人通过劳动而创造了世界，人通过劳动而促进了人的发展。劳动是人的劳动，“劳动”必须要有人。先生指出：从猿到人的漫长年代里，开始向人类进化的猿群经历了亦猿亦人、亦人亦猿的进化阶段。处在这一阶段的这种既不是原来的猿又是尚未完全形成人的

“过渡时期生物”，被称为“正在形成中的人”。

“正在形成中的人”进行“动物式的劳动”时，“主要是通过自然本能去适应环境而求得生存的。环境作用于他们，而他们要自然适应或通过无意识的模仿以适应环境才能生存下去。可见，劳动有助于从猿到人的转化，但真正实现这种转化的不只是劳动，而更重要的是物质生活方式，或者说是生存方式”。（《人之论·人从哪里来》）

由上可见，《走进哲学世界》不仅吸收了传统哲学的思想资源，而且为传统哲学注入了新的生命，激发了传统哲学的活力，实现了传统哲学向现代哲学的转换。

（四）走向历史深处，着力实现哲学创新发展的重大突破

《走进哲学世界》一书，围绕社会上的一些争议和热点问题，克服了史论分离的弊端，走向历史深处，把思想史研究与理论专题研究有机地结合起来，使人们对这些问题达到新的认识和新的高度。

例如，在“社会史观”一章的《社会观·自由、平等、博爱》篇中，先生指出：西方近代，资产阶级为了发展商品生产的需要和实现契约自由、贸易自由等经济上的要求，提出了“自由、平等、博爱”的口号。而现代，“自由、平等、博爱”已从经济上要求的口号变为政治口号，具有政治意义。但从一般哲学意义上来看，在中西古代哲学中，自由、平等、博爱都反映了人与外部世界的客观规律之间的关系。

关于“自由”。在中国古代，道家学派的庄子学说就主张绝对的自由。《庄子·逍遥游》一文中，运用许多寓言故事，阐明了作者的自由观。庄子主张“物物而不物于物”，就是要把人从追逐外物、被物役使的异化状态下解脱出来，使人获得精神自由。这种自由的最高境界就是“无待”，即不依赖任何条件，是“独与天地精神往来”的精神自由。与

庄子自由观相似的是西欧中世纪教父奥古斯丁的自由观，他所说的自由就是摆脱各种欲望和各种物质利益，而从精神上得到似是而非的满足。在近代，托马斯·霍布斯认为，一个人在做某种事时，如果来自外部的障碍和来自行动者本身的障碍都不存在，是一种无所“待”，人就是自由的。可见，托马斯·霍布斯在讲精神状态时，与庄子的精神自由有相似之处。黑格尔曾说，如果仅仅把“自由”理解为为所欲为，那样的“自由”仅仅是“任性”，并不是真正的自由。后来，以萨特为代表的存在主义者把“自由”理解为“自由的选择”，而“选择”本身就是一个沉重的字眼，因为选择了就要“承担”。当代许多学者认为，“自由”是适度社会控制下按照自己意志的行动和行为，实现自由的问题实质上是寻求社会适度控制的问题。

关于“平等”。庄子主张人与物皆应有绝对的平等。他认为，世俗以人在社会上之地位区分贵贱，是“贵贱不在己”；就物之本身而言，则皆“自贵而相贱”，是以有限之观点观物；而“以道观之”，人无贵贱，物无不齐，都是平等的。庄子的这一“平等观”，与后世佛教用语中的平等意相似，所谓“是法平等，无有高下”“广大慈悲，万物平等”。特别是清末的太平天国领袖洪秀全提出的“有田同耕，有饭同食，有衣同穿，有钱同使，无处不均匀，无处不饱暖”的社会纲领，无不凸显了平等的价值意义。而在西方，为自由的某种形式而奔波的一般被称为平等主义者，实现这种目的，其动机一般都是道德上的。托马斯主义的平等是建立在宗教观念上，认为在上帝眼里人人都是平等的。功利主义者认为平等地对待别人，是快乐的最大化方式。法国启蒙思想家卢梭指出：社会平等实质上是权利平等。法国《人权宣言》宣布：“法制社会贯穿最基本的原则就是人人平等。”然而，平等绝不是抽象的、绝对的，其本身就是一种历史的产物。

关于“博爱”。“博爱”一词，在中国出现较早。《孝经》等书籍所说的“博爱”，谓广泛地爱一切人。在中国古代哲学中，孔子提出的“泛爱众”，孟子提出的“爱人”，要做到“老吾老以及人之老，幼吾幼以及人之幼”。儒家倡导的泛爱论虽近于博爱之意，但这种泛爱主义只是一种血浓于水的亲情之爱，是一种等差之爱，不是博爱。春秋时代的墨家倡导的“兼相爱”，这种“爱”已不是一种亲情之爱，而是出于人之本能情感的“相爱”。宋人张载的“民胞物与”思想，主张不仅爱“民”，还把“爱”扩展到自然界。在西方的希腊化时期，斯多噶学派认为，万物产生于神，人也产生于神，人人分有神性，人人都是神的儿子，因此人与人之间不应当仇恨，而应该彼此相爱。这一泛爱论，后来被中世纪基督教神学所继承和发挥，演变为基督教的博爱和人人在神面前的平等。在近代，费尔巴哈的“爱的宗教”，认为自爱是爱的出发点，每一个人都爱有利于自己生存的东西和能使自己幸福的东西，要实现自爱就要有他人的存在，在对他人的爱中寻求自爱的满足，爱就是既爱自己，又爱他人。因此，他要建立“爱的宗教”，这一新宗教就是要信奉爱，爱就是上帝本身。

《哲学研究不可多得的思想资源》一文指出：

> 作者从思想融合的资源中看哲学，展示出中西哲学所具有的自信开放、兼收并蓄的理论品格。在社会史观中，作者对“自由”“平等”“博爱”的口号，从中西哲学的思想资源上进行了挖掘和剖析，指出这一口号并不是西方资产阶级的“专利”，在中国古代就有着“自由”“平等”“博爱”的思想渊源。从中西这一思想资源的融合来看，在当代，“自由”“平等”

“博爱”依然是人类文明进步的重要价值标准，体现着人类社会的文明程度。但是，在现实社会中，不存在任何抽象的、普遍的自由、平等、博爱的政治目标，它受生产力发展水平、社会性质、社会文化和传统习俗等诸多因素的制约，人们对其认识、理解、掌握、实践都会是不同的，绝没有整齐划一的标准。（燕连生《哲学研究不可多得的思想资源》，见《杨生枝学术思想评说》，陕西人民教育出版社，2021年版）

总之，要建构融合中国性与世界性的“大哲学”，就必须打破传统模式的“体用”思维障碍，树立新的“大哲学”观念，建立新的“大哲学”形态。所谓“大哲学”，并不是探讨什么是世界哲学，而是探讨中国哲学如何走向世界，使中国自身的哲学具有世界性特征。

四、面向现实问题，在中西哲学的融合中进行理论创新

哲学家在进行哲学研究时，直接面对的是前辈们留下来的思想资料，但现实生活世界的变革却决定着“现有思想材料的改变和进一步发展的方式”，也就是说，现实生活世界的变革最终决定着哲学思想和哲学范式的变革。因此，《走进哲学世界》面向现实问题，在中西哲学的融合中，对现实关注的一些问题进行解答和哲学阐释，在解决问题中进行理论创新，得出了既具有历史渊源又具有时代性的哲学理论。这里仅举几例：

在“人为万物之灵长”问题上，古希腊哲学家亚里士多德认为，人之所以别于禽兽者，唯在其理性，理性即能思；中国古代哲学家孟子认为“人之所以异于禽兽者”，在于人之有“心”，“心”具有“思”的功

能。先生在论述中西哲学家指出思想是人与万物之区别的基础上，对“人与动物的区别在于人能够制造和利用工具”的理论进行了反思：

历史唯物主义者告诉人们，人与动物的区别在于人能够制造和利用工具。这样的看法无疑是正确的。但从哲学角度来说，人与动物的真正区别是人有思想，而动物则没有。因为人是理性的动物，能够思想，所以人能够根据自己的需要来制造工具，能够根据自己的愿望来利用工具。由于有了思想，就必须有手段，还能够合理地思考使用什么样的手段才能实现自己的目的。在自然面前，人确实极其渺小，但由于有了思想的帮助，渺小的人类却有改造自然的伟大能力。人有思想，因此人也就有了根据自己思想进行创造的需求，就有了形成知识的能力。思想凝结在物质产品中便形成文化，而动物不可能形成自己的文化。因此，人是能够思想的存在。(《人之论·人为万物之灵长》)

在“人生之目的”问题上，人活着到底是为什么？在人的短暂一生中，苦难、疾病、天灾、人祸与危机、烦恼长期伴随而不离左右，但为什么人在人生的旅途上还会拼搏、奋斗？在古代哲学中，早就有人提出了这一问题。战国初期的哲学家杨朱就提出了“人之生也奚为哉?”即人活一生究竟为了什么？尽管杨朱没能回答这一问题，但他提出的人活在世上是为了什么，值得人们深思。而先生在这里却给了回答：

人生在世，有三样东西是人和动物都离不开的，这就是新鲜空气、水和土；有三样东西在人的生命中具有本质重要性，这就是食物、工具和生育。但也有三样非物质的东西，对生命不但有用，而且如果失去，同样谁也不知道“如何活下去”，这三样东西就是对美好事物的向往、希望和热情。……人的生存本身，就有一种对生活的热爱；人要“活下去”，就有一种对理想的追求。

人活着，当然不仅仅是为了生存，而其具有本质重要性的东西，则是让人生充满意义。……人是一种游走于生活世界的存在，只有让自己的人生充满意义，人才能够活下去。

人活在世上都有自己的责任，儿女有儿女的责任，父母有父母的责任，公民有公民的责任。不同角色的人有着不同的责任，随着人的社会角色的变化，其责任也在随之变化。人生一世，实际上是一个履行责任的过程。人们在履行责任时，就体现出了自己的意义与价值。人活在世上是为了什么？一句话：就是为了体现其生存价值。（《价值论·人生之目的》）

在“幸福在哪里”问题上，首先，何谓“幸福”？在西方哲学里，对“幸福”主要有三种不同的看法和派别：一派叫作“快乐主义”，认为幸福就是快乐，其创始人是古希腊哲学家伊壁鸠鲁；一派叫作“完善主义”，认为幸福就是精神上的完善或者说是道德上的完善，这一派的代表人物是苏格拉底、康德、黑格尔等，包括马克思；还有一派认为，幸福是根本不可能的，如德国哲学家叔本华所说——人生就像钟摆一样，在痛苦和无聊之间摇摆，幸福是不可能的。在中国哲学里，儒家比较接近西方哲学的“完善主义”，而道家比较接近西方哲学的“快乐主义”。其次，幸福从何而来？西方大部分哲学家认为，追求精神的沉醉以升华自己的欲望，这是一个正确的方向。比如，对科学的追求，对知识的探究，都能够让人在一种更高级的快乐中得到升华。叔本华嘲讽那些愚妄的贪婪的追求幸福的人们，认为他们缺的不是产生幸福的外在条件，而是感受幸福的主观人格。17 世纪荷兰哲学家斯宾诺莎曾有一句名言："幸福不是美德的报酬，而是美德本身。"

在《幸福在哪里》一文中，先生认为，"物质性的东西只是幸福的物质基础，它永远都不可能成为幸福本身。譬如，金钱不是幸福，只有拥有金钱之后的满意感才可能是幸福；工作不是幸福，只有工作带来的愉悦才可能成为幸福。要获得真正的幸福，人不能任凭欲望无限膨胀，欲望越多，幸福就会越少；而幸福越多，欲望就会越少"。那么，幸福在哪里?

对人的存在而言，物质与精神同是人的生命需要，但人的物质生活须有虚灵的生命精神隐身其中并烛照其间，人有了精神，就可以自主地从物化处境下的各种不良情绪中摆脱出来，使生命处于一种积极、乐观、豁达的生存状态。正如恩格斯所言："使人不做一点正事，使他们心甘情愿地丢掉人的本性，而去一味追求幸福，只想吃得好，喝得好；它把丑恶的物质享受提到了至高无上的位置，毁掉了一切精神内容。"人只要有了本己的内在精神，就可以在自身生命内开辟出属己的精神家园，就可以养育自己的精神情感，丰盈自己的精神生命。所以，我们可以回答说"幸福在哪里，幸福在心里"，幸福是来自人的精神世界的充实感。(《价值论·幸福在哪里》)

在"真理的检验"问题上，先生从"实践观""真理观""真理的标准"等问题的探讨入手，深刻论述了真理的检验。中国当代，在思想和哲学界，在讨论真理标准的问题上，人们提出了"实践是检验真理的唯一标准"的命题。

先生从“思维”与“实践”问题入手，对马克思关于“思维”“实践”与“真理性”的论述进行了辨析。马克思说：“人的思维是否具有客观的真理性，这不是一个理论问题，而是一个实践问题。人应该在实践中证明自己思维的真理性，即自己思维的现实性和力量，自己思维的此岸性。”先生指出，“马克思在这里讲的是‘思维’与‘实践’的问题”。“人在实践中来证明思维的什么呢？证明的是‘自己思维的真理性’”，“并不是证明自己思维的‘真理标准’”。先生指出：真理是主体在实践基础上获得的对客观对象的正确反映，这种反映的形式是主观的，而内容却是客观的。判定认识或理论是否为真理，要靠社会实践来检验，实践所检验的对象是认识或理论是否与客观实践相符合，是否具有“真理性”，而不是说实践检验的就是“真理的标准”。因为“真理性”与“真理的标准”是不同的，“真理的标准”是实践检验认识或理论是否具有真理性的尺度。（《实践范畴·真理的检验》）

那么，“真理的标准”是什么呢？在哲学史上，“不可知论者否认世界的可知性，从而也否定了真理和真理标准的存在。大多数唯心论者否认内容的客观性，从而也否认真理有客观性的判定标准，而是将所谓的客观精神作为真理标准。旧唯物论者承认有客观性的真理标准，甚至提出了以实践作为真理的标准，但有着不可克服的狭隘性、片面性。辩证唯物主义认识论才真正解决了真理的标准问题，它将社会性的现实力量作为检验真理的标准”。（《实践范畴·真理的标准》）

实践检验真理必须具有三个条件：一是实践主体的思想意识，是不可知论者、唯心论者、旧唯物论者还是辩证唯物论者，要有着主体自身认识的主观性；二是要正确分析真理标准的确定性和不确定性，在实践中坚持二者的统一；三是实践检验必须借助于逻辑证明才能充分地判定认识的真理性，因为科学和哲学中的一些理论往往要靠逻辑思维来证明，尤其是那些不能由直接实践检验的科学和哲学的普遍性命题。

这里说的是“实践检验真理”，而不是“实践检验真理标准”。因为：

不同的真理观具有不同的真理标准；真理的标准是由真理的本性和实践的特点决定的；真理的标准是主观与客观的统一，如果单方面从主观认识或客观对象方面去寻找真理的标准，都是无法实现的。因此可以说，实践是检验真理的最根本的途径和原则，但并不是检验真理的唯一标准。（《实践范畴·真理的检验》）

在“从共产思想到共产主义”问题上，先生指出：“共产主义”一词，是1840年之后在法国首先使用的。当时一般的观念认为，私有财产才是一切社会罪恶的根源，只有以共产、共利来加以匡正。在此之前的不同时期，个人团体以不同的形式主张共产思想。革命共产主义的起源可追溯至巴贝夫，他相信法国大革命之后会有另一次革命随之而至，其将会“解放无产阶级”；他希望建立共产社会的计划称为巴贝夫主义。

现代共产主义的理论之基础由德国的马克思和恩格斯奠定。1848年，马克思和恩格斯发表《共产党宣言》后，“共产主义”一词有了新的含义。根据马、恩的说法，共产主义的出现是历史进程的必然结果。在他们看来，在当时，要组成一个政党，领导一场无产阶级剥夺资产阶级的革命；将建立一个以财富公有为基础、实行“无产阶级专政”统治的社会。马克思把人类社会的这个阶段称作社会主义，而保留“共产主义”一词用于形容真正无财产、无阶级、无国家的更高阶段的社会。马、恩使用“共产主义”一词，使他们所主张的纲领和社会主义有所区别。后来，列宁关于“共产主义”和“社会主义”两词的区分被沿袭了下来。

在《从共产思想到共产主义》一文中，先生通过对从共产思想到共产主义的理论剖析，反映出马克思、恩格斯的共产主义理论并不是凭空想象的，而是在早前的不同时期、个人团体、不同形式主张的共产思想的基础上产生的。马克思、恩格斯对“共产主义”一词赋予了新的含义：共产主义虽然是人类社会追求的目标，但绝不是人类历史的终结。“我们所称为共产主义的是那种消灭现存状况的现实的行为”，它绝不可能在经验层面上完成，从而成为时间意义上的终结。“对共产主义的蓝图，我们越是规划得详尽周密，就越容易陷入纯粹的幻想。”（参见“社会史观”章中《社会观·从共产思想到共产主义》）

在“‘三个世界’的理论思考”上，先生指出，“三个世界”的观念最早是由柏拉图提出来的，但是他提的是“具体世界、理论世界和灵魂世界”。在20世纪50年代后，英国哲学家波普尔侧重于本体论的研究，提出了“三个世界”的理论。他把世界上所有的现象，根据共存方式分为三大类别，即“三个世界”：“世界一”又称第一世界，是物理世界；“世界二”又称第二世界，是精神世界；“世界三”又称第三世界，是思想内容的世界，亦称客观知识世界。

毛泽东在世界政治领域提出了“三个世界”理论。“三个世界”理论，是毛泽东根据第二次世界大战后国际关系的新格局将世界划分为三个部分的理论。毛泽东这一思想萌芽是从20世纪40年代的中间地带论思想孕育而生的，雏形形成于60年代的中间地带外交战略，完整形成于70年代。1974年2月22日，毛泽东在会见赞比亚总统卡翁达时首次公开提出这一思想。他说：“我看美国、苏联是第一世界；中间派，日本、欧洲、澳大利亚、加拿大是第二世界；咱们是第三世界。”“第三世界人口很多”，“亚洲除了日本，都是第三世界。整个非洲都是第三世界，拉丁美洲是第三世界”。

从哲学角度看，毛泽东“三个世界”理论具有深刻的哲学思考。(1) 在价值世界观上，超越了社会制度和意识形态的传统观念。第二次世界大战后，经过这一场全球性的战争，出现了真正的世界阵营和世界战场。在社会主义和资本主义这两种现代化模式的形成过程中，意识形态的因素加入现代化进程中，形成了由两个超级大国所主导的社会主义与资本主义两大阵营。……毛泽东打破了以意识形态为主导而建立起来的两大阵营的这一世界格局，以现代化水平为标志，并加入世界价值观的因素，把全世界划分为“三个世界”。…… (2) 在人文思想上，改变了世界国家的原有关系。……毛泽东“三个世界”理论，则根据新的世界秩序呈现出多元化的紧张关系的特点，以不同文化之间的张力关系作为基础，从三个世界的划分上主动促使了这些张力关系的转变和更新。如第三世界中，包含有亚、非、拉、美等世界各种不同的文化……而在反帝、反殖、反霸的旗帜下，促进各个方面的力量去寻求积极的竞争途径和策略，以推动共同政治目标的实现。这就改变了第三世界两大阵营的原有关系，出现了多元文化结合的新型国家关系。(3) 在思维方法论上，建立了求同存异的对外关系。在“三个世界”理论中，不仅在三个世界中存在着矛盾和冲突，而且每一世界层面中也都存在着诸多的矛盾和冲突。……在处理与这些国家的关系中，“三个世界”理论体现了求同存异的原则，团结第三世界，争取第二世界，对抗第一世界。在“三个世界”理论中，毛泽东既强调它们各自的独特性，又强调它们之间的相互对抗、相互联系和相互作用，共同促进世界的和平和发展。（《社会观·“三个世界”的理论思考》）

先生指出：“毛泽东‘三个世界划分’理论以高超的政治智慧，为世界新秩序的生成和建立提供了新的价值观照和路径选择，为中国外交方略建构了务实而有益的博弈方程式。”“这将超越时空限定，始终成为新世纪中国走向大国外交，实现民族复兴的重要思想宝库和外交指南。”（《社会观·“三个世界”的理论思考》）

在“马克思主义”问题上，先生指出：“马克思主义”一词作为马克思、恩格斯创立的学说，其总称在马克思在世时就已经出现。恩格斯在19世纪80年代初开始使用“马克思主义”一词，并在1886年专门做了说明。马、恩逝世后，列宁把马克思主义同俄国革命的具体实践结合起来，创立了帝国主义理论、无产阶级革命与无产阶级专政的理论、社会主义建设的基本原则和指导思想，使马克思主义进入一个新的阶级——列宁主义及其哲学。继列宁之后，毛泽东及中国共产党人把马克思主义的基本理论与中国社会实际相结合，创立了“农村包围城市、武装夺取政权”的无产阶级革命理论、新民主主义理论和社会主义革命建设理论。在对马克思主义哲学与中国近现代哲学的研究分析中，先生指出：

严格说来，马克思哲学其实是一种西方哲学，它的研究对象、视角、思路、价值取向都有其特殊性。如果把中国近现代哲学笼统地称为马克思主义哲学，就会与西方马克思主义很难区别，就会失去中国特色。在中国近现代形成的毛泽东哲学思想，是中国近现代哲学的特色体现。……21 世纪的中国哲学应当是马克思主义哲学与西方现代哲学、中国传统哲学的和谐统一、综合创新，更应凸显中国特色。(《前言》)

余　论

杨生枝先生的《走进哲学世界》，是在充分注意哲学要素的普遍、有机联系的前提下，将主要内容分为“哲学特性”“宇宙哲学”“万物本源”“人生智慧”“社会史观”“认知思维”“哲学突破”及“哲学大家”八个部分，依此大纲而分类，依哲学命题而立目。通过对中西哲学话语体系的诠释与解析，对哲学命题深厚内涵的分析和研究，对古今中外哲学理论的比较与汇通，建构出具有中国性与世界性的“大哲学”，为创建具有中国特色的新哲学提供了哲学知识、思想资源和精神力量，具有一定的创造力。

篇八

轻灵随心之意境　意到笔随之才情

——评散文集《行旅笔记》《闲情漫谈》

散文是一种抒发作者真情实感、写作方式灵活的记叙性文学体裁。杨生枝先生的《行旅笔记》《闲情漫谈》，是具有较高艺术涵养和审美价值的散文佳作。属于“游记体”文学的《行旅笔记》，丰盈地蕴涵着溶入于其中的情致与哲思，具有较强的艺术感染力；属于“随笔体”文学的《闲情漫谈》，富有批判力量和艺术光彩，题材广泛，内容深邃，在艺术上有着独到之处。

一、借行旅之感悟弘文化之“魂”

——评散文集《行旅笔记》

行旅，出自《孟子·梁惠王上》，指旅行、旅游。而杨生枝先生的《行旅笔记》为旅行游览之所记。古往今来，不论是“有备于物”的“外游者”，还是“取足于身”的“内观者”，抑或是“以娱耳目乐心意”的旅游者，中外咸有，然能将其所观所感所思所想言而成文者，则是此书的一大特色。

（一）在旅游之途中探寻旅游之道

旅游，顾名思义，即旅行游览。随着人们生活条件的提高和物质文化的丰富，越来越多的人已把旅游当成一种时尚，一种休闲方式，看看长假时旅游景点的人山人海，就知道旅游的魅力所在。

然而，由于人们对旅游的理解不同，所以出现了各种类型的旅游。先生在《行旅笔记·旅游之道》一文中说道，古往今来，旅游有多种类型：

> 一曰游逛，即为消遣而旅游，游山玩水，怡情遣兴。大多数旅游者，无论是名山探胜、曲径寻幽，还是临水饮宴，都是为了尽情享受自然之美的生活情趣。二曰游历，即为考察而旅游，考古察今，获取知识。司马迁走出书斋，周游天下，“罔罗天下放失旧闻”，其《史记》之巨大成就得益于游历之助。三曰游观，即为志趣而旅游，寄情山水，陶冶性情。有些旅游者喜好山水名胜，游心寓目，借出游来化解心头的苦闷，借游观来寻求对社会生活的种种体验，以抒发情怀，陶冶情操。古往今来，不少旅游诗文正是体现了这一游观志趣。四曰游交，即为结交而旅游，游其声誉，闻求于世。孔子周游列国，是为了推销他的政治主张。“竹林七贤”游交于山水之间，是为共同抒发其政治抱负。五曰游察，在游历考察中搜寻地学内容。被尊为“旷世之圣游”的明代地理学家徐霞客，以“问奇于名山大川”为志，30余年间，东涉闽海，西登华山，北及燕晋，南抵云贵两广，踏足游历祖国大好河山，在旅行中备尝艰险，遇盗被劫，绝粮乞食，均未挫其意志。他把观察所得，按日记载，除散佚者外，遗有60余万字游记资料，整理成书，广泛流传，成为今人研读祖国河山的珍贵的地理文化遗产资料。

那么，旅游的真正目的是什么？先生指出，是为了拍一些美丽的风景，然后在朋友圈炫耀，甚至现场直播？都不是，旅游真正的快乐不在于目的地，而在于旅行的过程。正如三毛所说：遇见不同的人，遭遇到奇奇怪怪的事，克服种种困难，听听不同的语言，都是很大的快乐。“虽说一沙一世界，一花一天堂。更何况世界不只是一沙一花，世界是由很多奇妙的现象累积起来的。我看，我听，我的阅历就更丰富了。”人生就像旅行，再充分的准备也会有未知的问题。比如在高速上遇到大雾，迷失了方向，找错了酒店等，只有从容面对，才会有惊无险，才会到达目的地。可以说，在旅行的路上才能体味出生命的滋味。

那么，何谓旅游之道？先生指出：“文化之旅才是正确的旅游之道”。文化是旅游之“魂”，旅游景点凝结着丰厚的文化资源；旅游的文化之“体”，使之化之“魂”广为弘扬。“因此，我们既要在旅游资源上打造文化之魂，提升旅游的品位、精神价值和人文含量，增强旅游的吸引力、感染力、影响力，同时在旅游中也要挖掘旅游资源的文化内涵，在旖旎秀美的自然风光、多姿多彩的民族风情、底蕴深厚的历史文物、独具特色的非物质文化遗产中，感知文化、品味文化、鉴赏文化、体验文化、享受文化，以最大限度地领会文化本质，升华自己的精神文化境界。”（《行旅笔记·旅游之道》）

在《行旅笔记》中，先生的身份是二重的，先是游客，再是作家。在行旅途中，先生带着一双善于“发现”的眼睛“以物观物”，以自然之眼睛观察物之所变及其自然特征。在穿透物之特征的纷繁表象中，先生转而“以我观物”，使“物皆著我之色彩”，与美不胜收的景物、大自然的神奇造化以及当地风土人情、奇闻趣事展开一次次心灵对话，把自己的灵魂融入自然物中，使每次的旅游都达到怡然境界。《行旅笔记》

不停留于纯粹的“自然风景”的描写，也抛弃了一味地围绕景观展开的理论思辨和史料考古，而是把个人情怀与时代的风华有机地融为一体，用新时代的“社会风景”取代“自然风景”。《行旅笔记》最大程度地压缩了对景点本身的描述，走进这本散文集里的景点文化，使传统历史与现代时空交相辉映，体现了这本游记的独到之处。

（二）在旅游行走中叩问历史之源

人们在旅游中，各自怀着不同的动机，总是乐意多看看历史遗迹，总想在这些凝固的历史身上看到消散在烟尘之中的历史，成为茶余饭后的闲谈。先生的散文集《行旅笔记》，用完全不同的方法观察历史景物，记述历史和地理的参考信息。

从《行旅笔记》中我们可以发现，先生始终试图在历史和当下之间建立联系。如其中的《黄帝陵祭祀》，他的笔触，并非胶着于对历史人物、历史事件的挖掘与重视，也没有过多地记述黄帝陵的宏大建筑，而是记述了“在黄帝传说——黄帝神话——黄帝史记——黄帝文化——黄帝信仰的发展演变过程中，轩辕黄帝已经成为中华文化之根的象征，获得了其他任何传说或史实人物无法取代的崇高地位”。因此，“从古至今，把祭祀黄帝列为国家头等大事的一直都有”。而“桥山黄陵是联结炎黄子孙的纽带，是体现民族之魂的一面大旗”。从古至今，世界各地华人都以最高规格的“国之祭祀”，一次次来到黄帝陵公祭。

然而，随着民间祭祀黄帝和纪念活动热潮的出现，有的把民间祭祀活动力图上升为国之大典；有的祭典活动搞得比较庸俗，使“人文初祖”黄帝成为市场经济的垫脚台。这些祭祀活动失去了庄严肃穆“公祭”的意义，而且也涣散了国之大典的影响力和凝聚力。我在拜祭黄帝陵时，不禁深思：在市场经济大潮中，人们提倡“文化搭台，经济唱戏”，但我们更应当尊重我们的历史，尊重五千年民族传统，特别是要通过黄帝陵公祭，来彰显世界炎黄子孙的团结，凝聚中华民族的情感，弘扬中华民族的精神。（《黄帝陵祭祀》）

在记述黄帝陵之拜谒中，先生笔锋一转，从历史与文化的迷雾中清醒地回到当下，对黄帝祭祀中的种种现实问题做出了明晰回答，充分凸显出了这篇游记的深度和厚度。

又如散文《汉藏情谊的传承》，记述了先生一行在西藏旅游的所见所闻。西藏旅游写作，不乏鲜活的社会性素材，而先生却仅围绕拉萨市，记述了他们的寺庙之行。他们先来到大昭寺，在这座融汉、藏、印度和尼泊尔建筑风格于一体的壮丽大殿内，供奉着当年文成公主带进西藏的释迦牟尼像，两侧配殿内供奉松赞干布、文成公主和金城公主等塑像，仪态生动大方，令人惊奇。听讲解才知道，此寺是根据文成公主的规划而修建的。大昭寺正门前，竖立着一座3米多高的石碑——“唐蕃会盟碑”，是以汉藏两种文字书写的碑文，记述了唐蕃结为舅甥之好的经过。距大昭寺不远的小昭寺，也是由文成公主主持建造的，寺庙门朝向东方，据说是文成公主悲思大唐之故。后来到位于拉萨市西北隅红山上兴建的布达拉宫，远远望去，就可看到它昂首云霄、高跨峰峦之巅的雄姿。布达拉宫依山凌空，气势磅礴，层楼竞耸，飞阁巍峨，辉煌壮丽，不可名状。在红宫中最大的西大殿，悬挂乾隆二十五年的御赐匾额“涌莲初地”，大殿四周绘满壁画，其中将描绘五世达赖喇嘛1652年去北京觐见顺治皇帝的场面画放在显要位置。在“二寺”一“宫”里，旅行者们看到了从唐以来的拉萨的历史发展渊源，进一步认识到“自古以来，西藏就是中国不可分割的一部分”。在这篇游记中，先生游览拉萨，不是巨细无遗地兼观并览，而是从探寻历史文化的角度去参观“二寺”一“宫”；游记的记述也是围绕历史之道反复琢磨，有所舍有所取，以历史文化构筑了西藏文明的生命之树。

先生的游记散文注重紧贴现实社会，在行旅过程中，通过对古迹的观察、记录和最终的“格物”，不断生发出新的意义和价值。如他到澳门游览，从参观最具代表性的大三巴牌坊出发，从这一古物身上感受历史的动态和活力。“来到炮台山下，就有一座巍峨壮观的牌坊矗立在我们眼前。牌坊，是中国传统建筑文化之一，名目众多，主要有庙宇坊、功德坊、节孝坊、陵墓坊、标志坊等，花样翻新，风格各异。而像大三巴牌坊这座独特的宗教牌坊，我在大陆却未见到。”“大三巴”本身就是宗教译名。1562 年，葡萄牙人在澳门建起了“圣保罗教堂”，葡语“圣保罗”发音接近当地方言中的“三巴”，所以也称“大三巴”教堂。后来，教堂两次毁于火灾，只剩下耗资 3 万两白银的前壁，因其前壁与中国传统牌坊相似，才有“大三巴牌坊”的称谓。可见，“其名就是西方宗教、当地方言与中国牌坊之结合”。大三巴牌坊见证了近代史上中华民族的血泪与屈辱。澳门回归后，“历经沧桑的大三巴牌坊，迎来了她辉煌的新生，见证了澳门曲曲折折的回归历史”。(《大三巴牌坊记》)

“提起台湾，人们就会想到阿里山林涛回响、日月潭碧波荡漾……其实，台湾值得一去的地方不止这些，到嘉南平原的台南市，既可以享受古色古香之美，又可以搜寻古代台湾的沧桑历史。”《沧桑赤崁楼》记述了赤崁楼的历史形成。“当我们步行到民族路与赤崁路的交叉口，就看见一座气势宏伟的中国式建筑，这就是赤崁楼。”赤崁楼是台南最著名的古迹。1650 年，荷兰人在赤崁楼的现址筑城防御，并作为商业及行政中心，当时称为“普罗民遮城”，汉人以“赤崁楼”“番仔楼”或

“红毛楼”来称呼它。郑成功收复台湾后，改为承天府。屡经战乱和天灾，屋宇已倾毁殆尽。从乾隆年间开始，对这里加以整修，兴建有中国式的楼阁建筑：“大士殿”“海神庙”“蓬壶书院”“五子祠”“文昌阁”等。日本占领时期，曾改为陆军医院，惨遭破坏。台湾光复后，经过几次大规模整修，仅存荷式城堡遗址、文昌阁和海神庙供人观览。

走进赤崁楼，首先看到楼前广阔的庭院。“庭院东南角有一座雕塑——郑成功议和图，据说原名为郑成功受降图。”据说当时的荷兰人是跪着的，后来荷兰当局提出要给荷兰人一点面子，才让荷兰人站了起来。大理石基座上，刻有郑成功生平简介。赤崁楼南面楼下，有9只大石龟各负丈余的石碑，这就是有名的赑屃御碑。清乾隆年间，清廷派兵到台平定乱事，乾隆皇帝亲自写了五篇诗文纪念此事，并制作10座碑石与龟座，其中四通全刻满文，四通全刻汉文，两通满文、汉文合刻。相传十通御碑运往台南时，一通落海遗失（于是补造一碑，现存嘉义公园）。这些驮着碑的其实并非乌龟，而是赑屃，是龙的九个儿子之一。今日的赤崁楼已完全看不出当年荷兰人所建的“普罗民遮城”的模样，而建造在高高台基之上有海神庙和文昌阁，海神庙位于南面，文昌阁位于北面，二者屋顶均是重檐歇山式。同治年间，清廷大臣沈葆桢为抵制日本侵略，便在文昌阁祭祀五文昌帝君，台湾人信奉的五文昌包括文昌帝君（张亚子）、文衡帝君（关羽）、孚佑帝君（吕洞宾）、魁星帝君和朱衣星君（或说是朱熹）及宋代大儒周敦颐等“理学五子”。沈葆桢由大陆马尾乘船来台，本来会有大风大浪，可是沈葆桢的船队却一帆风顺。沈葆桢觉得是海神保佑，所以清光绪皇帝批准建立海神庙。跨进庙的门厅，迎面是郑成功画像，只是有些模糊。清光绪年间，台湾知县对赤崁北侧的书院进行了重建，改名“蓬壶书院”，最初的建筑包括有门厅、讲堂、文昌阁与五子祠（宋明理学五子：周敦颐、程颢、程颐、朱熹、张载）等。1966年台南大地震，书院毁坏，只留现在看到的闽南式建筑风格的门厅和台湾知县沈受谦所题的“蓬壶书院”门匾题字。游记在记述所观之后，由感而发：“赤崁楼，见证过台湾政权的更迭和历史沧桑，感受过东方文明与西方文明的碰撞；这里的一砖一瓦，都有说不完的故事，都凝聚着民族的兴衰荣辱。参观赤崁楼，令游人思古幽情，感慨万千，可说是台湾历史变迁的见证。”（《沧桑赤崁楼》）

（三）在历史遗存中品味历史内涵

先生在旅游中，一直喜欢寻找各种各样的历史遗存。因为从这些历史遗存的原貌能直接看出岁月附带其上的沧桑，而且还蕴含着深邃的人文思想。因此，《行旅笔记》中，先生所游观的这些历史遗存，好像是一个媒介，让人们通过古物这条特殊的道路，去了解遗存所保留下来的历史时空，去品味遗存所潜在的历史内涵。

到山东，非去曲阜一趟不可。因为曲阜既是孔子的出生地，又是“三孔”（孔庙、孔府、孔林）的所在地。先生一行先来到曲阜旧城内的孔庙，这是历代祭祀孔子的场所。他们走入前后九进院落，沿着贯穿南北的中轴线，来到了圣迹殿，这里是陈列石刻“圣迹图”之所，内有《圣迹图》石刻，记述了孔子生平的主要活动。“我看着120幅石刻《圣迹图》，仿佛孔子就站在眼前。”孔子栖栖惶惶一生，周游列国，四处碰壁，“累累若丧家之狗”。然而，孔子死后却名声大震，越来越被抬到无比崇高的地位。接着，先生来到与孔庙相邻的孔府（旧称衍圣府），这里是历代“衍圣公”的官署和私邸。在孔府里，可以看到历代皇朝在尊崇孔子时，对其嫡裔眷顾备至，优渥有加，其嫡裔官职之高、俸禄之厚、“圣府”之豪华、宝物之丰盛，为国内仅有。先生在观览孔府时，大发感慨：“在孔子留给世人的遗产中，得实惠者莫大于其后裔也。”先生又来到孔林，孔林是孔子及其后裔的墓地。身处已有两千年之久的孔林，看着如林碑碣和成群石仪，望着明嘉靖御碑《大成至圣先师孔子神道》等，先生大发议论：“正是由于弟子们对孔子伟大人格的宣传、对孔子学术文化的继承、对孔子教育思想的发扬，才使孔子声名远播。特别是后儒们在对孔子无以复加的抬高中，将自己的观点和思想强加在孔子身上，到底哪些是孔子本人的，哪些是借孔子之口说出的，鱼目混珠，真假难辨。……把不谈怪力乱神的孔子打扮成通天教主，把孔子儒学搞得鬼话连篇，编造‘谶言’‘纬书’，使儒学经典中渗透了不少荒诞不经之语，把儒学神学化，孔子也随之被神圣化。”先生提出“应使孔子走下神坛，以还其本来面目”。（《走下神坛的孔子》）

中华之大，县衙之多，古今第一，但完整保存至今的古县衙却屈指可数，具有代表性的有北方的平遥县衙、内乡县衙和江南的浮梁古县衙。先生来到位于江西瓷都景德镇市郊区之外的浮梁旧城，详细观看了古城区内保存的“江南第一衙”，即浮梁古县衙。古话有言“衙门难进”，看了古代县衙，诚然不欺。在进入浮梁古县衙之前，看到的是大门前的照壁。“照壁朝北的墙面是砖雕，中心是个有点像麒麟的怪兽图像，周围雕有许多金银财宝。怪兽虽已濒临死亡，可还是张开大嘴企图吞吃天上的红日。这种怪兽名不见经传，俗称‘獖’。照壁北面绘‘獖’，是明太祖朱元璋的首创，用以告诫出入衙门之人不可贪得无厌”。走进古县衙，映入眼帘的是严格的规制：坐北朝南、轴线对称、左文右武、前朝后寝。衙门中轴线从进大门起，从南到北依次为仪门、大堂、二堂、三堂，一层又一层，一院又一院，深邃而森严，真是“天下”衙门深似海。浮梁古县衙门的西侧设有监狱，围墙之厚为衙门建筑之最，其陈列的古代官服、刑具、十八般兵器、讯杖、夹棍，真可谓“帝制早废，县衙犹存”。

在领略浮梁古县衙风貌过程中，最值得凝神驻足的，是从大门到三堂各处建筑物上的匾额楹联。在这篇游记中，先生详细记述了这些匾额楹联。浮梁县衙大门楹联：“治浮梁，一柱擎天头势重；爱邑民，十年踏地脚跟牢。”寓意深刻。头门背面楹联：“地位清高，日月每从肩头过；门庭豁开，江山常在掌中看”。大堂是衙门建筑的中心，是知县办公的地方，也有楹联：“欺人如欺天，毋自欺也；负民即负国，何忍负之”。大堂背面楹联：“为政不在言多，须息息从省事克己而出；当官务持大体，思事事皆民生国计所关。”三堂的横匾上书写着“清慎勤”三个字，意为当官的“当清，当慎，当勤，修此三者，何患不知乎?”这三字是为官者的基本要求。三堂雅称“三省堂”，是内宅，用以接待上级官员、商议政事和办公起居，因而三堂有楹联：“得一官不荣，失一官不辱，勿说一官无用，地方全靠一官；吃百姓之饭，穿百姓之衣，莫道百姓可欺，自己也是百姓。”深入浅出地道出了官与民、荣与辱、得与失的辩证关系。

据说，现今浮梁古县衙已成为“江西省廉政文化教育基地”。在我看来，未必这样。浮梁县衙随处可见的匾额楹联，好多都是古代官员常见的文化物品，如浮梁县衙中的三堂楹联，也为河南内乡县衙的三堂楹联，无一字之别。考察古代衙门，在建筑的显眼部位都留有名目繁多的匾额楹联，大都引经据典，强调礼乐教化，无不渗透着为官廉洁、处世谨慎、为民勤勉的思想。然而，这些官衙是否都体现了这些思想，是否就是廉政之基地，尚须考察。固然，这些引经据典、清廉爱民的

官德文化作为优秀的传统文化和文史资料需要学习和继承，但将古县衙作为“廉政文化教育基地”，却值得斟酌。（《江南第一衙》）

历史遗存的古物，从视觉的角度看起来是很美的，而通过美的表面所思所想到的却是文化。在国外旅行中，先生在看历史遗存时，同样具有一双慧眼，能从古物中挖掘出历史文化，能从艺术中品味出历史内涵。如他们来到比利时首都布鲁塞尔的当天，就到市中心广场附近的埃杜弗小巷内，参观了誉满世界的“撒尿小孩于廉”的铜像：一个光着屁股的小男孩，身高约53厘米，神态可爱而俏皮，小鼻子微微往上翘着，一头不安分的羊毛卷，腆着小肚子，笑眯眯的样子，旁若无人地在撒尿。小于廉的脚下连着喷泉，他撒的尿也因此而源源不断，尿柱在阳光下闪闪烁烁。面对熙熙攘攘的人群，他毫无羞涩之意，反而嘴角边挂着得意的微笑。就是这样一个有趣而好玩的小孩，被誉为布鲁塞尔城市的第一公民。

关于小于廉的传说有好多种，而为更多人接受的是一个动人的故事：许多年前，在比利时人反侵略战争期间，失败的入侵者在逃离之际，点燃了通往市政厅地下火药库的导火索，企图将这座城市炸毁。事情发生在深夜，寂静无人。此时一个名叫于廉的小孩光着屁股出来撒尿，发现漆黑的脚下正嗞嗞啦啦燃烧着的导火索。他急中生智，立即撒尿把导火索浇灭了，从而保住了这座城市。小于廉纯洁善良，有着一颗爱国之童心；又是那么勇敢机智，具有无所畏惧的高尚品质。大概布鲁塞尔人认为小于廉最能代表他们的理想和精神，于是便把这个可爱的撒尿小孩当作他们城市的象征。

在这尊撒尿小孩铜像面前，先生陷入了沉思：“作为布鲁塞尔的杰出人物，有比利时的著名君主，有曾经统治过布鲁塞尔的西班牙、荷兰、法国等国君主，有在滑铁卢（位于布鲁塞尔以南）征战的拿破仑，有震惊世界的大画家鲁本斯等。这些杰出人物，任何一个都有资格成为布鲁塞尔市的第一公民，其资格和影响力都远远超过小于廉，却为何偏偏给这个光屁股撒尿的小孩以‘布鲁塞尔第一公民’的殊荣?”“我在想：假若在我国的某一城市也有这么一个传说，我们会将这个小孩当作这个城市的‘第一公民’吗？会将其光屁股撒尿的形象展示于世人吗?”（《在“撒尿小孩于廉”像前》）

又如，先生一行到法国巴黎参观，对戴高乐广场的凯旋门最感兴趣。凯旋门是拿破仑为纪念自己的战绩和后人为纪念拿破仑的功绩而兴建的。1815 年拿破仑在滑铁卢遭遇惨败后，再次被流放，1821 年他在大西洋的一座小岛上孤独地死去。然而，凯旋门并没有因拿破仑的流放和死亡而停废，反而在复辟的波旁王朝旁系的路易·菲利浦国王的统治时期，即 1836 年 7 月 29 日正式落成。

游记《巴黎凯旋门之遐想》引领读者一窥凯旋门精美的建筑。凯旋门上遍刻浮雕，内墙上雕有宣扬拿破仑战功的 96 个胜利战役的浮雕，外墙的浮雕均取材于法国 1792—1815 年的战史，其中最为著名的有《出征》（又名《马赛曲》）浮雕、《盛名》浮雕、《抵抗与和平》浮雕、《凯旋》浮雕等。拿破仑大捷庆祝仪式的场面雕刻在《马赛曲》浮雕上方的其他位置，在顶端的盾形饰物上刻有每场战役的名称。凯旋门的内侧刻有跟随拿破仑征战的 386 位将军的名字。凯旋门下的无名烈士墓，埋葬着第一次世界大战中牺牲的无名战士，墓前点着灯。每逢节日，凯旋门的拱门顶垂下 10 米长的法兰西国旗；重大节日，有穿着拿破仑时代戎装的战士持刀守卫《马赛曲》浮雕。凯旋门顶部有一座博物馆，陈列着拿破仑生平事迹图片和凯旋门兴建的历史文件。纪念拿破仑战绩的，还有坐落在巴黎旺多姆广场中央的旺多姆圆柱，高 41 米，仿罗马的特拉扬圆柱的形式建造，中心为石柱，外面用拿破仑在奥斯特利茨战役所缴获的 1200 尊铜炮熔铸的铜板包裹，呈螺旋形上升。铜板表面有以 1805 年那次战役为题材的浮雕 45 幅，而拿破仑铜像就立在柱顶上，故又称“凯旋柱”。马克思曾在《路易·波拿巴的雾月十八日》一书的结尾说：“如果皇袍终于落在路易·波拿巴身上，拿破仑的铜像就将从旺多姆圆柱顶上被推下来。”然而，黄袍加身的路易王朝并没有把拿破仑的铜像从旺多姆圆柱顶上推下来。但到 1871 年，法国巴黎公社成立后，指控它是“对军国主义的赞扬”，下令将其拆除。巴黎公社失败后，“凯旋柱”于 1875 年又恢复了原来的样子。在巴黎凯旋门前，先生想到了什么呢？他说：

> 历史是严峻的，也是严肃的，拿破仑被打倒了，但推翻拿破仑统治的波旁王朝却把拿破仑未建成的凯旋门修建了起来；拿破仑铜像曾被巴黎公社拉了下来，但却又站了上去。今后呢？不会再次把他拉下来吧！历史上的伟大人物是特定历史环境下产生的，无论中外，无论古今，历史就是历史，不用篡改它，因为它已经过去了。对待历史人物，不能以今论古，因为他不能脱离历史。用历史的眼光去看待历史上的伟人，不论是朋友还是敌人，都须如此。而在某些国家或地区，却有这么一种政治现象：一旦掌权或得势，对于自己的政敌或政见不同的人，不论你历史功过如何，都在打倒之列，或对其建筑，一炬焚之；或在其死后，开棺鞭尸；或对其葬地，掘墓三尺；或对其塑像，扒倒砸碎，远远谈不上对其功绩树碑立传。面对巴黎

凯旋门，想着路易·菲力普对待拿破仑的态度和做法，我们有何感想呢？(《巴黎凯旋门之遐想》)

(四) 在古代建筑中挖掘文化之思考

在旅游中，古代建筑中的园林是最具审美魅力而令人神往的景观之一，蕴蓄着知识、智慧、文化，融内涵美、形式美于一身。《行旅笔记》中记述了先生的园林观览。中国园林种类之全、数量之大、技艺之高、保存之多、内涵之丰富，是世界上任何一个国家都无法比拟的。而先生精选了北京的皇家园林、承德的山庄园林、江南的苏州园林和皖南的村落园林，在流连忘返的记游中，观赏园林之美景，领悟园林之文化，挖掘文化之思考。

1. 皇家园林的深意藏体

皇亲贵戚之园林一般与府邸相连，美其名曰“避喧听政”。所以，在清代咸丰年间，恭亲王爱新觉罗·奕䜣，在他宏大的恭王府之后花园重建花园，也就是萃锦园。萃锦园融江南园林艺术与北方建筑格局为一体，汇西洋建筑与中国古典园林建筑为一园，堪称“什刹海的明珠”。萃锦园是园主人格的化身，体现着园主的权力和欲望。园分中、东、西三路，均有宏伟的中轴线贯穿，而且彼此脉络相连，气势磅礴，更兼有土山环绕，园中湖水如环，数坐小桥皆可达中心岛，形成内敛的幽静气氛。恭王府的萃锦园，规格对称的布局，端庄工稳的气势，大尺度的厅堂轩榭，沉雄的假山叠石，非常富丽豪华，处处渗透着权力的影响。而在花园中轴线的最南端，进门后便是一块高五米余的太湖石，名曰“独秀峰”，顶上刻有“独乐”二字。“这块石峰，高挑苗条，姿态优美，但这只是表面，而‘独乐’二字乃是此石的真谛所在。”“‘独乐’实属无奈之举。奕䜣重建此宅园时，正值其政治失意之际，‘独乐’二字，表示出他的愤懑与无奈。”恭王府的正门名曰“静含太古”，名字古雅深远，模样却是半中半西的一门，两端的连墙为中西混合古典式，进门便是一个古木参天的断山山谷。看似随意“混搭”，其实颇具匠心。因为在奕䜣生活的时代，对于大多数人来说西洋古建筑是陌生的。“人们见到西洋建筑时，往往会产生‘远流’‘方外’的道家观感。既非人间景，自然能与‘静含太古’的景题珠联璧合了。”由上可见，城市中的园林具有闹中取静、陶冶性情、修身养性、观赏娱乐、抒发情感的综合作用，人们在建造园林时，往往把自己的种种意愿“做”在园林之中，以景观之体寓自己的深藏之意，融入大量园主的心情和感情色彩。（《皇家之园》）

2. 山庄园林的“和合文化”

“来到承德，游观避暑山庄，这里一年四季都变化着绚丽的色彩。站在蜿蜒起伏的避暑山庄宫墙上，回首可见古朴典雅的皇家园林，远望是金碧辉煌的寺庙群，如众星拱月一样环绕在山庄周围。这里既有凝聚半部清史的皇家文化，又有古老神秘的藏传佛教文化；既有浓郁的满蒙风情的民族文化，又有特色鲜明的民俗文化。这里是中华民族宝贵的历史文化遗产，而且蕴含着独特的‘和合文化’。”避暑山庄依“和”而建。避暑山庄根据“物尽天然之趣，不烦人事之工”的原则，借助于自然地势，巧用山庄内的山峦、溪流、湖泊、平原等自然条件，因山就水，因地制宜。“山庄远景以大自然的山林野趣为格调，取自然山林之本色，吸收江南塞北之风光。山庄建筑是相地而建，观势而造，虽由人作，宛自天开，与天然景观融为一体。山庄东南多水，西北多山，是中国自然地貌的缩影；山庄背山面湖，林木葱茏，山中有园，园中有山，湖沼密布，亭榭错落，呈现出人与自然的和谐之美。”避暑山庄因“和”

而修。避暑山庄周围12座建筑风格各异的寺庙，是当时清政府为了团结内蒙古、新疆、西藏等地区的少数民族，利用宗教作为笼络手段而修建的。在山庄东面和背面的山麓，分布着宏伟雄壮的寺庙群，那就是“外八庙”。“外八庙”以汉式宫殿建筑为基调，吸收蒙古族、藏族、维吾尔族等民族建筑艺术特征，创造了中国多样而统一的寺庙建筑风格。“每一座建筑及其背后的故事也都是实现和合的历史见证。”避暑山庄因“和”而造。山庄的宫殿区、湖泊区、平原区、山峦区分区而建，各自独立。“它们不同的景象风格，构成了山庄和合为一的多元而统一的独特之美；但它们又和而不同，构成了山庄各景区分散于宏大空间、彼此相映的优雅一体的丰富景象。”避暑山庄因“和”而兴。随着避暑山庄及周围寺庙的修建，承德这座城市也逐步形成。只是这里只修寺庙不曾建城墙城门，建城三百余年也未动兵戈。为此，承德不仅成为清王朝的“夏都”，而且也演绎着“康乾盛世”的历史，“一座山庄，半壁江山”，成了北京以外的陪都和第二政治中心。“‘和合文化’强调人与自然之间和谐共生的关系，而承德避暑山庄的人文景观，则赋予了和合文化更多的内容。”（《山庄文化》）

3. 苏州园林的意境深远

苏州的园林有一百多处。先生在苏州只是游览了沧浪亭、狮子林、拙政园和留园这四大名园，可谓是文人园林。文人园林是崇尚以自然或者模仿自然的山为骨架、水为血脉的园林，然后在此基础上安排建筑小品、花草树木等景观元素，这是文人园林的美学原则，也是苏州园林的美的追求。在导游的引导下，先生一行或移步换形，情随境迁；或曲径通幽，别开生面；或定点观赏，意象具足，大多抵达心与物游、物我交融的境界，感悟到苏州园林的深远意境。苏州园林内涵丰富，其命名别出心裁，重在寓意深远。如狮子林，因园内“林有竹万，竹下多怪石，状如狻猊（狮子）者”；又因中峰禅师倡道天目山狮子岩，取佛书“狮子吼”之意，故易名为狮子林。后狮子林称狮子园。“狮子园中，奇峰怪石林立，均似狮子起舞之状，而又以狮子峰为诸峰之首。狮子峰，像不像狮子呢？并不像，而命名为狮子峰，这是感情悟物，使石头狮子人格化。”沧浪亭，由北宋诗人苏舜钦买下废园，进行修筑，傍水造亭，因感于古诗“沧浪之水清兮，可以濯吾缨；沧浪之水浊兮，可以濯吾足”，故题名“沧浪亭”。先生有感而发：“园林建造虽难，‘更难于命名’，名俗则不佳。苏州园林无论自造新词或运用别语，大抵皆能结合园林结构与自我情态，自命园名，寓之深意，既呼应其生命之意识，又涌生出新的意涵，以引领人之审美意趣。”苏州园林情景交融，其建筑构思精美，重在情感抒发。大自然风光是好看的，但大自然给人的美与人为的美在感悟上是有区别的。苏州园林并不是把真山真水搬到自家宅邸里，而是人“造”的。平地上造出山林沟壑、曲桥流水，把大自然请进小小的园林之中，虽说是假山土丘，但一样逶迤峭拔、真切自然。如在留园中，可以能领略到山水、田园、山林、庭园四种不同景色：园中部以水景见长；东部以曲院回廊的建筑取胜；北部具田园风光；西区则是全园最高处，有野趣，以假山为奇，土石相间，堆砌自然。留园的池南涵碧山房与明瑟楼为其主要建筑，有院、有馆、有楼，就有人；有人就有生活，有生活就会与情感发生联系。“芳草有情，斜阳无语，雁横南浦，人倚西楼”，一个“人”字，脉脉含情，点活了园林的“睛”，不仅使园林有了情感，而且成为园主精神的一种依托与延伸。苏州园林艺术文雅，其园林动静结合，以小见大，重在耐人直“观”。苏州园林耐人“观”看，如拙政园的山岛、竹坞、松岗、曲水之趣，尤显特色；园内广阔的水面和山石、古木、绿竹、花卉，构成一幅宁静的画面，无不蕴含着中国古代的文化意识和审美情趣。“苏州园林，除了建筑、山水、绿林之外，还同中国的诗、中国的画结合得很深。画是纸上的东西，诗是文字上的东西，园林是具体的东西，苏州园林把中国人的感情在具体的东西上表现出来，这就是其魅力所在。”（《古典园林》）

4. 村落园林的心理慰藉

安徽皖南古村落，大多位于重峦叠嶂的山区，四周青山环抱，绿水潆洄，自然环境幽美，颇类陶渊明笔下所描写的桃花源之境界。先生来到山川秀美、峰峦连绵并与黄山连为一体的黟县，游观了西递、宏村这两个著名的古村落园林。西递村的风水极佳，自古以来水都是从西向东流的，而村中的两条溪水却是从东向西流，因此才有了“西递村”这个名字。选址讲风水，建筑也讲风水。商人发财后，害怕财产外露，于是西递村园林中宅院的墙体高大封闭，以防盗防窃。此外，经商以“积聚”为本，希望财源滚滚流进而不外泄，于是便建造了天井，并巧妙设置倾斜角度，使象征财富的雨水落到屋顶后不流入别人家中。同样的，汪氏始祖选定宏村为定居之处，也是因为宏村“背有雷岗山雄峙，碣溪环带，形势较胜”。皖南村落园林，“无宅不雕花”是皖南居民的一个重要特点。古民居不仅讲究外形的恢宏、奇伟，而且刻意追求室内的装饰之美，一个个栩栩如生的石雕、砖雕、木雕，极大地丰富了这种装饰美的内容，而且象征着房主的期望和理想，选择吉祥物来体现主人的希冀。古园中最让人感兴趣的陈设，就是那垂挂于厅堂上的楹联、格言，体现了主人在特定历史环境中的追求、向往，以及对人生的深刻体味和对子孙后代的劝谕告诫。以西递、宏村为代表的皖南村落园林，不仅渗透着浓郁的儒家文化和商人文化，而且体现出当时的主人对“福”与

“静”生活的希望和追求。过“桃花源”式的生活，这既是主人的人生体味，又是主人的心理慰藉。

5. 迥然相异的建筑之美

先生一行在海外旅游中，到了澳大利亚的悉尼，特地来到一座面积不大的舌状小岛——贝尼朗半岛，参观闻名遐迩的悉尼歌剧院。远远望去，悉尼歌剧院的外貌像是几个巨大的蚌壳前后张开着，又像是许多鼓满了风的白色帆船，观其水中倒影，似静影沉璧，似白鹤掠风。走近歌剧院，其外形是10片高耸入云的白色混凝土建造成的大贝壳，有的是一片抱着其他几片；有的背靠背，有的几乎是垂直的；有的则非常倾斜，其中两片单独耸立。蚌壳形的白瓷砖拱形圆屋顶，犹如巨浪奔腾中的一叶帆篷。歌剧院内部有演奏厅、歌剧厅、话剧厅、音乐厅和展览厅，演奏厅最大，还有九百多个大小厅室。悉尼歌剧院的诞生使悉尼埠头出现了一座绝妙的巨型艺术雕塑奇葩，与周围的环境浑然一体。悉尼歌剧院的建筑非常别致，真可谓今日世界之独一无二。它像群帆归来，很有韵致。但据设计者的解释，其创意既非来自蚌壳，也不是风帆，而是来自橘子的橘瓣。

悉尼歌剧院乍一看不像是个歌剧院，因为它突破了以往所有剧院的样式和规范。这一打破常规标新立异的建筑作品，颠覆了通常以几何造型为基础的欧洲建筑的一切元素，冲击了一般公众的审美理念，在破土而出时，遭到谩骂和攻击。然而，随着时间的推移，这个包含着天才智慧的怪诞建筑，却被世界现代建筑史记载传颂。

“参观悉尼歌剧院，改变了我的传统观念。1853年，德国美学家罗森·克兰茨出版了一部论著，叫《丑的美学》，从理论上为怪异美鸣锣开道，惊世骇俗。又过了十多年，美国美学家桑塔耶纳新出版的论著

《美感》，指出怪诞的价值就在于它是一种‘重新创造’。在我们的思想上，一般公众的审美趣味往往带有惰性，常常需要有人猛击一掌，才能使他醒悟。悉尼歌剧院震撼了我的视觉和感觉，让我醒悟到，你所熟悉的那些东西并不都是最好的，而那些能打破常规，能打破束缚人们习惯的思维，能引起人们对那些习以为常的事物的惊异感的东西，才是好的和美的。”（《悉尼歌剧院观感》）

（五）在艺术物化中鉴赏多彩文化

众多酷爱旅游的人，每到一地，总喜欢去一些博物馆和古代遗存，看一看当地出土或传世文物，以帮助自己增加文化知识和拓展文化视野。在《行旅笔记》中，先生从不同的观赏角度观赏各类文物，获得了不同的观赏效果。

1. 从探究视角看文物

先生一行来到四川广汉市南兴镇，他们专程参观轰动中外的古代文化遗存——三星堆遗址。三星堆遗址出土的文物大多带有象征意义，被赋予了较多的神秘色彩。最引人注目的是一件件形态各异、制作精致的青铜器，有青铜人像、青铜人头像、青铜人面像、青铜兽面像、青铜树、象征太阳的圆形铜器，以及众多的由青铜铸造的飞禽走兽。令人惊叹的是，三星堆出土的金面具和金器物是前不见源、后不见流，是一种非常独特的文化。三星堆两个“祭祀坑”出土多达100余件的金器，这在各地商代遗址内是绝无仅有的，而成都平原迄今也未闻何处产金。在出土的金器中，最引人注目的是祭祀坑出土的一柄金杖。很多专家认为，这柄金杖是象征王权的权杖或神权的权杖（法杖）。但是，以杖作为王权或神圣的象征，这在古埃及文明、爱琴海诸文明以及西亚文明中是常见的文化现象，但却与中华古文明传统不相符合。在中国的夏、商、周三朝，象征政权的是“九鼎”，而权杖所反映的则是不同于中原文化的异域文化现象。“我走出博物馆，一个谜团涌上心头：庞大的三星堆古城和古遗址群，在商周前后突然被废弃，三星堆文化也迅速消失。三星堆文明是一段没有文字说明的历史，而三星堆文化，却以其神秘的历史、神奇的艺术、神圣的信仰所具有的神话般的色彩，留给了人们无限的想象和探索空间。”（《独特的三星堆文化》）

2. 从考察视角看文物

岩画这朵人类智慧之花，在漫长的历史岁月里，披着历史的风霜，或镌刻涂绘于崇山峻岭之上，或隐匿深藏在石壁洞穴之中，那奇异神幻的图形，仍保持着最初的原生状态。为了解开这扑朔迷离的岩画之谜，先生一行专门来到宁夏的贺兰山，察看这里的岩画遗存。来到贺兰山中段的贺兰山口，这里的岩刻是贺兰山岩画荟萃之处，“从沟口两边的巨石上开始，就刻有许多人画像，正面对着沟口外茫茫的乱石荒滩和远处若隐若现的黄河。从沟口再往里走去，乱石滩延伸得很远很远，到处是岩刻，有的刻在山崖的峭壁上，有的刻在卧石的平面上”。贺兰山口岩画构图朴素，姿态自然，虽也有不少动物图形，但以人首像为主。“贺兰山人首画面，简单而又奇异，有长着犄角的人头、大耳高鼻满面生毛的人面、口衔骨头的特异造型。很多岩画中的女性，有的戴着很少见的头饰，有的绾着奇异的发髻，风姿秀逸，再现了几千年前古代妇女的审美情趣。还有几幅人面岩画，面部五官似一个站立的人形，双臂弯曲，两腿叉开，腰佩长刀，被认为是图腾巫觋形象的显示。还有让人疑惑不解的，是有部分人的手和太阳的画面，还有古人祭祀神灵的原始宗教活动场面等。”先生一行又来到石嘴山市西北的贺兰山北端的小枣沟内，在这里他们看到了一个保存最完整的岩画区，这就是神秘的黑石峁岩画，这里的岩画以动物图像居多，岩画中还有人物图案，“一幅比较罕见的‘双人舞’岩画，看起来是一男一女并列而站，皆头戴饰品，双臂上举，两腿分开，做骑马蹲裆式。也有刻画祈祷祭祀、出征作战、集会舞蹈等场面的”。除了贺兰山口岩画、黑石峁的岩画外，各山沟还有狩猎、祭祀、争战、舞蹈、交媾等岩画。种种神奇怪异的岩画，以其特有的风格，富有魅力地反映了人类社会的童年。“其真实、纯真的岩画内容，古朴、深厚的岩画风格，组成了一组生动鲜活的民族史前文化艺术长廊。”“岁月无声，唯石能言，人类在没有文字之前的历史，大概通过凝视它们，也能懂得一二。”（《岩壁上的图画》）

3. 从审美视角看文物

举世闻名的敦煌莫高窟，是旅游者的向往之地。先生一行到了兰州，坐火车，又乘汽车，好不容易才到了甘肃敦煌，有幸参观了莫高窟。敦煌莫高窟有长长的栈道、大大小小的石窟和石窟里的彩塑、壁画等。绘于洞窟四壁、窟顶和佛龛内的数量众多的壁画，“内容有佛像、佛教故事、佛教史迹、经变（佛教故事画）、神怪、供养人、装饰图案等诸多方面，还有很多表现当时狩猎、耕作、纺织、交通、战争、建筑、舞蹈、婚丧嫁娶等社会生活的画作”，题材非常丰富。然而，在《窟中美术》这篇游记中，先生特选了壁画中的美丽飞天。

敦煌莫高窟壁画中的飞天，是世界佛教石窟寺庙中飞天数量最多的。敦煌飞天，在石窟创建时就已出现，从十六国开始，历经十多个朝代，历时千余年。在这千余年的历史长河中，同莫高窟共生共存的飞天，其艺术形象、姿态和情趣，都在不断变化。“飞天”，类似于飞翔云霄的飞仙，是宗教艺术中美的象征。从十六国的北凉到北朝的北魏，这时期的敦煌飞天深受印度飞天和西域飞天的影响，大体上是西域式飞天。从西魏到隋代，这一时期的敦煌飞天是中西合璧的飞天。莫高窟西魏时期的飞天，一种是西域式飞天，虽继承北魏绘画风格，但有了新的变化：作为香间神的乾闼婆和作为歌舞神的紧那罗，两位天神合为一体，亦叫散花飞天和伎乐飞天；一种是中原式飞天，是道教飞仙与印度佛教飞天相融合的飞天。隋代飞天种类最多，特点不一，既有西域式飞天，也有中原式飞天，更有中西合璧式的飞天。唐代，窟内的四壁几乎都被大型经变画占领，飞天主要是画在大型经变画中。唐代后期的飞天，在艺术造型上，“衣饰由艳丽丰厚转为淡雅轻薄，人体由丰满娇美变为清瘦朴实，神态由激奋欢乐变为平静忧思”。从五代到元代，这一时期的敦煌飞天虽承唐代之余绪，但图形动态上缺乏创新，然而也有独特风格，如北壁《观音经变》图上方两身飞天相向对称，头梳锥髻，脸形半圆，上体半裸，身体沉重，像是两位乘云飞行的道教仙童。“敦煌飞天，画家用蜿蜒曲折的长线、舒展和谐的意趣，为人们绘就了一个优美而空灵的神话世界。敦煌飞天，经历了千余年的岁月，展示了不同的时代特色和民族风格，具有宝贵的历史和艺术价值，其永恒的生命力灵动飘逸，不断给人们以启迪和美的享受。”（《窟中美术史》）

4. 从探秘视角看文物

先生儿时有一个梦想，就是参观埃及的金字塔，这次终于如愿以偿了。他们乘车前往开罗西南方向的吉萨高地，远远就看到了胡夫金字塔。金字塔底面是正方形；向上是四面锥形，四个三角形斜面正对东南西北四个方向，锥顶外壳因年久风蚀剥落；塔身由 230 万块巨石建造而成，大小不一，每块重 2～15 吨；塔身的石块之间没有任何水泥之类的黏着物，而是一块石头叠在另一块石头上面垒成的。每块石块都磨得很平，虽已历时数千年，但人们至今也很难把一把锋利的刀刃插入石块之间的缝隙。在游记中，当先生把一些资料中胡夫金字塔在建筑学上所体现出的数字抄写出来之后，不由感到异常惊讶！“晚上，我的思绪怎么也平静不下来，总是回想着金字塔的神奇与奥秘。在人类文明刚刚萌芽之时，古埃及人就已把全部智慧用在为法老而建的金字塔中。特别是在一些资料上看到胡夫金字塔在建筑学上所体现出的一系列数字，更是令人震惊和困惑。”“胡夫金字塔中处处分布的数字信息，暗示着其背后蕴含着高度发达的文明。在史前时代，谁能拥有如此高深的数学和天文知识呢？现代人用尽了想象力和推断力去解释这些现象。……我也在苦苦思索，百思不得其解，就连我这个无神论者也不由得相信它们是由神或外星巨人所造的了！”（《埃及古人的智慧》）

（六）在山水探胜中叩动心灵对话

古诗有云：“清风明月本无价，近水远山皆有情。”因此，旅游的人们常常是“乐水”“乐山”，徜徉于山水之间，观赏着大自然的美丽风光，在自然美的享受中久久回味。如果说“山水是地上之文章，文章是案头之山水”。那么先生的《行旅笔记》，则是那些耸立或者流淌的山水之景境的艺术表达。先生的山水游记，在勾勒出某处山水景观的自然风貌后，总是营造出一个类似于剧场的空间结构，开始向山水的纵深处打量，充满着现实关怀的意识。

1. 山水与心灵交汇之武夷山

一大早，先生一行人来到武夷山的主峰——天游峰。在《武夷山游记》中，先生只选了一山一水一物，构成了一幅与山水对话和心灵私语的壮美图景。

“登上天游峰，这才体会到险峰的无限风光。”武夷山主峰——天游峰，东接仙游岩，西连仙掌峰，壁立万仞，高耸群峰之上。“登峰顶宛若置身于云海之中的蓬莱仙境，若遨游于天宫琼阁，真可谓‘天游’”。在参观天游峰的景点中，主要记游了“一声”“一线”两个景点。“一声”即“空谷传声”的响声岩，“响声岩最佳妙之处在于，游人在岩前呼叫欢笑均能听见回声。我们几个站在响声岩前大声呼叫，有人还大吼几声秦腔，均能听见回声在空谷飘荡，使人身临其境地体味了听觉之美，还验证了‘空是无，无是空’的佛家之说，确能给人一种空灵美”。“一线”指的是灵岩一线天。“我去过很多山，大都有一线天，但灵岩一线天却与众不同。灵岩是一座高数百尺、长约百丈的巨岩。岩端倾斜突出，覆盖着三个岩洞：灵洞、风洞、伏羲洞。进入灵岩深处，有段路黑黑的，伸手不见五指，身在其中，仰视天空，从中漏进一线天光，宛如跨空长虹，被叹为‘鬼斧神工一线天’。”先生在攀登天游峰中汲取到强大力量。“上山的路极险，是从悬崖峭壁上凿出来的，一阶一阶，直入云霄，只能一人通过，而且只能上不能退。我也不甘示弱，沿着陡峭的石阶，拉着旁边的扶手，凭着一股冲劲，爬了好几段石阶。可是，山越登越高，路越走越陡，步子越来越沉重。我和老伴虽然汗流浃背，但相互鼓励，经过一番努力，终于爬上了山顶。”

古人云：“水善利万物而不争。”先生一行在九曲溪水上漂流中，深切体悟到了这一古训。九溪曲发源于武夷山自然保护区中的黄岗山南麓，全长约10千米，盈盈一水，折为九曲，山复水转，水绕山行，每一曲都有不同景致的山水画意。他们乘坐着古朴的竹筏，从九曲往一曲漂流。“从九曲到一曲。不论是逆流而上，还是顺流而下，都见溪水旋绕曲折。竹筏进入如诗如画的九曲溪，途中或浅滩，或深潭，两岸巉岩嶙峋，峭壁千仞，溪声潺潺，绿水碧波，‘曲曲山回转，峰峰水抱流’，竹筏水中游，人在画中游。”“九曲漂流，最让人难忘的是多变的天气。

从九曲乘筏时，天空晴朗，烈日当空。漂至六曲，天阴沉了下来，乌云开始堆涌。快到五曲，正当得意时，雷雨大作，倾盆大雨打击着我们的竹筏，每个人像落汤鸡似的在大雨中挣扎。可过了五曲，到三曲时，天空放晴，太阳又露出了笑脸，仿佛在看我们的狼狈样子。尽管天公幸灾乐祸，但我们却忍不住开怀大笑，真是快乐极了！”天有不测风云，在烈日当空下，老天突然变脸，倾盆大雨降临；过了一会儿，雨过天晴，太阳又出来了。这一段的生动记述，深含寓意，让人们有着无穷的遐想！

武夷山还是产茶盛地。“当地茶农利用岩凹、石隙、石缝，沿边砌筑石岩种茶，并构筑‘盆栽式’茶园，可谓‘岩岩有茶，非岩不茶’，岩茶因而得名。”被誉为极品佳茗的“大红袍”就是其中的一种。来到九龙窠谷底靠北面的悬崖峭壁前的古茶园，听着这里举行敬茶活动的民俗风情；围坐在茶摊前自斟自饮地品茶，饮后齿留余香，回味无穷。

《武夷山游记》中所赋予的这一山、一水、一物之理想性格，实际上就是山、水、茶的自然属性与游人心灵美的结合，游人的身体与心灵俱得到放松与滋养。

2. 饱含“和合”精神的日月山

“坐车从西宁出发，沿着唐蕃古道，到了西宁和青海湖之间的一道隘”，这就是青海著名的日月山。“站在日月山上向两边看去，就会有一个神奇的发现：山麓东边是村落点点、麦浪滚滚、梯田阡陌的农区；山麓西边是广袤苍茫、牧草丰茂、天高云低的草原；中间就像有一条连绵不断的线，沿山脊将两边截然分开。仅仅一山之隔，两边景色迥异，宛若日月两重天。古人在对此山分界东西不同区域的观察中，认为东边犹日，日照草木光似波；西边犹月，月影凄迷山色暮。傍晚时，日月同升，双双挂在碧蓝的天空；日月同辉，双双在天空同显光辉。于是，人们便将此山称为日月山。又引出文成公主日月宝镜的美丽传说，可说是古人对日月山自然现象的一种解释，寄托了古人对文成公主的祝愿和怀念。”唐时，日月山是唐朝与吐蕃的分界处。相传，当年文成公主远嫁吐蕃，就是在此山上将日月宝镜掷于垭口地上，于是人们便把当时的赤岭改名为日月山。“那个时候，文成公主决然不会知道，她脚下的这座高山，是我国外流区域与内流区域的分水岭，是黄土高原与青藏高原的分水岭，也是青海东部农业区与西部牧业区的自然分界线。”

“我站在日月山上，深刻领悟到日月山之‘和合’精神。它将东、西两个不同高原联结了起来，形成了日月山这一标志性地方；将唐、吐蕃两个王朝联结了起来，使唐蕃古道成为丝绸之路中的绿洲之路；将汉、藏两个民族联结了起来，促进了汉、藏民族的交流与融合，使其长长久久地和睦相处。”“日月山文化中的这种‘和合’精神，正是中华各民族融合、团结的精神动力。日月山文化有着深广而丰富的内涵，它的多元与包容，无不给人以强烈的吸引力，令人着迷。”（《站在日月山上》）

3. 秀美山川中隐居的道观寺庙

十堰的武当山，乃道教之“圣地”，天下之仙山，声名远播。进入武当景区，直接来到玄岳门，相传进入此门即为朝山“神道”。在古神道上见到的第一座道观，是建在高台之上的元和观，大殿内正位上方供奉着木雕饰金的真武神像，服饰富有宋代风格，是武当山现存最好的木雕艺术杰作。在距玄岳门的登山道旁，竖立着一块板状石头，上刻“磨针井”。到了眼前一看，原来是道教的宫观，也叫“纯阳宫”。磨针井主要建筑是一座砖木结构的亭子，人称姥姆亭，里面有一尊紫元君“铁杵磨针”塑像。相传昔年净国王太子入武当修炼学道，意志不坚，欲出山还俗。一日走到这里，见一姥姆坐在井边砺磨铁杵，太子甚感惊奇，上前问道：“磨铁杵何用?”曰：“磨针。”太子吃惊地问：“那不太难了吗?”对曰：“铁杵磨锈针，功到自然成。”太子顿时恍然大悟，遂转回继续修炼，功德圆满，得道成仙。在磨针井院内，两根巨大的针形铁柱直竖而立，以其点睛之笔，将这一传说的精神渲染得淋漓尽致。当爬上在云雾中若隐若现的“一柱擎天”的天柱峰之峰顶，“一览群山小，周围的山很低，没有压迫的感觉。站在最高处，烟雾缭绕，隔着淡淡的云雾环顾四方，周围的山仿佛都往这边倾斜，迎着太阳，感觉就像朝拜一样”。“游武当山归来，心情久久不能平复，常常为武当山蕴含的武当文化所震撼。如今，武当山以其宏伟的古建筑群、珍贵的道教文物、神奇的道教医药、独特的道教音乐、玄妙的武当武术及深奥的道教哲理，已成为世人心目中的圣山。”（《武当山纪游》）

古人云：“天下名山僧占多”。大自然造就的贵州铜仁的梵净山，不仅以其奇异风光吸引了众多教徒，而佛教徒又为这奇山异水注入了宗教文化，使梵净山成为旅游者游览的圣地。大自然造物的神奇力量，使梵净山富集了令人陶醉的自然风光。山，或雄奇险峻，或秀美多姿，或断崖陡壁，或河谷深幽。在那崇山峻岭之上，突冒出擎天一柱，高约 100 米，如巨笋出土，似玉龙啸天，直指苍穹。大自然的鬼斧神工，又将山顶一劈为二，两个山顶上分别建有两座佛殿，朝拜的香火绕到了云天之上。水，或涓涓细流，或叮咚垂滴，或白练悬空，或瀑流跌宕，清澈异常。峰回水转，汇成了九十九条溪流，顺山势的东西走向，或向东直奔沅江入洞庭湖，或向西直奔乌江入长江。置身梵净山中，俨然画中行，恍若仙山游。千百年来，当地百姓把梵净山称作“大佛山”，山即是一尊佛，佛即是一座山。梵净山上的万米睡佛，仰卧在梵净山顶。万米睡佛又为佛中佛，有佛头三尊，佛座两个，寓意“五福临门”，且长达万米，为世界之最，极像大肚弥勒。像这样惟妙惟肖又宏大伟壮的佛陀睡像，真可谓独一无二。梵净山间的佛寺星罗棋布，承恩寺、护国寺、坝梅寺、镇国寺等大小庙宇，掩映在古树密林之中，风光无限。“梵净山归来，令人久思难忘。在梵净山，真是看不尽的层层山水、层层佛境，悟不尽的梵天禅思、净土菩提。在梵净山顶部一带，常常出现的‘佛光’，更是令人魂牵梦萦，梵净山也因此而被蒙上了一层神秘的色彩。”（《“梵山净土”梵净山》）

4. 承载红色文化的“江南奇山”

享有“大树华盖闻九州”之誉的天目山，是浙江第一名山，主峰仙人顶海拔 1506 米，古名浮玉山。其山的东、西两峰遥相对峙，两峰各天成一池，长年不涸，宛如双目仰望苍穹，故得名天目山。天目山峭壁突兀，怪石林立，峡谷众多，谷幽泉清，茂林蔽日，奇花遍地，有“江南奇山”之称。

“天目山的树木很有灵性，抗战期间，日军曾对天目山狂轰滥炸，千万古树名木在这次战火中化为灰烬，唯有禅源寺门前的那棵由玉琳国师亲手种于清康熙四年（1665 年）的罗汉松独活。仔细玩味，颇有新意，灵树有灵，在它跟前可以听到它讲的红色故事。”坐落在天目山南麓的禅源寺，掩映在青山绿水之中，溪连水环，诸峰簇拥，景色极为幽雅。据介绍，当时的禅源寺规模宏大，后寺遭毁，特别是抗战时期遭日机轰炸，大雄宝殿及东厢建筑化为灰烬，仅存山门、天王殿及客堂偏房数间，后又重建韦驮殿。1937 年，杭州沦陷，来自大专院校、工商界等一批爱国人士纷纷迁到天目山，这里还有周恩来演讲纪念亭。1939 年

3月22日，周恩来以国民政府军事委员会政治部副部长的身份来到浙江前线视察工作，在天目山做了《敌我力量对比和抗战必胜》的长篇演讲。“我们来到周恩来演讲纪念亭（位于韦驮殿东‘百子堂’旧址），亭中立有‘周恩来讲演旧址’碑。纪念亭造型精巧，独具一格，周围松柏葱郁，花香叶翠。登亭眺望，天目山景，历历可指。站在亭内，周恩来慷慨激昂的演讲仿佛就在耳边回响。”天目山脚下有一座老式院落，这里就是抗战时期的民族日报社。1941年报社遭日军飞机狂轰滥炸，除电台外，其他设施、设备全部被毁。现今，在民族日报社旧址的基础上，建立了民族日报社纪念馆。“走进纪念馆，看着旧址中保存的一张张发黄的旧报纸，一台台锈迹斑斑的手摇印刷机，看着门厅两侧分别悬挂着的《天目颂》和《在天目山上》两首歌曲歌词，不禁心潮起伏，思绪万千，纪念馆里记载着先烈们的抗日斗争史。”在西天目乡东关村，有一座浙西抗日阵亡将士公墓，上面镌刻着西天目告岭之战100多名将士的姓名，每个名字的背后，都有一段惊心动魄的抗战故事。

“天目山的抗战记忆，不仅体现在天目山的肌体——各种抗战遗址和纪念性建筑上，而且深深地生长于这座名山的骨髓中，抗战文化已成为天目文化中最厚重的内容。在天目山幽邃奇妍的景色、优越独特的自然、璀璨奇目的人文中，注入了红色文化的精气神，使天目山更加光彩熠熠。”（《登天目山》）

5. 借文化翅膀而驰名的水泊“梁山”

“水泊梁山”，是先有“水泊”，还是先有“梁山”，不得而知，但这次旅游，须登梁山。梁山，位于今山东梁山县城南隅。梁山曾为佛教圣地，北宋时期，宋江等三十六条好汉据守梁山“替天行道”，经施耐庵之妙笔演绎，梁山遂以一隅之地而闻名于世。梁山由虎头峰、郝山峰、雪山峰、青龙山四主峰七支脉组成，山势险峻，峡谷幽深。施耐庵是否上过梁山，无可考知。但现今梁山之景观全依《水浒传》之布点。我们沿阶登上主峰——虎头峰，有巨石垒成的两层寨墙，可称之为“关”。梁山山寨第一道门为梁山一关，木质结构，栅栏形式，是进入梁山的第一道屏障。《水浒传》中，第一关由解珍、解宝两头领领兵驻守，壁垒森严。沿着这条杂草陈槐、曲折逶迤的古寨道，进入梁山二关，卡谷而立，为边关哨卡式建筑，寨墙大门全石结构，宛如一座堡垒，《水浒传》中的鲁智深、武松曾在此镇守。由关入寨，远望前寨，“替天行道”杏花大旗和“聚义厅”巨匾同时映入眼帘。大寨建筑强化了“水浒”特色，有两道石砌寨墙围护，由演兵场、山门、忠义堂、中廊、回廊栈道、议事房及望楼组成，体现出拙朴与强悍。现修复的忠义堂的东西厢房塑有水浒人物像，忠义堂内壁有唐三彩陶瓷巨画《梁山泊英雄聚义图》。虎头峰与雪山峰间有个山口，名“黑风口”，悬崖峭壁，深谷绝涧，传为“黑旋风”李逵在此把守。在青龙山北侧，是后寨，这是当年梁山义军安置眷属、铸造兵器、囤积粮草之处，有古戏楼、宋家胡同、晒粮场等建筑。这里还有林冲火并王伦、十里杏花村等处。梁山古道交错，但唯一的攻防要道是宋江马道。宋江马道起自梁山北麓的后寨，蜿蜒南伸，穿越青龙山、狗头山、骑三山，曲折回旋，越过黑风口，直达虎头峰上的宋江大寨，是义军搬运粮草、报事上哨、防卫进攻之要道。这条道从大寨到后山诸峰曲曲折折，有数里之长，依山势开路，遇沟壑架桥，是一条可供兵马往来的山路。

梁山，又称梁山泊，所谓“泊”者，水环绕梁山之谓也。“然而，我们从梁山县驰车而行，沿途平坦，村落连片，毫无水泊之气象。我登上虎头峰山顶向四下寻望，只见北面山脚下东平湖水面平静，无波无澜，并无环绕梁山之泊。”从小说来看，梁山泊八百余里，巨水环绕梁山，山排巨浪，水势汹涌，水接遥天，浩浩荡荡，河港纵横，山势险峻。小说《水浒传》对梁山泊的描述，与古史之记载基本相符。梁山地处黄河下游，是汶水和济水汇聚地，古称泽国。梁山泊，亦作梁山泺，湖泊多，本系古大野泽的一部分，五代时泽面北徙，环梁山成巨泊，始称梁山泊。梁山泊水势浩渺，风光宜人，别称小洞庭，不少文人墨客来梁山泊泛舟畅游，饮酒赋诗。

“游观水泊梁山归来，我深有感触：山以水成势，水依山成形，山水相依也；山不在高险，水不在深远，依人而成名也。梁山虽依水泊而藏奇纳胜，却因梁山好汉替天行道之壮举而传其名，更因施耐庵之《水浒传》而留青史。水浒文化为水泊梁山注入了精神，而水泊梁山亦因水浒文化提升了内涵。水泊梁山的水浒文化，使梁山景区插上了腾飞的翅膀。”“晚上，我们围坐在一起，感慨不已。宋江时的梁山泊距今800多年，发生了令人难以想象的变化：水泊梁山已无昔日水泊之景象，成了平地而立的梁山。再过800年之后，今日之梁山，又不知会发生怎样的变化?”（《梁山与水泊》）

6. 历史上曾经闪过亮点的赤壁古战场

独具魅力的湖北赤壁，令游人向往。赤壁又有“武赤壁”与“文赤壁”之分。武赤壁，亦称“周郎赤壁”，是当年赤壁之战发生的地方，位于咸宁赤壁市西南。“我们乘船顺江而下，闯三峡，过宜昌，至千里江陵，便见南岸一山飞峙江心，宛如一把出鞘的利剑直指江北乌林。将近山崖，褐石色的石壁上，一米见方的‘赤壁’二字赫然入目。这就是三国时赤壁之战厮杀的疆场。”赤壁大战古遗址的“武赤壁”，其主要景观集中在赤壁山。赤壁山险峻而雄伟，临江是拔空昂立的崖头，犹如战马扬蹄，奋然北驰。崖壁西侧镌刻着“赤壁”二字，相传为孙吴统帅周瑜所书，字迹竟透过石崖到了山后，映出了反体的“赤壁”二字。在红日的高照下，赤壁山显得更加赭红。赤壁山古战场遗址依旧，而赤壁之地已非昔日，江水缓流永不逝，英雄却付浪淘沙。

“文赤壁”位于黄山市黄州区的西北边，与长江南岸的鄂州西山隔江相望。因为有岩石突出像城壁一般，颜色呈赭红色，所以也称赤壁。有传赤壁之战就在黄州赤壁，故在东晋时，龙骧将军蒯恩建横江馆以纪念赤壁之战的胜迹。特别是自苏轼写了前后《赤壁赋》和《念奴娇·赤壁怀古》词后，黄州赤壁名声大噪，与赤壁市西南的“周郎赤壁”齐名天下。由于唐、宋、元、明、清时期的文学家吟诗作赋高歌黄州赤壁，以致其文名远胜武名，故而有了“文赤壁”之称。文赤壁的现存建筑大都集中于赤壁矶头，依山就势，古朴典雅。先生参观东坡赤壁时，反复琢磨前后《赤壁赋》，发现“黄州赤壁之现状与东坡《赤壁赋》所描绘之情况已大不相同”，东坡笔下之赤壁既有“山高月小”“水光楼天”之画境，又有断崖壁立、江水深碧、鹘巢其上之壮观，“此情此景不复存矣”。

令人称道的是，先生的《赤壁之游》是一篇求实游记。他在赤壁游览后，从文、武赤壁之争发出感悟：“这场震古烁今的战争，因发生地被混淆误传，在学术领域引发一连串的争议，绵延至今有多个版本——‘蒲圻赤壁说’‘黄山赤壁说’‘武昌（江夏）赤壁说’等，苏东坡的词赋以及李白的《赤壁歌送别》更是造就了文、武赤壁之说法。然而，大多数学者以接近事件发生时间、记载翔实可靠的资料为依据，并注意地理变迁等因素，普遍认为，赤壁之战是由多个战役组成，从赤壁市赤壁山到武汉市武昌赤矶山，都属于赤壁古战场。”（《赤壁之游》）

（七）在人文景观中汲取生命力量

人间处处是风景。我国幅员辽阔、历史悠久，常常有一些上下千年、纵横万里的人文景观。这些景观是由不同时空和不同区域的部分小景物共同组成的，有着系统性和整体性的特点。在传统游记中，人们多是选取这类景物中的恰当的景点和角度去观赏。而《行旅笔记》打破了这一框架，采取多次“分观”和一次“整合”的方法，把选取的重要的“分观”景点大跨度地整合在一起，兼观并览，完美地展现出了这一宏大景观的历史风貌，突现出了这一宏大景观的独特魅力，揭示出了这一宏大景观的深邃内涵。

1. “引无数英雄竞折腰”的万里长城

闻名天下的万里长城，犹如一条气势磅礴的巨龙，跨崇山、越峻岭、穿草原、过沙漠、经绝壁，起伏盘旋，奔腾飞舞，蜿蜒万里，横亘在中国北部广袤的大地上。长城的主体包括各种关城、卫所、烽火台、城堡、墩台和营城等辅助设施，还有“屯田”、“互市”、石窟、墓葬等历史遗迹。万里长城那独特的雄姿，那永存的风韵，更主要的是那悠久的历史和丰富的文化内涵，吸引着数以亿计的中外游客，千里迢迢来长城游览观光。然而，游客是不可能把万里长城全部走完的，只能是选取重点，以一点窥全貌，而对长城整体面貌的了解也只能是留作遗憾了。为了弥补这一不足，先生在《长城的真实》这篇游记中，对长城的“起始”“途经”“中登”“终达”这四个景观的游观进行了记述。这样就由点到线、由线到面地展现出长城的全貌。

“起始”虎耳山　虎山长城，位于辽宁丹东城东 15 千米鸭绿江畔虎山景区。明朝时期，为防御蒙古及女真各部，成化五年（1469 年），辽东总兵韩斌主持了虎山长城的修筑。岁月沧桑，虎山长城逐渐凋敝并淡出了历史舞台，人们只能从《明史》“故终明之世，边防甚重，东起鸭绿，西抵嘉峪”的古籍记载中，寻探辽东明长城若隐若现的影子。20世纪90年代初，经专家考古发掘，认定虎山长城是明万里长城的最东端。虎山，原名虎耳山，因两座并排高耸的山峰，状似两只竖立的虎耳，故称虎耳山，至清代演化为虎山。虎山长城是“因地形，用险制塞”，凭借鸭绿江天堑和虎山天险，利用陡峭的山岩，在临敌的一面劈削成陡壁，成为城墙，再将顶部凿削平坦。这种城墙名曰山险墙，其岩石顶部有的凿出脚登窝，有的凿出圆孔，可插上木桩或系上绳子，便于守城军士上下行走。修复后的山险墙用砖石在外侧垒砌垛口墙，在内侧垒砌女墙。从远处看，长城好像从这里断开了，其实这是长城的一种特殊结构。经过陡峭的山险墙后，便登临虎山之巅。虎山主峰高顶是万里长城的第一个烽火台，凌空矗立。站在烽火台上，环顾四周，朝鲜新义州及连接丹东与新义州的鸭绿江大桥，清晰可见。

“虎山长城是中国长城文化的第一个高地。在中国古代文化中，虎为天头、虎为山君、虎为兽首，以虎而命名的虎山长城，渗透着一股凛然不可侵犯的虎虎之气，透露出虎山长城为长城之首的文化蕴涵。”（《长城的真实》）

“途经”山海关　山海关，西枕燕山，东临渤海，是华北平原通往松辽平原的重要关隘，人称“辽蓟咽喉，京东门户”，素有“天下第一关”之称。山海关与其他关的区别在于，除了建有关城之外，在关城的四门和邻近地区，还建有其他军事防御设施。关城平面大体呈方形，城墙为土筑砖包，墙体高大，气势宏伟。墙外围绕着一条宽约15米、深约7米的护城河，河上过去有吊桥与关门相通，如今已改为平桥。城墙内侧，有砖墁的马道直通墙顶。城楼九脊重檐，巍然耸峙。关城四面均有城门，四座城门上均筑有城楼，城中心筑钟鼓楼。城门外均设瓮城，城上均建门楼。东西瓮城之外建有东西罗城，南北瓮城之外围以南北翼城，共同护卫城门。山海关城外有城、门外有门，要想进入关城，得越过卫城，通过罗城、护城河、瓮城和城门，层层守卫，防护森严。如今南、北、西三面的瓮城已被拆除，登入东门即镇东门，便可一窥全貌。

下得关来，来到长城脚下的“老龙头”。长城从山海关关城东墙南伸 4 千米到渤海岸边的部分便是老龙头，岸上长城城墙高耸，岸边修有石城、澄海龙等建筑。人们常说，长城是一条巨龙。于是，人们就把长城的入海处比喻为龙头，就像老龙探入海中吸水，“老龙头”便因此而得名。

“山海关以关城为中心，所建筑的城台、城墙、城堡、敌楼、烽火台等，组成了一个完整的防御体系。可以说是关外有关，城外有城，关关固若金汤，城城似铜墙铁壁。山海关依山临海建关，头枕燕山，依山筑关，为‘长城第一关’；脚踏大海，入海建关，为巨龙龙头。海为龙头，山为龙体，城为龙身，‘一条飞龙腾九天’，这不仅道出了山海关的雄伟气势，也道出了山海关的长城精神。”（同上）

“中登”镇北台　现今，明长城上最大的军事瞭望台——镇北台，仍然留存在榆林长城的遗址中。榆林明长城，东起府谷，西至定边，沿途城堡林立，规模宏大，见证了古时戎马岁月的硝烟。在榆林城北 4000 千米外的红山顶，一座宏伟壮观的军事建筑兀然挺立，这就是被称为“万里长城第一台”的长城镇北台。镇北台为方形四层之垒，外砌砖石，内夯黄土，逐层收缩，台高 30 余米。镇北台之第一层周围有屋宇环列，是守台将士的营房。第二层南北两侧分别镶有石刻“向明”

“镇北台”，以表戍边将士效忠朝廷之心；其台南墙中开设券洞，踏步内砖石直通第三层。第三层台东外砌砖石。踏步达四层，顶层台面积225平方米。镇北台居高临下，扼镇要塞，控南北咽喉，镇长城要口，时至今日，仍巍巍壮观。在镇北台东侧，同期还建有一座“款贡城”，是官员会晤谈判和洽谈贸易的场所。在台西南800米处，有明代“易马城”遗址，是蒙汉民间自由贸易的城池，也是蒙汉民族和睦相处的历史见证。

“参观后，我在远处回头看着镇北台，在高原上夯筑的这座瞭望台，仿佛是一头大熊蹲坐在那里，给人一种雄壮有力、难以撼动的感觉，它那伟岸、敦厚的形胜，体现着北方人的性格特征。”（同上）

终达嘉峪关　在浩瀚戈壁上，一座关城平地而起，这就是万里长城西端的终点——嘉峪关。嘉峪关地处河西走廊最狭窄的峡谷中，因位于祁连山与黑山之间的嘉峪山西麓而得名。嘉峪关有内城、外城、城壕三道防线，呈重叠并守之势，壁垒森严，与长城连为一体，形成五里一燧、十里一墩、三十里一堡、一百里一城的军事防御体系。嘉峪关关城坐东向西，由内城、外城、瓮城、罗城、城壕等几部分组成。嘉峪关西面城垣凸出，中间开门，为关正门，门额上有石匾，上刻“嘉峪关”三字。原来罗城城门城台上也有一个三层的关楼，上悬清代左宗棠题“天下第一雄关”匾额，现此楼已拆毁。关城西门外500米处，立有“天下雄关”碑，高3米，宽0.85米，为清代甘肃总兵李廷臣所书。其内城也有东、西二门，两个城门的城台上各建有一座城门楼，东西对峙。在今西瓮城门楼后檐台上，放有一块青色城砖，在此已存放有六百余年。相传当年修建关城时，一位巧匠精确计算用料，关城竣工后只剩下一块砖，人们把它陈放在此做永久纪念。关城西有砖砌罗城，东、南、北三面土筑围墙，连接长城。在城的四周，沿着城墙有一道现存深、宽均为2米的壕沟，也叫护城河。壕沟之外，有一道高约1米的土堰。土堰之外，还挖有“晶”字形陷马坑。这些关城的附属设施，强化了防御能力。

嘉峪关关城依山凭险，拔地而起，地势天成，雄伟险要。“登城远望，长城似游龙于戈壁瀚海间，气贯长虹，蔚为壮观。城下戈壁滩上驼铃声悠扬动听，使人想起古代丝绸之路上的商队和旅行者。遥望嘉峪关，‘天下第一雄关’的雄风和霸气撼人心魄!”（同上）

先生在游览长城之途中，发出了由衷的感慨：

> 万里长城，是祖先留给我们的一笔丰厚的历史文化遗产。它不只是修在平原上，大部分是修在崇山峻岭之间、戈壁沙漠之中、草原荒滩之上，其历时之长、工程之艰、建筑之精湛、雄伟壮观之势，可以说是世界之最。长城是世界艺术之瑰宝，它以独有的古、长、险、巧的艺术美，以崇高险峻、巍巍高耸、蜿蜒磅礴的建筑美，以苍劲刚曲、纯朴厚重、纤毫毕露的真实美，以协调整体、辽远空旷的意境美，展示着中华文明的最美品质。长城更是一座治国之道的精神长城，它不是扩张进攻的手段，而是积极防御的措施，是中华民族爱好和平、追求和谐的性格写真。（同上）

2. 奔流千载的大运河

在《活着的运河》游记中，先生满怀深情地记述说：“奔流千载的大运河，开掘于春秋战国时期，完成于隋朝，繁荣于唐宋，取直于元代，疏通于明清。漫长的岁月里，经历了三次较大的兴修过程，最后一次的兴建完成后才称作‘京杭大运河’。大运河南起余杭（今杭州），北到涿郡（今北京），途经今浙江、江苏、山东、河北四省及天津、北京两市，贯通海河、黄河、淮河、长江、钱塘江五大水系，全长约1797千米，是世界上最古老的运河。”“我真想坐上轮船，从南到北，畅游一次大运河，可这一梦想总难以实现。于是，我便南下浙江，到了古运河的起点——杭州；又途经古运河中段——山东，到了‘运河之都’的济宁；最后到达古运河的终点——北京。在这几处的游观中，大运河的遗址震撼着我的心灵，古运河‘活’起来的盛事又让我激动不已。”

杭州拱宸桥　在杭州的旅游过程中，先生“专门去参观京杭大运河南段的起点——东西横跨大运河的拱宸桥”。远远望去，桥形巍峨高大，气魄雄伟，是一座又高又长的石拱桥，桥面呈柔和的弧形，桥面中段略窄，而两端桥墩处较宽。该桥薄墩联拱驼峰桥，采用木桩基础结构。桥身用条石错缝砌筑，上贯穿长锁石，呈拱形。真是桥如其名，“拱”也！在古代，“宸”是帝王住的地方；“拱”即拱手，两手相结合表示敬意。每当帝王南巡，这座高高的拱形石桥，象征对帝王的相迎和敬意，拱宸桥之名即由此而来。站在高陡的桥上，向长长的运河望去，拱宸桥就如同一个维系点，它将整条腾龙系于杭州这片土地，里面是根、是家，外面则是一片闯荡的世界。拱宸桥建于明代，几经毁坏重建。经过大修和保护，古老的拱宸桥以更坚强的形象横跨在运河上。

如今，拱宸桥上行人来来往往，位于拱墅区的运河文化广场，在桥的东岸。运河文化广场上的六幅浮雕，讲述着运河的古老历史；规模宏大的钱运茶馆，是一处仿古建筑。每当夜幕降临，附近的居民便走出家门，在广场上休憩，越剧迷则在广场的“曲艺杂坛”尽情展示才艺。特别是运河文化广场南侧的杭州“运河博物馆”，这里再现运河历史的珍藏文物；坐进“模拟运河之旅船舱”，“就开始了身临其境从杭州到北京的运河之旅，看到实景拍摄的大运河沿途自然风光与人文景观，看到了运河两岸的古城、河道、街巷、河堤、桥梁等历史建筑，它们共同构成了大运河的壮观文化”。(《活着的运河》)

汶上南旺“分水龙王庙” “京杭大运河山东段被当地人誉为‘山东的莱茵河’，作为山东段沿岸最大的港城——济宁，自元至明清，管理大运河事务的最高衙署——河道总督衙门就设在这里，所以济宁被称为‘运河之都’。”先生一行在济宁寻访运河文化途中，专门来到运河文化著名的旅游景点，济宁市辖汶上县的南旺分水龙王庙。汶上地处山东西南部，境内河流属淮河流域京杭大运河水系。位于汶上城西南 19 千米的南旺镇，地处京杭大运河中段，此地海拔较高，是京杭大运河的全线制高点，素有大运河“水脊”之称。这里碧水清波，湖光山色，景色绮丽，是汶上的风景胜地。

因后来所建龙王庙地处南旺分水口处，故取名南旺“分水龙王庙”。龙王庙前规模宏伟的建筑群令人惊异。整个庙宇建筑群坐南向北，平面布局呈横向扁方形，东西阔，南北深，是一座以龙王庙为主体，附以禹王庙、宋公祠、观音阁等综合性的庙宇。特别是宋公祠，内奉“遏汶济运”工程中的明永乐间工部尚书宋礼塑像，前有对列配殿两座，一座奉辅佐宋礼治河的济宁同知潘叔正，一座内祀农民水利专家白英。明洪武年间，黄河决口于河南原武，元代开凿的大运河淤塞 200 余千米。几年后，明成祖肇建北京，浚通漕运遂成为当务之急。永乐九年（1411 年），明朝廷命工部尚书宋礼、济宁同知藩叔正辅佐，率军工民夫三十万人事其役。但工程因水源不足，不能航运。宋礼采纳了年近 50 岁的当地农民白英的成套方案。白英计度：元代引泗、汶合流之水北上济运，因地势变化，已不足用。南旺为会通河“水脊”，只有设法引水至此南北分流，方能排除通航梗阻。汶上地势东北高，西南低，只有在戴村筑坝，遏汶水顺势入南旺，问题才能解决。宋礼立表赞同，请白英一起指挥施工。白英于分水口创设一活动的鱼嘴形“石鲅”，有效控制了南北分流水流，并创造性地将南旺湖、蜀山湖改造为蓄放自如的“水柜”，科学地解决了这一难题。由白英具体指挥建造的这一“引汶济运”系统工程，改变了元代济宁分水格局，开创了大运河航运史上的新纪元。明正德年间，为颂白英之功，封白英为“功漕神”，并于南旺分水口南建分水龙王庙、白公祠。清代追封白英为“永济神”，后又加封“大王”，并分别于南旺、戴村立碑建祠。在汶上及鲁西南一带，至今仍广泛流传着这位农民水利专家白英“治水”“点泉”的动人传说。

走出分水龙王庙，“我们来到分水工程遗址铁门外，这里有块碑，坐落在坚固的石基之上，碑上镌刻‘京杭大运河’几个大字”。管理人员站在这块碑前，指着介绍说：前面有个戴村坝，分水工程首先是从汶上戴村筑坝开始的。筑戴村坝拦截汶水，然后开挖小汶河至南旺分水口。该分水口的建造，是先在小汶河与运河交汇处的“丁”字口的对岸，筑砌一道石护坡，以消减汶水急流的冲击；而后在河底部造了一个鱼脊状的石“鱼龙嘴”，以石鱼龙将汶水分流南北，被后人称为“龙王分水”。又收集疏导汶水县东北各山泉汇入泉河至水口补充水源，并在湖地修建“水柜”（柜以蓄水）、“陡门”（门以池涨）。为了有效控制水流，调节水量，在南旺分水口建成后，又在其南北分别设置了南边的柳林闸和北边的十里闸，称之为“分水龙王庙二闸”。从此，确保了山东运河的水源充足和京杭运河全线的漕运畅通。

管理人员颇为自豪地讲解说，南旺分水枢纽工程在科学价值和工艺水平上神妙绝伦、巧夺天工，“引汶济运、七三分水、借水行舟”，保障了近古漕运畅通，成就了京杭大运河的辉煌，堪与都江堰媲美。清康熙皇帝曾说："朕屡次南巡，经过汶上分水口观遏汶分流处，深服白英相度开复之妙。"乾隆六次南巡，对宋礼、白英治水功绩倍加赞赏。的确，"参观了南旺分水龙王庙周围的遗址，真切感到这是一个借自然为人类造福的伟大创举"。（同上）

北京大光楼　北京通州运河城市段是京杭古运河的终点，这里有个失迹百年的大光楼，可以说是古运河入京终点的标志性建筑。大光楼又称坝楼，位于通州旧城北门外通惠河以东、运河与通惠河交汇之处，在运河西岸的石坝码头岸边。明清时期，户部坐粮厅官员，在此验收漕粮，故也叫验粮楼。有白粮经济人，以杉木制作的斗形小盘，盛满散装白米，上楼呈验一切标准合格以后，再行过称，重量不亏，也就算完成任务。大光楼此处是南北货物的集散地。光绪二十六年（1900 年），庚子之乱，通州陷落后，八国联军将大光楼及众多古建筑烧毁；加之，南粮由火车运送北京，漕运停止，石坝废弃，大光楼也随历史湮灭。先生到复建现场，大光楼的外围绿色网已经拆除，工人们正在进行楼体的彩绘收尾工作。据工作人员介绍，大光楼在复建时找出了原建筑基址并适当扩大增高，外形依据历史资料记载，面积有所增大，楼高 16.55 米。大光楼与北京市内的钟鼓楼外形有几分相似，分为上下两层，主体工程已经完工。因临河而建，地处石坝，建筑高阔，建成后将是通州城中的标志性建筑，也是大运河终点的标志性建筑。

"大光楼下的新运河河闸，形为仿古七孔石拱桥；还有大运河畔第一座塔——燃灯塔，'古塔凌云'于明代就被定为通州八景之首。消失百年的石坝码头和大光楼得以重建，屹立在大运河畔的大光楼，其楼影（大光楼）与塔影（燃灯舍利塔）、桥影（石拱桥）倒映河中，三影交

辉，为大运河增添了风韵，又使得闸、坝、桥、塔、楼浑然一体，重现了当年运河漕运的盛景。”（同上）

> 我们陆陆续续参观了京杭大运河沿岸的一些港城，不由得对大运河发出了“伟大”之叹！中国大运河，是世界上开凿最早、水道最长的人工河流，世界著名的巴拿马运河、苏伊士运河，没有任何一条人工河流像中国的大运河那样有着如此漫长而悠久的历史。
>
> ……
>
> 沿着大运河一路走去，我们可以看到，大运河衍生的官仓、会馆、驿站等古建筑，有的被岁月抹去印迹，有的被改头换面，有的已经毁坏殆尽。部分运河古道以及与运河相关联的古代水工建筑，如船闸、堤岸、码头、桥梁等，均遭到不同程度的破坏。附着在运河两岸及河上的民俗风情、民间艺术等非物质文化遗产，大都散落民间，逐渐消失……如果说大运河是历史的积淀，那么，大运河的遗迹则是“活着”的历史。运河上下的人类活动，运河流域的经济发展，运河流域的每段河道，运河两岸的古城风貌、街巷建筑、河堤桥梁、人文景观、民间工艺、群众娱乐等历史建构，都把中国人民的伟大智慧沉淀和投射在运河之上。（同上）

因此，要让古老的运河“活”起来，让“活着的运河”再为百姓构筑幸福生活，这是利在当代、功在千秋的盛事。

（八）承载厚重革命历史的红色之印

中国共产党在艰难曲折的民主革命历程中，从井冈山到延安再到西柏坡一路走来，所形成的井冈山精神、延安精神、西柏坡精神，是我们的思想武器、精神支撑和道德力量。先生在参观瞻仰这些红色景区的游记中，在记述这几个旅游景点时，并没有全面铺叙，而是“各领所见，互不雷同”，紧紧抓住井冈山之“山”、延安之“河”、西柏坡之“坡”这些铭刻历史的地方，以它们的自然特征作为共产党人革命精神的象征，使人从自然中吸取精神和力量。

1. 井冈山之“山”

井冈山位于湘赣边界的罗霄山脉中段，青山环绕，群峰耸立，雄伟陡峻，形态奇异。井冈山的特点就是“山”，主峰五指峰，就是因峰峦像人手的五指而得名，海拔1438米。五指峰峰峦由东南向西北伸延，绵亘数十千米，杳无人迹。两边巨峰对峙，中间一条深谷，谷底为龙庆河，即井冈山河。与五指峰相望的是“龙庆洞”，当年红军曾在此抗严寒、斗冰雪，坚持了四十多天游击战，故又名“游击洞”。井冈山的村庄，由群山环抱而形成。井冈山的五个村庄，每个村庄都宛若井状的山间盆地，故叫大井、小井、中井、上井和下井，统称“大小五井”。大井是其中最大的村庄，为红军常驻之地。井冈山革命斗争的中心——茨坪，坐落在崇山台间的小盆地，今建有革命博物馆、烈士纪念塔等。井冈山的山口，地势险要，是保卫井冈山的重要哨口。井冈山五大口（双马口、桐木岭、朱砂冲、八面山、黄洋界）之一的黄洋界，在茨坪镇西北处，居高临下，扼守山口，形势险要，这里打响了著名的黄洋界保卫战。（《红色之印》）

井冈山的“山”，承载着厚重的革命历史，这里的五指峰、大小五井，还有八面山、桐木岭、笔架山……任何一处，都诉说着当年的历史。井冈山的“山”，又有着动人的自然风光，这里的峰峦、山石、瀑布、溶洞……群峰矗立，万壑争流，苍茫林海，瑰丽云彩，灿烂日出，都能给你一个难忘的“胜利日”。井冈山的“山”，珍藏着稀有的动植物及高山田园风光，埋藏着丰富的稀土及宝藏，更加增添了井冈山的绚丽多彩。特别是井冈山记载着革命前辈们的一段段经历、一个个故事，诠释着井冈山的精神。（同上）

2. 延安之“河”

延安的河称之为延河，是黄河的一级支流，为延安第二条大河，也是陕北的第二条大河。延河发源于靖边县白于山天赐湾周山，由西北向东南，流经志丹县、安塞县、宝塔区，于延长县南河沟凉水岸附近汇入黄河，全长 286.9 千米，流域面积 7725 平方千米。现今，多以延河总称陕北一带之河水。陕北沟谷交错、梁峁起伏，延河之水分支纵横。黄河及其支流的延河之水孕育了陕北古老浓厚的中华文化，从石器时代的“黄龙人”到“人文初祖”的黄帝，从延绵千里的长城到造型精巧的古建民居，都与黄河及其支流的延河息息相关，在延河之水的滋养下生息、繁衍。

延河之水承载着延安精神的红色文化。位于延河东岸的纪念馆，是新中国成立后最早建立的革命纪念馆，现迁至延安城西北延河之滨的王家坪。纪念馆前是一个大型广场，平坦开阔，绿树成荫，繁花似锦。广场正中巍然耸立着毛泽东铜像，连基座高 8.15 米。毛泽东身着中山装，双手叉腰，目视远方，浩气凌霄。延河两岸的凤凰山、枣园、杨家岭、王家坪、清凉山以及南泥湾革命遗址群等，都成了追寻红色遗迹不得不去的地方。滚滚延河与巍巍宝塔、窑洞灯火，浸透着祖辈们的一腔热血，培育了光照千秋的延安精神。

延河之水养育了延安儿女的革命情怀。陕北人纯朴善良，为人正直，性格豪爽。当年红军一到陕北，延安人民“千家万户，把门儿开，快把亲人迎进来”；在陕北闹革命时，“如今咱站起来做了主人……大家团结闹翻身”；为了表达感激之情，延安人民绣金匾：“一绣毛主席，人民的好领袖”“二绣总司令，革命的老英雄”“三绣周总理，人民的好总理”。当毛主席转战陕北时，无论走到哪里，哪里都有给养和食宿；当敌人用枪逼着老百姓追问毛主席的去向，老百姓宁死也不告知。这就是延安老百姓。共产党和毛主席与陕北人民的鱼水关系，也是由于“他为人民谋幸福”而形成的。1943 年，毛主席亲自率领当地民众在延河的支流西川河修筑了一条河渠，浇灌西川河沿岸 1000 余亩耕地，当地人称之为“幸福渠”。毛主席在转战陕北途中，抢救生病群众，帮助群众生产，与老百姓拉家常，有许多关心热爱老百姓的感人故事。（同上）

我站在延河岸边，看着蜿蜒的河水，听着平缓动听的水声，仿佛这滚滚奔流的延河正在向路人诉说着这些动人的故事。（同上）

3. 西柏坡之“坡”

西柏坡，位于太行山东麓、小滹沱河北岸的平山县境内。“西柏坡到了，我们下了车，向周围环视：正面即南面，群峰环绕的岗南水库波光粼粼；东瞰滹沱，水天浩荡；西盼太行，诸峰历历；身后，北面的柏坡岭峭石巉峻，山上松柏苍翠修伟，连荫成秀。沿坡掩映于树间的几十户农家，今天仍叫西柏村。群山环抱中的西柏坡，依山傍水，美丽而宁静。村里村外绿树成荫，花木掩映中农舍俨然。停车场往下约行 20 米，一坡生出三岬角，像手指一样直插水中。”“我们且顾且盼地走向岬角，环山腰的土围墙将我们带到一个大门口，这就是西柏坡中共中央旧址。”（1955 年，因修建岗南水库搬迁；1970 年，在此地对旧址复原建设，基本保持了原貌。）

走进大门，一片土黄色的土坯房呈现在眼前。中共中央旧址大院，由若干普通的小院组成，自东而西，依次是周恩来、毛泽东、刘少奇、任弼时、董必武的旧居，后院是朱德旧居，还有军委作战室和机关食堂。大院全是普通的民居式平房，素墙黑瓦，横屋厢房，只是在每个小院周围加筑了不太高的围墙。室内木桌木椅，油灯土炕，朴素简陋如山区农家，只是多了笔墨、书籍、地图等物品，寻常中又显得不同寻常。屋角窗下，茂槐修竹，蓊蓊郁郁，宁静中透出一种飘逸的诗意。毛主席的小院里有一棵梨树，主席常剪枝、浇水。秋日里树上挂满了黄澄澄的香梨，毛主席总是让警卫员给乡亲们送去。毛主席的小院紧挨着周恩来的小院，他们的院子外面有一个大碾盘。听导游讲，每遇重大问题难以决断时，毛主席常来推碾，周恩来在一旁帮忙，一圈一圈，两位似巨人推动着历史的车轮滚滚向前。

毛主席旧居的西北，一间低矮的土砖房，是解放军总部兼军委作战室。几张宽大的杉木桌几乎占据了所有空间，桌上摆放着几部老式手摇电话机和军用电台，墙上挂满了发黄的军用地图，上面的红色箭头依稀可见。中共七届二中全会会址坐落在山坡西南茂密的小松林里，是一间长 30 米、宽 15 米，可容纳百人的土墙砖顶大通房，室内简陋的陈设至今仍保留着当年开会的样子。主席台是一条形木桌，对面两排沙发和 11 排木桌木椅是中央委员们的座位。墙上挂着两面党旗和毛泽东、朱德的画像。讲解员说，当时由于条件所限，许多参加会议的同志都是自带板凳，开完会后再自己带走，若非亲见此会场，真令人难以置信。当年的开国元勋们正是在这简陋的会场，坐在这样的凳子上，召开了我党历史上著名的具有深远意义的七届二中全会。毛主席在这里向全党提出了“夺取全国胜利，这只是万里长征走完了第一步”，并提出了“两个务必”，宣告了一个伟大时代的到来。

参观完七届二中全会会址，先生一行来到离这里不远的西柏坡纪念馆。纪念馆依山傍水而建，馆前的广场一直延伸到水边。纪念馆门口有一组五大书记的雕像，望着那高大的领袖群体像，人们心中充满了敬仰之情。进入纪念馆，先生一行依次参观了“光荣的平山”“中央工委在西柏坡”“决战前夕”“大决战”“中国共产党七届二中全会”“新中国从这里走来”“难忘的岁月”“历史不会忘记”等展厅。观看着纪念馆中大量的照片、电报、信件、衣物、武器等记载解放战争历史的实物，不由得使人想到当年领袖们在此小小指挥部里运筹帷幄而决胜于千里之外的魅力。（同上）

> 我想，西柏坡作为我国新民主主义革命的最后一个驿站，使新中国从这里走出，像上坡一样，开始了新的征程。中国历史的发展走过的路很多，归根结底其实只有两条：下坡路和上坡路。从西柏坡出发，中国革命从这里走向上坡之路。走上坡路，如日中天，光彩照人，需低头铭记，要有山重水复多险滩的忧患。……这个“天下第一坡”，不但是中国革命走向胜利的见证，更是新的万里长征的起步，它将使我们在攀登上坡的进程中永远牢记“两个务必”的庄严誓言！（同上）

余　论

旅游不仅是一种情趣，也是一种文化追求。因为旅游是文化之体，而文化是旅游之“魂”。古人旅游，提倡“旅亦有道”。那么，旅游之“道”是什么呢？就是旅游景观的文化体验，以达到心灵之美与获得之乐的怡然境界。从《行旅笔记》一书可以看出，先生的旅游是一种求新、求奇、求乐，以求其思想有所超越，是“把旅游当作人生价值的自我实现来追求”。明代周忱在《游小西天记》中说：“天下山川之胜，好之者未必能至，能至者未必能言，能言者未必能文。”一个旅游者只有跋山涉水，不畏艰辛，才可饱览到大自然和文物古迹的奇观秀色；但如果老远跑去，游罢说不出美在哪里，也难免为识者所笑；即使能说，但不能动笔为文者也不是一个完全的旅游者。这当然是一个极高的要求，但唯其如此，才能体验到旅游的全部意义。而先生的《行旅笔记》，正体现了旅游“能至”“能言”“能文”这三个既相互独立又相互联系的阶段。

在此书之《后记》中，先生发出旅游述感：“天地之广，世界之大，旅游美景浩瀚无涯。我的旅游只不过是沧海之一粟，微不足道。然而，就在这‘微乎微者’的旅行中，面对这些自然风光、人文景观和海外风情，我尽量身入又心入，有所视又有所思，便写了一些观赏见闻，又查阅了一些文字资料，以穷其奥秘。”先生选取的景观融内涵美、形式美于一身，有着一般景观所不具备的文化欣赏品位和深度。《行旅笔记》选材广泛，有自然风光、山水河川、古迹遗址、公园园林、城堡关隘、古墓教堂、建筑工程以及壁画、岩画等，看起来包罗万象；但仔细一读，先生写的这些东西，“选取的是那些具有特色、富有情趣和触动心灵的景物，或是‘养在深闺人未识’的潜在热点，并注意寻味出自然与文化的内涵与底蕴”。（《后记》）读《行旅笔记》，发现先生始终试图在景观与文化、历史与当下之间建立联系。他的笔触，并非胶着于自然风光和人文景观的描述与重现，而更在于旅游景观对现实时空的影响。先生总是怀着一颗寻“美”之心行走于旅游之路，在旅游中体悟人生的滋味，在景观中汲取生命的力量。正因为如此，先生的景观之情催生着记游之情，而记游之情孕育了景观文化，这种景观之文以其文心之妙向世人展示出一种新的境界，使这本游记充满了活力。

游记是一个可塑性极强的写作形式，有着高度的灵活性。《行旅笔记》并没有采用托物言志、借景抒情的传统游记模式，而是多融记游、述感与哲思于一体，可谓游记的另样之作。

二、以闲情之偶记启心智之“扉”

——评散文集《闲情漫谈》

古往今来，人们大都追求“闲情”之至美境界。实际上，“闲”是一种状态，“情”是一种心态，用心生活就是“闲情”。先生在空闲的生活中，不拘形式地就自己的所见所闻，选择动情之事和所想之事，抒发个人之情，敞开尽兴而谈，在细细品味社会人生中享受其闲情和逸致。《闲情漫谈》这部著作，是以饱含情感的时代目光，结合自身的闲情思想所创作的哲思之作。

（一）从历史中发掘文化

历史是一个永不枯竭的物质和精神载体。历史的文化性很强，能使我们回溯到久远的历史境域，启发我们重新审视当下的意识模式，也就是文化方式。正如有人所说：“发现历史，只是展示了事物的表象；发现文化，才是找到了事物的真谛。”《闲情漫谈》随心选择了几个历史记载，从中探寻和传承历史文化的具象形态和现实意义。

1. 从历史背后寻找历史之原籍

在中华民族形成的史前史上，比较普遍的有三皇五帝之说。而先生在《三皇五帝非实有其人》一文中，明确指出：“所谓的三皇五帝，并非实有其人。”然而，“我们也不能因为三皇五帝非实有其人而否定中华史前之文化”。因为，“尽管三皇五帝非实有其人，但仔细考索，的确都是有来历的”。古书中的“神话传说绝非无根之本、无源之水，不管有多么离奇古怪，它总是以一定人群的活动为根据的，而人们的活动总要留下遗迹来。所以，神话传说和考古资料必然存在着某种隐隐约约的对

应关系，决不能因为非有其人而根本否定这种关系，而应在考古资料中寻求其原籍。”（《三皇五帝非实有其人》）

又如，在《藏人与藏族》一文中，先生从“藏人”“藏族”“西域”“新疆”这些名词称谓入手，通过对其历史材料的发掘和分析，记述了“藏人”向“藏族”的历史进化过程，反映了西藏自古就是中国的领土；《西域与新疆》记述了“西域”向“新疆”的历史演变过程，反映了新疆自古就是中国不可分割的一部分。

2. 从历史比较中探寻不同的文化

纪元前后世界有两个中心：秦汉王朝与罗马帝国。

公元前 331 年，古代马其顿国王亚历山大大帝东征到兴都库什山，在今天的阿富汗建立了“极远的亚历山大城”，此后的希腊化时代，从地中海到伊朗高原，以亚历山大里亚（地中海地区大城市之一）为中心形成了一个相对一体化的世界。一个世纪以后，秦始皇统一六国，华夏九州也成为一个政教文化一体化的世界。然而，马其顿帝国在瞬间建立又在瞬间破裂，罗马帝国继承了它的西半部。而华夏大地由秦入汉。大汉王朝向西北发展，一直到中亚，两个世纪的交通从“丝绸之路”开始，从长安到罗马。秦汉王朝和罗马帝国并驾齐驱，各自创下四百年的辉煌。然而，秦汉王朝在其反复重生和扩展中获得延续，而罗马帝国则不可挽回地分裂了。其源由何在？先生的《秦汉王朝与罗马帝国》一文，开始从各自的不同文化中寻找原因。

罗马帝国是在武力征服基础上建立的，虽然许多古国在地域上都属罗马帝国，但“并不属于‘文化罗马’，因为罗马帝国的扩张使它成为一个环地中海的多民族、多宗教、多语言、多文化的大国”。罗马帝国建成后，政治经济制度虽然有了重大变化，但始终没有形成统一的基础，“它只是在地域上表示所有罗马统治下的土地，而没有形成一个超出城邦概念的‘文化罗马’”。而秦汉王朝则与此不同。战国时期诸侯七国割据，在地理概念上各据一方，政治经济制度各有不同，但都属炎黄子孙，同属“华夏文化”。秦帝国建立后，实行“一法度”“车同轨”“书同文”，思想文化上实行大统一；又废除分封制，实行郡县制，促使了地缘关系取代血缘关系。“汉承秦制”，秦王朝所开创的诸方面的统一制度和政策，基本上为汉王朝所继承下来。“而罗马帝国的管理制度基本上是拼凑起来的，既没有统一的政策，又没有统一的制度，更谈不上有共同基础的文化。”

罗马帝国在扩张和征服过程中，对各地居民的财物实行赤裸裸的洗劫，把所有掠夺的人口，转化为以生产直接生活资料的奴隶，实行的是残酷的奴隶制度。与罗马帝国相同的是秦汉王朝也是以武力征服诸侯统一全国的，但不同的是秦皇汉武则被赋予“文德”型，并不是武士首领的形象，汉朝结束战争后，采取的是“休养生息”政策，推行的是地主阶级的土地制。秦汉王朝与周边的少数民族和平共处和交流合作，“逐渐形成了以原来华夏族为中心、融合了中原种族而混成的中华古民族，这样天长地久地发展至今”。战争虽然是古代国家的生存之道，但“好战”必然亡国。对于“尚战好战”的罗马帝国来说，“数战数胜”可能是其走向灭亡的主要原因。

罗马帝国的主要精神支柱是基督教，随着教派之间的对立与争斗，基督教残酷迫害一切异教徒，大批异教徒被杀，教堂被没收，严重破坏了古代文化。而中国从汉王朝开始，实行“独尊儒术”，儒学文化成为封建社会的主要精神支柱。儒学虽然取得了“独尊”地位，但也没有独占思想领域，而是出现了儒、释、道三家鼎立并相互吸收、相互借鉴的局面。“中国传统文化的多样性、丰富性，保证了各家各派在竞争中不断实现自我更新、自我变化，以此促进社会主要精神的生命力的旺盛发展。”

以上可以看出，“罗马帝国与秦汉王朝都曾雄霸天下，辉煌一时，然而却走向截然不同的两种命运，其根源大概是不同的文明导向和不同的文化造成的”。（《秦汉王朝与罗马帝国》）

（二）在文化中获取知识

在《闲情漫谈》中，先生是随兴所至，谈到了制度文化，谈到了人文文化，谈到了语言文化，谈到了艺术文化等。我们从中不仅可以领悟到传统文化赋予人们的强大生命力，还可以获得新的知识和启发。

1. 制度文化中的科举制度

科举制度，是中国古代通过考试选拔官吏的制度。从隋炀帝大业元年（605 年）设立进士科开始，到清光绪三十一年（1905 年）清政府下诏废止科举，科举制度在中国存在了 1300 年。

科举制度改进了用人制度，彻底打破血缘世袭关系和世族的垄断。科举制能够不按血统和身份，排除人情和关系的困扰，通过公平的考试竞争，根据一个人的才学来决定其参与政权，实在是一项了不起的创举。由于科举选拔出来的人才，不是靠血统，不是靠关系，而是通过自身十年寒窗刻苦学习，经过层层考试竞争脱颖而出，走上仕途，取得政绩，因而赢得人们的尊重。中国千年的科举制度不仅在中国历史上占有重要地位，而且远播海外，对东亚和世界文明进程产生过重要的影响。日本曾在公元 8 至 10 世纪一度仿行过科举，朝鲜、越南等国曾长期实行过科举制度，世界上最后一届科举考试结束于 1919 年的越南阮朝；对西方的影响，主要是英、法、德、美等国借鉴科举建立了文官考试制度。这是中国古代制度文明被西方借鉴的最突出的事例。

科举制度和许多事物的产生一样有着双面性，一方面提供了公平竞争的舞台，发挥了积极作用；另一方面对社会也产生了一定的负面影响。科举制度导致的片面应试、举业至上、做官第一等思想，造成了社会政治思想的日益僵化，科举考试越来越成为对知识分子阶层进行思想控制的工具。“特别是自明清将八股文正式定为科举考试的内容后，严重地禁锢了士人的思想。”随着人们对八股文的痛恨，在取消“八股取士”的同时，也废除了科举制度。

科举制度被废除之后，科举的选官考试制度一变而成为新的教育体制，取代科举的是学堂制度，即从小学到中学到大学，都是通过层层考试而取得功名，走入社会的。当科举这一选官考试制度转变为学校教育制度后，随之要转变的是读书做官的官本位价值。所以，“科举制度废除的是科举而不是考试，虽然科举制度中的考试内容如今已被历史所抛弃，但其制度设计的考试所体现的才学本位和公平竞争的精神，却越来越显示出其无尽的生命力”。（《科举制度的是非功过》）

2. 人文文化中的学者和大师

学者是追求学问的人，即专门从事某种学术研究的人。学者的使命主要是为社会服务，因为他是学者，所以他比任何一个阶层都更能真正通过依存社会而存在。因此，学者担负着这样一个职责：应当把自己为社会而获得的知识，真正用于造福社会，造福人民。然而在现今社会中，学者多是与政治挂钩的，他们或成为某一政府机构的顾问、参事，或醉心于学术机构的“长官”之争，或在取得相应的学位之后，干脆弃学从政，希冀能成为某一部门、某一地方、某一组织的长官。实际上，作为一名真正的学者，参政未必极妙。因为学者与政治者是有区别的，学者乎，世界之“真”之探求者，为“真”须付出极大的热情与勇气；而政治者，集团利益之体现者，一举一动恒念利益之权衡。如果一个具有钩深取极之新见者的学者，蹑行于既官且学的学林强者之中，或身处政坛关系的纠结之中，在“求真”上瞻前顾后，久而久之，则会成为庸人！有的学者忘记和背叛了自己的主要使命，从为社会服务转向为自己服务，把追名逐利作为自己研究的主要目的。因此，作为一个学者，决不能在学术研究中丢失学术道德。“真正的学者是那些清醒地意识到自身的责任，接受时代使命，秉持学术道德，为真理和道义负责，将国家前途、民族利益放在首位，为祖国强盛和民生福祉不遗余力地贡献才智的人。”（《学者的使命》）

学者在学问或艺术上有了很深的造诣后，才可称得上是大师。然而，在现今的媒体上，许多学术访谈都爱用“大师”做招牌，以此来吸引观者的眼球；也有的学者以“大师”自居，大造轰动效应。“大师”丛出，大多是“自封”“他封”或“炒作”出来的。“自封”者，徒有虚名，名过其实，自吹自擂，以获取光鲜而又能唬人的资源；“他封”者，为了为我所用，动辄是“泰斗”，出口是“大师”，俨然“大师”的尊誉人人可以奉送，“大师”的桂冠人人可以佩戴；“炒作”者，多为学界“互捧派”“结党派”营私所为，根本经不起历史的检验。实际上，“我国学术界确有一批学术‘大师’和学界‘泰斗’，有的生而在世，有的低调寡闻，有的与世长辞，有的盖棺未定。但不管怎样，‘高山仰止，景行行止’是他们的‘大师’作为。我们要知道，‘大师’是一种高度，更是一种境界，大师之所以成为大师，是长期修炼的结果，能站在高端而一览众山。这个称谓是业界的终生目标，也是一种不断超越自我的人生历程”。（《“大师”何其多》）

3. 语言文化中的拉丁文、文言文与标点符号

先生在《拉丁文与文言文》一文中指出：拉丁文，原为意大利中部拉提姆地区（Latium，意大利语为 Lazio）的方言，后来因为发源于此地的罗马帝国势力扩张而将拉丁语广泛流传于帝国境内，并定拉丁文为官方语言。基督教普遍流传于欧洲后，拉丁语更加加深了其影响力，从欧洲中世纪至 20 世纪初叶的罗马天主教为公用语，学术上的论文大多数也由拉丁文写成。文艺复兴以后，欧洲各民族的语言兴起，逐步取代了拉丁语，但都用拉丁字母做自己民族语言的拼音字母。作为西方古文的拉丁文颇有点像中国的文言文。“文言”就是修饰过的语言，即书面语言，是以古汉语为基础经过加工的书面语。文言文是中国古代的书面语言，1918 年以前，中国的文章大都是用文言文写成的，一般将“古文”称为“文言文”。

若仔细琢磨，你会发现西方的拉丁文与中国的文言文有许多相似之处。拉丁文和文言文都是文化人的语言，是文化教育机构里流通的语言，所以自然与各国的民族语言拉开了距离。19 世纪 80 年代之前，拉丁文在西方学校教育中占有主导地位。学校里只教授拉丁文，民族语言是不被重视的。如此一来，拉丁文便成了知识阶层、文化阶层的身份象征，成为区分文人雅士和平头百姓的一个标准。中国的文言文是以先秦时期的口语为基础而形成的书面语。春秋战国时期，记载文字用的是丝绸、竹简等物，而丝绸昂贵、竹简笨重且记录的字数有限，文字就需要特别简练。后来当“纸”大规模使用时，统治者的来往“公文”使用习惯已成定型，会用“文言文”已经演变成会读书识字的象征，成了文化人的书面语言。文言文成为官方和文人的书面语言后，便在文化教育领域里占据主导地位，不论是儿童读物，还是政府的官方文书以及文人大

家，大都采用文言文。拉丁文和文言文因较少在日常生活中使用，不会随口语变化，所以非常稳定。

拉丁文和文言文对各自社会生活的发展都做出了贡献，但二者的发展和命运却有着较大的差异。在西方，随着印刷业爆炸式增长，也让各民族涌现了越来越多的本民族语言的文献，加之宗教改革的领袖都提倡使用母语布道，于是拉丁语之下的各种地方性语言逐渐取代了拉丁语。而文言文却有着顽强的生命力，一直沿用了两三千年。有人说，拉丁文是“永恒的语言”，是因为它传承了欧洲文明的典籍，是永生的古典代码；又说拉丁文是“已死的语言”，因为现今已极少有人用它。尽管拉丁文现在不用了，但因为欧洲以及南美大多数国家的很多历史书是用拉丁文书写的，所以学习拉丁文可以帮助他们更好地理解和掌握本国的文化。文言文记载了我国古代文化遗产，它的智慧与价值却愈来愈发出夺目的光芒，因此在现今的白话文时代，文言文仍然有其鲜活的生命力。尽管西方古老的拉丁文和中国古老的文言文的发展和命运各不相同，但它们在各自民族文化发展中依然有着不可替代的作用，现代东西方文明中的很多东西都可在拉丁文、文言文中找到它们的影子。（《拉丁文与文言文》）

在古代，中国的文言文没有标点符号。先生在《中西文化合璧的中国标点》一文中说：中国古时没有标点符号，但中国古代文书中，却有通过语感、语气助词、语法结构等的断句，习惯上称为“句读”。古人把“习六书，明句读”作为“小学”，掌握了识字、断句，才能读懂古文。到了宋代，出现了“标点”一词，“凡所读书，无不加标点”。“当时的所谓‘标点’是除句读外，还有符号。‘点’是指句读说的；至于‘标’，只是将书中重要的或特殊的内容，用各种符号打记下来以帮助记

忆。有了这种符号，书中要义，便可一望而知。”（转引张舜徽《中国古代史籍校读法》）

在古代，不仅中文没有当今的标点符号，而且英文、法文、拉丁文、希腊文也都没有。西方标点源于古希腊，公元前5世纪的希腊铭文，用词连写，只是偶尔用直行的二连点和三连点分隔词句。直到希腊化时代亚历山大图书馆馆长阿里斯托芬，才创制出三级点号：中圆点（·）、上圆点（˙）、下圆点（.），从无到有，且成系列，弥足珍贵。西方新式标点系统的奠基人是意大利语法学家和出版家阿尔杜斯·马努提乌斯，他以语法原则取代诵读原则，制定五种印刷标点：逗号（,）、分号（;）、冒号（:）、句号（。）和问号（?）。这几种基本标点为西方各语种普遍采用，各式各样的标点符号用法纷纷出笼，到19世纪末20世纪初才最后定型。

中国近代以来，国门被打开后，派驻国外的同文馆留学生张德彝，完成了《欧美环游记》，书里有一段介绍西洋的标点符号，这却在无心栽柳的过程中为中国语言符号的发展带来了新风。1887年，广东东莞人王炳耀最先根据我国原有断句方法，吸收国外新式标点，草拟了10种标点符号。1918年，陈独秀、李大钊主编的《新青年》，全部以白话文编排，并使用新式标点符号。一时间，标点符号风靡全国。1920年2月，北洋政府教育部发布了《通令采用新式标点符号文》，我国第一套法定的新式标点符号从此诞生了。1951年9月，中央政府政务院规定标点符号在全国的统一用法，为14种；1990年4月，国家语委和新闻出版署发布了修订的《标点符号用法》，由14种符号增加为16种。我国对于西方标点符号的引进，也进行了具有中国特色的处理，比如汉语里有些标点符号在英语里找不到，如顿号、着重号、间隔号、书名号、专名号等。可见，我国现在通用的标点符号，是在古代“句读”“圈点”等标点和符号的基础上，再引进西方国家的一些标点符号，经过百余年的使用改造融合而成。所以说，“中国现今使用的标点符号，是中西文化合璧的产物”。（《中西文化合璧的中国标点》）

4. 艺术文化中的违反常理

先生的《疾病与艺术》一文中说：“疾病与艺术，风马牛不相及。然而你仔细一琢磨，二者也有一定的关联，相互影响。”疾病可以毁掉一个艺术家和一门艺术，但也可以成就一个艺术家和一门艺术。波兰最具影响力和最受欢迎的作曲家、钢琴家肖邦就是一个因“祸”得“福”之人。被誉为“浪漫主义钢琴诗人”的肖邦从小体弱多病，多年后被确诊为患有肺结核，久治不愈的肺结核所引起的抑郁和焦虑病症日益严重。表面孤傲的肖邦，经常有着厌世甚至轻生的念头。孤僻、痛苦、沮丧、失眠、烦躁、忧郁、焦虑、恍惚、失落、暴躁，这些抑郁症的典型病症在肖邦的身上体现得淋漓尽致，而体现在他作品的种种情感表达与此有着千丝万缕的联系。艺术是艺术家的个体心灵活动，所以肖邦手下的钢琴曲，带着忧伤和低吟、激情和咆哮，让人为之陶醉和神往，然而笼罩在这一切背后的始终是一层浓郁而挥之不去的悲情。对肖邦赞赏有加的舒曼曾经说：“肖邦的音乐也有一种病态的，狂热的，令人不能接受的地方。”其病情在造就肖邦柔情、婉约、悲情、痛苦乃至狂暴之同时，也成就了他音乐史上那些独特而不朽的音乐。无独有偶，早于肖邦一百多年以前的法国大革命的思想先驱——卢梭，由于可怕的政治迫害，晚年的他陷入精神上的某些幻觉甚至错乱之中，觉得自己被摒于社会之外，人人都在暗中对他监视，他在可怕的放逐中了此一生。然而，在这种精神疾病的困扰中，他写了自己的最后一本书《漫步遐想录》，并没有因精神疾病而掩盖和冲淡了其智慧光芒和横溢才华。这种精神疾病，使他悟透了人生世事，对于社会和舆论的攻击，他不再激动、愤怒了，对自己的命运和死后的名誉也不再关心了。因而他的《漫步遐想录》不再是以前著作中那种论战的激情和有力的雄辩，而转变为一种静静遐想和喃喃自语。从疾病与艺术的关联中可以给我们这样一个启示："与其说是客观外部事件影响到了艺术家的艺术创作，不如说是外部世界在艺术家个体心灵活动中所产生的艺术创作，应该说艺术是艺术家的那个时代的自身产物。"（《疾病与艺术》）

此外，在艺术文化中还有一种"魔术文化"。先生在《魔术文化》文中说到，魔术，古称"幻术"或"戏法"。魔术是一门表演艺术，它是以迅速敏捷的技巧或特殊装置把实在的东西掩盖起来，使观众感觉到物体忽有忽无、变化不测的技艺。魔术是骗人的，人人都知是"骗"，但却心甘情愿地在享受"被骗"的乐趣。魔幻世界只存在于想象的世界，人们不可能亲身经历，但是魔术却可以让人们身临其境，能启发人们更加客观地看待人类的能力。"越是令人们难以置信的魔术，获得的掌声越是热烈。眼见为实，不可思议的事情确实发生了；但眼见为虚，这是不可能的，因为它违反了常识和科学。这正是魔术的魅力所在，人们的好奇心在观赏过程中才得到了最大程度的满足。如果一旦掀开魔术斗篷的一角，窥视了魔术神奇的秘密，那么也就毁坏了魔术带给人们的喜悦。因此，对魔术保持一点神秘感，细细品味魔术的魅力，魔术的美才能留在你的心里。"（《魔术文化》）

（三）完善人格的哲学思考

《闲情漫谈》中的一些哲学故事，发人深省，引人深思，有着一种宝贵的思想能力，在阅读中不自觉地提高了人的精神世界。

1. 哲人与思想

先生在《从哲人王说起》一文中谈道："在中西思想史上，两个人被称过'王'。"在西方古代思想史上，政治哲人柏拉图曾被人称为"哲人王"。因为在柏拉图设计的理想王国里，哲学家应该垄断城邦的全部政治权力。他认为，为了实现理想，哲学王统治是必要的；如果离开哲学王统治，一个正义的国家（乌托邦）的现实就成了一句空话。因此，人们称他为"哲人王"，称他是思想王国中的王者，但他从来没有被当成现实中的哲人王。而在中国古代思想史上，政治哲人孔子曾被人称作思想王国中的王——"素王"，可孔子也从来没有当过现实中的"素王"。"中外哲人，不论是柏拉图还是孔子，哲人是做不了王的，究其缘由，道理很简单，现实中的国家正是使用国家机器的，现实中哲人王是用意识形态的。如果哲人王创立的意识形态能维护现实国家政体，有助于现实政治的建立，哲人就会成为君王的工具"；"如果其思想学说与现实君王的治国理念发生冲突，就不仅不会成为'王'，而且其政治生涯还会被断送。"（《从哲人王说起》）

先生在《颇有意味的历史现象》一文中指出：一种哲学理论和思想是为特定的阶级、集团服务的，是被特定的阶级、集团所接受的。但是一种理论同时被两种决然对立的阶级、集团所接受却是难以想象的。"然而，德国著名的哲学家尼采的理论都能同时被两种决然对立的阶级、集团所接受。这一历史现象真是耐人寻味。"

德国著名哲学家尼采的哲学理论的中心是唯意志论，强调个人意志。他提出的"超人"哲学，就是奋斗哲学，强调要以人的意志支配世界，征服一切。尼采生前的影响只局限在欧洲几个小国不大的学术圈子里，但在他死后不久，他的学说和口号，如"重估一切价值""上帝死了”就不胫而走。特别是两次世界大战期间，德国士兵在战壕里捧读的“圣经”就是尼采的《查拉图斯特拉如是说》，法西斯元凶希特勒与墨索里尼公开声称是尼采的信徒。“尼采的哲学理论，既受到法西斯的青睐，被用来宣扬种族优劣论、天才英雄创造历史，确立暴君专制，成为帝国主义发动对外侵略、屠杀、残害弱小民族的理论武器；但它同时又受到被奴役、被压迫国家和民族先进思想家的重视，利用它唤起民众反抗封建暴政、抵御帝国主义列强、争取独立与解放的意识，成为弱小民族觉醒与反抗的理论推动力。一个是毁灭其他民族，一个是民族自救，多么尖锐的对立，而尼采哲学理论却能同时被这两种尖锐对立的阶级和集团所接受，这一复杂的历史现象曾令人迷惑不解。”

“从上可以看出，一种理论可以从多方面满足主体的需求，根据理论的不同方面的特性，人们可以以自身对这种理论的不同需求，在不同层次和不同价值取向上接受同一理论并付诸完全不同的实践。所以，我们在理解和评价一种理论时，决不能非此即彼，即不能根据它对进步或反动力量的影响而褒扬或贬抑，也不能就理论本身无条件地全盘吸收或全盘否定，而应从历史背景、思想渊源、承继关系、时代要求、价值取向、主观动机、客观效果等方面进行全面的综合考察，做出准确而恰如其分的评价。”（《颇有意味的历史现象》）

2. 知识与权力

“知识就是力量”，人们早已对此耳熟能详。先生在《知识的力量与权力》一文中，提出了这样的争议性的话题：知识＝力量？知识＝权力？知识与力量、权力之间的联系是怎样的？

先生指出“知识就是力量”，但知识与力量之间不能画等号。因为知识是人类认识自然和社会的成果与结晶，而知识之力的存在形式，就在于通过“改变和消化而保存在理智中”的知识，使人的主观能动性和创造性得到充分发挥，即“人的知识和人的力量相结合为一”。知识也不等于权力，因为权力与知识从根本上说是对立的，但二者也是相互依存的。“知识的真理性和实用性决定自身的权力性、权威性，形成知识性权力。但知识毕竟不同于权力，知识是因人的使用才变成权力”。知识本身虽然不能体现为权力，但通过掌握知识的人就可体现知识的权力。一般来说，知识分子的主要使命就是追求知识，而不是追求权力。“作为一个真正的知识人，不应为追求权力去追求知识，而应在追求知识中获取权力。我们应该注意，这种权力不是权势，也不同于权利，而是一种知识权力”（《知识的力量与权力》），即能力。

在人类社会进入一切向钱看的商业文化以及知识日益专业化的趋势下，知识人的命运也在发生着变化，总是在知识权力与知识权利之间反复徘徊。《知识分子的蜕变》一文中，先生引用了美国学者拉塞尔·雅各比在《最后的知识分子》一书中的观点，即在对20世纪80年代美国知识分子的批评中，也看到了当代中国知识分子一些人的面像。在这个物质富足而精神贫乏的时代，对知识分子几千年来坚守的价值理论给予了极大的冲击，用雅各比的话来说，出现了一些“为了薪水和地位出卖伦理和想象力的知识分子”，他们“丧失意志，甚至丧失思想”。知识分子要成为真正的知识分子，就必须保持和发扬知识分子共同的精神特质，这就是，他们的思维方式具有批判性、前瞻性；他们具有深刻的社会意识，极具社会责任感；他们是社会的良心，敢说话、说真话，诚信为人；他们追求真理，但尊重不同意见；他们具有启蒙意识，关心人类文化价值，关注传承人类知识。“应该对人类的思想创新、科学发展做出更大的贡献。”（《知识分子的蜕变》）

3. 艺术家与政治家

先生在《艺术家与政治家》一文中指出，艺术家要讲政治，但艺术家不等于是政治家，政治家要多才，但政治家并不等于是艺术家。古往今来，历朝历代，既是艺术家又是政治家的国之君主是有的，但为数不是很多。特别是在亡国之君中，颇有一些具有文学天赋、艺术天赋的人，如陈后主、隋炀帝、后唐的庄宗、李后主、北宋的徽宗等，都是多才多艺的君主，但都不是称职的国君。他们或许是好的艺术家，但不是好的政治家。

《艺术家与政治家》文中指出："作为一个从政的政治人物，具有艺术才能是难能可贵的，但更为重要的是要有政治家的素质，必须把政治品德和政治才能放在首位。以此推之，在选聘'当官者'时，固然要看文凭、学历、专长，要重用专家型人才。但是，决不能因此而忽视其人的政治品德和政治才能，要政治上强，也要能力上强。专业水平高并不等于从政能力强。""不重视政治品德和政治才能的选官方针，既会贻误事业，又会害了人才，其可悲哉!"

（四）解读古史的历史文脉

《闲情漫谈》中，在记述中国丰富的历史文化遗产时，重点揭示了深植于这些历史记载中的文化精髓及历史文脉。

1. "中国"之名的历史渊源

先生指出，"中国"一词最早出现在西周初年。1963年，陕西宝鸡贾村出土的一口"何尊"上的铭文有"余其宅兹中国，自之辟民"之说。在周武王和他的儿子周成王时就已经使用"中国"一词了。后来，在中国古代典籍中也频繁使用"中国"一词，《诗经·大雅·民劳》中就有"惠此中国，以绥四方"，这里的"中国"实为"国中"，或为"京师”，“帝王所都为中，故曰中国”。随着“中国”一词的广泛使用，其含义也有了变化，战国时期所谓的“中国”，也指向了一定的地域。这个时期，“中国”一词已经与蛮、夷、戎、狄对举，指的是居中诸国的所在地区。秦始皇统一中国后，随着中国疆域的扩展，中国的范围也在扩展，无论疆域扩展到什么地方，那里的人都认为自己属于中国了；不管在异国还是在他乡，大家心中都有一个中国。（《“中国”的定格》）

后来，又出现了“中华”之名。“中华”是“中国”与“华夏”的复合词之简称，较早出现于华夷混融的魏晋南北朝。唐律名例疏议释义说：“中华，中国也。亲被王教，自属中国，衣冠威仪，习俗孝悌，居身礼义，故谓之中华。”朱元璋北伐讨元，其檄文有“驱逐胡虏，恢复中华”。这种与“胡虏”对称的“中华”，则指汉族及汉文化传统的一种文化符号。“民族”一词虽然在中国古籍中早已出现，但指人群共同体，是当时中西文化交流中引入西语的产物。而最早较为明确地将“中华”与“民族”二词联结一体，率先使用“中国民族”“中华民族”一词的，可能是梁启超。梁启超在《历史上中国民族之观察》一文中说：“中华民族自始本非一族，实由多民族混合而成。”现今观念中的“中华民族”，已不再是单一的中国各民族的代称，而是一个与中国的国家、民族、地域、历史、文化紧密相连的整体的代称，具有广泛的涵盖意义；而且已成为民族精神、民族情感、民族文化的凝聚和象征。（《中华与中华民族》）

也有“龙的传人”一说，“龙”是中华民族的象征，世界华人都称为“龙的传人”。我们所说的“龙”的传人，意思是中国人与那已被神化为灵物的“龙”有某种联系。先生在《“龙的传人”又一说》文中，对“龙是中国先民的图腾”“龙是树神”等各种说法提出了异议。认为

“神话‘龙’的原型并非具体动物，而是建立在某种星象基础上的远古传承”。在古代星象中，二十八宿中东方七宿（角、亢、氐、房、心、尾、箕）称苍龙，简称龙。“作为星象之龙在人们心目中有种神秘感，人们便以丰富多彩的想象，把龙意蕴为一种神灵。”正因为龙是神，故有女登感“神龙”生炎帝；庆都感“赤龙”合婚生帝尧。除了神龙、赤龙外，属于伏羲氏系统的还有长龙氏、居龙氏、降龙氏、潜龙氏、水龙氏、青龙氏、飞龙氏等。这些各种各样的“龙”氏族，其子子孙孙都为龙的传人。随着龙图腾在中国的广泛传播和逐渐完善，龙文化成了夏、商、周历代的共识。龙在天上兴云吐雾，而到了人间则附着于人君，人们把秦始皇称为“祖龙”，高祖刘邦是“蛟龙于其上”所产之子，可以说是龙子。正因为皇帝是龙，其子孙则为龙子、龙孙，也是龙的传人。“龙，这种虚拟的神灵，从东方之星，赋予神化，衍化为神龙；又赋以人化，衍化为龙的传人。‘龙’是有着强大的生命力，又有着不可战胜的力量，是中华民族的象征，体现了中华民族生生不息的精神。”（《“龙的传人”又一说》）

2. 儒学的奠基与创新

说到儒学，人们很自然地就会想到孔子。然而，先生的《儒学奠基人——周公》一文指出：“孔子的学说并非他的独创，而是师承了早他五百年前周公的思想成果。”周公，姓姬，周武王之弟，亦称叔旦，因周地（今陕西岐山北）为其封地，故称周公。周公辅助周武王伐纣灭商，建周不久，武王即逝，周成王年幼，由周公摄政。周公摄政七年，建立了各方面具有根本性的典章制度。周公在实行“德政”政治纲领的指导下，建立了一套礼乐制度。所谓“礼”，指的是阶级社会划分等级名分的典章制度，几乎包括了人们衣食住行、婚丧嫁娶等一切规则，如吉礼、凶礼、宾礼、军礼、嘉礼等；所谓“乐”，就是在什么场合用什么乐舞，不同的乐舞有着严格区别，不可乱用。周公开创了具有划时代意义的新的思想文化——礼乐文化，包括“敬德保民”的政治思想，“明德慎罚”的法治观念，“父爱子孝兄友弟恭”的伦理道德观和“和衷以相与”的和谐理论。这既是殷周时代精神的凝结，又是三代以来思想文化的集大成。

自春秋以来，周公被历代统治者和学者奉为圣人，被尊为儒学奠基人。韩愈等人认为儒学是从周公开始的，孔子是对其继承和传播。在“礼崩乐坏”的春秋时代，孔子“吾从周”，其一生愿望就是建立一个类似于“周礼”约束下的社会形态，即崇尚“礼乐”和“仁义”，重视伦理道德教育和个人克己修养的理想社会。孔子不仅整理和继承了周公等文化维新的思想成果，汲取了其中最有营养的成分，而且立足现实，从自己所处的现实社会的多方面角度出发，发展和建立了一套完整的儒学体系。孔子“祖述尧舜”，就是遵循尧舜之道；孔子“宪章文武”，就是效法周文王、周武王之制；继承周公思想，这就是孔子儒学思想的根源。（《儒学奠基人——周公》）

先生指出，在传承和弘扬以孔子为代表的中国传统文化中，本身就有一个批判与尊奉的双重任务。“孔子是‘政治学家’，作为生活于‘帝制时代’的人，孔子的思想体系也是与‘帝制社会’‘王权主义’相适应的，因此我们‘批孔’，就是要去孔学之糟粕；孔子是中国儒学的传播者和创新者，儒家学说是基于华夏民族在特定生活环境中长期形成的价值观、习惯、惯例、行为规范和准则等文化要素上而形成的，儒学内容体系充满着浓厚的，温柔淳朴的伦理亲情色彩，饱含着深厚的中华民族精神，因此，我们‘尊孔’，不是为了作秀，而应以史为据、论从史

出，不应为迎合眼下热潮而歪曲历史史实或以偏概全，就是要取其精华。”（《孔子的“落”与“起”》）

先生指出，在当前“国学”热的社会潮流中，我们一定要把孔学、经学和国学区别开来。孔学，一般指孔子的著述；汉代“独尊儒术”后的“儒学”，特指研究儒学的经典，称为“经学”。而“国学”毕竟是“学”，是学术。一般来说，国学主要是指中国历史上所形成的各种学说理论，如儒、墨、道、法、释以及文、史、兵、农、商、算诸学，还包括藏学、满学等，是传统文化的核心部分。国学并不包括纯以技艺著称的文化部分，如武术、戏曲、体育、棋类、茶艺、书画等，这部分内容和形式的文化则统称为“国术”，也是传统文化的一部分。当然，二者是有内在联系的，也是相互交错的。在中国传统文化中，国学是传统文化的重要组成，经学只是国学的核心部分；儒学又是国学的核心，比孔学宽泛；孔学单指孔子的学说，孟子、荀子及以后的儒学，离孔子的学说越来越远。“在国学热潮中，重点和核心是学习其知识和弘扬其精神，既要把国学看作是一种知识体系，又要把国学看作是一种思维智慧，更应强调它的核心价值观。”而应注意，“一谈国学就说是儒家之学，以为除了儒学，就没有国学”。（《“国学”的兴起》）

3. 古海上丝绸之路开拓的再思考

先生指出，郑和下西洋是明朝初年的一次海上远航活动，但对郑和下西洋的目的却众说纷纭：一说宣扬大明威德；一说寻找建文帝朱允炆；也有说是为了获取海外朝贡。但在《郑和下西洋的再思考》一文中，先生认为“郑和下西洋充分显示了永乐时期的海权意识以及由此产生的永乐海洋战略”。如郑和曾向仁宗陈述说：“欲国家富强，不可置海洋于不顾。财富取之于海，危险亦来自于海。……一旦他国之君夺得南洋，华夏危矣。我国船队战无不胜，可用之扩大经商，制伏异域，使其不敢觊觎南洋也。”郑和这段话，充分表达了永乐时期的海权意识和海洋战略。“郑和下西洋不仅是中国而且也是世界航海史上的壮举。以世界视角观之，郑和下西洋可以说是世界大航海时代的开启者，远远超过将近一个世纪之后的麦哲伦、哥伦布、达伽马等航海家。郑和堪称是‘大航海时代’的先驱，是唯一的东方人。郑和更是比美国人阿尔弗雷德·赛耶·马汉早五百年提出海权论。”

在此文中，先生把同属于大航海时代的郑和下西洋与哥伦布的地理大发现进行了对比，指出二者有着质的不同：郑和下西洋是代表明朝政府，其主要任务是宣扬明朝国威，彰显国家势力。每到一国，就实行“封敕”“赏赐”等活动，并赠送礼物，表示友好。郑和下西洋在某种程度上有促进中外双方贸易的作用，如相互间海事、贸易与文化的传播，是下西洋的重大成果。而哥伦布等航海是以寻找盛产黄金、香料的“东方胜地”及找到通往东方的新航线为目的，具有强烈的扩张性、掠夺性和殖民性。哥伦布航海是通过国家与私人合作的形式完成的。国家颁发许可证给私人探险者，给他们提供必要的资金、船只、船员作为资助，同时允许他们获得一定的海外所发现的财富，使个人利益与国家利益在海外扩张上取得完全一致，由此将整个社会的扩张活力充分释放出来，具有强大的持续性。而郑和航海是由皇帝决定、国家组织的，是一种典型的政府主导下的公共工程。这样的航海往往会因皇帝的意愿而启动，也会因皇帝的命令而中止。可见，“走海洋强国之路，必须坚持两条腿，一是国家，一是民众。只有在国家与民众之间建立起完美合作的有效机制，使国家利益与民众利益在建设海洋强国上取得一致，尽最大可能地在建设海洋强国上把整个社会的活力充分释放出来，尽最大可能地在建

设海洋强国上把整个社会的力量充分发挥出来，海洋强国的中国一定会屹立于世界之巅!”（《郑和下西洋的再思考》）

在明朝，郑和下西洋，以开创“海上丝绸之路”而名垂青史；与郑和同属一朝，同为宫中太监的亦失哈，虽开拓了“东北亚丝绸之路”，却默默无闻。“15世纪的黑龙江人亦失哈，先后9次率领庞大的船队，从东北丝绸之路——松花江黑龙江三千里水路而下奴儿干，巡访包括库页岛在内的广大地区，为民族的团结与交融，为东北亚东部地区的开发做出了重大贡献。他与七下西洋的郑和，堪称我国古丝绸之路历史星空中永远闪亮的双星。”（《东北亚古丝路开拓者——亦失哈》）

4.《西游记》中的民俗文化

先生在《金猴与〈西游记〉》一文中指出：“《西游记》成书，不仅吸收了前人的传说故事与小说志怪，而且承袭了古老的传统文化，特别是蕴含着丰厚的民族文化，是民俗学之宝库。”例如，《西游记》中孙悟空的原型猴，与人类同属灵长类。在我国古代，猴子变人，民间已将此嵌入天地开辟的传说。盘古开天辟地之初，大地是猴子的天下。盘古为了改变这种状况，对会站起来走路的一对兄妹俩猴子很感兴趣，封这个男猴为伏羲，要他们兄妹成亲，生出与猴子不同的后代来。在我国十二生肖文化中，就有猴的记载，“申，猴矣”，“申”为“猴”。在古代道教的神祇王国里，套用十二生肖的形式，为二十八宿星君都配上了动物神像。《抱朴子·登涉》中就称：“申日称时人君者，猴也。”随着猴文化的发展演变，在古代的志怪小说中，就有了猴的故事。如宋代小说《陈巡检梅岭失妻记》，其故事说，金榜题名的陈辛带着娇妻去广东南雄沙角镇赴任巡检，一天走到梅岭，只见“梅岭之北，有一洞，名曰申阳洞。洞中有一怪，号曰白申公，乃猢狲精也。弟兄三个：一个是通天大圣，一个是弥天大圣，一个是齐天大圣。小妹便是泗洲圣母”。在明代小说《西游记》成书前，有关唐僧师徒取经的故事已流传多年。《大唐三藏取经诗话》中写猴行者本是“白衣秀才”，自称“花果山紫云洞八万四千铜头铁额猕猴王”，“白衣”应源自申属猴。元杂剧《西游记》中，猴行者已称孙行者。甘肃省天水市甘谷县华盖寺元代壁画中，表现唐僧师徒四人取经归来的情景，孙悟空之猴脸、猪八戒之猪首，均很传神。《西游记》谓天帝封孙行者为弼马温虽说是戏谑之词，但记述了马厩养猴的俗信。（《金猴与〈西游记〉》）

又如《西游记》中的猪八戒，其形象是动物猪图腾的产物。在十二地支中，猪属亥。元杂剧《西游记》中，猪精（后称为猪八戒）自我介绍：“生于亥地，长自乾宫。……生得喙长项阔，蹄硬鬣刚……”这显然源于亥属猪。由于地支亥五行属水，便将猪八戒描述成原本是掌管天河水兵的元帅。猪八戒的形象受到佛教文化的影响。在从敦煌盗走的唐人绘图像《大摩里支菩萨图》里画着大摩里支菩萨，其脚踝前，有一只小金猪，猪头人身，两手架开，作奔走如飞状，造型活泼。元人《西游记》杂剧，其中第四回写的是孙悟空收服黑猪精猪八戒的故事，剧中的猪八戒“藏在黑风洞里，隐显在白雾坡前”，自号“黑风大王”，变为朱公子，把黑风山下裴太公的女儿抢在洞中为妻。后被孙悟空擒拿，唐僧收他为徒。这与吴承恩《西游记》中的猪八戒很接近了。猪八戒又称“八戒”，“八戒”是佛教用语，全称“八关斋戒”“八斋戒”，指佛教为在家的男女信徒制定的八条戒规。这八条戒规，猪八戒却反其道而行之，真是滑稽幽默。（《妇孺皆知的“猪八戒”》）

《西游记》第九十八回中写道：“阿难、伽叶引唐僧来见如来。如来高升莲座，指令降龙、伏虎二大罗汉敲响云磬，遍请三千诸佛、三千揭谛、八金刚、四菩萨、五百尊罗汉、八百比丘僧、大众优婆塞、比丘尼、优婆夷，各天各洞福地灵山大小尊者圣僧。……诸佛毕集，参见了如来。”如来佛祖召开传经大会，佛教界中的主要神灵几乎都赶来参加。而这些“灵山大小尊者”之圣僧，都是佛教记载中的已成正果的高僧。可见，《西游记》也深受佛教文化的影响。(《〈西游记〉中的佛教诸神》)

(五)找寻节日的文化之根

节日，是指生活中值得纪念的重要日子，是民族精神和情感的重要载体。由节日而生成的节日文化，是一个国家或民族在漫长的历史过程中形成和发展的民族文化，也是一种民族风俗和民族习惯。节日文化的吸引力就是它的形式，就在于那些形式化的文化积淀。《闲情漫谈》在谈论节日的时候，重点在找寻节日的文化之根。例如：

1. 日食文化

日食，又叫作日蚀，是月球运动到太阳和地球中间并成一线时，太阳的光被月亮挡住，地球表面某些地区短时间内看不到太阳，这种现象叫日食。我国对日食的观测，古已有之，甲骨卜辞中就有记载：“贞，日有食。”古人虽然观测到日食，但无法对这一天象做出合理的解释，便对日食产生了恐惧，并由此引发出了有关日食的故事和文化。

首先，日食现象之历史化。中国历史上最早的日食记录是在《尚书·胤征》篇中，是说管天象的羲和，擅离职守，沉迷于酒，搞乱了日月星辰的运行，在秋季月的朔日，出现了日食，人们一片惊慌。于是，天子率群臣到殿前设坛，焚香祈祷，向上天贡献钱币，开始了救护之礼。经过救护，天色的黑暗不知过了多久，太阳终于又露出了亮光。夏帝仲康得知羲和酗酒误事，便杀了羲和。在中国古代神话中，羲和乃帝俊之妻，生十日。后来，羲和由太阳之母演变为太阳御者。又有帝尧命羲和主管天象。至于“仲康日食”，羲和丧命，乃日食现象之历史化。其次，日食现象之文学化。在殷商时代留下的大量甲骨卜辞中，就有日食现象的描述，这虽然是对日食天象的记载，但却以散文或散文诗的形式描述出来，非常生动，已有文学色彩。到了《诗经》，日食便作为文学创作的对象，以诗的形式表现出来。《诗·小雅·十月之交》采用文学手段，将日食的描写与政治统治结合起来，利用日食这一奇异天象，对统治者发出强烈警告。再次，日食现象之政教化。在古代的日食天象中，绝大部分都被认为是凶兆，即上天对人间政治黑暗或君王无道的谴责和警告。如《史记·天官书》中所说的“诸吕作乱，日蚀、昼晦”，采用“史传事验”的方式进行政治上的道德教化，为统治阶级的行为提供某些规范准则。最后，随着对日食的观测和认识的发展，日食现象的解释逐渐走向科学化。唐代初年，国家行用《戊寅元历》，李淳风对这部历法做了仔细研究，发现它存在缺陷，提出修改方案。李淳风综合前人历法之优点，又融入自己的新见解，编成一部全新的历法。某年，李淳风把自己算出的日食发生、结束的精确时刻上报朝廷，经过验证，日食的时间跟他说的丝毫不差。于是朝廷改用李淳风的历法，将其命名为《麟德历》。这个故事是否真实，不得而知，但却反映了古人对日食的认识是怎样逐步走向科学化的。（《日食文化》）

2. 月亮文化

中秋节，有许多别名，有许多活动，但大多数都与月亮有关。所以，人们习惯以月呼其节，叫“月节”，即月亮节日。民间有说法，十五的月亮十六圆，这在天文观察中也得到印证，但人们还是坚信“月到中秋分外明”。“中秋”这一词最早记载于《周礼》，因我国古时的历法，农历八月十五，正是一年的秋季，而且是八月的中旬，故称为“中秋”。

由于“中秋”时“此夜月色倍明于常时”，中秋的活动便与月亮联系了起来。

中秋节与月亮有关，是由月亮的传说和故事所奠定起来的。在中秋节形成并兴盛的同时，民间流传的那些月亮的神话与传说就跟中秋节联系在一起，如嫦娥奔月、吴刚伐桂、玉兔捣药、李白捞月、唐明皇游广寒宫等。这些神话中的月宫、嫦娥、蟾蜍、玉兔、吴刚、桂树，十分生动，异常美丽，反映了人们对月亮的赞誉、对自由的追求、对美好生活的向往，造就了中秋节文化的特色元素，构成了中秋节文化的深厚内涵。中秋节的习俗也与月亮有关，是以月亮为中心的社会节日，主要包括赏月、拜月、玩月。中秋赏月是人间的赏心乐事，赏月以思亲，观月以思情。拜月属祭祀活动，以祭祀来寄情；拜月之时，在庭院桌上摆放供品，用于祭祀，乞多福多寿，家庭团圆。玩月属娱乐活动，在中秋之夜，人们争选佳地，以观月色，尽享其乐。此夜，人们摆上丰盛的宴席，或在琴瑟铿锵之中酌酒高歌，或写诗作画共猜灯谜，或击鼓鸣锣月下欢跳，人声鼎沸，通宵玩乐。中秋节“贵在团圆”，其习俗主要是家庭举行的团聚、宴饮等，而在公共场合举行的欢庆游艺活动持续几天。“中秋节，是团圆之节。团团圆圆，和和美美，是中国人所希望的美好理想和文化追求。这个团圆的理想、追求，成了中秋节最核心的民俗信仰。”“中秋佳节，深深蕴含着我们这个民族、我们整个国家无穷无尽的凝聚力和无比强大的团结力。”（《月亮节日》）

3. 清明文化

作为二十四节气之一的清明，最初只是一种节气的名称。清明一般是在仲春与暮春之交，也就是在冬至后一百零七日、春分后十五日，公历 4 月 5 日前后。清明，“盖时当气清景明，万物皆显，因此得名”。清明风，古称八风之一，它温暖清爽，在和煦的春风之下，天地明净，空气清新，自然万物显出勃勃生机，“清明”节气由此得名。清明一到，气温升高，正是春耕春播的大好时节，故民谚曰：“清明前后，种瓜点豆。”东汉崔寔《四民月令》记载：“清明节，命蚕妾，治蚕室……”说的是这时开始准备养蚕。此时的“清明节”还只是一个节气，不是节日。

古时，对于祖先的祭祀十分重视，上古四时祭仪中春季祭祀宗庙的大礼称为春礿（后为春祠）之礼，当时尚无墓祭的礼俗，要祭逝去的先人，就立一名为“尸”的神主在宗庙祭祀。春秋战国时代，墓祭风气渐浓，《孟子·离娄下》记述的齐人乞食墓间的故事，似可证明。汉代，人们返本追宗观念日益深化，对于祖先魂魄托寄的坟墓愈加重视，上墓祭扫之风转盛，至唐时已成风气。一到清明，就忙着上坟祭扫，“三月清明雨纷纷，家家户户上祖坟”。清明时节逐渐形成春祭的传统，成了祭祀扫墓的日子。

而汉魏之际形成的寒食节，就承载了这一古老的祭祀传统。关于寒食节的起源，最初是为了纪念介子推忠孝两全的精神，蕴含着忠孝廉洁的理念。寒食节亦称“禁烟节”，沿袭了远古的改火旧习。每到初春季节，气候干燥，不仅人们保存的火种容易引起火灾，而且春雷发生也容易引起山火。古人在这个季节要进行隆重的祭祀活动，把上一年传下来的火种全部熄灭，即是“禁火”，然后重新钻燧取出新火，作为新一年生产与生活的起点，谓之“改火”或“请新火”。改火时，要举行隆重的祭祀活动，将谷神稷的象征物焚烧，称为人牺。相沿成俗，便形成了后来的禁火节。禁火与改火之间有间隔的时间，史料有三日、五日、七日等不同说法。而在这段无火的时间里，人们必须准备足够的熟食以冷食度日，即为“寒食”，故而得名“寒食节”。寒食节曾被称为民间第一大祭日，在唐时已成风气。朝廷以政令的形式将民间扫墓的风俗固定在清明前的寒食节。寒食禁火，清明取火，扫墓亦由寒食扩展到清明，唐人已将寒食清明并称。

清明不仅从寒食中分担了祭墓的功能，而且是踏青的节日。踏青又叫春游，古时叫探春、寻春。旧时有个上巳节，古称三月三，该节日在汉代以前定为三月上旬的巳日，后来固定在夏历三月初三。上巳节是古代举行“祓除畔浴”活动中重要的节日。上巳日，古人多到水边春游祭祀，除灾求福，主要是祈求人类繁衍。后来，上巳节演变成郊外踏青游春，水边宴饮赏春的节日。由于上巳距寒食、清明较近，上巳郊外踏青的习俗便延续到清明节后。

如果说唐代时寒食与清明并列，清明的地位逊色于寒食的话，那么宋代清明已基本上完成了对寒食的置代，同时又将原本属于上巳节的踏青娱乐也置于清明名下。明清时期，寒食基本消亡，春季大节除新年外唯有清明了。新中国成立后，人们用清明节将古代的春祭、寒食节的墓祭与上巳节的踏青等同一起，构成了丰富多彩的清明文化，“清明兼具自然与人文两大内涵，将节气日与民俗节日融为一体，是礼敬祖先、怀旧悼亡和助阳护生的合一，真正体现了天人合一的观念”。“在清明世界的清明日子里，让我们以理性、冷静的人生思考，获取向上的精神力量，让生命在自然、清新的春风中生生不息。”（《节气与节日的合一：清明》）

4. 春节文化

春节是中华民族的传统节日，是伴随着这个民族千秋万代生活而代代相传所形成和发展的。在历史上，年、岁、春，这三个概念曾经互不相关。“年”的含义出自农业生产，谷物的生长周期即为年；“年”是丰收的意思，由于谷物一年一成熟，“年”又有了时间概念，十二个月为一年。“岁”是牺牲、祭祀的意思。《尔雅·释天》曰：“夏曰岁，商曰祀，周曰年，唐虞曰载。”于是，一年也称一岁。年和岁的结合，标志着一年庆丰收的时候，人们都要牺牲、祭祀，开始含有节日的意思。一年岁祭的时间放在什么时候最为合适呢？古人放在了“立春”。我国古代的历法是阴阳合历，需要同时考虑太阳和月亮的位置，在确定岁首时，先规定它在某个季节，再选定与这个季节最相近的朔日。因此，在夏、商、周、秦，这几个朝代把岁首都确定在不同的季节，夏朝定在初春，商朝定在寒冬，周朝定在冬至前后，秦朝定在初冬。到汉武帝时编定的太阳历采用夏历的岁首，才把“立春”前后的农历正月初一，作为“年”之首、“岁”之元。在古代，农历正月初一有多种名称，如称作元旦、元日、元正、元辰、元朔、三元、三朝、三正、正旦等，而人们则普遍称为“新年”。在古代，人们也多把“立春”称为“春节”。宋人文天祥《二十四日》诗曰：“春节前三日，江乡正小年。”这里的“春节”指“立春”，“小年”则指现今之“春节”。古人多把正月初一开始的“新年”称为“过年”“过大年”。辛亥革命后，中华民国改用世界通行的公历，将公历 1 月 1 日定为“元旦”。在公历与农历并存的情况下，就有了两个“元旦”，为了区别起见，社会上就把农历上的元旦称为“春节”。

春节的本义是正月开始的时候，但是民间对春节的理解有很大的随意性，加上长期的文化积累，为新年祈福禳灾的活动并不限于一时、一日，实际上扩及正月初一之前的腊月和随后的若干天，其节庆活动甚至延及整个正月。春节，是我国民间隆重而又富有特色的古老节日，已形成了一些较为固定的风俗习惯，如腊月初八吃“腊八粥”，腊月二十三祭主宰吉凶祸福的“灶王爷”，腊月二十四掸尘扫房子，腊月二十五炸豆腐，腊月二十六炖大肉，腊月二十七宰公鸡，腊月二十八把面发，腊月二十九去灌酒，年三十贴对联、放爆竹、守岁夜。从新年的初一开始，人们都穿上漂亮的衣服，相互走访，开始“拜年”。在春节期间，除了家庭、亲友、邻里有特定的节庆活动外，还有许多公众娱乐活动，如舞龙、舞狮子、踩高跷、跑旱船、打花棍、扭秧歌、变戏法、唱大戏、杂技、看花灯等。正月十三日为“上灯”（扎彩灯），十四日为“试灯”，十五日为“正灯”（闹花灯），十七日为“罢灯”。到这时，春天里的节日才算过完了。

“春节缝合了冬天与春天，忽略了年轮的嬗变，送去寒冬，迎来生机，给人们带来了新的愿望与追求。细细咀嚼品味，春节蕴含着深厚的文化韵味，是我们取之不尽的最真最深的情感源泉，是我们中华儿女培养同根之亲的精神家园。春节是节庆的一种形式，而更重要的是我们民族文化的载体。我们应当珍惜、保护和开发这份文化资源，让它成为温暖世界的暖流。”（《春节与春节文化》）

5. 劳动节文化

“五一”国际劳动节是全世界无产阶级团结、战斗的节日。1886 年 5 月 1 日在美国爆发了大规模的工人罢工斗争，尤其是芝加哥城的无产阶级不怕流血牺牲的斗争，使资产阶级做出了重大让步，被迫承认了八小时工作制。这次伟大斗争得到国际无产阶级领袖恩格斯的支持，在第二国际成立大会上正式决定每年 5 月 1 日为国际劳动节。“五一”本是产业工人的节日，但随着社会发展，“劳动者”概念逐渐泛化，“五一”成了“全民共享的节日”。“五一”国际劳动节发端于美国，然而美国的劳动节却不在 5 月 1 日，而在每年 9 月份的第一个星期一。美国的劳动节也叫劳工节，是美国联邦法定的节日。美国的很多老百姓对这个节日的来历不是很了解，往往把劳动节仅仅当作标志夏天结束的节日。

“当年，在巴黎举行的第二国际成立大会上通过决议，规定每年 5 月 1 日为国际劳动节，可美国劳工工会联合会并不积极组织纪念和庆祝‘五一’。美国政府之所以选择 9 月第一个星期一而不选择 5 月 1 日作为劳动节，就是因为这两个日子代表着不同的意识形态和解决劳资关系的不同方式”。（《值得纪念的“劳动节”》）

（六）慰藉心灵的生活小品

《闲情漫谈》中存留的一些生活小品，虽然是余墨闲笔，随意而为，没有深刻的寓意，也没有洋洋洒洒的抒怀，而是极自然的生活之捕捉，虽为生活感悟，却含深刻哲理。

1. 谈“吃”

先生在《吃的境界》一文中，说：“在我国古代，儒家有人生境界，道家有精神境界，佛家有修行境界；在现代，有人生境界，生活境界。在我看来，‘民以食为天’，吃也是有其境界的。”此文中叙述了“吃”的五个“境界”：

“第一境界：饱。”饮食，是人之生存的基本保障。人呱呱落地时，第一声就是要吃；人死了担心会成为“饿死鬼”，便在埋葬时放有一些谷物。唐人韩愈说“食不饱，力不足”，所以吃饭一定要吃饱，但不能过饱，过饱伤身。“第二境界：欲。”食欲，是一种支配摄食和选择食物的生理、心理因素。食欲不同于饥饿，人饥饿时有食欲，但大多不饿时也有食欲；食欲也不同于饱食，饱是食物的生理需要，而食欲更多的是饮食经验的反映，是一种心理需要。在中国词语中，食不甘味、味同嚼蜡、食欲不振等都是形容没有食欲的。总之，食欲，是本我的本能渴望；而自我，是本我对食欲渴望的控制能力。“第三境界：味。”味的意思很多，舌头尝东西所得的感觉叫味道；鼻子闻东西所得到的感觉叫气味；人的体验叫体味；人的情趣叫趣味。这里所说的“食味”，指的则是吃食物的滋味，酸甜苦辣咸就是五种食味。清代美食家李渔认为“馔之美，在于清淡，清则近醇，淡则存真。浓味则真味常为他物所夺，失其本性。五味清淡，可使人神清、气爽、胃畅、少病”。所以“古人把‘淡’看得很重：在饮食上提倡‘淡’，要五味清淡；在做人上提倡‘淡’，要淡泊名利；在社交上提倡‘淡’，‘君子之交淡如水’，朋友之间交往要像水那般纯洁和随意”。“第四境界：情。”人在饮食时，往往面对所食之物，而引发人情、世情。譬如，人的心情反映在饮食上：当遇到眼下不放心的事时，往往会寝食不安，睡也睡不着，吃也吃不好；当想用空想来安慰人时，往往会画饼充饥、望梅止渴；当解口腹之欲时，“食物永远带着温情的东西”，给人以幸福之感。在饮食中，食物不只是食物，更是一种情感和记忆，所以在饮食过程中也要讲究“情”字。“如对父母的孝敬，重要的是奉甘旨；对宾客的宴情，重要的是须尽欢；在家庭团聚中，重要的是有亲情；朋友相聚时，重要的是须倾心；在享受绚丽多样的生活时，重要的是不要忘记伴随自己走过难忘日子所吃的东西，这是承载记忆的一种乡愁。”“第五境界：美。”美食，有两层意思：一是指味美的食物，二是指吃味美的食物。美食吃前有期待，吃后有回味，已不仅是简单的味觉感觉，更是一种精神享受。美食是饮食中的最高品位和最高境界，集美感、情趣与优雅于一身。

“在人的漫长的吃的生活中，由‘果腹’的吃‘饱’，到有‘欲’有‘味’的吃好，再到有‘情’寄寓之‘美’感，其每一吃的境界作为饮食文化的基本内涵，贯穿在饮食生活过程中的每一环节之中。从表面上看，这吃的不同境界的层次发展是一种不断发展的生理满足，但实际上是借吃这种形式表达了一种丰富的精神内涵，使吃的文化超过了吃的本身，获得了更为深刻的社会意义。”（《吃的境界》）

2. 谈“酒”

先生在《酒与人生》一文中，谈到了酒文化。酒从诞生之日起就被赋予了一层神秘的色彩。在远古，酒作为人神交接的神圣物，成为一种原始信仰。古代，在祭祀、神供、占卜、祈禳中，酒这一神秘的液体，成了人与神灵沟通交流的重要媒介。古代巫师在向神灵卜问吉凶福祸的占卜时，把酒作为神灵物，认为可以代神告知吉凶，并借助饮酒使自己进入一种迷醉状态，以达到神人交感的境界。随着酿酒生产的发展，酒开始脱掉神物之外衣，而成为食物的时候，人们又把对酒的信仰崇拜变为神之造物，认为酒这一饮食之物是酒神所造，便出现了酒神仪狄和杜康。中国的酒神与西方的酒神不同，中国的酒神是酿造酒之神，而西方的酒神是狂欢之神。在古代，酒属于奢侈品，属于“圣液”。酒一开始就被统治阶层把控，慢慢演化出一系列的酒的礼仪，所以就出现了“酒政文化”。原始社会，用酒祭祀的主持人多为巫师，后来演化出了“祭酒”等官职；酒又成为娱乐之物，夏朝最后一个国王夏桀“为酒池糟堤，纵靡靡之乐”，商朝最后一个国王商纣王“以酒为池，悬肉为林”。由于喝酒误国，周人颁布禁酒诰文——《酒诰》，自此之后，历代造出了千奇百怪的禁酒令。在浩瀚的历史上河中，人们谈论着酒的得失，品评着酒色酒香，吟咏着酒诗酒歌，遵从着酒礼酒俗……于是，便酿造出了一种酒文化。纵观诗酒文化发展史，酒醉诗情，文美酒醇，文借酒神采飞扬，酒借文醇香飘溢。可见，酒不仅是人们日常生活的需要，也成为人们一种精神生活的需要。

酒从神圣之物变为神造之物再变为世俗之物，从祭祀之物到禁忌之物再到消费之物的发展过程，体现了酒与人生的微妙关系。酒作为一种饮食之物，主要不是满足人的生理性的温饱欲求，而是一种心理欲求，不吃饭不喝水会死人，但不喝酒不会死人，有的人嗜酒如命，只不过是一种精神心理的渴求，从饮酒的文化转向了单纯的生理刺激，酒后失态，使人容易卸掉常规的伪装。因此，喝酒须提倡酒德，要有饮酒的道德规范和酒后应有的风度。“酒德的主要精神，是‘饮’有格，‘酒’有品，‘人’有量，‘醉’有度，反对粗俗怪诞之饮，讲究文明雅致之举，做到不酗不湎不沉为德。”（《酒与人生》）

3. 谈“命”

“命运”，即宿命和运气。“命运”有两重含义：一是“命”，指先天所赋的本性；二是“运”，指人生各阶段的无穷变化。命论终生，运在一时，“命”为人一生之所归，而“运”是人生之历程。古代，有截然不同的两种命运观：一种观点认为“命”决定“运”，“注福注禄，命里已安排定”；另一种观点是“运”决定“命”，否认天命对人事的支配和影响。固然，个人的“命运”不能脱离时代这个大背景，而与国运、家运紧密相连。然而在同一时代的“时运”中，“时”是同时代的人共有的，而“运”则各种各样。俄国作家列夫·托尔斯泰曾说：“幸福的家庭都是相似的，不幸的家庭各有各的不幸。”这句话说的是幸运都是一样的，不幸的原因可以是多样的。必须承认，每个人都有自己的不同际遇，所以我们可以把“命运”理解为际遇或机遇。

机遇，指有利的时机或境遇，是客观存在的主观判断。机遇对一个人来说至关重要，它有时候可以改变一个人的命运。机遇决定你的人生走向，错过了一次机遇，也许你会后悔一辈子。俗话说："机不可失，时不再来"，就是提醒人们一定要好好把握机遇。但能认识到机遇是一回事，能否抓住机遇则是另外一回事。机遇"可遇而不可求"，机遇的来临，既会带来成功的希望，同时也会带来一路的艰辛。因此，机遇是重要的，但不奋斗不拼搏，机遇再多也没用。无论人怎样，命运之神都在那里，它一直存在。如同斯多葛派所说的：愿意的人命运领着走，不愿意的人命运拖着走。你反正得走，这是命运的死规定。

同处于一个当代社会，但每个人的具体境遇不可能完全相同。因为作为社会中的个人，都是具有个性和不同发展轨迹的现实个人。虽然当今社会为个人提供了竞争机会，以及发挥个人才能的平台和向上发展的空间，但"人的命运掌握在自己手中"，个人的实际发展，不仅会有不同的机遇，而且取决于个人自己能否抓住机遇。因为个人虽处于命运之神的掌控，但个人具有主观能动性，有自由意志，正如契诃夫所说，自己的命运应由自己创造。（《谈"命运"》）

4. 谈"谦卑"

"谦卑"是由"谦"和"卑"两个不同的字组成的。"谦"的本义：谦虚、谦逊；"卑"的本义：低、低下、轻视。谦卑是一种内在的生命，谦卑的人必定会有所作为。谦卑是一种品质，越是谦卑的人越能受到人的尊敬。谦卑也是一种智慧，只要你怀着一颗谦卑的心，处处都能学到智慧，"越饱满的谷穗，头垂得越低"，这是真正懂得了低调处世的意义后表现出来的谦卑的态度。然而，我们也要看到，谦卑又是一种经过掩饰后出现的品格，它含有讨巧的意味。在现代社会中，由于错综复杂的人际交往和形形色色的利益之争，谦卑有时是保护自己的一种有效方式；但谦卑过度就是虚伪，背离内心的初衷和真实就是伪善。谦让几分，天地开阔，但绝对则过，过度则错。过分谦卑就是表里不一，口是心非，就是违心的虚伪。所以，真正的谦卑有益于己，而伪装的谦卑则会害己。

要做到真实而出于内心的谦卑，首先是要“认识你自己”。人生是一个过程，能否正确认识自己，从某种意义上决定生活的质量和生命的价值。认识自己，认识你的性格，认识你的长处和短处，认识你的环境和适应能力；认识自己，就要正确对待自己，不以物喜，不以己悲，自尊自强，光明磊落；认识自己，就要勇于解剖自己，善于以己之长补己之短、以人之长补己之短；认识自己，要有自知之明，要用理智和坦诚审视自己；认识自己，要不断修正自己，在心境上追求平淡从容，在道德上追求修身养性，在学问上追求知识滋养，在事业上把握机遇，锐意进取。谦卑中，“虚心使人进步”，这是一种持续不断向上攀登的力量之源；而谦卑的“卑”，不是消极性的自卑，而是一种积极性的自信，是建立在对自身力量确信的基础之上。所以，可“谦”不可“卑”，就是现代意义上“谦卑”之真谛。“谨记：一个真正谦卑的人必须是‘做别人不能做的事，而不张扬；做别人能做的事，俯就卑微。’”（《可“谦”不可“卑”》）

5. 谈“老年”

老是人生发展的自然规律，“年在桑榆，自然至此”。无论是颐指气使的“万乘之主”，还是命如蝼蚁的“芸芸众生”；或富有亿万，或穷愁潦倒，都会“老将至及耄及之”。老是人生必经之途，人人都要经历。因此，老不必想，老不必叹，老不必讳。人到老年，应是人生之一乐！

老人是“宝”还是“害”？有一个佛教故事，很久以前有个“弃老国”，认为老人只会消耗粮食，对国家发展无益，下令要把老人驱离国境。有一天，敌国送来一份挑战书，使用的文字全国无人看懂。后来有位大臣的父亲能读懂挑战书的内容，并一一解答了文中的疑问，化解了国家危机。这时国王才发现“老人是宝”。所以“家有一老，如有一宝”。这里指的是“智慧老人”，是对个人甚至对社会还有些用处的老年人。反之，人到了老年，百病缠身，行动不便，甚至丧失记忆、忧郁痴呆，对别人来说，这恐怕不是什么“宝”而是“害”了！在这种情况下，老年人应敞开心胸，要看到未来，让生命充满希望；作为年轻人，对于老人，不能只是供给物质，还要丰富他的精神。（《老人是宝》）“人到老年，无论其‘剩余价值’是大是小、是有是无，都应尊之敬之”，要怀感恩、包容之心，“不仅要尊敬自己的老人，而且也要尊敬别人的老人，真正做到‘老吾老以及人之老’”。（《老年的“剩余价值”》）

人到老年，其生理、心理特征都有了新的变化。清人梁章钜在《浪迹丛谈续谈三谈》文集中，有一篇《十反》的短文，谈到人到老年后的变化：相传老年人有“十反”，“谓不记近事偏记得远事；不能近视而远视转清；哭无泪而笑反有泪，夜多不睡而日中每耽睡；不肯久坐而多好行；不爱食软而喜嚼硕；暖不出，寒即出；少饮酒，多饮茶；儿子不惜而惜孙子；大事不问而絮琐事”。梁章钜将老年人势所难免的、习以为常的这些生活现象，凑在一起，颇有意思。老年是人生从盛到衰，走下坡路的时候，必须要有一个好的心态，“不可以年老而自弃”，应像清人郑板桥所说的那样：“只令耳无俗声，眼无俗物，胸无俗事，将几枝随意新花，纵横穿插，睡得迟，起得早，一日清闲似两日，算来百岁已多。”反映了他对老年生活的追求：高洁品格、自由天性和知足常乐的生活态度。（《老年的“剩余价值”》）

作为老人，要正确对待“生”与“死”。人一到老年，特别是耄耋之年，更为关心生死问题。对生死抱什么态度，则决定着老年人之最后岁月。对死十分恐惧者，以江淹为代表，他的《恨赋》说，看到坟墓“心惊不已”，面对死亡“伏恨而死”，非常惧怕死亡。而对死看得十分豁达的可算“竹林七贤”中的刘伶，命人荷锹跟着他，“死便埋我”。对死的态度最正确的是陶渊明，他在《神释》中反对酣酒麻醉自己，也反对常想到死，而应是“纵然大化中，不喜亦不惧。应尽便须尽，无复独多虑”。最正确的态度是顺其自然，泰然处之。（《老人是“宝”》）

（七）探索史料的历史感悟

《闲情漫谈》翻检出一些古代之史料，并以这些史料为依据，在与当今现实的碰撞中感悟其历史现实性，以在跨越时空中呼唤人们心灵之良知。

1. 谁之过

先生的《谁之过》一文，首先谈到小说《封神演义》。《封神演义》中描写纣王无道，毁坏朝纲；宠信妲己，听信谗言；杀妻诛子，炮烙忠贞；鹿台聚敛，沉酗肆虐；直谏剖心，孕妇剞剔，真是罪大恶极，死有余辜。可小说在第一回中写道：纣王率百官到女娲宫降香，看到女娲之容有绝世之姿，便作诗侮之。女娲大怒，便招来“三妖”，隐其妖形，托身宫院，惑乱君心。于是：“狐狸听旨施妖术，断送成汤六百年。”可见，纣王无道，亵渎圣明，正是在这三个“女妖”的作祟之下，纣王才做出了一系列无道之事。从小说来看，纣王的种种恶行，都是因女妖“施妖术”造成的；纣王乱政，并非完全是个人罪过，而主要是“妖术”所致；殷商之灭亡，也并不完全是纣王之原因，而主要是“气数已尽”，非亡不可。“以此推之，纣王无道、纣王作恶，其根子就在女娲。女娲‘密旨’——妖怪‘施妖’——纣王作恶；反之，殷纣灭亡——因是女妖‘惑乱’——根子是女娲‘报应’。可见，纣王无道，女娲之罪。”（《谁之过》）。

另外，人们认为小说《水浒传》梁山起义，是官逼民反。但是，《水浒传》并不是这样写的。《水浒传》在第一回中，告诉人们梁山好汉乃是一群被道教教主张天师拘禁在江西龙虎山伏魔殿的天罡地煞，是被洪太尉失误而放走的一群“妖魔”。正因为洪太尉放走妖魔，才引来了“一朝皇帝，夜眠不稳，昼食忘餐”的天下大乱。这“一百单八魔君”转为梁山好汉，反贪官不反朝廷，后受招安，纷纷臣服，功德圆满，各归本位。小说最后总结说：“天罡尽已归天界，地煞还应入地中。千古为神皆庙食，万年青史播英雄。”“可见，水浒一百零八将并非是官逼民反，其逼上梁山也是‘上天显应，合当聚义’。梁山好汉所造成的天下大乱和皇帝不安，其罪过并不在他们本身，而是‘遇洪而开’的天意，是洪太尉放走妖魔所致。”

先生指出：“无论是《封神演义》的作者，还是《水浒传》的作者，小说开篇所写的这些背景，其意义何在，可另当别论。但从这两部小说第一回所描写的背景来看，殷纣王的无道，梁山好汉的作乱，其罪过不在他们本身，而造成‘无道’‘作乱’的根子却是上界。其罪过究竟是谁，仔细深究，便可了然。”（《谁之过》）。

2. 钱之论

在《“钱”论》一文中，先生较为详细地记述了“钱”的发展历史和“钱”的民俗文化。在对“钱”的研究中，莫过于钱的哲学。在古代，唐朝名臣张说曾写过一篇奇文，名《钱本草》，以钱喻药，内容新奇。全文褒贬兼具，把钱的性质、利弊、积散之道描写得淋漓尽致，令人深思。文中告诉人们：钱是一副奇药，能给人“善疗饥”“解困厄”

"利邦国"，但也能让人"伤神""灾生""患至"。钱，似乎可以使卑贱的变成高贵的，也可以使尊贵的变成卑贱的。关键在于如何看待金钱，如何获取金钱，如何使用金钱。只有树立正确的金钱观，取之有道、用之合宜、无求非分、博施济公、利人利己，把钱用到实现人生价值的地方，这样才算是真正发挥了钱的作用。

先生指出，在现实生活中，人离不开钱，须以钱为生。但对于钱，我们应保持一颗平常之心，既不能把钱视为恶魔，又不能把它敬为神灵，更不能有既想要钱又羞于碰钱的尴尬心理。追逐金钱是众多人的梦想。追逐金钱的游戏既公平，又不公平。说它公平，是它要求参与者共同参加；说它不公平，是因为有些人生来就拥有较多的财富。但是，百分之八十的富豪都是由穷人变成的，而勤奋经营却是这些穷人变成富豪的共同特点。为此，"如果一个人想要致富的话，就应该将金钱播种，用勤俭来浇灌，必将收获累累的财富；钱又容易发生意外，任何人对金钱都要谨慎，不能把钱用错了地方，如所罗门王所说，有钱就'去买真理，买了以后就不能卖掉。你还要去买智慧、教导和领悟'。而现代社会中的一个病态是，人们在追求财富的过程中，忘却了人的生命意义"。（《"钱"论》）

3. 吃喝风

先生在《明清官场的吃喝之风》一文中，首先记述了晚明时代，自上而下，形成了一股吃喝应酬的风气。利玛窦在其《利玛窦中国札记》（卷一）中的许多处记述了明朝士大夫的吃喝宴请："事实上有些人几乎每天都有宴会，因为中国人在每次社交或宗教活动之后都伴有筵席。并且认为宴会是表示友谊的最高形式。"到万历年间，此风愈甚，"郡邑上位，或遇令节，红帖积受，多至百千"；宴会本身也奢而至极，"碟子堆得很高，简直会使人觉得是在修建一个小型的城堡。……正式宴会常常要举行一个通宵，直到破晓”。在清代官场中，吃吃喝喝乃是官员们的一项重要活动，而且蔚然成风。区区七品县令举行宴请，动辄“罗列丰腆，穷极水陆”，菜品也“必取盈百簋（容器）”，更高级的官员其奢靡程度可想而知了。不仅吃喝之风普遍，而且也非常频繁，有的官员“甚至一日几家征召者”，往往还来不及赶场。为了刹住官场的吃喝之风，清政府多次下令，严禁群臣铺张浪费。于是官员们便想出一个新花招儿，在吃喝方式上实行“一品会”，即宴席从始到终只有一道菜，以显示吃喝之节俭，但实际上“穷极奢巧”。所谓“一品会”，实际是官僚们为应付清廷禁令，在吃喝上互相炫耀而又掩人耳目的吃喝方式，表面看似俭约，实则靡费惊人。

文中指出，吃喝成为明清官场上不可缺少的内容，人们所得到的不仅是吃什么喝什么，而且更在于这种形式和排场。吃喝成了身份和经济地位的象征。这些宴请的支出，有些出于私人，也有些出于公款。西方传教士利玛窦曾经与一官员同行，亲眼看到了他们的生活情况，并一针见血地指出其要害在于“开支全部由公家支付”。倘若没有官职权力，也就不可能由公家支付，或由那些有钱的豪商大贾来代付。“官场的吃吃喝喝，从表面上看是为了满足口腹之欲，但实际上是官员们之间加强联系、维系感情的一种纽带，而且是在正式场合不便解决，却在饭桌上进行交易，是在觥筹交错中迎刃而解的‘美好’平台。”（《明清官场的吃喝之风》）

4. 论腐败

先生在《“污吏”乃国之一蠹》一文指出，人们常痛斥“贪官污吏”，有贪官必有污吏，贪官需要有污吏做爪牙，污吏则靠贪官的庇护狐假虎威，贪官与污吏狼狈为奸。一般来说，官清就会吏正，官贪必有吏污，但也有官清吏污之现象。官是吏的领导者、监督者，吏要想要滑弄奸，就会千方百计地“摆平”官，就像《红楼梦》所写的那样，贾雨村新官上任，本来是有正义感的，但在门子的教唆下，迅速堕落了下去。可谓“官清如水，难敌吏滑如油”。清代诗人张维屏在《衙虎谣》里，直言“苛吏猛于虎”“官虽廉，虎饱食；官而贪，虎生翼!”可见，消除不了污吏之害，自然也就治理不了吏治的腐败。在国家权力具体行使的过程中，由于国家不得不借助于公职人员这一中介来行使权力，而公职人员的人性之私、国家公权力资源的稀缺以及行使权力中的异化可能性，就很容易出现吏治的腐败。因此，“国家在惩治吏治腐败中，除了加强法制、监督、管理、约束等制度以外，更为重要的是加强对公职人员的‘良心’‘公心’教育，堵住他们以权谋私的门径和捷径、破除他们以权谋私的思想和念头，真正在政坛形成不想腐、不敢腐、不愿腐、不能腐的价值观念和吏治之风”。（《“污吏”乃国之一蠹》）

先生在《终止“合法化贿赂”》文中指出，随着我国市场经济的深入发展，贿赂的行为方式也在不断衍变，并常常以表面上的合法性做掩护，这就使贿赂合法化以不啻燎原之势，在各行各业飞速蔓延。在“人情世故”的社会习俗中，充分体现着法律与人情的一体双面关系。所谓人情，是一个应用广泛且含义十分复杂的概念，它既可以指人的感情，又可以指人们之间的情谊。一般来说，法律的产生本应以人情为基础和底线，具有相对的独立性与客观性；而人情的形成或产生方式，作为一种观念或习惯，具有相对的弹性和灵活性。法律和人情仿佛是一对纠缠不清的怨偶，时而会说“法不容情”，时而会说“法律不外乎人情”。实际上，法律不为人情所伤，人情不因法律而泯灭。划清法律和人情的界限，让二者并行不悖，互不纠缠，这就是处理法律与人情的最好方式。因此，“我们既要增强法制观念，自觉地守法、护法，又要提高自身的道德水平。以此来终止合法化贿赂，营造风清气正的社会风气”。（《终止“合法化贿赂”》）

古之官场，行贿之风盛行，行贿之法不断翻新。以资以物行贿，乃为言之可羞，行之可耻之事，而且易于败露。于是有人便变换花样，以名人书画作为行贿之利器，这就是所谓的“雅贿”。先生的《雅贿之风》指出，以书画作为雅贿，早在唐代就已出现。据张彦远《历代名画记》记载：“贞观、开元之代，自古盛时，天子神圣而多才，士人精博而好艺，购求至宝，归之如云。……或有进献，以获官爵；或有搜寻，以获锡赉。……时有潘淑善，以献书画，拜官。”南宋度宗时为太师的贾似道，酷爱名画法帖，喜欢珍奇宝玩，官吏们看准了这一捷径，大肆搜求书画名迹，以“争纳赂求美职”。名家书画，是中华民族无比璀璨的艺术瑰宝。收藏书画，本是为了品味把玩，欣赏其艺术，陶冶其性情。而这些贪腐之权臣，不仅把书画作为其附庸风雅的门面，而且把书画作为其敛财的礼品。因为名家书画的稀缺性使它们具有很强的炫耀性，使它们的价值也只有不确定性，所以购买的人可以用之于实际价值数倍、数十倍，甚至数千倍的价值也在所不惜。因此，在古代，名家书画可以当俸银、当礼金，自然也可以当金钱一样作为行贿之利器，正如沈德符所说，这是“贪残中又带雅趣”，以雅掩盖贪，以趣掩盖残，这就成为雅贿。总之，以书画做礼品，为馈送行为涂上了文雅的保护色，送者安心，受者坦然。雅贿也是一种交易，来而不往非礼也，回报的形式和内容因人而异，但求其回报是雅贿的出发点，更是雅贿的实质。“观古以

察今，交结官员、谋取私利的这种雅贿，在今日之社会，此风不可长也！”（《雅贿之风》）

（八）获取深层的文化自觉

《闲情漫谈》中还有几篇任性适情的短文，托于即兴之笔，抒发个人之情，使人从中以获取文化的自觉。

1. “牺牲”词中的人权进步

“牺牲”一词，指祭神用的牲畜，色纯为“牺”，体用为“牲”。“牺牲”一词最早见于春秋末期，“凡祭祀，共其牺牲”。“牺牲”在历代的各类文献典籍中都有所使用，其意也在发生变化，从专指牛、羊、豕一类的牲畜，转化为“泛指用其他物品所做的祭品”，进而变为献身之精神。

在原始社会末期，由于用于祭祀的牲畜主要是“牛”，所以“牺牲”二字均为“牛”旁。但“牺牲”二字也与“人”有关，古有“牺人”，是古代祭祀时掌供酒醴的官。后来，牺人的权力有了扩大，成为古代祭祀时掌管牺牲的官吏，称为“牺宰”。此外，也有“牲人”，即作为祭品的人，也称为“人牲”。“卜辞中常常用人为祭牲，与牛犬豕同用。”把人作为“牺牲”的具体表现有两个：一个是活人殉葬，一是活人献祭。活人殉葬在殷商时代非常盛行，并且形成了一种“人殉”制度；“天子杀殉，众者数百，寡者数十；将军大夫杀殉，众者数十，寡者数人”。尽管殷商政权杀了那么多人来作为祭祀牺牲品，但还是得不到保佑。周人为了保住自己的胜利成果，反其道而行之。周人立国后，废除了“人牲制度”和“人殉制度”，把“人牲”从“牺牲”中解放了出来，这是人权进步的重大标志。当然，一种延续了数百年之久的制度，说废就废了，并不可能，事实上此后的人牲和人殉，仍史不绝书。不同的是，在祭祀中，“牺牲”中主要是牲畜，很少有“人牲”了，而且这种行为还会遭到抵制和反对。

与此同时，也出现了以“身”为“牺牲”的事情。如商汤“剪其发，磨其手，以身为牺牲”，作为祭品“牺牲”的意义发生了变化，衍生出用身心代祭而行，把自己作为“牺牲”来“答谢天谴”，其“牺牲”的意义更深一层，衍生出奉献之深意。发展到清代，在“身为牺牲”的意义上，开始产生了“舍弃”之意的同义语。如清末的烈士林觉民《与妻书》曰：“亦以天下人为念，当亦乐牺牲吾身与汝身之福利，为天下人谋永福也。”毛主席的“为有牺牲多壮志，敢教日月换新天”，其理想也是“牺牲”。在这里“牺牲”由名词转变为动词，意义也由原来的祭祀祭品变为坚持信仰并为正义的目标而舍去自己的生命或利益。现今，“牺牲”一词体现在人的身上，是对人的认识的一大升华。为他人利益牺牲个人利益，是觉醒的人，是佛说的菩萨！（《从“牺牲”词义演变看古代人权进步》）

2. 名节与气节的传统美德

名节，顾名思义，指的是个人的名誉与节操。古往今来，士大夫们往往重名节，讲自律。明人于谦说：“名节重泰山，利欲轻鸿毛。”注重名节，历来是中华民族的传统美德。气节，顾名思义，指人的志气和节操。志气是人的理想信念，节操为人的操守。中华民族历来就非常注重气节，认为人的气节比人的生命还重要。西汉出使匈奴的苏武、抗元被俘的文天祥等，有气节的历史人物不可胜数。

气节与名节相同的地方都是重“节”，节者，节操也。但二者也有不同之处：气节重“气”，即志气，是中华民族生生不息的灵魂；名节重“名”，即名誉，重名节就是珍惜自己的名誉。气节重信仰，信仰出精神；名节重风骨，有了朗朗风骨，就会一身正气；气节重精神，民族精神是民族的灵魂，精神不死，气节千秋；名节重正气，是人的精神支柱，是从人民的利益出发，还是从个人的名利出发，这是一道分水岭。气节与名节实质是一个统一体，无名节就无气节，无气节更无名节。然而，有时二者并不是那么协调的。汉初的布衣名士朱建非常重视气节，曾力阻黥布叛乱，但因为“名节”（孝道）而放弃了气节。为了母亲的丧事无钱操办而接受自己平日鄙视的审食其的馈赠，并与其相交，为其设谋。古人常说“时穷节乃见”，朱建在“时穷”之时放弃了气节。一般而言，气节是民族的脊梁，个人的魂魄；名节是社会的公德，个人的立身。“在当今社会，不论你是为官、为民，不论你是名人、俗子，都应坚守情操，修身如玉。《舌华录》十五记，明代官员左英纶在《示儿》一文中叮嘱子女说：‘丈夫遇权门须脚硬，在谏垣须口硬，入史局须手硬，拒贿赂赃钱须心硬，浸润之谮须耳硬。’”其意为：大丈夫在权贵面前不腿软，任谏官要敢于直言，做史官要秉笔直书，拒受贿赂要坚决，当别人向自己进谗言时不要轻信。节操重泰山，利欲轻鸿毛。自古以来，这种坚守气节、重视名节的品格，已成为中华文化的清流，即便处于世俗的烟尘中，依然如沁人心脾之暗香，令人振奋。（《名节与气节》）

3. “读书无用论”之新论

在《“读书无用论”的前世今生》一文中，先生指出“读书无用论”，其名较晚，而其“论”已久。从古以来，人们对“读书无用论”有着诸多理解。“读书无用论”，最古是“书无用”。孔子的得意门生子路曾对老师说，有老百姓，有土地、粮食，“何必读书”，有饭吃就是“学”了，书能当饭吃吗？书无用，当然读书也就无用，孟子也说过“尽信书，则不如无书”，说无书胜有书。其次，“读书无用论”，是“读书无用”，秦末造反的项羽，不读书是出了名的，说什么“书是以记名姓而已”。书，既不能当吃，又不能当穿，也不能“敌万人”，读书无用，项羽也就不读书了。“性好书”的梁元帝在个人陷入绝望时，认为读书不仅无用，而且有害，把自己的治国无能归咎于读书害之。而“读书无用论”，多谓“读书人无用”。这有两种现象：一种是不读书人说读书人无用；一种是读书人说读书人无用。不读书的刘邦认为文人“何益于用?”黄巢建立齐朝后，“大堂城中能为诗者，尽杀之。识字者执贱役”。可见读书人不但无用，而且有害了。此外，读书人说读书人无用，唐代文学家杨炯说：“宁为百夫长，胜作一书生”；杜甫说：“儒冠多误身”；陆游回顾自身道：“笑儒冠自来多误”；元好问也说：“一钱不值是儒冠。”读书人说读书人无用，实际上是一种抱怨，是满腹牢骚的发泄。在古代，与“读书无用论”相反的也有“读书有用论”。宋代皇帝赵恒曾说：“富家不用买良田，书中自有千钟粟；安居不用架高堂，书中自有黄金屋；出门莫恨无人随，书中车马多如簇；娶妻莫恨无良媒，书中自有颜如玉；男儿欲遂平生志，五经勤向窗前读。”大力宣扬“读书有用论”。

在当今，出现了“新读书无用论”。最有代表性的是南怀瑾先生，他说：“为什么我提倡读书无用论?（书）读完了以后，说名满天下，骗人的，对地方上、家乡一点贡献都没有。”“书读多的人，什么都不肯做。然后游手好闲，专门吹牛，实际上一点事都做不好。”南怀瑾先生认为“读书无用”，是在痛斥台湾的教育体制，“把读书人、知识分子的人格都磨光了”。在现今生活中，发出“读书无用”哀叹的，大多是那些读了书却没有得到自己想要的生活的人。“实际上，‘读书无用’并无此‘论’，也没有‘书无用论’或则‘读书人无用论’。因为所讲这些

‘论’的人，都是读书人。讲实用者，读书要读能为我有‘用’的书，读书人要成为对社会有‘用’的人，这样的读书才有‘用’，这样的读书人也才有‘用’。人靠读书来完善自我，人靠读书来攀登‘阶梯’，人靠读书也才能成为一个有益于社会的人。”（《“读书无用论”的前世今生》）

4. 人机共生的文明化境

人工智能是研究、开发用于模拟、延伸和扩展人的理论、方法、技术及应用系统的一门新的科学技术。“阿尔法狗”战胜人类顶尖棋手，“微软小冰”创作诗歌，或是IBM公司的超级机器人“沃森”跻身杏林、悬壶治病，使人们看到了人工智能不是人的智能，但能像人那样思考，也可能超过人的智能。因此，有人发出警示说：“人工智能可能是人类存在的最大威胁。”对于人工智能时代来临所出现的各种各样的“悲观主义”，先生却持乐观态度，认为：“在我们中国的哲学中，有一种‘一物降一物’的观点，认为宇宙万物相生相克，生生不息，有一种事物，就会有另一种事物来制服它。比如有了人造卫星，不久就出现了破坏它的轨道武器；有了一种毒药，就会有克制它的解药。人们常玩的‘石头剪刀布’，布包石头，石头砸剪刀，剪刀又能剪破布，一物降一物；老虎吃鸡，鸡吃虫，虫蛀棒子，棒打老虎，一物降一物。”（《人工智能的挑战》）

人工智能中的以机胜人，说明人类给机器人这些“人类孩子”不断地灌输着高阶智能。马克思曾指出，机器体系不同于一般工具，是“人手创造出来的人脑器官”，既是一种异己的强大机体，又受控于全社会所共同积累和分享的“普遍智能”。因此，人工智能可以说是人类智慧的“容器”，是研究如何使计算机等机器能够做出表现人的智能的事情，其目标是使智能行为自动化。霍金曾说，人工智能的短期影响由控制它的人来定，而长期影响取决于人工智能是否完全为人所控制。能否避免人工智能在成为万物的同时成为人类无法控制甚至取代人类的“恶魔”，这在很大程度上取决于人类能否主导人工智能技术。

“在人工智能时代来临之际，我们应当审慎省察人工智能的伦理尺度，使人工智能不仅免于扮演人类宰割者乃至文明终结的魔咒，而且能以超卓而与人性合一的普遍智能推进人的自由与全面发展，开出人机共生而与天地参的文明化境。”（《人工智能的挑战》）

余　论

《闲情漫谈》是一部随笔体散文，其基本特点就是一个“随”字，随意而为，随笔而记，想到就写，意尽就收；在选材上有事就用，在表现上有感而发，在内容上托物言志，在表达上不拘一格，是在自由与随意中俯仰人生。

《闲情漫谈》突出了一个“闲”字，“静时岁月好，闲中滋味长”。闲适中，有静观万物的自得，有淡泊自然的心境，更有随心而抒的见识；还突出了一个“漫”字，有漫无边际的想象，有率性而为的透露，更有随感而发的文字。此书的记叙性随笔，大多取材于零碎史料、文化知识、生活片断等；此书的议论性随笔，大多为社会问题、人生哲理、史物品评等。此书的重点是“感”，随感而发；此书的写法是“谈”，是和具体的活生生的心灵对话。

《闲情漫谈》或讲述文化知识，或发表学术观点，或评析世态人情，或记述生活琐事，都能启人心智，引人深思。此书在讲述历史文化时，并没有在“古代”与“现代”处停下脚步，而是在具体问题的记述上，结合现实问题予以思考，并赋予人文研究强烈的现实关怀。此书在引经据典中收藏了许多感性资源，其中蕴含着中华民族鲜明的文化基因，在对这些感性资源进行开发、挖掘时，赋予感性资源绵密的理性分析，提炼出了可供现代社会转化利用的精神资源，并把自己的思想性寓于文学性之中。此书充满了优秀的文化知识，包括历史文化、社会文化、思想文化、生活文化以及花木文化等，在具体梳理这些文化知识从古到今的认识发展时，还探讨了古代文化的现代性问题。在当今社会，不同文明和文化之间多元并存，既有冲突与对抗，又有对话与融合。正是通过这种沟通，此书不仅找到了传统与现代结合的方式，而且使我们的“文化自信”变得更加深沉，并化为文化自觉。

散文，要有情趣，以情纬文，是一种包含情感的有审美价值的艺术境界；要有理趣，以理服人，应蕴含一种能给人以某种启迪的哲理。而《闲情漫谈》中的情趣与理趣常常是交融在一起，它所抒发的感情是经过升华和折射的，它所蕴含的哲理是寓于知识与情感之中的。总体来看，《闲情漫谈》是以思想见胜，说理而不枯燥，议论而不质直，集哲理、情感、议论于一体，在使读者思想受到启迪的同时，仍能感到它那丰饶的文学韵味！

附　录

一

大时代的“微观史”

——读《一个小人物的自述》

读杨生枝先生的《一个小人物的自述》时，仿佛这位年长我二十岁的老先生就坐在我的对面，操着一口地道的秦腔，不紧不慢地叙说他那过往的人生岁月。因为工作原因，我认识先生，屈指算来我们之间的交往已快二十年了。在我的印象里，先生真诚质朴，勤奋敬业，颇有几分谦谦君子的儒雅气质。据我所知，先生一生从事教育事业，又走上领导岗位做教育行政管理工作，日常应酬之余，醉心于学术研究，在教育、历史、文学和哲学等方面多有建树。即使年过古稀，他依然不愿虚掷光阴，伏案耕耘，埋头苦干，把与祖国同行的个人成长轨迹、那些难以忘却的人和事记录下来，这便是先生出版的一部大作——《一个小人物的自述》。用先生自己的话来讲，“这是对已逝岁月的一个记录，也是对祖国情感的一个寄托”。

（一）

要说《一个小人物的自述》（以下简称《自述》）是杨先生的自传，好像一点都不过分。这部自传洋洋数十万言，并没有拘泥于对个人生平做平铺直叙的琐屑记述，也没有一般地追溯自己的人生历程，而是一面紧紧把握“独一无二的我”这样的人生特点，一面渲染“与祖国同行”这样的深厚情感。于是在这部自传里面，我们读到的，不仅是那个人世间唯一的“我”，而且能够感受到那个在起伏跌宕中前进的时代。

小人物的独特角色 古往今来，流传于世的多是名人传记，而一般人经历的人生风雨因为无关大雅，也就往往烟消云散了。先生声称自己是个小人物，“是一个小得不能再渺小的存在，如同草原上的一棵小草、大海里的一小滴水、空气中的一粒灰尘般渺小地存在着”。然而他却认为“人生的经历都是独一无二的，正是这些独一无二的经历才塑造了这个独一无二的我。我虽属草根庶民，不是也有自己的一生一世吗？我这个不起眼的人，不也在这个社会上留下了自己的痕迹吗?”虽说一花一世界，小人物的经历虽然不能揭示什么重大事件的内幕或真相，也不会提供什么珍贵的历史资料和鲜为人知的故事，但是小人物自有他的一片天地——与众不同的记忆、遭遇、思想和情感。因此，小人物的个人史有着独立的生存空间，就仿佛人的躯体里面的某个细胞，正如先生所说，“虽然是个人叙述，但这毕竟是‘人类生命的载体’，是可以和其他历史资料相互印证的”。正是从这个意义出发，先生不但以小人物自居，而且以小人物的视角和情感写作了这本《自述》，他说这也“算是对自己人生存在的论证”。

真实生动的人生记录 对于《自述》，先生首先而且格外强调的是它的真实性。大凡自传文章，恐怕是越真实越好，越忠实越好，虽然做起来不那么容易，难免受到这样或那样主客观因素的制约。从这一点来讲，先生的出发点无疑是值得称道的，他要写出一个真实的、活生生的“我”来。因此，先生明确说道：“我的《自述》，是事事亲历件件真实的‘写真’，可以说是一部‘写真笔记’。”先生为了真实地记录个人生活的时代背景和客观环境，总是尽可能多地搜集和占有历史资料，力求使相关的叙述、思想与思考，都能从翔实的史料中生长出来。总之，反映真实的社会生活、真实的历史事件、真实的人生经历和真实的思想情感，是先生写作这本自传的指导思想。

独特的表达手法 在《自述》里面，先生并非只顾探究个人走过的人生道路，而是在更为广阔的社会发展变迁中展示自己的人生历程。这主要表现在两个方面：一是寓褒贬评论于叙事当中。如在“人生盛夏”中，先生几乎没有述及自己在大学生活中的学业情况，而是写道：“在大学里，我们没有浪漫，每天的生活多是四点一线，宿舍——食堂——教室——图书馆。住进学生宿舍，沿着食堂、教室、图书馆一路走来，别有一番韵味。”继而是“宿舍是我家”“大学的食堂”“教室的力量”“典雅的图书馆”“‘批孔’是我的学术起点”等方面的生动描述，这时候，一个 20 世纪六七十年代博学善思的大学生形象跃然纸上。二是在叙事中展现个人的成长经历。比如“砥砺奋进”一章，先生讲述自己在省教育厅工作的那段时光，他通过“编辑部的那段岁月”，“从学校‘一无两有’到学校现代化”到“推进‘两基’实施”；从农民教育、职工教育到“教育综合改革”，直到农村教师队伍建设等数篇重要工作纪实，一方面反映了那段教育改革与发展的鲜活历史，另一方面也展示了自己的工作变迁和工作业绩。在具体叙事中，既没有过分突出个人，也没有“过于群体”而抹杀个人的作用。

（二）

写作个人自述或者自传，首先有一个无法回避的问题，就是如何确立它的体例和框架结构。

就《自述》而言，其总体框架采取的是“纪年法”，即以个人的成长历程为主线，先后划分为“少年时代”“中学往事”“风雨岁月”“下乡插队”“人生盛夏”“砥砺奋进”“新的角色”等篇章，反映了作者在大半个世纪里的人生经历。在“以时间为经”的同时，《自述》开篇的“故乡亲情”，则借鉴“纪传法”，安排了一系列人物小传；在《自述》的收尾部分，则是“闲情杂记”，包括后面的“附录”，都可视为“杂录体”，是处在从属地位的补充内容。

《自述》开篇的“故乡亲情”，是从“故乡的前世今生”入手，进而至于家乡的“旧居”和“新居”，然后水到渠成，自然地过渡到父亲、老娘、兄长、妻儿等人物，这样，“我从哪里来”这个问题基本上就解决了，同时也就为自己的出生和成长找到了土壤和靠山。《自述》的主题当然是写个人的生活经历，然其开端却并非写自己的出生，而是不惜花大量篇幅叙写故乡和亲人。这是为什么呢？大约在先生看来，家乡是“生我养我”的一方水土，父母就是这方水土养育着的树木，自己则是这树木孕育出的果实；当果实绽开笑脸时，怎能忘记春风的吹拂！而妻儿亲人们正如那浩荡的春风啊！

从“少年时代”开始直到“新的角色”，这在《自述》中占了七章内容，从自己的“出生”一直写到“退休”以后，时间跨度为七十多个春秋。这几章的写法有别于前，采取的是“以时为序，以类相从”，即按照“少年”“中学”“文革”“下乡”“大学”“省厅工作”“民办高校”，直至退休这样的个人生活经历的先后顺序，来组织与每一人生阶段相关的人物、事件、个人思想等内容。在每一人生阶段的大题目之下，是一系列独立成章的小题目小文章，看似相互独立，实则紧密联系，也可谓形散而神不散。

《自述》最后的《闲情杂记》与“附录”，可列为杂录一体。先生在文中说道：“‘自述’完了，又加‘附录’，似乎多此一举，然而，这只是为了拉近你我之间的距离，期待有你的鼓励而已！望大家勿嫌赘述……”实际上，自述的正文与杂录，表示自述的内容不同，并非杂录之文为可有可无的附属物；杂录虽不能列入自述的正文，却可以给自述画上一个圆满的句号。正如章学诚先生在《文史通义·方志立三书议》中所称：“阑入则不伦，弃之则可惜”，属正文之从属和补充，所以划为书后之杂录。

（三）

杨生枝先生一生与新中国同行，是随着时代的变迁一路走来的。他的《自述》并非单纯就个人经历写个人历史，而是想让读者在读完之后有一个咀嚼的空间，而这个空间就是如何让自己这个小人物反映这个大时代。《自述》在讲述自己的个人经历时，既不是让小人物简单地走进大时代，一味寻找自己在时代中的定位，也没有让大时代来造就小人物，而是通过自己个人成长的经历来展现时代的变迁。譬如，由于先生一生从事教育工作，《自述》在记录个人追逐事业与梦想的人生经历时，自然也不同程度地反映了时代背景下的教育改革与发展。因此，《自述》不仅记述了个人的成长史，也佐证了教育的发展史和时代的变迁史。

《自述》中的个人成长史　先生在他的一篇“小传”中写道：“我生在旧社会，长在新社会，往往成了‘新时代’的弄潮儿。从小在家乡上学，是个穷人的孩子不当家；中学时代，成了高中时期的老三届；‘文革’时期，是冲锋在前的红卫兵；上山下乡，是缺少知识的知识青年；

有幸上大学，是没有学位的工农兵大学生；毕业后进入省政府机关，成了抱着铁饭碗的公务员。在机关，我从一个刀笔小吏的干事，当上了舞文弄墨的处长，混上了有官无权的副厅。”后来，“才‘捞’上了个‘一把手’的头衔：西安欧亚学院党委书记、陕西省教育学会会长”。《自述》就是按着这一线索，记述了个人七十余年的人生经历。

《自述》中的教育发展史 先生说自己一生从事教育，学生时代受教育，省厅工作管教育，民办高校办教育，直至离开工作岗位。在《自述》中，他首先记述了自己中小学时期受教育的情形。在《纯真情结》一文中，在记述自己小学阶段生活时，说：“从我上学的那天起，在我幼小的心灵里，就已培养出那种纯真的信仰、崇拜和理想。这种纯真情结，一直会持续到我生命的终结。”当回忆自己的中学往事时，他感到“中学时代快乐的时光虽是短暂的，但留下的美好记忆却是长远的”。在《难忘的深情回味》一文中，说自己的“中学时代的学习是多姿多彩的，是充实丰盈的”。三年困难时期，说同学们的生活亦苦亦乐，“在生活清苦的环境中，仍能吃苦耐劳，自觉磨炼……仍能勤奋学习，刻苦钻研……仍能乐观自信，昂然向上”。究其原因，是“我们这群学生大多生在旧社会、长在红旗下，是在党的教育下成长起来的”。更为重要的是，大家都在忍受饥饿，却“看不到任何特殊化现象。这种风清气正的社会氛围，净化了我们的心灵，增强了我们战胜困难的意志和勇气”！

在“砥砺奋进”一章中，先生详细记述了陕西普教事业的发展历程。其中《从学校“一无两有”到学校现代化》一文，记述了陕西在全省范围推进学校“一无两有”、推进普及初等教育和六年义务教育，到推进教育技术现代化，再到推进“两基”实施的普通教育发展历程。《在调查研究中不断行进》一文，记述了全省农民教育从“扫盲”教育到文化技术教育，再到农民中等专业学校教育的发展历程；记述了全省职工教育从“双补”教育到文化教育，再到中等技术教育、中等专业学校教育和职工大学教育的成人教育发展历程。《九十年代末的乡村教师》一文，则记述了20世纪八九十年代解决农村教师工资拖欠和农村教师队伍建设的整个过程。当然，《自述》毕竟不是教育发展史，先生亦并非专门来写教育的改革与发展，只是作为当年教育改革的亲历者、教育管理的参与者，在娓娓讲述自己的所见所闻、自己付出的心血和汗水而已。比如先生记述了1992年9月下旬，国家教委、农业部等国务院有关部委在商洛地区召开“全国贫困地区农村教育综合改革现场会”，会议规格之高、规模之大、范围之广都是前所少有的，而先生作为当时的综改办主任，其工作之艰辛、成效之显著是不言而喻的。

《自述》中的时代变迁史　先生在记述自己一生成长的过程中，不仅从侧面折射出新中国七十多年的社会变迁，而且通过一些小事平静似水的叙谈有意无意间带出了一个时代的影子。如记述自己出生，正值长武解放前夕，他“虽生不逢时，生于旧社会，但来到这个世上之后，却非常幸运”。因为他一来到这个世上，“大人们除了给我们以新生活，同时还给我们以新风气”，“新中国清除了旧中国留下的污泥浊水，挖掉了社会长期存在的影响人们身体健康的‘毒瘤’，净化了社会风气”，进入了一个没有“污染”的“免疫社会”，“那时的我们，呼吸的是被净化了的新鲜空气，生长在清新、干净的社会环境中，受到的是积极、向上的爱的教育，在我们的小脑瓜里，已经孕育出了自己稚嫩的品质、爱憎和理想”。

在记述自己上山下乡时，他写道：“知识青年的上山下乡，并不是在‘文革’中发明的，而是在20世纪50年代就已出现”，“党和政府文件中，第一次提出的知识青年上山下乡的概念”是在“老三届”上山下乡时；“‘文革’前就有过知识青年上山下乡，只要提起邢燕子、侯隽等，我们马上会点头说，知道知道。”“‘文革’中，知识青年的上山下乡，也不是毛主席发表这一指示后才开始的，实际上早在这一最新指示发表的前一年，就已出现了老三届知青上山下乡运动的开路先锋。”而自己的上山下乡则是在毛主席的“知识青年到农村去”这一最新指示发布之后。

在记述自己上大学时，他说“‘文革’开始后学生停课、高校停止招生数年”，1968 年 7 月 21 日，毛主席指示，大学还是要办的……要从有实践经验的工农兵中选拔学生。根据这一指示，1970 年 6 月 27 日，中共中央批转了北大、清华关于招生（试点）的《请求报告》，开始了高等学校的招生工作，“1970 年，全国部分高等学校试点招收工农兵学员 41870 人”。在《难以忘却的那两年》一文中，又指出：“1977 年那年的冬天，关闭长达 10 年之久的高考大门终于重新打开了”，“成为中国历史上当时规模最大的一次考试”。这就清楚地告诉我们，高校招生在“文革”中的 1970 年就开始了，其招生采取的是推荐考试；而 1977 年的高校招生，采取的则是全国统一考试。它们的区别是取消了推荐，实行了统考。也就是说，高校招生在“文革”中就已开始，“文革”后的高校招生只不过是“文革”中高校招生的延续，其重大变化则是招生对象和办法的改变。

在谈到政府机构改革时，先生说从 1975 年“我被分配到省级教育行政部门”以来，伴随着国家历次的机构改革，在 1978 年、1983 年、1990 年、1991 年、2000 年、2013 年到 2018 年这几年期间，省级教育行政部门“经历了多次管理体制的变化、内设机构的调整和人员的组合与重组”，“历经这么多次的政府机构改革，才深感到了机构改革的复杂和艰难……政府进行了多次机构改革，但机构越来越臃肿、人浮于事越来越严重，进入了‘精减——臃肿——再精减——再臃肿’循环往复的‘怪圈’，并没有达到预期目的和理想效果”。“在长期的教育工作中，我深切体会到，省级教育行政部门在机构改革中，一定要从转变职能入手，切实简政放权”。在新的历史时期，政府机构改革要从转变职能入手，“将管制型政府转变为服务型政府，通过深入改革，‘建设人民满意的服务型政府’。”

在记述民办高校的党建工作时，先生说：“2006 年江西民办高校发生了打砸事件，引起了陕西省委、省政府的高度重视，打破了省上领导对民办高校关注度不高的常规性管理”。“当时，围绕江西民办高校出现的打砸事件，在我省也引起了强烈反应，有些人主张给民办高校亮红灯，有些人提议要对民办高校加强整顿，甚至有人以此否定民办高等教育所取得的成绩”。而大家分析认为，造成江西打砸事件的原因是多方面的，但直接原因是“出事学校内部管理不善、规范意识不强、诚信意识不强”。为此，省委、省政府“出台了一系列加强民办高校建设的政府措施；特别是为了加强对民办高校的领导和管理，省委做出决定：给民办高校派驻党委书记。”正是在如此背景下，自己于 2007 年 10 月初担任了西安欧亚学院党委书记。

（四）

《自述》以叙事为主，但这并不妨碍作者对所叙之事发表自己的看法和评论。这样一来，既体现了作者叙事的本意，又起到了画龙点睛的作用。这里列举《自述》中有关教育问题的几个议论，以见先生独到的见解与眼光。

关于“十七年”教育 改革开放之初，人们对新中国成立到“文革”前夕这十七年的教育事业，既有肯定，也有否定。先生在如实记叙自己从小学到高中这十七年所受教育之后，在《心路历程》一文中讲了对“十七年”教育的看法：“‘老三届’是新中国的同龄人，是由新中国培养出的一代人，也是从新中国成立到‘文革’这十七年的教育成败得失的具体经历者。无论对十七年教育持肯定的还是否定的态度，有一点是为世人大致公认的，那就是它比较成功地达到了自己培养‘革命接班人’的目标，即忠诚于党，忠诚于领袖，甘愿为理想而奋斗，而献身。”在这种教育下，“依靠和服从集体，唯恐为集体所抛弃，就成为这代人至今仍具有的鲜明特征”；“我们受的教育让我们视怕苦、怠惰、娇气、软弱、享受、浪费为可耻，自觉磨炼自己吃苦耐劳、公而忘私、助人为乐的品质”；“我们这些正值青春年华的少男少女有着很强的自律意识，相当大的一部分青少年能够自觉地约束自己的道德行为，这应该归功于当时的传统教育”。

关于那个时期的中小学教师 先生生动地记叙了自己上小学、中学时候的教师教书育人的鲜活故事之后，深有感触地发了一通议论。他在《难忘的深情回味》一文中说：“当时的老师为人谦恭谨慎，非常敬业，教学上诲人不倦，一丝不苟；待学生和蔼可亲，为人师表，赢得了同学们的尊敬，受到了同学们的爱戴。可在那时，我对老师的情况却一无所知，多年后才慢慢知道，有的老师远离家乡，远离父母，孤身一人在此任教；有的教师两地分居，无法照顾妻子儿女，仍坚守岗位；有的教师上有老下有小，家境贫寒，生活艰难，从不向学校诉苦；有的老师历经磨难，遭受到政治风浪的打击……发落到长武，落脚到长中，可他们却无怨无悔，在学校奉献着自己的赤子之心。知道这些情况后，我不知该说什么。当知道他们在那样沉重的负担下承载着多少压力、多少苦楚，却仍诲人不倦，不由想起了颜渊说孔子的一句话：'仰之弥高，钻之弥坚'。我对这些老师充满了仰慕之情！"

关于企事业办学 21世纪初，国家开始了国有企业分离社会职能的改革，省上开始了省属企业办中小学的移交工作。在讨论这一《实施方案》时，省上有的领导极力否定企业办学，认为那时候企业办学是"跟风"，是"左"的做法。针对这种观点，先生随即表示了不同看法。《在调查研究中不断行进》一文中，先生记录了这一发言："现在企业学校的移交，是企业改革发展的历史必然；过去的企业办学，也是企业生存发展的历史必然。20世纪五六十年代建设起来的大中型企业，远离闹市，在政府无力办学的情况下，这些企业不办学校怎么能稳定职工队伍……在企业学校的移交中，我们要充分肯定企业办学的社会贡献，要强调企业学校移交社会的重大意义，更要解决好企业学校移交社会出现的各种问题。总之，就是不要让企业寒心。"

关于中小学教科书 先生出国考察，看到美国学校的教科书都是"大本头"，很厚很厚；相比之下，中国的教科书却显得太薄。对此，在《教育改革中遇到的》一文中，对"教科书的薄厚说"发表了自己的看法："中美教科书薄厚的差异，显示了中美教科书的特点不同。其实，中美教科书在所要表达的核心内容上大多差不多，多在表现形式上有很大差异，而差异的背后，反映着两国教育在教育思想、教学模式、教学方法和教科书教育目标的不同。概而言之，中国的教科书内容单薄，缺少过程的描述，不利于学生自学；美国的教科书课程资源丰富，过程展得很开，便于自学，无师自通。那么，就可以这样推想：中国的教科书是‘教材’，是为老师的‘教’准备的；美国的教科书是‘学材’，是为学生的‘学’准备的。中美教科书的薄厚，正是不同教学理念的反映。所以，有专家提出，要把我们的教科书变‘教材’为‘学材’。”

关于教育技术现代化 从20世纪90年代起，全国就开展了教育信息化建设工作，但在调查研究中，先生却发现在推进中小学校教育现代化建设工作中存在着不少问题。在《教育访谈录》一文中，他讲道："现代教育技术并不是万能的，在当前的教学应用中存在着不容忽视的问题：（1）一些学校把教师是否应用现代教育技术作为评课标准之一，这是有道理的，但却较少考虑教育技术应用得是否合理，是否恰当。（2）把信息技术引入课堂教学中，有的教师依然是以讲授为中心，学生依然是被动的接收器，把‘人灌’变成‘机灌’，缺乏师生互动。（3）在使用上，不能针对学生学习的特点和需要，而是滥用多媒体。教师多是以投影代替板书，教师上课只动嘴不动手，削弱了课堂教育效果。（4）对课件采取‘拿来主义’，使用课件时不通过自己的消化、吸收和重组，而是照搬照套。（5）由于网络信息含量大，精华与糟粕并存，学生辨别能力不强，容易受不良信息的影响，增加了思想教育的复杂性。”因此，推进信息技术在教学中的广泛使用，“关键是要使教师具有运用技术、开发课件与课程整合、优化课堂教学的知识和能力”。

关于“素质教育” 教育界曾提出了一个响亮的口号，就是实施“素质教育”，可是这么多年，素质教育总是难以落实。为什么会出现这种状况？先生在《教育访谈录》一文中这样说：“在我国教育领域的改革实践中，存在着一种现象，就是任何一项改革，只要与升学和高考无关，无论初衷多么正确、多么重要，都会因被忽视而沦为无人问津的‘鸡肋’。因此，素质教育步履维艰，在‘应试教育’面前显得‘力不从心’。造成这一状况的原因很多，但集中到一点，就是长期形成的体制机制不能适应新的教育的要求。要真正推行素质教育，政府必须改变以升学率‘一把尺子’衡量学生、教师和学校的评价方式，可推行以全面发展标准为主的多元评价体系；学校要从应试和高考的指挥棒下解放出来，形成重素质、重能力的教育理念；教师要把‘从最后一名学生关心起’‘把所有学生关心好’作为落实素质教育的重要举措。”

关于教师的评价标准 在《教育改革中遇到的》一文中，先生记叙了自己的所见：21 世纪之初，延安地区教育局在直属学校和县（区）中学推行“教师末位淘汰制”，引起了较大轰动。先生到延安进行了实地考察，认为“末位淘汰制”的推行，能促进教师全身心地投入到教学中来，但也存在不少弊病，主要的则是对教师的评价问题。对很“差”的教师不能不淘汰，但问题是怎样公平、公正地评出真正“差”的教师。这就涉及教师的评价标准问题。对这一问题，先生畅谈了自己的看法：“在教师评价中，教师的教学业绩是一种显性标准，容易考察；但比教学业绩更重要的为人师表、爱岗敬业、关爱学生、教书育人等职业道德方面的隐性标准却不易考察。因此，在制定教师评价标准时，一定要解决好显性信息与隐性信息的非对称性。在教师评价中，校长注重的是对教师的管理，喜欢教师听话，因此在制定评价标准时就不能把这样的要求列入标准，而应提倡教师的勇于直言；教师主观性强，标准化影响着教师自评的实际情况，因此在制定评价标准时应引入动态竞争机制，以客观代替主观；在教师评价中，学生注重的是老师对自己的关爱，有时会把老师的严格要求和批评教育看作恶意去乱评价，因而制定评价标准时，要把教师对学生的严格要求作为一项标准。总之，在制定教师评价标准时，一定要解决管理者、教师和学生之间的激励相容性问题。”“在制定教师评价标准时，要以教师专业发展的目标定位为依据，在教师原有发展的基础上，制定出一个形成性而且面向教师未来的评价标准。”

总之，《自述》是一部别开生面的自传体作品。全书以时间为序讲述了杨生枝先生丰富多彩的人生经历；又多时空转换，将其一生置于时代发展变迁和教育工作之中，结构别致，思路开阔。其叙事娓娓道来，如话家常；其议论情感真挚，精辟透彻；作品富有激情，充满自信。而且我觉得，这是一部不可多得的个人“微观史”，它或许像一面镜子，可以鉴照那个已经逝去的年代。

（作者：陈鼎中，1968 年生，陕西富平人。1991 年毕业于陕西师范大学历史系，现为出版社图书编辑，编审，编辑室主任）

二

杨生枝先生简介

杨生枝，陕西省长武县人，1947 年 12 月（农历）生。中共党员，作家，研究员，国内访问学者。

他从小学到高中在家乡上学。1968 年上山下乡，参加工作。1975 年陕西师范大学毕业后，一直在陕西省级教育行政部门工作。曾参与创办《陕西教育》杂志，担任《陕西成人教育》杂志主编。先后任陕西省教育厅直属机关团委书记、成人教育处副处长、教育综合改革办公室主任，中共陕西省委教育工委、陕西省教育委员会办公室主任，中共陕西省委教育工委、陕西省教育委员会（厅）副巡视员。曾任西安欧亚学院党委书记（督导专员），陕西省教育学会会长。

在长期的教育工作中，他积极从事教育研究，业余进行文史研究，多次在省级及以上刊物发表理论研究、通讯报道、随笔杂谈及学术论文等。参加了有关著作和丛书的编写，在中国古典文学从书中，参加了《汉魏六朝乐府观止》乐府民歌的编写；为《古代言情赠友诗词鉴赏大观》撰写文稿。又主编《语文学习指导》《新编中小学管理实用手册》（上下册）等。还坚持学术研究，在文学、历史、教育、哲学等方面均有成就。

先生先后出版的学术专著，有《乐府诗史》《乐府诗鉴赏》《史记语林》《司马迁教育思想述略》《〈史记〉札记》《三秦变迁史》《"心教"之学说》《教育之思考》等，其中大多分别收入《鹑觚文集》（一至五卷）、《教育之我见》文集中。此外，还出版有《教育论语》、《中国教育通鉴》（一、二、三卷）、《走进哲学世界》（上、下）、《行旅笔记》、《闲情漫谈》等著作。这十多部学术著作被收集编纂至《杨生枝文集》（共十七卷本）。

他坚守治学的雅正之路，在学术研究上颇有建树，具有独创性。在文学方面，其《乐府诗史》被全国已故的著名教授傅庚生先生誉为“拓荒者的探索”，具有“开创之功”。在史学方面，其《司马迁教育思想述略》提出司马迁不仅是史学家、文学家，而且是一位杰出的教育思想家，被称为“发前人之所未发”；其《三秦变迁史》，为“地方史志往古未有之卓作”。在教育方面，其编撰的《教育论语》颇受教育界欢迎；其《“心教”之学说》从教育学与心理学结合的角度提出了“心教”之学说，实现了教育理论的开拓；其《教育之我见》在理论与实践的结合中提出了深刻见解，是“富含教育智慧”的创新之作；其《中国教育通鉴》之多卷本著作，被全国著名教育家顾明远先生称为“一大创举”。在哲学方面，其《走向哲学世界》实现了中西哲学的对比、融会与贯通，在哲学研究领域独树一帜。在散文方面，《行旅笔记》是挖掘旅游文化的一部杰作；《闲情漫谈》则别开生面，意趣横生。他的研究领域的跨越与拓展，他的学术思想的新颖与独创，实发人所未发、言人所未言，具有开风气之先的创新。

杨生枝个人的工作业绩和研究成果，曾先后载入《中国当代青年作家名典》、《中国当代艺术界名人录》、《中国专家大辞典》、《中华人物辞海》（当代文化卷）、《中华优秀任务大典》、《新时期中国共产党人》（业绩卷）、《世界优秀专家人才名典》（中华卷）、《世界名人录》（中国卷）等。

《杨生枝学术思想评说》一书，为中国学者丛书之一。

（此文选自《一个小人物的自述》，杨生枝著，开明书店，2020 年 11 月初第 1 版）